Röth

Pflanzen fürs Zimmer

Jürgen Röth

Pflanzen fürs Zimmer

Mit 147 Farbfotos
und 265 Zeichnungen

Neumann Verlag
Leipzig · Radebeul

Fotos:

Ottfried Birnbaum, Halle: S. 21, 27, 31, 35, 45, 52, 57, 69, 71, 73, 75, 77, 79, 81, 89, 95, 96, 104, 108, 111, 112, 114, 128, 132, 143, 147, 149, 158, 163, 164, 173, 176, 178, 180, 188, 192, 200, 204, 208, 209, 213, 220, 222, 225, 229, 234, 240, 250 und Einbandvorderseite

Brigitte Weibrecht, Leipzig: S. 7, 23, 87, 121, 151, 195, 233

Alle übrigen Fotos vom Autor

Röth, Jürgen:
Pflanzen fürs Zimmer/Jürgen Röth
– 4. Aufl. – Leipzig · Radebeul
Neumann Verlag 1989. – 272 S.
410 Ill. (z. T. farb.)
ISBN 3-7402-0082-0

ISBN 3-7402-0082-0

4. Auflage 1989

VLN 151-310 · LSV 1359
Lektor: Dr. Manfred Geyer
Gestaltung: Dolores Rothe
Zeichnungen: Ernst Halwaß
Printed in the German Democratic Republic
Gesamtherstellung: Karl-Marx-Werk, Graphischer Großbetrieb, Pößneck V 15/30
Bestell-Nr.: 799 195 6

02200

Inhalt

Vorwort

Zimmerpflanzen gehören zur Wohnkultur und schmücken das Heim. Besonders im Winter, wenn es draußen kalt und grau ist, sehnt sich der Mensch nach der Farbenvielfalt und dem Formenreichtum lebender Pflanzen. Aber nicht nur im Winter, sondern auch im Sommer bereiten Zimmerpflanzen Freude, erhalten den Kontakt zur Natur.

In dem vorgelegten Ratgeber sind Hinweise und Anleitungen zur Pflege von Pflanzen im Zimmer zusammengestellt, die jeder Pflanzenfreund – auch mit nur geringen Kenntnissen – nachvollziehen kann. Dieses Buch vermittelt auch einen Überblick über die Pflanzen, die sich zur Kultur in Wohnräumen eignen. Es gibt Anleitung zur Hydrokultur und zur Betreuung der Pflanzen während des Urlaubs. Um den Bestand der gepflegten Pflanzen zu erhalten bzw. zu vergrößern oder Freunden mit selber gezogenen Zierpflanzen eine Freude zu bereiten, werden die verschiedenen Methoden der Vermehrung sowie die Aufzucht dargestellt.

Aus der Vielfalt der Pflanzenarten, ihren Formen und Sorten, die in unseren Wohnungen gedeihen, kann in diesem Buch nur eine Auswahl erfolgen. Es sind altbekannte oder auch neuere Zimmerpflanzen, die vorgestellt werden.

Regional gibt es Abweichungen im Sortiment der gepflegten Arten. In einem Gebiet werden diese, in einem anderen jene häufiger kultiviert. Viele Pflanzenarten, die für die Zimmerpflege geeignet sind, befinden sich noch selten in Kultur. Sie wurden in diesem Buch kaum behandelt. Sukkulentenspezialisten und Orchideenliebhaber muß ich auf die Spezialliteratur verweisen. Auch Pflanzen, die typische Balkonblumen sind, wie Fuchsien, Zonalpelargonien (die beliebten »Geranien« vieler Pflanzenfreunde), konnten nicht einbezogen werden. Bei der Auswahl wurden aber besonders Pflanzenarten berücksichtigt, die für eine Pflege in zentralbeheizten Wohnräumen gut geeignet sind.

Bei der Schreibweise der botanischen Pflanzennamen wurde weitgehend dem »Zander, Handwörterbuch der Pflanzennamen« von Encke, Buchheim und Seybold und bei den Worterklärungen »Pflanzennamen und botanische Fachwörter« von Schubert und Wagner gefolgt. Eine präzise Nomenklatur soll den Pflanzenfreund durch den Namenwirrwarr des Pflanzenangebots helfen. Ein Teil der bisher als Form bzw. Varietäten geführten Pflanzen werden, wie es in neuerer Zeit bei Kulturpflanzen üblich ist, als Sorten bezeichnet.

Herrn Prof. Dr. Rudolf Schubert, Direktor des Botanischen Gartens der Sektion Biowissenschaften an der Martin-Luther-Universität Halle – Wittenberg, danke ich ganz herzlich, daß er mir die Nutzung der reichhaltigen Sammlungen der Pflanzen dieser Einrichtung für die Erarbeitung des Buches ermöglichte. Ebenso danke ich dem Zeichner, Herrn Ernst Halwaß, Nossen, für die stets verständnisvolle Bereitschaft bei der Erarbeitung der grafischen Darstellungen in hervorragender Qualität. Auch Herrn Otfried Birnbaum, Halle-Süd, sei gedankt für die Bereitstellung zahlreicher Farbfotos. Nicht zuletzt gilt mein besonderer Dank dem Verlag und dem Lektorat für das großzügige Entgegenkommen und die Unterstützung in vielfältiger Weise.

Halle (Saale), März 1986 Jürgen Röth

Umweltfaktoren, die auf unsere Zimmerpflanzen wirken

Das Leben der Pflanzen wird von genetischen Gegebenheiten und von den Umweltfaktoren bestimmt. Die Kenntnis ihrer Zusammenhänge erleichtert die Pflanzenpflege.

Umweltfaktoren sind Licht, Temperatur, Wasser, Nährsalze, Erde, Luft und mechanisch wirkende Faktoren. Sie korrelieren mehr oder weniger miteinander. Der für einen optimalen Lebensvorgang einer Art am geringsten vorhandene Faktor ist für das Wachstum ausschlaggebend. Das bedeutet, daß ein zu gering vorhandener Faktor nicht durch erhöhte Mengen eines oder mehrerer anderer ersetzt werden kann. So werden bei geringerer Lichtmenge im Winter auch weniger Wärme, Wasser und Nährstoffe benötigt.

Pflanzen vermögen im Gegensatz zu Menschen und Tieren aus anorganischen Stoffen, Wasser und Kohlendioxid, bei entsprechenden Temperaturen durch ihr Blattgrün (Chlorophyll) mit Hilfe von Sonnenenergie organische Substanzen aufzubauen. Dieser Vorgang wird als Photosynthese oder allgemein als Assimilation bezeichnet.

Licht

Die Lichtmenge, die auf die Pflanzen einwirkt, setzt sich aus der Intensität des Lichtes und der Dauer (Tageslänge) zusammen. Dabei wird das Licht je nach Spektralbereich und Menge von der Pflanze aufgenommen, durchgelassen oder reflektiert. Nur das aufgenommene Licht wirkt auf die Lebensvorgänge in den Pflanzen.

Mit zunehmender Lichtintensität wird die Stoffproduktion gesteigert. Diese Steigerung erfolgt jedoch nicht unbegrenzt, sondern die Stoffproduktion wird bei Überschreiten des Grenzwertes einer optimalen Lichtstärke wieder schwächer. Nach Über- oder Unterschreiten artspezifischer Maximal- oder Minimalwerte findet keine Photosynthese mehr statt. Für die Stoffproduktion ist aber nicht nur die Lichtintensität, sondern auch die Dauer der Lichteinstrahlung von großer Bedeutung. So kann es an kurzen Wintertagen vorkommen, daß der Stoffabbau überwiegt oder Stoffproduktion und Stoffverbrauch sich die Waage halten.

Nach den Lichtansprüchen werden Licht- und Schattenpflanzen unterschieden. Zwischen ihnen gibt es alle Übergänge. Die für einen ausgeglichenen Stoffwechsel benötigte Lichtmenge ist für Schattenpflanzen geringer als für Lichtpflanzen. Schattenpflanzen passen sich deshalb ungünstigen Lichtverhältnissen besser an als Licht- oder gar Sonnenpflanzen. Auch das Maximum ihrer Photosynthese bzw. Stoffproduktion wird bei geringerer Lichtmenge erreicht als bei Sonnenpflanzen. Dies ist bei der Pflanzenauswahl für die Zimmerpflege zu beachten.

Echte Schattenpflanzen, z. B. viele Farne, vertragen kein intensives Licht.

Tageslänge einschließlich Dämmerung in Stunden im Verlaufe des Jahres

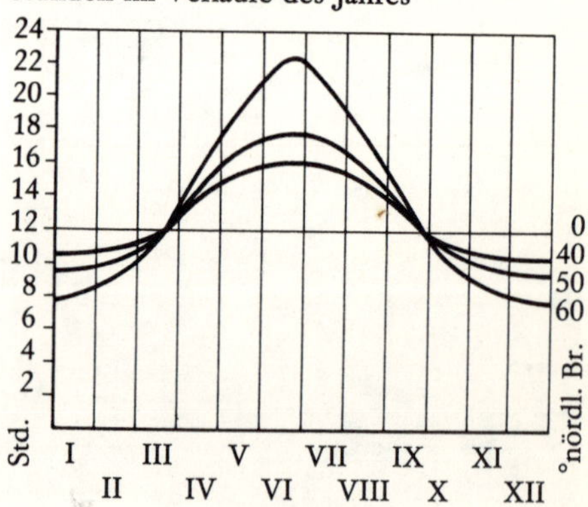

Sie besitzen kaum Verdunstungsschutzeinrichtungen in der Blattaußenhaut (Epidermis). Im Sommer vertragen Schattenpflanzen in unseren Breiten nur weniger als 50 % der vollen natürlichen Lichtmenge. Sonnenpflanzen benötigen demgegenüber viel Licht und vertragen keinen Dauerschatten. Sie besitzen einen Verdunstungsschutz. Einige Arten brauchen sogar volle Sonne.

Strahlung, die über das Maß der Verträglichkeit der Pflanzen hinausgeht, führt oft zu Verhärtungen des Vegetationspunktes. Besonders bei zu geringer Luftbewegung und -feuchtigkeit, z. B. dicht hinter der Glasscheibe eines Fensters, können Wärmestrahlen zur Überhitzung des Gewebes führen. Es stirbt ab. Der Gärtner spricht von »Verbrennung«.

Als Lichtwendigkeit (Phototropismus) bezeichnet man die Fähigkeit der Pflanzen, Wuchs und Blattstellung dem Licht zu oder, nur in Ausnahmefällen, von ihm abzuwenden. Deshalb sind die Blattoberflächen zum Fenster zu, der Lichtquelle, gerichtet. Der Betrachter im Wohnraum sieht meist nur die Blattunterseiten. Schwache Zusatzbelichtung, die, richtig angebracht, der indirekten Ausleuchtung des Raumes dient, wirkt dem entgegen. Der Versuch, durch ständiges Drehen der Pflanzen eine gute Wuchsform zu erzielen, kann sich auf das Wachstum ungünstig auswirken und zu Blatt- sowie Blütenfall führen.

Die Lichteinstrahlung auf die Erdoberfläche, der Tag einschließlich der Dämmerung, dauert am Äquator etwa 12 Stunden, 12 Stunden ist es dunkel. Je weiter der Ort vom Äquator entfernt ist, um so länger ist im Sommer der Tag oder die Lichtzeit und um so kürzer die Nacht. Der längste Tag auf der Nordhalbkugel ist der 21. Juni. Im Winter werden die Tage bis zur Wintersonnenwende am 22. Dezember immer kürzer und die Nächte länger. Am 21. März und 21. September ist die Tageslänge gleich der Nachtlänge und beträgt 12 Stunden.

Callisia elegans

Die Tageslänge, d. h. die Lichtzeit, ist, neben ihrem Einfluß auf die Photosynthese, für die photoperiodische Reaktion bedeutungsvoll. Danach blühen die Pflanzen art- bzw. sortenspezifisch nach einer unterschiedlichen Tages- bzw. Belichtungslänge, eigentlich nach einer entsprechend langen Dunkelphase (Nachtlänge). Es gibt Kurztagpflanzen, die nur während kurzer Tage (oder langer Dunkelphase) Blüten bilden. Langtagpflanzen benötigen einen langen Tag (mehr als 14 Stunden bzw. eine kurze Dunkelphase), um zum Blühen zu gelangen. Sie entwickeln auch im Dauerlicht Blüten. Dabei spielen die Lichtintensität, die Temperatur und sogar die Substratfeuchte eine Rolle. Tagneutrale Pflanzen zeigen keine Reaktion, die von der Tageslänge oder dem Wechsel von Hell- und Dunkelperioden abhängt.

Bei der Pflege von Kurztagpflanzen im Zimmer kann durch abendliche oder morgendliche Beleuchtung des Wohnraumes oder durch das Licht von Straßenlampen der Langtag eintreten und die Blütenbildung unterbleiben. Den Langtageffekt können oft schon geringe

Lichtmengen auslösen. Bei vielen Kurztagpflanzen liegen diese zwischen 3 und 20 Lux (lx). Lux ist die Bezeichnung der Beleuchtungsstärke.

Jahreszeitlich bedingt schwankt in Mitteleuropa die Beleuchtungsstärke im Freien sehr stark. Die Werte betragen im Sommer bei klarem Himmel bis 100000 lx und im Winter bis 10000 lx. Im Schatten kann die Beleuchtungsstärke bis auf 20% dieser Werte absinken. Trübungen des Himmels und Bewölkung bewirken eine Reduzierung bis auf 10%. Im Winter beträgt die Lichtmenge am Tage oft nur 1000 lx.

Die Beleuchtungsstärke nimmt im Zimmer mit wachsender Entfernung vom Fenster sehr schnell ab. Im Bereich der Fensterbank sind es 80 bis 100% der Strahlungsmenge, die außen auf das Fenster auftrifft. In 1 m Entfernung beträgt sie etwa 50%. In noch weiter vom Fenster entfernten Teilen des Zimmers und in den Ecken sind es nur noch wenige Prozente. Das sind nur Durchschnittswerte, jedes Zimmer hat seine besonderen Lichtverhältnisse. Die Himmelsrichtung spielt eine große Rolle, aber auch Gardinen, dunkle oder helle Tapeten und Möbel wirken sich auf die Lichtstärke aus. Das menschliche Auge ist in der Lage, sich in gewissen Grenzen unterschiedlicher Lichtintensität anzupassen, deshalb kann es die Lichtstärke nicht richtig einschätzen. Wenn wir meinen, es sei noch sehr hell, kann es für die Pflanze bereits zu dunkel sein.

In den Sommermonaten ist in Mitteleuropa für viele Zimmerpflanzen das Lichtangebot zu hoch. Besonders an Süd- und Südwestfenstern benötigen sie während der heißen Mittagsstunden eine Beschattung. Bei Blumenfenstern ist eine Außenschattierung am günstigsten, da zwischen Beschattungseinrichtung und Glasscheibe ein Luftpolster entsteht. Der Raum hinter der Scheibe wird dadurch weniger erhitzt. Bei Innenbeschattung dringt zwar die Wärmestrahlung in den Raum, das pflanzliche Gewebe ist aber durch die Beschattung vor Überhitzung weitgehend geschützt. Direkt hinter der Glasscheibe kann in Verbindung mit Wärmeentwicklung, Luftstau und Lufttrockenheit oft schon im Februar und März bei klarer Luft und niedrigem Sonnenstand eine zu große Lichtmenge auf die Pflanzen einwirken. Hinzu kommt, daß die Pflanzen nach der lichtarmen Winterzeit meist kein gefestigtes Gewebe mehr haben und verweichlicht sind. Es besteht also schon zu dieser Zeit die Gefahr einer Überhitzung des pflanzlichen Gewebes, woraus sich »Verbrennungen« ergeben können.

Zur Feststellung der Beleuchtungsstärke am Pflanzenstandort kann man ein Luxmeter verwenden. Meist wird ein solches Gerät aber nicht zur Verfügung stehen. Für den Pflanzenfreund ist ein Belichtungsmesser, wie man ihn zur Messung der Beleuchtungsstärke beim Fotografieren verwendet, ausreichend. Der Belichtungsmesser wird auf eine Lichtempfindlichkeit des Filmes von 21 DIN (= 100 ASA) eingestellt. Anschließend schiebt man den Diffusor, der zum Belichtungsmesser gehört und beim Messen von Lichtwerten für Gegenlichtaufnahmen verwendet wird, vor die Öffnung. Beim Meßvorgang hält man den Belichtungsmesser vom Standort aus auf die Lichtquelle (Fenster). Dabei entsprechen bei einer Belichtungszeit von 1/30 Sekunde die Blendenwerte folgenden Beleuchtungsstärken:

Blende	lx	Blende	lx
1,4	150	2	300
2,8	600	4	1200
5,6	2400	8	4800
11	9600	16	19200
22	38400	32	76800

Die Abweichung der gemessenen Werte von der tatsächlichen Beleuchtungsstärke ist nicht größer als ±25%. Deshalb kann man die Werte ab Blende 8 auch auf 5000, Blende 11 auf 10000,

Blende 16 auf 20000, Blende 22 auf 40000 und Blende 32 auf 80000 lx aufrunden.

Temperatur

In der Pflanze werden die verschiedensten physiologischen Prozesse von der Temperatur beeinflußt. Sie steht in enger Wechselbeziehung zu den anderen Umweltfaktoren, besonders dem Licht, aber auch dem Wasser. Als aktiven biologischen Leistungsbereich kann man im allgemeinen Temperaturen zwischen 0 °C (Minimalwert) und 45 °C (Maximalwert) annehmen. Die Bereiche sind artspezifisch verschieden. Werden Temperaturen unter- oder überschritten, dann können ernsthafte Schäden eintreten, die bis zum Absterben der Pflanzen oder von Pflanzenteilen führen. Für das optimale Pflanzenwachstum spielen nicht nur die Temperaturen der Luft, sondern auch die im Wurzelbereich eine Rolle. Die Funktion der Wurzeln, besonders für die Wasser- und Nährstoffaufnahme, ist nur dann in ausreichendem Maße gewährleistet, wenn artspezifische Temperaturen vorhanden sind.

Am eindrucksvollsten und am leichtesten erkennbar ist die Bedeutung der Temperatur des Substrates bei der Samenkeimung und der Bewurzelungsdauer von Stecklingen. Starke Temperaturabsenkungen durch kaltes Gießwasser, besonders bei verdichteten Kultursubstraten, die sich nur langsam wieder erwärmen, können zu Pflanzenschäden unterschiedlicher Art führen, z. B. Rollen und Fleckenbildung der Blätter beim Gummibaum *(Ficus)*, Blattfall beim Weihnachtsstern *(Euphorbia pulcherrima)* und Wunderstrauch *(Codiaeum)* oder Blattflecken bei Usambaraveilchen *(Saintpaulia)*. Abkühlung im Wurzelbereich ist aber nicht nur Folge des Gießens mit kaltem Wasser, sondern tritt auch durch die Verdunstung an der Oberfläche des Substrates sowie an den Wandungen von Tontöpfen auf. Durch deren poröse Struktur wird bis zu einem bestimmten Wasser-Substrat-Luft-Verhältnis immer wieder Wasser aufgenommen und an der Oberfläche (Außenseite der Töpfe) durch Verdunstung abgegeben. Der durch die Verdunstung entstehende Wärmeverlust läßt das Substrat um 1 bis 3 °C kühler als im Plasttopf sein, bei dem keine Verdunstung an der Wandung eintritt.

Bedeutung der Himmelsrichtung der Fenster (Beeinflussung durch andere Faktoren nicht berücksichtigt

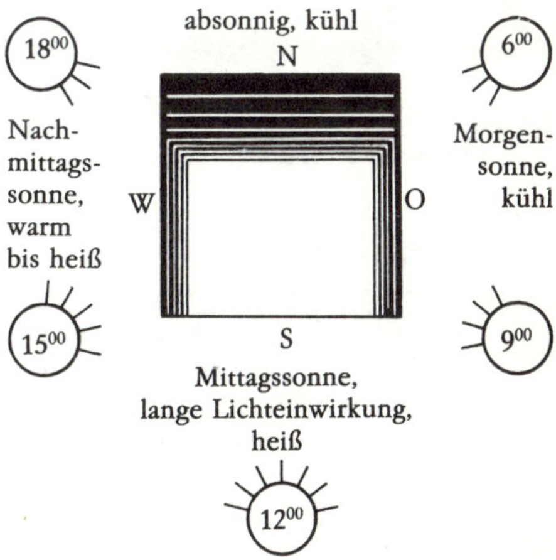

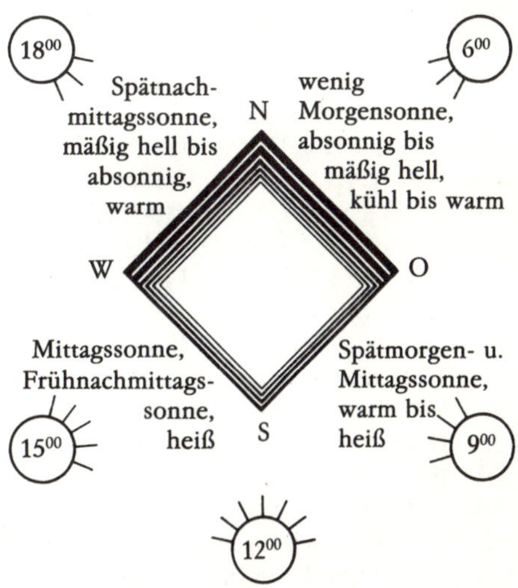

Coffea arabica

In der Natur liegen in der Regel die Nachttemperaturen unter den Temperaturen des Tages. Da das Wachstum der Pflanzen stets stärker ist, wenn die Nachttemperatur um einige Grade unter die des Tages absinkt, muß bei der Zimmerpflanzenpflege auf eine derartige Temperaturdifferenz geachtet werden. Die Temperaturabsenkung soll, je nach dem heimatlichen Vorkommen der Pflanzen, 4 bis 6 °C, kann teilweise aber auch 2 bis 8 °C betragen.

Im Wohnraum hat neben der Heizung die Himmelsrichtung für die Pflege von Pflanzen auf der Fensterbank große Bedeutung (s. Abb. S. 11). Außerhalb der Heizperiode spielt sie auch für die Raumtemperatur eine Rolle. Nordfenster bedingen einen kühlen, am Tage gleichmäßig temperierten Standort. Ostfenster sind ebenfalls relativ kühl, doch erfolgt durch die Sonneneinstrahlung bereits in den Morgenstunden ein rascher Anstieg der Temperatur, ohne daß es zu einer Überhitzung am Tage kommt. Südlagen sind an Sonnentagen ausgesprochen heiß. Die Temperatur steigt anfangs relativ langsam und kann in den Mittagsstunden so intensiv werden, daß hinter der Glasscheibe des Zimmerfensters ohne ausreichende Ventilation ein Wärmestau eintritt und der Standort heiß, übermäßig hell und lufttrocken ist. Selbst wenn die Sonne auf der Westseite steht, können Hitze und Lufttrockenheit noch bis zum späten Abend andauern. Westexponierte Standorte sind in den Morgenstunden kühl. Temperatur und Lichtmenge steigen bis zu den frühen Nachmittagsstunden nur langsam an. Dann erreichen sie so hohe Werte, daß bei relativ kräftiger Sonneneinstrahlung direkt hinter der Glasscheibe Überhitzungsschäden auftreten können. Erst am späten Abend nehmen Temperatur und Lichtmenge schnell ab. Selbstverständlich spielen die Bebauung der Nachbargrundstücke, Bäume usw. eine wesentliche Rolle bei der Licht- bzw. Wärmeeinstrahlung.

Im Winterhalbjahr ist die Temperatur der beheizten Räume für die Pflanzenpflege von ausschlaggebender Bedeutung. Zahlreiche Pflanzen, die im Sommerhalbjahr in Schlafräumen – z. B. Blattpflanzen des warmen Bereiches – gut wachsen, stehen dort im Winter zu kühl. Viele Arten, die im Sommer im Wohnzimmer einen hellen Standort gefunden haben oder günstig auf dem Balkon bzw. der Terrasse stehen, lieben im Winter keinen zu warmen Raum. Im Frühjahr und Herbst müssen deshalb die Pflanzen umgeräumt und neu angeordnet werden.

Nach den Bedürfnissen der Pflanzen an die Temperatur werden im Gartenbau seit langer Zeit die Kulturräume in 3 Temperaturbereiche eingeteilt:

Kalthaus
(8 bis 12 °C, auch 10 bis maximal 15 °C)
Temperiertes oder Lauwarmhaus
(14 bis 16 °C, auch 10 bis 15 °C oder 12 bis 18 °C)
Warmhaus
(18 bis 22 °C, auch 15 bis 25 °C oder 20 bis 24 °C).

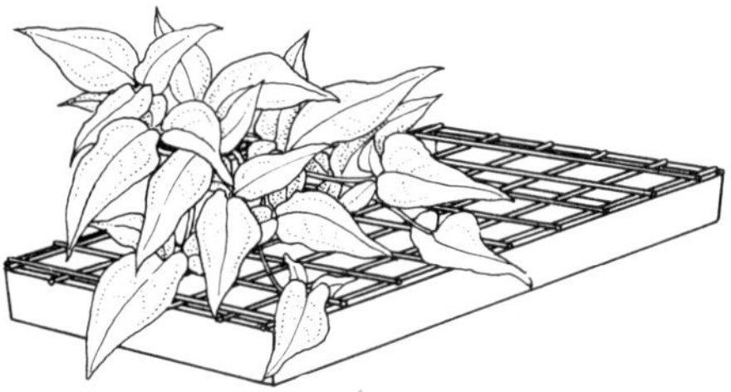

Pflanzen stehen auf Gitterrost über Wasserschalen

Pflanzen stehen auf umgedrehten Blumentöpfen in Wasserschalen

Vergrößern der Verdunstungsfläche durch Moos, Torf, Kies, Blähton

Pflanzgefäße in Torf oder Kies eingesenkt (Staunässe vermeiden!)

Wasserschalen über Heizkörper

Wasser

Zu allen Lebensvorgängen in der Pflanze ist Wasser erforderlich. Die Pflanze besteht zu 90 %, in Ausnahmefällen bis zu 99,8 % aus Wasser.

Die Wasseraufnahme erfolgt hauptsächlich durch die Wurzeln, aber die Pflanze kann nicht über das ganze Wasser des Bodens verfügen. Ein Teil davon, das sogenannte Haftwasser, wird durch die Oberflächenspannung der Bodenteilchen festgehalten. Durch Osmose gelangt das Wasser in die Leitungsbahnen der Pflanze. Die Weiterleitung erfolgt besonders durch den Transpirationssog. Ist genügend Wasser vorhanden, entsteht in den Zellen bzw. den Zellverbänden ein osmotischer Innendruck auf die Zellwand, der als Turgor bezeichnet wird. Er gibt dem pflanzlichen Gewebe die Festigkeit. Vorwiegend durch Verdunstung von Wasser wird der Turgor herabgesetzt, das muß durch die Osmose wieder ausgeglichen werden, sonst erschlafft oder welkt die Pflanze. Pflanzen können auch über ihre Oberfläche, bevorzugt mit den Blättern Wasser aufnehmen. Bei vielen Bromelien wird das Wasser in einem Blatttrichter gespeichert und durch sogenannte Saugschuppen (Trichome) aufgenommen.

In der Natur kann der Standort der Pflanzen feucht, wechselfeucht oder trocken sein. Entsprechend unterschiedlich ist ihr Bedarf an Wasser. Es ist zu beachten, daß sich außer der Bodenfeuchtigkeit die Luftfeuchtigkeit auf die Pflanzen auswirkt. In feuchter Luft wird die Verdunstung herabgesetzt. Bei hoher Luftfeuchtigkeit kann deshalb eine mäßige Bodenfeuchtigkeit für das pflanzliche Leben ausreichen. Luftfeuchtigkeit ist die Menge Wasser, die, abhängig von Temperatur und Druck, von der Luft aufgenommen werden kann. Man unterscheidet zwischen absoluter und relativer Luftfeuchte. Die absolute Luftfeuchte ist die Menge Wasser in g, die in 1 m^3 Luft enthalten ist. Der allgemein verwendete Begriff »Luftfeuchtigkeit« bezieht sich auf die relative Luftfeuchte. Sie gibt an, wieviel Prozent der bei einer bestimmten Temperatur und einem bestimmten Druck in der Luft möglichen Wassermenge in ihr enthalten ist. 100 % relative Luftfeuchte bedeutet, die Luft ist mit Wasserdampf gesättigt, der Kondensationspunkt ist erreicht. Bei steigender Temperatur und gleichbleibender absoluter Luftfeuchte sinkt die relative Luftfeuchte, und die Wasseraufnahmefähigkeit erhöht sich. Umgekehrt sind die Verhältnisse bei sinkender Temperatur. Beim Erreichen des Sättigungsgrades wird Wasser als Niederschlag, z. B. Tau, ausgeschieden. Im Wohnraum kondensiert in diesem Falle Wasser an der kühlsten Stelle, meist am Fenster. Mit Wasser gesättigte Luft enthält in 1 m^3:

9,4 g Wasser bei 10 °C
12,9 g Wasser bei 15 °C
17,3 g Wasser bei 20 °C
23,1 g Wasser bei 25 °C

Bei 20 °C enthält 1 m^3 Luft bei 50 % relativer Luftfeuchte 8,65 g, bei 70 % 12,11 g Wasser.

In der Regel soll der Prozentwert der relativen Luftfeuchte für eine gesunde Pflanzenpflege doppelt bis dreimal so hoch sein wie die Raumtemperatur. Bei schwacher Sonneneinstrahlung kann man

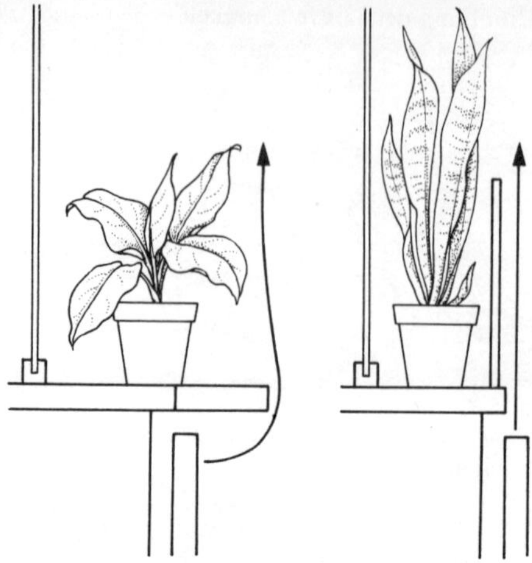

Verbreiterte Fensterbank — Pflanzen hinter Schutzblende

Schutz vor trockner Wärme

4 °C, bei stärkerer 8 °C hinzurechnen. Demnach sollte bei einer Lufttemperatur von 20 °C und starker Sonne (20 + 8) × 2 bis 3 die relative Luftfeuchte 56 bis 84 % betragen. Ein Zimmer von 40 m^3 Rauminhalt enthält bei 20 °C und 50 % relativer Luftfeuchte 346 g, bei 70 % 484 g Wasser in Dampfform, also fast 0,5 l, bei Sättigung 692 g. Soll ein Raum dieser Größe mit 50 % relativer Luftfeuchte, den für die Pflanzenpflege günstigen Wert von 70 % erhalten, dann sind 138 g Wasser zu verdampfen. Zu einer erfolgreichen Zimmerpflanzenpflege gehört also nicht nur ein Thermometer, sondern auch ein Hygrometer, um Temperatur und Luftfeuchte überprüfen und optimal gestalten zu können.

Im Winter besteht die Gefahr, daß die Luftfeuchtigkeit, bedingt durch die Heizwärme, stark absinkt. Bei Zentralheizung werden die Pflanzen auf der Fensterbank über den Heizkörpern bzw. Konvektoren von trockener Luft mit einer relativen Luftfeuchte von etwa 10 % bestrichen. Je trockener die Luft, um so größer ist die Transpiration der Pflanzen und um so ungeeigneter der Standort. Reicht die Wassermenge im pflanzlichen Gewebe nicht aus oder ist die Transpiration zu stark und es wird nicht genügend Wasser über die Wurzeln herangeführt, dann welken zunächst die Blattspitzen und Blattränder. Später trocknen diese Pflanzenteile ein.

Die relative Luftfeuchte kann man auf verschiedene Weise erhöhen. Am einfachsten mit flachen, wassergefüllten Tongefäßen, die auf den Rippenheizkörpern stehen. Geeignet sind auch mit Wasser gefüllte, flache Schalen mit einem Gitterrost als Standort für die Pflanzen. Statt des Gitterrostes kann man umgedrehte Blumentöpfe verwenden. Die Abgabe von Feuchtigkeit wird durch eine Vergrößerung der verdunstenden Oberfläche, z. B. durch stets feuchten Kies oder feuchtes Moos, erhöht. Noch günstiger ist es, wenn man tiefere Schalen – ähnlich Blumenkästen oder Pflanzenwannen –, die mit Torf oder Kies gefüllt sind, aufstellt. In dieses Material werden die Töpfe eingesenkt. Dadurch erreicht man eine gleichmäßige Substratfeuchtigkeit im Blumentopf und durch die Verdunstung die Erhöhung der Luftfeuchtigkeit. In der Schale darf kein Wasser stehen, damit die Wurzeln der eingesenkten Pflanzen nicht unter Sauerstoffmangel leiden.

Ungünstig sind schmale Fensterbänke, bei denen die trockene Heizwärme die Pflanzen direkt trifft. In diesem Falle empfiehlt sich eine Verbreiterung, oder man bringt an ihrer Vorderkante eine 20 bis 30 cm hohe Glasscheibe so an, daß die Pflanzen von der trockenen Luft nicht mehr bestrichen werden.

Die Erhöhung der Luftfeuchtigkeit durch Übersprühen der Pflanzen mit Wasser wirkt relativ schnell, aber nicht länger, als bis das Wasser verdunstet ist. Trotzdem spielt das Übersprühen in lufttrockenen Zimmern eine wichtige Rolle.

Die Verwendung von automatisch wirkenden Wasserzerstäubergeräten auf der Fensterbank ist nicht angebracht, da der Sprühradius meistens zu groß ist und Gardinen, Möbel sowie Tapeten leiden würden.

Nährstoffe

Vom im Frühjahr beginnenden Wachstum der Pflanzen bis zur Ausbildung von Knospen, Blüten und evtl. Früchten bzw. Samen werden im steigenden Maße Nährstoffe benötigt. Der erhöhte Bedarf beginnt in der Regel in der Zeit des Verpflanzens im Frühjahr. Im frischen Substrat sind alle Nährstoffe für den Pflanzenaufbau weitgehend enthalten. Meist ist der Vorrat – zumindest der an schnellwirkenden Nährstoffen – bald aufgebraucht. Langsam wirkende Nährsalze können selbst nach erfolgter Durchwurzelung des Erdballens noch vorhanden sein. Damit die Pflanzen nicht kümmern, ist nachzudüngen. Fehlt ein wichtiger Nährstoff oder ist von ihm zuviel im Substrat vorhanden, so können Schäden auftreten. Die einzelnen Nährstoffe sind nicht gegeneinander austauschbar

Stickstoff hat als ein wesentlicher Baustein der Eiweiße grundlegende Bedeutung. Ohne ihn ist weder eine Bildung von Blattgrün (Chlorophyll) noch Zellplasma möglich. Anorganische Stickstoffverbindungen können in der Pflanze leicht transportiert werden und erfahren schnell einen Einbau in organische Verbindungen. Stickstoff bewirkt einen kräftigen Wuchs und eine satte, grüne Farbe der Blätter. Stickstoffüberdüngung führt zu übermäßig großen saftig dunkelgrünen Blättern, zu einem weichen Gewebe und verstärkt die Anfälligkeit gegenüber Krankheiten und Schädlingen. Mangel an Stickstoff hat negative Auswirkungen auf den pflanzlichen Stoffwechsel. Die Pflanzen bleiben klein und wachsen kümmerlich. Ihre Blätter sind fahl, gelbgrün bis rötlich und werden bei zu starken Mangelerscheinungen abgestoßen.

Phosphor ist am Aufbau der Zellmembran beteiligt und fördert die Bildung von Knospen, Blüten und Samen. Mangel an Phosphor verursacht, ähnlich wie Stickstoffmangel, ein schlechtes Wachstum und verminderte Blütenbildung. Die Blätter bleiben meist klein, sind fahlgrün, bronzefarben oder rot. Bei Phosphormangel kann oft ein Stickstoffüberschuß auftreten, da der Bedarf der Pflanze an Stickstoff stark vom Angebot an Phosphor abhängt.

Kalium ist für die Photosynthese und Atmung der Pflanzen unentbehrlich. Es hat für den Wasserhaushalt Bedeutung und dient der Festigung des pflanzlichen Gewebes. Kalium wirkt auf die Osmose und somit auf die Saugkraft der Zelle. Damit beeinflußt es die Zellspannung und die Transpiration. In Verbindung mit Stickstoff wird die Ausbildung von Blattgrün gefördert und die Wirkung anderer Farbstoffe gesteigert. Eine Kaliumüberdüngung hat meist Stickstoffmangelerscheinungen zur Folge. Es treten Wachstumsstockungen, schlechte Blütenbildung, Platzen der Blütenstiele sowie Verfärbung der Blütenblätter und Blattränder auf. Kaliummangel beeinflußt vorrangig die Speicherorgane und führt zu einem schlaffen Pflanzenwuchs. Die Blätter bleiben klein, werden meist gelb oder rötlich und bekommen im fortgeschrittenen Stadium am Rande gelbe Aufhellungen, die sich später bräunen können.

Kalzium dient der Festigung des Gewebes und ist für die Aufnahme anderer Nährstoffe wichtig. Kalzium ist besonders für die Bodenreaktion bedeutungsvoll. Es bewirkt jedoch auch das Festlegen von Eisen im Boden und kann dadurch Chlorose begünstigen.

Außer den Hauptnährstoffen haben zahlreiche andere Elemente auf das Leben bzw. den Stoffwechsel der Pflanzen einen großen Einfluß. Sie müssen meist nur in geringen Mengen vorhanden sein, dürfen jedoch nicht vollkommen fehlen. Zu nennen sind z. B. Eisen, Magnesium, Schwefel, Bor, Mangan, Kupfer, Natrium, Molybdän, Kobalt und Zink. Die Pflanzenfreunde sollten zur flüssigen Nachdüngung deshalb nur Volldünger verwenden, die solche Spurenelemente enthalten.

Boden

Es handelt sich bei den über den Boden auf das Pflanzenwachstum wirkenden Faktoren um die Bodenart, ihre Struktur, Dichte bzw. Durchlässigkeit für Luft und Feuchtigkeit, die Mikroorganismen und die chemisch wirkenden Faktoren des Bodens. Da bei der Pflege von Topfpflanzen der Gärtner bzw. Pflanzenfreund Erdgemische von Ausgangsmaterialien unterschiedlicher Eigenschaften verwendet, braucht hier auf die vom Boden abhängigen Faktoren des Pflanzenwachstums nicht näher eingegangen zu werden. Es wird deshalb sinnvollerweise in der Zimmerpflanzenpflege nicht von Boden oder Erde, sondern von Substrat gesprochen. Im ökologischen Sinne sind die Pflanzsubstrate für unsere Zimmerpflanzen mit »gewachsenem« Boden nicht zu vergleichen (siehe auch Abschnitt Umpflanzen – Pflanzsubstrate).

Luft

Das Volumen der Luft setzt sich aus etwa 78 % Stickstoff, 21 % Sauerstoff, 0,9 % Argon, 0,03 % Kohlendioxid und Spuren von Wasserstoff und anderen Gasen zusammen. Kohlendioxid ist für die Assimilation der Pflanzen von größter Bedeutung. Eine Erhöhung seines Anteils in der Luft fördert das Wachstum der Pflanzen. Im Gartenbau werden deshalb CO_2-Begasungen der Kulturräume durchgeführt. Das ist bei der Zimmerpflanzenpflege nicht möglich. Luftverunreinigungen, vor allem ein hoher Gehalt an Schwefel- und Stickoxiden, können auch bei Zimmerpflanzen Schäden hervorrufen.

Mechanisch wirkende Faktoren

In der Natur haben mechanisch wirkende Faktoren einen unterschiedlich

Sansevieria trifasciata 'Silver Hahnii'

starken, jahreszeitlich und witterungsbedingten Einfluß auf die Pflanzen. Bei der Pflanzenpflege im Zimmer spielen sie kaum eine Rolle, doch bewirkt starke Luftbewegung oder Zugluft eine Steigerung der Transpiration. Zugluft fördert außerdem den Schädlingsbefall.

Auswahl, Beschaffung und Eingewöhnen der Pflanzen

Bei der Beschaffung von Zimmerpflanzen ist darauf zu achten, daß sie ihren artspezifischen Wuchs zeigen, den sollte man also kennen! Die Pflanzen sollen gesund, wüchsig, schädlingsfrei und nicht ballentrocken sein. Als günstigster Zeitpunkt für die Anschaffung haben sich die Frühjahrs- und Sommermonate erwiesen, da außerhalb der Heizperiode die Luftfeuchtigkeit im Zimmer weitgehend optimal ist. Dadurch gewöhnen sich die Pflanzen leichter an den neuen Standort. Vorher erfolgte die Aufzucht und Pflege vom Fachmann. Er schuf für das Wachsen und Gedeihen der Pflanzen optimale Bedingungen. In den seltensten Fällen werden die raumklimatischen Gegebenheiten und die Beleuchtung im Wohnraum den Verhältnissen während der Anzucht gleichen. Den Pflanzen wird in der Regel ein großes Maß an Anpassungsfähigkeit abverlangt und von dem neuen Pfleger ein gutes Einfühlungsvermögen in die Bedürfnisse der erworbenen Pflanzen. Kenntnisreiche Pfleger haben es leichter, aber auch für sie bedeutet jede Neuerwerbung ein Experiment, wenn es sich nicht gerade um altbekannte Pflanzen mit einer sehr großen Anpassungsfähigkeit handelt oder um Pflanzen, die bei Freunden und Bekannten unter ähnlichen Standortbedingungen gepflegt werden. Wer das Risiko so gering wie möglich halten will, kaufe nicht »nach Angebot«, sondern überlege sich vorher genau, welche Pflanzen für welchen Standort in seinem Zimmer am besten passen. Der Teil dieses Buches „Empfehlenswerte Zimmerpflanzen von A bis Z" ist dafür eine Hilfe.

Bei der Auswahl der Pflanzen ist die Größe der Räume zu berücksichtigen. In kleinen Wohnräumen sollten keine großen Pflanzen gepflegt werden. In geräumigen Zimmern können stark wachsende oder großblättrige Arten oder größere Pflanzengruppen stehen. Diese wirken dekorativer. Pflanzengruppen beeinflussen das Mikroklima günstig durch ihre höhere Verdunstung. Auch lassen sich Pflanzen mit unterschiedlichen Lichtansprüchen gut kombinieren. Bei richtiger Anordnung stehen die lichtliebenden Pflanzen nahe am Fenster, schattenvertragende dahinter oder unter höherwachsenden. Es sollte nicht unterschätzt werden, daß Zimmerpflanzen sehr wichtige Gestaltungselemente der Räume sind. Der Stil der Möbel und die Gegenstände im Raum bestimmen ihre Auswahl mit.

Standorte für Zimmerpflanzen

Fensterbank

Als Standort für Zimmerpflanzen kommt wegen der günstigen Lichtbedingungen vorrangig die Fensterbank in Frage. Bei Standorten weit vom Fenster entfernt wird ein Pflegeerfolg mit abnehmender Lichtmenge, besonders im Winterhalbjahr, immer fraglicher. Als ganzjährige Pflanzenstandorte sind deshalb Raumteiler, Wandborde, Aufhängevorrichtungen usw., weit entfernt vom Fenster, nur bei energieaufwendiger Zusatzbelichtung geeignet. Die einfache Fensterbank bietet zahlreiche Möglichkeiten zur Aufstellung von Pflanzen. In Räumen mit Ofenheizung und einfacher Fensterverglasung tritt besonders im Winter nachts am Fenster eine starke Temperaturabsenkung ein. Diese niedrigen Temperaturwerte sind bei der Pflanzenauswahl zu berücksichtigen. Bei der Ofenheizung werden oft nur Wohnraum und Küche beheizt. Dadurch sind die Möglichkeiten der Zimmerpflanzenpflege eingeschränkt. Die Luftfeuchtigkeit dagegen – vorwiegend im Fensterbereich – ist für die Pflanzen günstiger als bei zentral- oder fernbeheizten Wohnungen. In diesen ist die Temperatur meist in allen Räumen gleichbleibend hoch, oder sie ist entsprechend der Nutzung der Räume unterschiedlich, aber die Luft ist fast immer zu trocken. Bei Thermoscheiben oder Verbundfenstern ist es auch im Fensterbereich der ofenbeheizten Wohnung warm genug, um zahlreiche Arten wärmeliebender Pflanzen bei günstigem Licht pflegen zu können.

Crassula falcata

Blumenfenster

Nach dem Zimmer hin offene Blumenfenster sollten nicht zu klein sein. Günstig ist eine Breite von 2 m, eine Höhe von mindestens 1,50 m und eine Sockelhöhe von etwa 50 cm. Die Tiefe sollte 40 bis 80 cm betragen. Werden diese Maße beachtet, können auch große, dekorative Pflanzen gepflegt werden.

Beim Bau des Blumenfensters sind einige technische Anforderungen zu bedenken. Es ist auch zu beachten, daß solche Ein- und Umbauten von Fenstern unter »bauliche Veränderungen« fallen und der Genehmigung, z. B. des Hausbesitzers bedürfen. Der Einbau einer massiven Wanne erleichtert eine attraktive Anordnung der Pflanzen. Der Wurzelbereich kühlt in der größeren Substratmenge auch in den Übergangsperioden, in denen noch nicht oder nicht mehr geheizt wird, langsamer aus. In oder unter der Pflanzenwanne können z. B. Heizrohre verlegt werden. Sie ermöglichen die Regulierung der Bodentemperaturen, aber auch der Lufttemperatur und deren Feuchte. Während der kalten Jahreszeit kann keine Unterkühlung des Substrates entstehen. Auch zeitweilig niedrigere Raumtemperaturen werden besser vertragen. Wichtig ist immer eine gute Dränage und die Möglichkeit, überflüssiges Wasser am Boden der Wanne abzuführen. Der Einbau von Blumenfenstern sollte nicht ohne sachkundige Anleitung erfolgen.

Wohnraum

Zimmerpflanzen schmücken jeden Raum. Bei der Auswahl sind die Bedürfnisse der Pflanzen zu berücksichtigen. Der Raum muß ihren Umweltansprüchen genügen. Am häufigsten wird der Wohnraum bzw. das Wohnzimmer für die Kultur von Pflanzen genutzt. Es ist das Zimmer, in dem sich die Familie am meisten aufhält, in dem vorwiegend Besuche empfangen werden und das im Winter auch am gleichmäßigsten beheizt wird. Deshalb werden die Angaben zur Pflanzenpflege meist für das Wohnzimmer gemacht.

Schlafzimmer

Gelegentlich hört man, daß Pflanzen nicht im Schlafzimmer aufgestellt werden sollten, da sie bei Dunkelheit Sauerstoff benötigen und Kohlendioxid abgeben. Die Kohlendioxidmengen sind jedoch sehr gering und schädigen nicht. Meist sind Schlafräume kühler als Wohnzimmer und gut geeignete Standorte für Arten, die mäßige Temperaturen bevorzugen. Pflanzen, die im Winter niedrige Temperaturen oder eine Ruheperiode benötigen, stehen dort günstig. Außerdem ist im Schlafzimmer bei niedrigeren Temperaturen die relative Luftfeuchte höher.

Küche

Die Pflanzen in der Küche sind oft größeren Temperaturschwankungen, bedingt durch die periodische Nutzung und das Kochen, ausgesetzt. Die Temperaturdifferenz fördert das Wachstum und die Gesunderhaltung mancher Arten. Auch die überwiegend höhere Luftfeuchtigkeit, die durch das Kochen verursacht wird, wirkt sich günstig aus. Deshalb lassen sich zahlreiche Pflanzenarten, die in der trockenen Luft eines Wohnraumes nicht gut gedeihen, in der Küche pflegen. Zu beachten ist, daß bei Gasherden und -heizungen kleine Gasmengen austreten und an den Pflanzen Schäden verursachen können.

Bad

In Bädern ist meist die Lichtmenge gering und die Luftfeuchtigkeit hoch. Man beachte die vielfach großen Temperaturdifferenzen! Pflanzen mit geringen Lichtansprüchen und einem höheren Bedarf an Luftfeuchtigkeit wie Efeu *(Hedera)*, Farne, z. B. Schwertfarn *(Nephrolepis)*, Nestfarn *(Asplenium)* oder Schiefblatt (*Begonia*-Arten) eignen sich besonders gut.

Flur, Diele und Treppenhaus

Flure, Dielen und Treppenhäuser sind oft dunkel und im Winter in der Regel kalt. Deshalb können nur anspruchslose Arten aufgestellt werden, z. B. Schildblume *(Aspidistra)*, Grünlilie *(Chlorophytum)* oder einige anspruchslose Farne. Kühle Treppenhäuser eignen sich aber oft gut zum Überwintern von Pflanzen, die im Sommer auf dem Balkon, der Terrasse, im Freien oder vor dem Fenster stehen; wie z. B. Oleander *(Nerium)*, Agave, Dickblatt *(Crassula)* und Palmlilie *(Yucca)*.

Büro, Speisesaal, Kulturraum

Pflanzen für Büros, Speisesäle, Kulturräume, Hotels usw. müssen besonders widerstandsfähig sein, da sie Temperaturdifferenzen, trockener Luft und anderen schädigenden Einflüssen ausgesetzt sind. Dazu gehört, daß die Pflanzen die Wochenenden ohne Pflege, teilweise bei herabgesetzten Temperaturen, ohne Schaden überstehen müssen. Obwohl diese Räume meist groß und luftig sind, muß an eine ausreichende Lichtquelle gedacht werden. Eine gleichmäßige Pflanzenpflege ist zu gewährleisten. Sie sollte möglichst immer von derselben Person durchgeführt werden. Ist dies nicht der Fall, sind Pflegepläne zu erarbeiten, damit z. B. nicht überdüngt wird oder Nährstoffmängel eintreten.

Pflanzenpflege

Gießen

Die Pflanzen nehmen hauptsächlich mit den Wurzeln, in unterschiedlichem Maße auch durch andere Pflanzenteile Wasser auf und geben es in Form der Transpiration wieder an die Luft ab. Durch diesen Vorgang entsteht in der Pflanze eine Saugspannung, die den Transport von Wasser und darin gelöster Nährstoffe ermöglicht. Die Verdunstung erfolgt über die Oberfläche der Pflanze, besonders aber durch die Spaltöffnungen, die sich überwiegend auf der Blattunterseite befinden. Wird mehr Feuchtigkeit durch die Pflanze abgegeben als Wasser von den Wurzeln aufgenommen werden kann, so welkt die Pflanze und kann vertrocknen. Andererseits ist bei hoher Luftfeuchtigkeit die Abgabe von Wasser durch Transpiration geringer.

Um den Wasserhaushalt der Pflanzen auszugleichen, muß gegossen werden. Wieviel und wie oft Wasser benötigt wird, ist artspezifisch. Der Wasserbedarf hängt von der Raumtemperatur, der Lichtintensität und der Luftfeuchtigkeit, von der Größe des Topfes und dem Zustand der Wurzeln ab. Auch das Substrat spielt eine Rolle, da die Wasseraufnahme und die Fähigkeit zur Wasserspeicherung sehr unterschiedlich sind. Nicht das ganze Wasser, das im Boden vorhanden ist, kann die Pflanze nutzen. Dafür drei Beispiele:

1 l reiner Quarzsand ist mit 0,1 l Wasser gesättigt. Durch die Oberflächenspannung wird so viel Wasser gebunden, daß der Pflanze nur 0,07 l zur Verfügung stehen.

1 l Lehm ist mit 0,35 l Wasser gesättigt, der Pflanze steht 0,17 l aufnehmbares Wasser zur Verfügung.

1 l Torf ist mit 0,9 l Wasser gesättigt, der Pflanze steht 0,4 l aufnehmbares Wasser zur Verfügung.

Demnach steht Pflanzen in torfreichen Substraten, absolut gesehen, mehr Wasser zur Verfügung als im Sand. Es kann in größeren Abständen gegossen werden. Sandreiche Mischungen halten weniger Wasser, es fließt schneller ab und muß in kürzeren Abständen wieder zugeführt werden, obwohl die relative Verfügbarkeit größer ist.

Am häufigsten taucht die Frage auf: Wie oft ist zu gießen? Wird täglich gegossen, erhalten die Pflanzen meist zuviel Wasser. Zu häufiges Gießen fördert ein Verschlämmen bzw. Verdichten des Substrates. Beim sogenannten »Versauern« kristallisieren meist kalkhaltige Verbindungen, oft mit Nährsalzen, aus. Durch diese Veränderungen des Substrates treten Wurzelschäden ein. Es ist für das pflanzliche Leben nicht mehr geeignet.

Bei zu stark ausgetrocknetem Substrat besteht die Gefahr, daß die Erde beim Gießen nur an der Oberfläche und der Topfwandung feucht wird. Pflanzen mit trockenen Wurzelballen werden am besten so lange in Wasser gestellt, bis keine Blasen mehr aufsteigen und sich das Substrat vollgesaugt hat. Wurzelschäden treten durch gelegentliches Austrocknen des Substrates seltener als

Aspidistra elatior

durch tägliches Gießen und zuviel Feuchtigkeit auf. Auch in der Heimat der meisten Zimmerpflanzen regnet es nicht jeden Tag.

Es muß darauf geachtet werden, daß die Wasserversorgung nicht zu einer Störung des Lufthaushaltes im Boden führt. Steigt die Wassermenge über das optimale Maß, dann wird die Atmung der Wurzeln herabgesetzt bzw. behindert. Am günstigsten ist es, durchdringend zu gießen, bis die Erde gleichmäßig gut durchfeuchtet ist. Danach sollte bis zur nächsten Wassergabe so lange gewartet werden, bis die Substratoberfläche abgetrocknet ist. Das kann man aber nicht immer am Aussehen erkennen. Dazu bedarf es einiger Erfahrung. Feuchtes Substrat ist dunkel, trockenes hat eine hellere Färbung. Zur Probe kann man etwas Substrat zwischen den Fingern zerreiben. Bleibt davon mehr oder weniger an den Fingern kleben, ist es noch feucht. Eine andere Methode ist das Klopfen an den Topf. Trockene Blumentopferde ergibt einen hohlen, feuchte einen dumpfen Klang. Ob eine Pflanze viel oder wenig Wasser verlangt, ist an der Struktur der Blätter zu erkennen. Pflanzen mit reduzierten, stark behaarten, lederigen, oder fleischigen Blättern bzw. mit einer dicken Wachsschicht auf der Oberhaut benötigen weniger Wasser als groß- und weichblättrige Arten.

Oft wird die Frage gestellt: Wie wird gegossen, in den Blumentopf oder in den Untersetzer? Beide Methoden können zum Erfolg führen. Im allgemeinen wird von oben gegossen. Das durchgeflossene Wasser, das sich im Untersetzer ansammelt, wird weggeschüttet. Stehendes Wasser verursacht an den Wurzeln Fäulnis. Beim Gießen in den Untersetzer muß so lange Wasser nachgefüllt werden, bis durch die Kapillarwirkung der Erde das Substrat an der Oberfläche feucht wird. Das nicht aufgesaugte Wasser wird weggegossen. Bei dieser Gießweise werden die Nährsalze mit dem Wasser nach oben transportiert und können an der Oberfläche auskristallisieren. Es ist deshalb erforderlich, gelegentlich von oben zu gießen, damit die Nährsalze wieder in den unteren Bereich des Blumentopfes gelangen. Dort befinden sich die meisten Wurzeln der Pflanze.

Manche Pflanzen bilden dichte Rosetten, in die in der Regel nicht gegossen werden darf. Besonders Alpenveilchen sind empfindlich. Wenn das Zentrum der Pflanze längere Zeit feucht bleibt, faulen Knospen, Blatt- und Blütenstielbasis sowie die Knolle. Deshalb werden Alpenveilchen nur nahe am Topfrand gegossen. Im Gegensatz dazu sollte bei fast allen Bromelien wie *Aechmea, Vriesea, Guzmania* usw. immer Wasser im Blatttrichter stehen, da die Blätter bzw. winzigen Saugschuppen (Trichome) das Wasser aufnehmen. Bromelien benötigen zwar auch eine mäßige Substratfeuchtigkeit, doch wachsen die meisten Arten in der Natur als Epiphyten, und ihre Wurzeln dienen dann vorrangig als Halte- bzw. Haftorgane.

Gießen am Morgen ist günstig, weil dann die Pflanzen mittags, zur Zeit der größten Verdunstung, weitgehend mit

Wasser gesättigt sind. Sollte trotzdem eine Pflanze »schlappen« bzw. welken, so ist umgehend Wasser zuzuführen. Man kann diese Pflanzen auch in nasses Zeitungspapier einwickeln. Dadurch wird die Luftfeuchtigkeit unmittelbar an der Pflanze stark gesteigert und ihre Verdunstung gesenkt. Da auch die Blätter Flüssigkeit aufnehmen, sind bald alle Pflanzenteile wieder gut mit Wasser versorgt und straffen sich. Gießen in der Mittagszeit, besonders wenn Wassertropfen auf den Blättern stehenbleiben, ist ungünstig. Die Tropfen wirken ähnlich wie Brenngläser und schädigen das Pflanzengewebe. Gleichzeitig wird einem Pilzbefall Vorschub geleistet. Die Temperatur des Gießwassers soll der des Raumes entsprechen. Warmes Wasser fördert das Wachstum, kaltes kann zu Wurzelschäden führen. Besonders empfindlich sind Weihnachtsstern *(Euphorbia pulcherrima)* und Gesneriaceen wie Gloxinie *(Sinningia)* sowie Schiefteller *(Achimenes)*, ganz besonders aber das Usambaraveilchen *(Saintpaulia)*. Bei dem letzteren treten an warmen, hellen Standorten durch kaltes Wasser Schädigungen des Blattgrüns auf. Die Blätter bekommen hellgelbgrüne Flecke.

Stark gechlortes Gießwasser ist ebensowenig geeignet wie destilliertes Wasser, das von allen Salzen befreit ist. Gechlortes Wasser sollte etwa einen Tag stehen. In dieser Zeit verflüchtigt sich das zugesetzte Chlor. Günstig ist Regenwasser. Jedoch in Industriegebieten kann der Regen aus der Luft schädigende Stoffe auswaschen. Regenwasser sollte man erst dann auffangen, wenn es schon eine Zeitlang geregnet hat. Dann sind Ablagerungen, die sich auf den Dachflächen angesammelt haben, abgespült. Vorsicht ist bei frisch geteerten Pappdächern geboten. Durch Auswaschungen kann derartiges Regenwasser für das Gießen vollkommen ungeeignet sein.

Weiches Wasser unterscheidet sich von hartem auffällig dadurch, daß beim Händewaschen die Seife stark schäumt und der Schaum an der Haut haftenbleibt. Der Härtegrad des Wassers wird in »Grad deutscher Härte« (= °dH) ausgedrückt. Die Gradskala reicht von 1 bis 100:

0 bis	4 °dH	sehr weich
4 bis	8 °dH	weich
8 bis	12 °dH	mittelhart
12 bis	18 °dH	etwas hart
18 bis	30 °dH	hart
30 bis	100 °dH	sehr hart.

Die Härte des Wassers wird vom Gehalt an Kalzium- und Magnesiumverbindungen bestimmt. Ein Härtegrad entspricht 10 mg Kalziumoxid (CaO) bzw. 7,19 mg Magnesiumoxid (MgO). Wasser bis 16 (18) °dH, notfalls bis 30 °dH, kann ohne Bedenken zum Gießen verwendet werden. Ist das Wasser härter, muß es durch Abkochen (Ausfällen der Karbonate des Kalziums bzw. Magnesiums als Kesselstein) verwendungsfähig gemacht werden. Zu hoher Kalkgehalt im Wasser legt Phosphor und Eisen in unlösliche Verbindungen fest und macht sie für die Pflanzenwurzel unaufnehmbar.

Düngen

Pflanzen in trockenem Substrat dürfen nicht gedüngt werden. Das Substrat soll feucht, aber nicht naß sein, damit die Nährstofflösung gut aufgenommen werden kann und keine Wurzelverbrennungen entstehen. Wichtig sind außerdem Zeitpunkt und Abstand der Düngungen. Die erste flüssige Düngung nach dem Verpflanzen erfolgt, wenn der Ballen gut durchwurzelt ist, in der Regel einige Wochen nach dem Umtopfen. Der geeignete Zeitpunkt ist am einfachsten durch eine Kontrolle (Austopfen und Überprüfen des Wurzelballens) festzustellen. Schwachwüchsige Pflanzen benötigen fast immer weniger Nährstoffe als starkwachsende. Die Konzentration der Dün-

Es gibt viele Möglichkeiten der Pflanzennachbarschaft und deren Gestaltung.

gergaben sollte während der Vegetationsperiode stärker, im Winter schwächer sein. Wöchentliche Gaben sind schwächer zu bemessen als die in größeren Zeitabständen. Wöchentliche Düngung hat den Vorteil einer gleichmäßigeren Nährstoffzufuhr. Bei zu starken Düngergaben besteht die Gefahr, daß Wurzeln »verbrennen«.

Mit beginnendem Wachstum im Frühjahr wird zur Unterstützung des Pflanzenwuchses stickstoffbetont gedüngt. Im Spätsommer und Herbst muß zur Förderung der Reife und zur Festigung des Gewebes der Phosphor- und Kalianteil überwiegen. Während des Winters sind nur schwache Düngergaben erforderlich. Beim Kauf von Blumendünger ist deshalb auf die prozentualen Anteile der Nährstoffe, die auf den Etiketten aufgedruckt sind, zu achten. Ein Volldünger mit Spurenelementen ist zu bevorzugen. Die Düngergaben sollen etwa 0,05 bis 0,2 %, d. h. 0,5 bis 2 g Volldünger je Liter Wasser betragen.

Außer der flüssigen Düngung kann auch eine Blattdüngung erfolgen. Sie ist für die Zimmerpflanzenpflege von geringerer Bedeutung. Die Lösungen sollen höchstens 0,2 % Volldünger enthalten. Während der Blattdüngung dürfen die Pflanzen nicht in voller Sonne stehen, sonst können Verbrennungen auftreten. Das Substrat soll feucht sein, damit alle Pflanzenteile ausreichend mit Wasser versorgt werden.

Man kann Zimmerpflanzen auch organisch, mit vergorener Jauche, aufgelöstem Rinder- oder Geflügeldung ernähren. Das Mischungsverhältnis Jauche zu Wasser sollte 1:3 bis 1:4 betragen. Eine Geruchsbelästigung ist aber kaum zu vermeiden. Organische Dünger können auch der Erde beigemischt werden. Bewährt haben sich vorwiegend getrockneter Rinderdung, Knochen- und Blutmehl sowie Hornspäne. Mit auf Weiden getrocknetem Rinderdung können Regenwurmeier eingeschleppt werden, die lange Ruhezeiten überdauern können.

Auflockern des Substrates

Das Auflockern der Oberfläche im Blumentopf ist eine Pflegemaßnahme, die häufig zu wenig beachtet wird. Durch das Gießen verschlämmt oft das Substrat, und in Verbindung mit biologischen Vorgängen wird es verdichtet. Das Substrat sollte deshalb öfters mit einem Holzstab aufgelockert werden, ohne die Wurzeln zu verletzen. Diese benötigen ebenso wie die oberirdischen Pflanzenteile Sauerstoff. Durch das Auflockern wird der Topfballen besser durchlüftet. Das ist für das Wohlbefinden der Pflanzen und die Gesundheit der Wurzeln wichtig.

Ausputzen

Mit fortschreitendem Wachstum werden Blätter an der Basis der Pflanze gelb und trocknen ein. Das ist ein natürlicher Vorgang und kein Anlaß zur Sorge, denn so wie sich neue Blätter bilden, sterben ältere ab. Diese und welke Blüten werden entfernt, da sie von Schädlingen befallen

Nidularium scheremetiewii

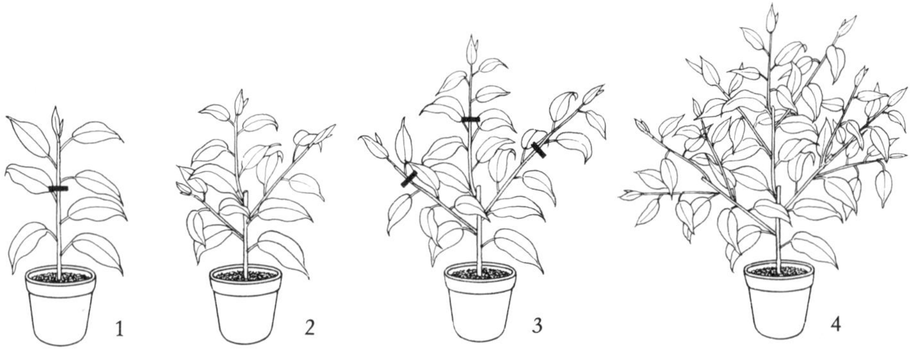

Stutzen fördert die Verzweigung

werden können. Auch Blattstielreste beseitigt man nach dem Eintrocknen. Trokkene Blattspitzen müssen so entfernt werden, daß das gesunde Gewebe nicht verletzt wird, sonst folgt ein weiteres Eintrocknen.

Entstauben

Es ist verständlich, daß Pflanzen wie Möbel und andere Gegenstände in der Wohnung verstauben. Zur Reinigung empfiehlt es sich, die Pflanzen mit lauwarmem Wasser in der Badewanne zu überbrausen oder sie in den Regen zu stellen. Besonders warme Sommerregen bekommen den Pflanzen gut. Feste, glatte Blätter können auch mit einem weichen Schwamm abgewaschen werden. Dazu legt man das Blatt auf die linke Hand und entfernt vorsichtig, ohne Beschädigungen zu verursachen, Schmutz und eventuell vorhandene Schädlinge. Als vorteilhaft hat sich für das Abwaschen eine Kernseifenlösung erwiesen. Sie schadet nicht und entfernt Schmutzpartikel, Schädlinge, deren Eier oder auf tierischen Ausscheidungen angesiedelte Rußtaupilze leichter als reines Wasser. Nach dem Waschen sollte mit lauwarmem Wasser abgebraust werden. Beim Abbrausen muß darauf geachtet werden, daß ein harter Wasserstrahl zarte Blätter beschädigen kann.

Stutzen

Pflanzen, die einen buschigen Wuchs aufweisen sollen und sich nicht selber verzweigen, müssen gestutzt werden. Dabei sind stark wachsende Sproßachsen zu kürzen. Schlafende Knospen, vorwiegend in den Blattachseln, können sich dann entwickeln. Gegebenenfalls muß mehrfach gestutzt werden, bis sich die Pflanze reich verzweigt hat. Es gibt Arten, bei denen stets nur 1 oder 2 schlafende Knospen nach dem Stutzen austreiben. Sie ergeben keine buschigen Pflanzen und sollten eintriebig gezogen werden. Als Faustregel gilt: Je stärker der Rückschnitt, um so kräftiger der Austrieb. Auch zu lang gewordene Pflanzen kann man zurückschneiden. Der günstigste Zeitpunkt ist das Frühjahr, aber auch der Sommer ist noch geeignet. Der Rückschnitt bzw. das Stutzen sollte mit beginnendem Neutrieb, etwa 10 bis 14 Tage vor dem Verpflanzen, erfolgen. Dadurch wird die ruhende Knospe zum Durchtreiben angeregt und hat sich gekräftigt, wenn das Umsetzen erfolgt. Der Neutrieb wird durch eine Düngergabe beim Rückschnitt unterstützt.

Aufbinden

Wenn Pflanzen sehr in die Höhe wachsen und sich selber nicht mehr tragen

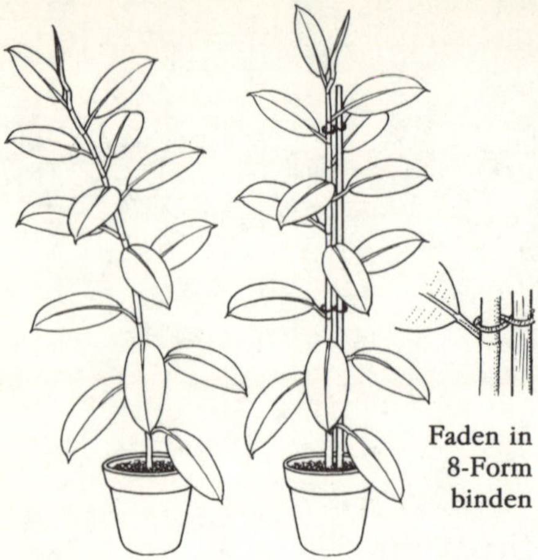

Aufbinden

können, müssen sie aufgebunden werden. Dazu wird ein gerader Stab verwendet. Er ist unten anzuspitzen, damit beim Eindrücken in das Substrat keine Wurzeln zerquetscht werden. Der Stab steht entsprechend der Wuchsform mehr oder weniger senkrecht. Er soll der Pflanze einen guten Halt geben. Deshalb wird der Stab so gesteckt, daß er nicht oder kaum zu sehen ist. Er sollte kürzer als die aufzubindende Pflanze sein. Zum Anbinden verwendet man einen weichen, geschmeidigen Faden, der nicht einschneidet. Dabei darf nicht so fest angebunden werden, daß der Faden bei zunehmendem Wachstum in das Gewebe einwächst. Er soll sich über einer Verzweigung oder über einem Blatt befinden oder zum besseren Halt 8förmig um den Stab und die Sproßachse gelegt werden.

Umpflanzen

Viele Pflanzenfreunde schenken dem Umpflanzen und dem dafür günstigen Zeitpunkt zu wenig Beachtung. Das Umpflanzen ist jedoch eine sehr wichtige Pflegemaßnahme. Die Pflanzen werden umgesetzt, wenn das Substrat gut durchwurzelt ist. Durch Austopfen und Kontrolle wird der Grad der Durchwurzelung überprüft. Als Faustregel gilt, nach einem Jahr ist das Substrat verbraucht. Die Pflanze hat es dann so stark durchwurzelt, daß die Größe des Pflanzgefäßes meist nicht mehr ausreicht. Stark wachsende Arten haben auch ein stark wachsendes Wurzelsystem, langsam wachsende benötigen zum Durchwurzeln längere Zeit. Wenn der Topf fast vollkommen mit Wurzeln ausgefüllt und der Ballen verfilzt ist, können sich die Pflanzen aus dem Gefäß heben, z. B. Grünlilie *(Chlorophytum)*, Zierspargel *(Asparagus)*, Palmen oder Klivien *(Clivia)*. Auf dem Boden des Pflanzgefäßes wachsen die Wurzeln am stärksten und drükken den gesamten Wurzelballen nach oben.

Wenn die Erde »versauert« ist, muß ebenfalls umgepflanzt werden. Meist tritt dies als Folge von zu gleichmäßigem und reichlichem Gießen ein. Kalkhaltiges Wasser hebt den *p*H-Wert an, das Substrat wird alkalisch, und die Kalkverbindungen kristallisieren an der Oberfläche und am Topfrand, teilweise auch an der Basis der Pflanzen aus. Das Substrat hat dann einen muffigsauren Geruch, daher die Redewendung »die Erde ist versauert«. Bei diesem Vorgang tritt eine Verschlechterung der Struktur des Substrates ein. Es verschlämmt. Das Porenvolumen und damit sein Luftanteil wird stark reduziert. Die Folge davon ist eine schlechte Wurzelentwicklung, das Absterben von Wurzeln und ein unbefriedigendes Wachstum. Die Pflanzen müssen umgetopft werden, um weitere Wurzelschäden zu vermeiden. Beim Umpflanzen wird die »saure Erde« durch leichtes Ausschütteln oder vorsichtiges Abreiben mit der Handfläche – ohne die Wurzeln zu verletzen – teilweise entfernt.

Eine echte Versauerung des Substrates kann bei Verwendung stark sauren

Gießwassers eintreten. Das ist aber nur bei individuellen oder örtlichen Versorgungsanlagen möglich. Das Wasser aus zentralen Versorgungsanlagen, auch wenn es im Staubecken eine saure Reaktion hatte, kommt beim Verbraucher neutral an, d. h., der *p*H-Wert beträgt etwa 7. Von der Wasserwirtschaft wird das Wasser bis zu dem angegebenen Wert »aufgekalkt«, damit die Leitungssysteme von den Säureionen nicht angegriffen werden.

Pflanzgefäße

Als Pflanzgefäß ist der unglasierte Tontopf schon seit Jahrhunderten in fast gleichbleibender Form bekannt und nach wie vor gut geeignet. Ungünstig sind seine Zerbrechlichkeit und die Eigenschaft seiner Wandung, leicht zu veralgen. Die Porosität bedingt eine hohe Wasserverdunstung an seiner Oberfläche und erzeugt dadurch Verdunstungskühle. Andererseits ermöglicht die Porosität eine bessere Sauerstoffzufuhr zum Wurzelballen, vorausgesetzt, daß die Poren durch Algenbildung nicht verstopft sind. In den letzten Jahrzehnten haben Pflanzgefäße aus Plast immer mehr an Bedeutung gewonnen. Sie müssen lichtundurchlässig sein, denn die Wurzeln bevorzugen weitgehend den dunklen Bereich, außerdem veralgt sonst das Substrat. Bei Plasttöpfen verdunstet an der Oberfläche der Wandungen kein Wasser, und die Gefahr einer Unterkühlung des Wurzelbereiches der Pflanzen ist herabgesetzt. Besonders wirksam gegen Unterkühlung des Wurzelbereiches sind Töpfe aus aufgeschäumten Plasten. Durch ihre Fähigkeit, Wärme zu isolieren, ist der Wurzelbereich um etwa 2 °C wärmer gegenüber der Außentemperatur. In Plasttöpfen trocknet die Erde langsamer aus, das ist beim Gießen zu beachten. Die Wasserzufuhr kann um ein Viertel bis ein Drittel geringer sein als bei Tontöpfen.

Die Größenangaben für Töpfe beziehen sich immer auf ihre größte lichte Weite (innerer Durchmesser am oberen Rand). Ein 12er-Topf hat also eine lichte Weite von 12 cm. Für schwachwurzelnde Pflanzen verwendet man Kulturschalen oder sogenannte Azaleentöpfe. Bei diesen ist die Weite die eines normalen Topfes gleicher Größe, aber die Höhe und damit der Wurzelraum ist geringer. Arten mit Pfahlwurzeln werden am besten in Palmentöpfen, die wesentlich tiefer als breit sind, kultiviert.

Zur Vermehrung werden Töpfe, runde oder rechteckige Schalen, auch flache Kisten verwendet. Gitter- oder Torftöpfe bzw. eine Kombination beider sind ebenso zu gebrauchen. Sie werden aber häufiger für die Vermehrung im Garten, im Kleingewächshaus oder auf dem Balkon benutzt.

Pflanzgefäße für die Hydrokultur nehmen eine Sonderstellung ein. Sie bestehen aus einem Außengefäß und einem Einsatz. Bei dieser Kulturmethode taucht ein Teil der Pflanzenwurzeln in die Nährlösung ein. Das Innengefäß, in dessen Füllsubstrat die Pflanze verankert

Ficus elastica 'Decora'

ist, hat Löcher oder Schlitze. Durch diese wachsen die Wurzeln hindurch. Das Außengefäß enthält die Nährlösung und muß wasserundurchlässig sein. Das gleiche Aufbauschema hat die Hydrobank. In einem Großgefäß können mehrere Pflanzen zusammen stehen.

Zu den Pflanzgefäßen im weiteren Sinne gehören Untersetzer und Übertöpfe. Untersetzer sollen beim Gießen überschüssiges Wasser auffangen. Nur wenn es in kurzer Zeit von den Pflanzen wieder aufgesaugt wird, kann es darin verbleiben, sonst ist es abzugießen. Der Übertopf hat hauptsächlich die Aufgabe, den schlichten, einfachen Blumentopf zu verdecken, um die gestalterische Wirkung der Pflanze zu erhöhen. Farbe und Form sind Geschmackssache. Der Blumentopf sollte nicht in einer tiefen »Röhre« stehen, weil überhängende Sproßachsen und Blätter nach oben gedrückt werden. Der Übertopf darf auch nicht zu flach sein, sonst ragt der Blumentopf heraus.

Durch den Übertopf wird eine ausgeglichenere Feuchtigkeit und Temperatur des Substrates im Blumentopf erzielt. Der untere Teil des Übertopfes ist relativ schlecht einzusehen. Deshalb muß regelmäßig kontrolliert werden, daß im Übertopf kein Wasser steht. Es ist unbedingt abzugießen! Man kann die ausgleichende Wirkung des Übertopfes noch erhöhen und etwas Wasser in ihm stehenlassen, wenn z. B. einige gleich große Kieselsteine den Stand des Blumentopfes über dem Wasser gewährleisten. Ähnlich kann man beim Untersetzer verfahren. Durch diese Methode streicht das verdunstende Wasser an der Pflanze vorbei und erhöht die Luftfeuchtigkeit in ihrer direkten Umgebung. Wenige Pflanzenarten, z. B. das Zypergras *(Cyperus)* benötigen als Sumpfpflanzen ständig Wasser im Untersetzer oder im Übertopf.

Damit sich zwischen dem Blumentopf und dem Übertopf keine Pflanzenschädlinge, wie Asseln usw., ansiedeln, darf in gewissen Abständen eine Überprüfung und Reinigung nicht vergessen werden. Auch Ampelgefäße sind Übertöpfe. Sie müssen bei jeder Durchsicht abgehängt werden und sind dadurch noch schwieriger zu kontrollieren als Pflanzen in Übertöpfen auf der Fensterbank.

Pflanzsubstrate

Entsprechend den unterschiedlichen natürlichen Standorten unserer Zimmerpflanzen sind ihre Anforderungen an das Pflanzsubstrat. Früher verwendete man im Gartenbau Erdmischungen verschiedener Zusammensetzung. Heute ist man weitgehend zu Vereinheitlichungen übergegangen und arbeitet vielfach mit industriell hergestellten standardisierten Pflanzsubstraten. Für eine gute Mischung gilt folgende Regel: Die Struktur soll um so gröber sein, je dicker die Wurzeln, und um so feiner, je dünner und verzweigter sie sind. Struktur und Eigenschaften sind ausschlaggebend. Zur Verbesserung der Mischungen – vorwiegend zur Auflockerung und möglichst langen Erhaltung der Struktur – werden schaumförmige Polystyrol- bzw. Styroporperlen vermehrt eingesetzt.

Als Merkmale eines guten Substrates, ob Industriesubstrat oder Mischung herkömmlicher Weise, gelten:
- Beständigkeit der Struktur,
- gute Durchlüftung,
- gute Wasserhaltefähigkeit bei weitgehend gleichbleibender Feuchtigkeit,
- gute Wasserdurchlässigkeit,
- gute Speicherfähigkeit für Nährstoffe,
- keine Bindung von Nährstoffen,
- frei von schädigenden Stoffen,
- schädigende chemische Reaktionen zwischen Pflanzstoff und Nährstoffen treten nicht ein,
- die Standsicherheit der Pflanzen ist gewährleistet,
- leicht zu verarbeiten.

Die meisten Zimmerpflanzen benötigen für ein gutes Wachstum eine schwach

Streptocarpus-Hybride

saure Reaktion des Substrates. Der Säuregrad des Bodens wird als *p*H-Wert bezeichnet. Er ist das Maß für die Menge des ionisierten Wasserstoffes in 1 l Bodenlösung. Je mehr Wasserstoffionen enthalten sind, um so sauerer, je weniger, um so alkalischer ist das Substrat. Der Meßbereich des *p*H-Wertes reicht von 1 bis 14. Salzsäure hat *p*H 0 = sehr stark sauer, *p*H 7 = neutral, und *p*H 14 ist sehr stark alkalisch und entspricht der Natronlauge.

Es gibt mehrere Möglichkeiten, den genauen *p*H-Wert festzustellen. Für den Zimmerpflanzenfreund reicht eine Bestimmung mit Indikatorpapierstreifen. In einer Aufschlämmung mit destilliertem Wasser verändert das Indikatorpapier in charakteristischer Weise seine Farbe. Der pH-Wert des Substrates wird bestimmt, indem die Farbe mit einer zugehörigen Farbwertskala verglichen wird.

Ausgangsstoffe für Pflanzsubstrate

Komposterde entsteht durch Verrottung organischer Abfälle. Je nach der Art des Materials kann Komposterde mehr oder weniger humos, sandig oder lehmig, grob bzw. feinkörnig sein. Kalk fördert die Verrottung und kann den *p*H-Wert auf 7 bis 8 ansteigen lassen. Der Komposthaufen sollte jährlich ein- bis zweimal umgesetzt (umgeschaufelt) werden, da bei reicher Sauerstoffzufuhr das Leben der Mikroorganismen gefördert wird und die Zersetzung schneller erfolgt. Komposterde ist je nach der Bearbeitung in 2 bis 3 Jahren gebrauchsfertig.

Gartenerde wird dem Garten an unkrautfreien Stellen entnommen und entspricht etwa der Rasenerde (der Erde aus Rasensoden), wenn auch der Humusanteil oft geringer ist. Je nach der vorhandenen Bodenart ist sie lehmiger oder sandiger.

Lehm liegt in seinen Eigenschaften zwischen Ton und Sand. Er hat eine gute Wasser- und Nährstoffhaltefähigkeit. Vielfach finden Lößlehme, die kalkhaltig sind, Verwendung. Der *p*H-Wert beträgt etwa 7, kann auch höher sein.

Erde von Maulwurfshaufen hat meist eine krümelige Struktur. In Abhängigkeit von der Bodenart ist sie nach Zumischung von Torf oder Lauberde und humosem Kompost sowie Sand ein sehr wertvolles Ausgangsmaterial für Zimmerpflanzen. Mit reichlich Sand und Torf vermischt, eignet sich Erde von Maulwurfshaufen sogar gut zur Stecklingsvermehrung.

Hochmoortorf entstand aus *Sphagnum*-Moos. Die oberste Schicht der Hochmoore liefert den Weißtorf. Er ist faserig, strukturbeständig und deshalb besonders gut zur Pflanzenpflege geeignet. Der *p*H-Wert beträgt etwa 3,5. Die Wasserhaltefähigkeit und die Durchlüftung des Torfes sind gut, auch können größere Mengen von Nährstoffen austauschbar angelagert werden. Schwarztorf aus tieferen Schichten der Hochmoore ist in seiner Struktur feiner, verschmiert leichter und ist deshalb nicht so gut geeignet. Niederungsmoortorf ist meist nährstoffreich und kalkhaltig und deshalb für die Topfpflanzenkultur weniger günstig.

Lauberde aus Rotbuchenblättern ergibt durch Kompostierung nach 2 bis 3 Jahren ein wertvolles humoses Substrat. Der *p*H-Wert liegt zwischen 5,5 und 6,5. Eichenlauberde enthält viel Gerbsäure. Lauberde aus Roßkastanienblättern hat eine schlechte Struktur und wird leicht schmierig. Mit ihr hergestellte Mischungen verdichten sich meist rasch. Laubmischungen von verschiedenen Gehölzen ergeben ein noch brauchbares Substrat.

Moor- und Heideerde sind für zahlreiche Zierpflanzen als Beimischungen zum Substrat sehr wertvoll, sollten aber, um den Humushaushalt der Wälder nicht zu schädigen, nicht mehr zur Anwendung kommen.

Verrotteter Rinderdung, Mischdünger von anderen Tieren und Mistbeeterde sind wertvolle, nährstoffreiche Substrate. Kies, Ziegelsplitt oder Topfscherben werden als Zuschlagstoffe, besonders aber als Dränage des Blumentopfes, verwendet.

Blähton (Lecaton) ist wichtig für die Hydrokultur, dient auch als Zuschlagstoff zu verschiedenen Erdmischungen und zur Dränage.

Quarzsand hat nach dem Auswaschen lehmiger Bestandteile, mit Torf vermischt, besondere Bedeutung für die Stecklingsvermehrung. Als Zusatz zu Pflanzsubstraten beeinflußt er positiv die Struktur und fördert die Wasserdurchlässigkeit bzw. Durchlüftung.

Plastborsten (Biolaston) finden bei der Hydrokultur Verwendung.

Aufgeschäumtes Polystyrol bzw. Styropur oder Styromull dienen in vielfältiger Weise der Auflockerung der Substrate und damit einer guten Durchlüftung und Wasserführung. Ihr Anteil kann 30 bis 70%, in Ausnahmefällen sogar bis 90% des Volumens der Substrate betragen.

Nephrolepis exaltata 'Bornstedt'

Basaltwolle oder Grodan dient in Würfel zerschnitten als Substrat bei der Stecklingsvermehrung. Beim Einpflanzen darin bewurzelter Stecklinge müssen die zwischen den Wurzeln befindlichen Reste wegen ihrer großen Wasserhaltefähigkeit herausgelöst werden, sonst faulen die Wurzeln. Grodan ist als Kultursubstrat nicht geeignet.

Substratmischungen

Der Pflanzenfreund kann sich aus den genannten Ausgangsstoffen unterschiedliche Mischungen entsprechend den Bedürfnissen der einzelnen Pflanzenarten selber herstellen. Die Beschaffung von Lauberde, Lehm, Sand, Rasen-, Garten- oder Komposterde ist oft leichter als der Erwerb fertiger Erden. Die Mischungen haben aber entsprechend den verwendeten Materialien unterschiedliche Eigenschaften. Ihre Struktur kann beständig sein oder sich durch einen raschen Verrottungsprozeß schnell negativ verändern. Ein Unsicherheitsfaktor ist der nicht genau bekannte Nährstoffgehalt. Weiterhin können Krankheiten und Schädlinge durch die Ausgangserden auf die Pflanzen übertragen werden.

Um diese Unsicherheitsfaktoren weitgehend auszuschließen, kam man zur Entwicklung von Einheitserde. Sie besteht in der Regel aus Weißtorf und Ton bzw. saurem Lehm, der auch bei reichen Wassergaben nicht zerfließt. Diese Mischung ist nach der Zugabe von Nährstoffen und durch entsprechend große Mengen kohlensaurem Kalk – zur optimalen Einstellung des *p*H-Wertes – fast eine Universalerde. Das Mengenverhältnis der Bestandteile der Einheitserde kann variieren. So können lehmhaltige Garten- oder Rasenerden bzw. Sand beigemischt werden. Der Pflanzenfreund wird Einheitserde wegen ihrer vielseitigen Verwendbarkeit gern nutzen.

Torfkulturerden haben eine ähnliche Beschaffenheit wie Einheitserde. An Stelle von Ton oder Lehm tritt jedoch gut abgelagerte, möglichst lehmige Komposterde. Deshalb wird sie auch Torfkompost genannt. Nährstoffe sind ebenfalls beizumischen. Durch einen Zusatz von kohlensaurem Kalk erreicht man den erforderlichen *p*H-Wert.

Torfkultursubstrate (TKS) bestehen aus Weißtorf. Um ihre Struktur möglichst lange zu erhalten und zur Auflokkerung können unterschiedliche Mengenanteile aufgeschäumter Kunststoffe zugesetzt werden. Zur Anreicherung mit Nährstoffen sind 1 bis 3 kg Volldünger mit Spurenelementen je m^3 zuzusetzen. Der richtige *p*H-Wert wird durch Beimischung von 2 bis 3 kg kohlensaurem Kalk erreicht.

Bei all diesen heute verwendeten Substraten ist zu bedenken, daß Torf kaum noch zur Verfügung steht und auch die Gärtner nach Austauschstoffen suchen müssen.

Umtopfen

Wichtig ist das richtige Substrat und ein entsprechend großer Blumentopf. Neue Tontöpfe sind vor der Verwendung zu

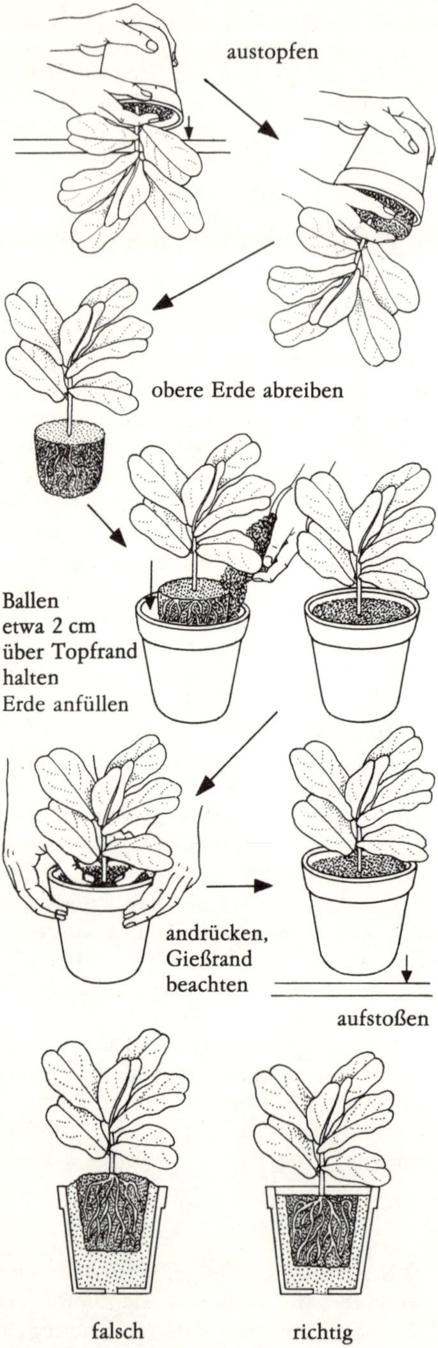

wässern, zumindest so lange, bis keine Blasen mehr aus dem Wasser aufsteigen. Das Pflanzgefäß soll 2 bis 3 cm größer als das vorhergehende sein (s. S. 27). Bei zu kleinen Töpfen steht der Erdballen zu hoch, ein Gießrand kann nicht gegeben werden, und das Wasser fließt beim Bewässern oberirdisch ab. Weiterhin können beim Umsetzen in zu kleine Töpfe zwischen dem Erdballen und der Topfwandung Hohlräume entstehen, die wegen des engen Zwischenraumes nicht mit Erde ausgefüllt werden. Die Folge sind vertrocknende Wurzeln. Verwendet man zu große Töpfe, durchwurzeln die Pflanzen das Pflanzsubstrat nicht schnell genug oder zu gering. Es kommt zum Faulen von Wurzeln. Pflanzen mit kranken Wurzeln erhalten kein größeres, sondern ein gleichgroßes oder sogar kleineres Gefäß.

Nach dem Austopfen werden alle kranken Wurzeln bis ins gesunde Gewebe zurückgeschnitten und die Schnittstellen gegen Fäulnis mit Holzkohlepulver bepudert. Dabei wird die schlechte, meist faulig riechende Erde entfernt und die Größe des Blumentopfes nach dem verbliebenen Wurzelballen bemessen. Vor dem Umsetzen ist darauf zu achten, daß das neue Substrat ebenso wie das, in dem die Pflanze steht, feucht ist. Beim Austopfen wird die Pflanze umgedreht, die linke Hand hält den Erdballen, und der obere Rand des Blumentopfes wird kurz auf eine Holzkante aufgeschlagen. Nur bei großen Exemplaren sollte zwischen Substrat und Innenwandung des Blumentopfes mit einem Messer gelokkert werden. Löst sich der Wurzelballen trotz aller Mühe nicht aus dem Topf, dann wird mit einem Hartgummi- oder Holzhammer vorsichtig auf den Topfrand geschlagen. Plasttöpfe zerschneidet man notfalls mit einer Gartenschere. Durch das Aufschlagen des Blumentopfes löst sich der Ballen und liegt mit der Oberfläche auf der linken Hand. Er ist bei gut durchwurzelten Pflanzen fest und wird auch nicht zerstört. Lediglich die obere, oft verkrustete oder vermooste bzw. veralgte Erde wird mit der Hand vorsichtig entfernt. Ausnahmen bilden einige stark wachsende Pflanzen wie Zierspargel *(Asparagus)* und einige Palmen. Ist deren Wurzelballen verfilzt, so wird rundherum eine 1 bis 2, seltener 3 cm starke Schicht mit einem Messer abgelöst. Diese Pflanzen können auch durch zu starke Wurzelbildung am Grunde des Blumentopfes den Ballen nach oben aus dem Gefäß herausdrükken. In diesem Fall muß ein Teil des dichten Wurzelfilzes in Form mehrerer Zentimeter dicker Scheiben vom unteren Teil des Ballens abgetrennt werden. Ist die Verfilzung noch nicht soweit fortgeschritten, wird der Ballen mit einem Stäbchen gelockert.

Auf das Wasserabzugsloch des Blumentopfes kann man vor dem Einpflanzen eine Scherbe legen, das ist aber nicht unbedingt erforderlich. Bei feuchtigkeitsempfindlichen Arten sollten jedoch auf dem Boden des neuen Blumentopfes Scherben, Kies, aufgeschäumte Plaststücke oder grobes Substrat zum besseren Wasserabfluß als Dränage kommen.

Calceolaria-Hybride

Im allgemeinen wird nur etwas Substrat eingefüllt. Beim Einsetzen hält man den Ballen etwa 2 cm über den Topfrand und füllt rundherum Erde ein. Danach werden der Ballen der Pflanze und die Erde angedrückt, so daß der Ballen sich etwa 1 cm unter dem Topfrand befindet. Dadurch entsteht ein flacher Gießrand, der für die weitere Pflege wichtig ist. Die Pflanze soll so hoch im Substrat stehen, wie sie vor dem Umsetzen gestanden hat. Damit kein Hohlraum zwischen Erdballen und Topfwandung bestehenbleibt, wird der bepflanzte Blumentopf kurz aufgestoßen. Beim Umsetzen großer Exemplare muß man den Topf mehrfach rütteln oder mit einem Rundholz das Substrat andrücken bzw. nachstopfen.

Die Pflanze soll nach dem Umsetzen möglichst genau in der Mitte des Topfes stehen. Nur einseitig wachsende Pflanzen wie Fensterblatt *(Monstera)* und einige Orchideen wie *Rossioglossum* werden mehr an den Rand des Gefäßes gesetzt, damit der neue Trieb Wuchsraum vor sich hat oder die sich entwickelnden Luftwurzeln in das Substrat geleitet werden können.

Nach dem Verpflanzen wird kräftig angegossen. Bis die Wurzelneubildung eingesetzt hat, soll aber nur mäßig gewässert werden.

Hydrokultur

Fast alle Pflanzenarten können in Hydrokultur gepflegt werden. Selbst empfindliche Arten, wie viele Orchideen, wachsen bei dieser Pflegemethode gut, wenn man die erforderlichen Kulturansprüche beachtet und die optimale Konzentration der Nährlösung einhält. Lediglich bei kurzlebigen Arten, die meist blühend gekauft werden, lohnt sich der Aufwand nicht.

Die Pflege von Zimmerpflanzen in

Hydrokultur wird oft der Erdkultur vorgezogen. Viele Pflanzenfreunde sind der Meinung, daß mit der Hydrokultur alle Probleme oder Zimmerpflege gelöst sind. Das ist jedoch nicht der Fall. Bei der Erdkultur werden Fehler der Düngung durch das Pufferungsvermögen des Substrates (Eigenschaft, innerhalb bestimmter Grenzen den *p*H-Wert weitgehend konstant zu erhalten) teilweise ausgeglichen. Vorteile der Hydrokultur sind hauptsächlich eine bessere Sauerstoffversorgung der Wurzeln, ein weitgehend gleichmäßiges Angebot an Wasser und bei richtiger Auswahl und Dosierung ein optimales Angebot an Nährstoffen. Die Gießarbeit wird vereinfacht, und kurze Abwesenheit des Pflanzenfreundes schadet den Pflanzen nicht. Die erforderliche Anstauhöhe der Nährlösung muß aber eingehalten werden.

Hydrotöpfe werden mit einer Pflanze, Einsätze der Wannen für Hydrobänke mit mehreren besetzt. Alle Pflanzen in einer Hydrowanne sollten die gleiche Wuchsintensität haben, damit schwachwachsende nicht unterdrückt werden. Auch auf weitgehend einheitliche Ansprüche der Pflanzen an die Nährlösungskonzentration ist zu achten. Damit Hydrobänke nicht zu schwer werden, verwendet man als Füllsubstrat vorwiegend Kunststoffborsten oder Blähton.

Während der letzten Jahre wurden die Methoden der Hydrokultur immer mehr verbessert. Man entwickelte z. B. mehrteilige Gefäßsysteme mit Langzeitversorgung und Kontrolleinrichtungen auf Schwimmerbasis zur schnellen Prüfung der Höhe des Nährlösungsstandes. Unterschiedliche Gefäße und die Kombination verschiedenartiger technischer Einrichtungen ermöglichen eine differenziertere Gestaltung und verringern den Aufwand beim Ansetzen der Nährlösungen sowie ihrer Kontrolle.

Hydrokultur

Hydrogefäße ohne und mit Reservetank

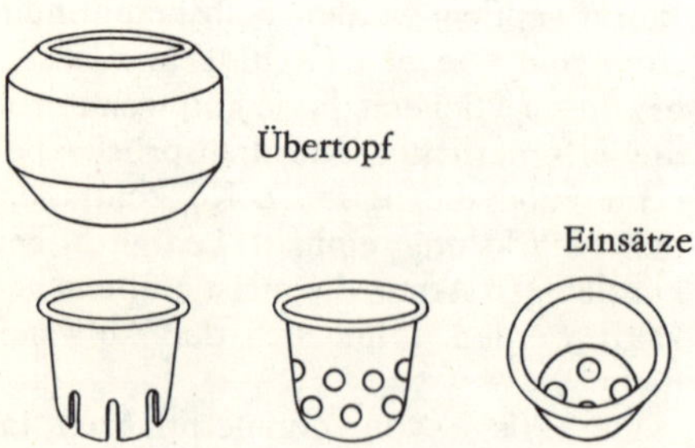

Hydrogefäße

Hydrotöpfe bestehen aus 2 Teilen, dem äußeren Kulturgefäß und dem Einsatz, in dem die Pflanze steht und mit den Wurzeln durch Löcher oder Schlitze in die Nährlösung hineinwächst. Im äußeren wasserdichten Hydrotopf befindet sich die Nährlösung. Er muß groß genug sein, um genügend Flüssigkeit aufnehmen zu können. Besonders bei starkwachsenden Pflanzen mit vielen Blättern ist darauf zu achten. Weniger Bedeutung hat das Material, aus dem sie hergestellt sind. Auch Hydrowannen bestehen aus 2 Teilen, der Wanne und dem Einsatz. Meist sind sie in sogenannte Hydrobänke eingearbeitet.

Füllsubstrate

Das Füllsubstrat hat nur die Aufgabe, den Wurzeln der Pflanzen eine gute Verankerung zu ermöglichen. Meist ist es anorganisch, nur selten organisch. Das Füllsubstrat darf mit der Nährlösung keine chemischen Verbindungen eingehen oder Nährstoffe festlegen. Seine Struktur muß eine ständige und gleichmäßige Durchlüftung gewährleisten, da die Wurzeln, ebenso wie die oberirdischen Pflanzenteile, Sauerstoff benötigen. Es darf keine organischen Bestandteile enthalten. Diese würden durch Verrottung das Füllsubstrat verdichten und zunehmend Fäulnis in der Nährlösung hervorrufen. Wichtig ist ferner eine gute Regenerierbarkeit. Aus der Nährlösung können an der Oberfläche des Substrates Salze auskristallisieren, die bei Befeuchten wieder aufgelöst werden und die Konzentration der Nährstofflösung erhöhen. Das kann zu Wurzelschäden und zum Verlust der Pflanzen führen. Ausschlaggebend für die Standfestigkeit der Pflanzen und die Standsicherheit des Pflanzgefäßes sind das Gewicht des Substrates und das Material, aus dem die Hydrogefäße bestehen. Besonders bei kleinen Gefäßen ist darauf zu achten. Leichte Materialien, wie Kunststoffborsten oder Blähton (Lecaton) gewährleisten hochwachsenden Pflanzen keine ausreichende Standsicherheit.

Kies, besonders Quarzkies, in Korngrößen von 4 bis 12 mm ist als Füllsubstrat gut geeignet. Er ist chemisch inaktiv und kalkfrei. Kies hält etwas Wasser, ohne sich selbst zu verändern, und ist leicht zu desinfizieren. Durch das Gewicht wird die Standfestigkeit auch von Einzelgefäßen bei hochwachsenden Pflanzen gewährleistet. Die Beschaffung ist in der Regel leicht.

Gesteinsplitte, auch einfach als Splitt bezeichnet, sind zerkleinerte Gesteine in den Korngrößen von 3 bis 10 mm (Feinsplitt) und 10 bis 30 mm Durchmesser (Grobsplitt). Geeignet ist Splitt aus Granit, Basalt oder Porphyr. Ungeeignet sind kalkhaltige Gesteine, da sie den *p*H-Wert stark erhöhen. Splitt, meist als Feinsplitt verwendet, ist wegen seiner Scharfkantigkeit etwas schwieriger zu handhaben als Kies. Die Verwendungseigenschaften der Splitte gleichen sonst denen des Kieses.

Blähton (Lecaton) hat Korngrößen von 0,5 bis 2 cm. Er wird aus kalkfreiem Ton im Drehofen bei 1200 °C gebrannt. Die Tonkugeln blähen sich beim Brennvorgang auf, das enthaltene Wasser verdampft und schafft bei einer geschlossenen Oberfläche eine poröse Struktur mit zahlreichen kleinen Hohlräumen. Deshalb ist der Blähton viel leichter als Kies oder Splitt und verleiht den Pflanzen nur eine geringe Standsicherheit. Trotz des ziegelähnlichen Ausgangsmaterials nimmt der Blähton nur wenig Wasser auf. Er ist chemisch inaktiv und vollkommen fäulnisfest.

Ziegelsplitt aus zermahlenen oder zerschlagenen Ziegeln und Blumentopfscherben nimmt viel Feuchtigkeit auf. Er ist als Füllsubstrat wenig geeignet.

Basaltwolle (Grodan) wird bei 1500 °C aus Basalt geschmolzen und hält die Feuchtigkeit sehr stark. Deshalb ist sie für die Hydrokultur ungeeignet.

Plastborsten (Biolaston) bestehen aus 1 bis 2 mm dicken und 3 bis 5 cm langen PVC-Nadeln. Die Hohlräume zwischen den Borsten können bis zu 90 % des Volumens betragen. Eine Wasserhaltefähigkeit besteht nicht. Bei der Verwendung ist darauf zu achten, daß sich durch schichtenweises Einbringen keine größeren Hohlräume bilden. Vorsicht ist we-

Begonia-Semperflorens-Hybride (Blüte gefüllt)

gen möglicher Wurzelverletzungen geboten. Plastborsten sind sehr leicht, weshalb die Standsicherheit der Pflanzgefäße gering ist. Sie sind vor allem für Wannen und Hydrobänke geeignet.

Sphagnum und Weißtorf können ein Vielfaches des Eigengewichtes an Wasser aufsaugen. Sie haben die Fähigkeit, größere Mengen von Nährstoffen anzulagern. Verwendet werden Sphagnum und Weißtorf besonders als Beimischung zu Substraten für Epiphyten wie Orchideen, Bromelien u. a. sowie für Pflanzen mit feinen, dünnen Wurzeln. Außer bei diesen Pflanzen werden sie bei der Hydrokultur nicht verwendet.

Füllsubstrate können mehrfach benutzt werden. Durch Dämpfen oder Kochen (30 min) sind sie zu sterilisieren. Plastborsten verformen sich dabei und sind dadurch weniger gut für eine nochmalige Verwendung geeignet.

Wasser

Die Beschaffenheit des Wassers ist für die Hydrokultur außerordentlich wichtig. Nur »weiches« Wasser ist gut geeignet. Weist es mehr als 10° dH auf, ist es für Orchideen, Bromelien und Farne zu enthärten. Der Zimmerpflanzenfreund kann sauber gewonnenes Regenwasser oder destilliertes Wasser verwenden. Das dem Wasser der Versorgungsnetze eventuell zugesetzte Chlor braucht man kaum zu berücksichtigen, da sein Anteil selten mehr als 0,2 mg/l beträgt, gasförmig zugesetzt wird und sich rasch verflüchtigt.

Nährlösung

Nährlösung ist mit Nährsalzen angereichertes Wasser. Die Anteile der einzelnen Nährstoffe müssen den unterschiedlichen artspezifischen Bedürfnissen der Pflanzen entsprechen. Blattpflanzen benötigen durchschnittlich ein Stickstoff-

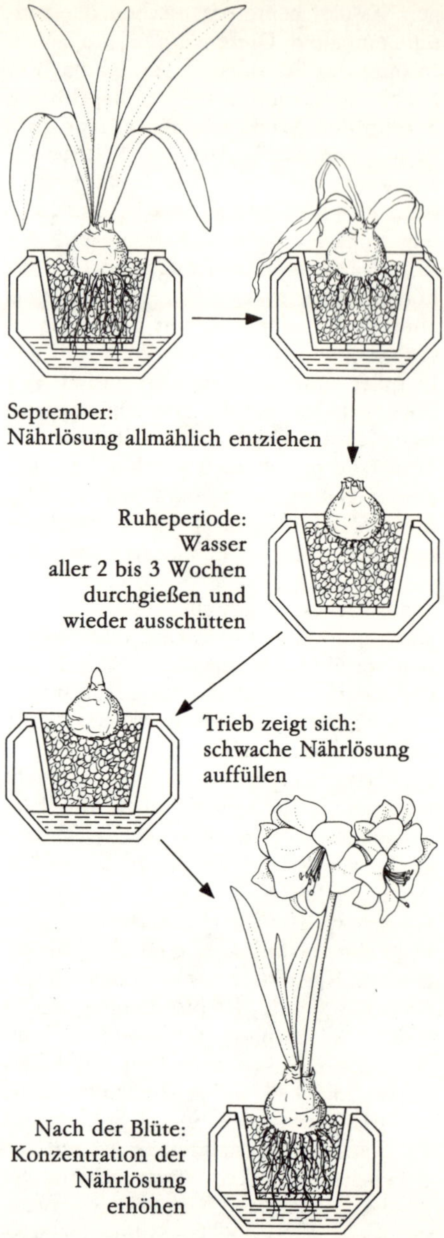

Hydrokultur bei Pflanzen mit ausgeprägter Ruheperiode – Kakteen, Zwiebelpflanzen (Beispiel *Hippeastrum*)

Kali-Verhältnis von 1:0,6, im Sommer bei starkem Wachstum von etwa 1:1 und im Winter bei weitgehendem Wachstumsstillstand zur Erhöhung der Widerstandskraft des Pflanzengewebes sogar von 1:2. Während der Wachstumszeit, etwa von März bis August, muß der Stickstoffanteil größer sein. Zum Ausreifen und z. T. zur Knospenbildung (teilweise schon ab Ende Juli) ist der Phosphor-Anteil zu erhöhen. Es ist deshalb unbedingt erforderlich, daß die Mengenverhältnisse der Nährstoffe in den Flüssigdüngern oder Nährsalzgemischen beachtet werden. Sie sind den Etiketten zu entnehmen.

Die Konzentration der Nährlösungen sollte zwischen 0,05 bis 0,5 %, in Ausnahmefällen bis 0,7 % betragen. Um Wurzelschäden und daraus resultierenden Verlusten vorzubeugen, finden meist nur Konzentrationen von 0,1 bis 0,2 % Verwendung. Das hat keine Nachteile, wenn in regelmäßigen Abständen die Nährlösung ergänzt bzw. ausgewechselt wird. Nur wenn die Abstände zu groß sind, können Mangelerscheinungen auftreten. Während der Vegetationsperiode, etwa ab März bis Anfang/Mitte September kann die volle Konzentration gegeben werden. Wenn das Wachstum weitgehend zum Stillstand gekommen ist, reicht die Hälfte oder noch weniger aus, da nur ein geringer Nährstoffbedarf besteht.

Seit 1974 gibt es die Nährstoffversorgung durch Langzeitdünger auf Ionenaustauscher-Basis. Bei dieser Methode stehen die erforderlichen Nährstoffe automatisch in einer für die Pflanzen leicht aufnehmbaren Form zur Verfügung. Die Nährstoffe sind in Ionenform an einen Kunstharzaustauscher gebunden und kommen nicht als Salzgemisch bzw. Flüssigdünger zur Anwendung. Durch die Salze im Gießwasser und Ausscheidungen der Pflanzenwurzeln erfolgt die Lösung der Nährstoffionen, und es stellt sich ein Gleichgewicht zwischen den Ionen der wässerigen Lösung (Nährlösung) und denen des Kunstharzkörpers (Ionenaustauscher) her. Dadurch wird ein langsamer Nährstoffstrom von längerer Dauer erzielt und eine Überdüngung vermieden. Das öftere Auswechseln der verbrauchten Nährlösung entfällt.

Wurzeln werden sichtbar: Wasser durch Nährlösung ersetzen

Topf wird zu klein: umtopfen (Wurzeln abschneiden oder Topf zertrümmern)

Wurzelentwicklung bei Hydrokultur

In Hydrokultur genommene Pflanzen werden in den ersten 2 bis 4 Wochen in reinem Wasser gepflegt. Wenn sich an den Öffnungen der Einsatzgefäße die Wurzelspitzen zeigen, gibt man die erste Nährlösung. Jeweils 1 g Nährsalz bzw. 1 cm^3 Flüssigdünger reicht während der Vegetationsperiode bei starkwüchsigen Pflanzen für 0,5 l, bei schwachwüchsigen für 2 l Nährlösung. Sie wird unmittelbar vor der Verwendung angesetzt. Man rührt so lange, bis sich die Salze vollständig aufgelöst haben; Flüssigdünger mischen sich schnell.

Einpflanzen

Für die Hydrokultur werden Stecklinge in Wasser bewurzelt. Jungpflanzen können auch von Erdsubstrat auf Hydrokultur umgestellt werden. Große Pflanzen eignen sich dazu nicht. Bei vorangegangener Erdkultur wird der Ballen zuerst durch vorsichtiges Ausschütteln vom Substrat befreit. In leicht angewärmtem Wasser werden anschließend ohne Beschädigung der Wurzeln alle erdigen Bestandteile ausgewaschen. Erst wenn das Wasser vollkommen klar bleibt, kann das Einsetzen in das Hydrogefäß erfolgen. Trotz aller Vorsicht beschädigte Wurzeln sind zuvor mit einem scharfen Messer abzuschneiden, da sie sonst in Fäulnis übergehen. Damit die Pflanzen einen festen Stand erhalten, müssen sie etwas tiefer im Füllsubstrat als zuvor in Erde stehen. Vor dem Einpflanzen wird etwas Füllsubstrat auf den Boden des Einsatzes des Hydrogefäßes verteilt. Anschließend setzt man die Pflanze ein. Sie wird dazu in der richtigen Höhe gehalten, und zwischen die Wurzeln füllt man

Einpflanzen bei Hydrokultur

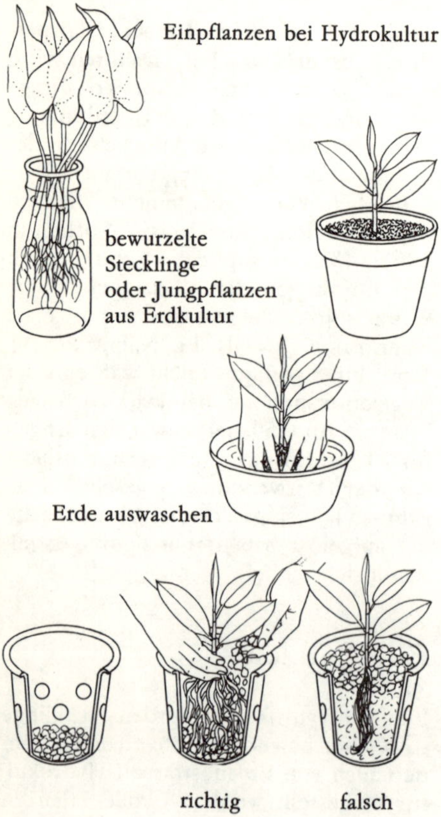

gleichmäßig das Füllsubstrat. Durch leichtes Schütteln des Gefäßes werden eventuell entstandene Hohlräume geschlossen. Bei der Verwendung von Plastborsten wird mit einem Holzstab nachgestopft, damit keine Hohlräume bestehenbleiben. Um Schäden an den Wurzeln zu vermeiden, darf nicht zu fest angedrückt werden. Hochwachsende Pflanzen erhalten durch einen Stab Halt.

Regenerieren von Füllsubstrat und Gefäßen

In Abhängigkeit von der Intensität der Verdunstung der Flüssigkeit kristallisieren an den Gefäßen und an der Oberfläche des Füllsubstrates Salze der Nährlösung aus. Nach jeweils 2 bis 3 Monaten ist deshalb eine Regenerierung dieser Materialien erforderlich. Sie erfolgt am einfachsten, wenn das Einsatzgefäß in lauwarmes Wasser gestellt wird. Dabei ist auf herausragende Wurzeln zu achten. Sie dürfen nicht verletzt werden, sonst entstehen Fäulnisherde. Nach 1 bis 2 Stunden haben sich die auskristallisierten Salze gelöst. Es wird noch einmal mit lauwarmem Wasser durchgespült, und das Einsatzgefäß kann wieder in den Übertopf gestellt werden.

Eine andere Form der Regenerierung ist das Überbrausen mit lauwarmem Wasser in der Badewanne. Die Pflanzen werden dabei gleichzeitig von Staub gesäubert. Das Überbrausen kann auch im Freien mit einer Gießkanne erfolgen. Günstig ist ein Regentag. Das Wasser löst die auskristallisierten Salze rasch auf. Ist dies erfolgt, können die Füllgefäße mit den Pflanzen wieder in den Übertopf in eine neue Nährlösung eingesetzt werden.

Umpflanzen

Die Pflanzen wachsen in Hydrokultur meist sehr rasch, weil ihnen die Nähr-

Epiphyllum-Hybride

stoffe optimal zur Verfügung stehen. Sind die Pflanzen zu groß geworden, müssen sie umgesetzt werden. Dabei sind aus dem Einsatzgefäß herausgewachsene Wurzeln einzukürzen. Notfalls muß das Gefäß zerschlagen werden, um Schäden am Wurzelballen so gering als möglich zu halten. Nach gründlicher Reinigung und Beseitigung aller beschädigten oder angefaulten Wurzeln wird in größere Hydrotöpfe umgepflanzt.

Vermehren

Vor dem Verpflanzen können alle Arten, die sich an der Basis verzweigen, geteilt werden. Überflüssige Sprosse finden als Stecklinge Verwendung. Man setzt mehrere Stecklinge dicht zusammen und etwas tiefer, ähnlich wie Jungpflanzen, in Hydrotöpfe mit klarem Wasser ein. Da die Stecklinge mehr Feuchtigkeit verdunsten, als sie aufnehmen können, sollte eine Plasttüte oder ein Glas über den Topf gestülpt werden. Darunter hält

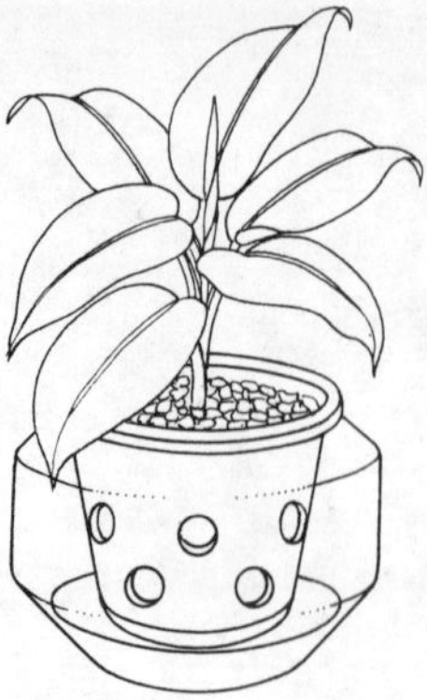

Stauhöhe im Hydrotopf beachten (vgl. Artbeschreibungen)!

sich höhere Luftfeuchtigkeit gut. Die Bewurzelung erfolgt bald. Wenn die Wurzelspitzen an den Löchern des Einsatzes zu sehen sind, kann Nährlösung verwendet werden.

Anstauhöhe

Bei schnell wachsenden Arten und Blattpflanzen sollte der Einsatztopf etwa 2 bis 3 cm, maximal ein Drittel seiner Höhe, in die Nährlösung eintauchen. Pflanzen mit geringem Feuchtigkeitsbedarf wie schwachwüchsigen Arten, Sukkulenten und Kakteen reicht 1 cm. Erfolgt ein zu hoher Anstau der Nährlösung, wird die Durchlüftung des Füllsubstrates verringert. Nur zu Beginn des Urlaubs bzw. bei längerer Abwesenheit des Pflegers sollte der höchste Anstau erfolgen. Bedingt durch den Vegetationsrhythmus ist bei einigen Pflanzen in der Ruhephase nicht anzustauen, sondern nur gelegentlich das Füllsubstrat anzufeuchten.

Der Verbrauch der Nährlösung wird von den Umweltbedingungen besonders durch Temperatur, Licht, Luftfeuchtigkeit, Luftbewegung und der artspezifischen Verdunstung der Pflanze bestimmt. Im Hochsommer und während der Heizperiode, bedingt durch die trokkene Zimmerluft, wird viel Wasser abgegeben. Damit keine zu hohe Konzentration der Nährlösung eintritt, muß öfter reines Wasser nachgefüllt werden.

Man kontrolliert den Stand der Nährlösung, indem man das Einsatzgefäß anhebt. Es gibt auch Kontrollsysteme auf Schwimmerbasis.

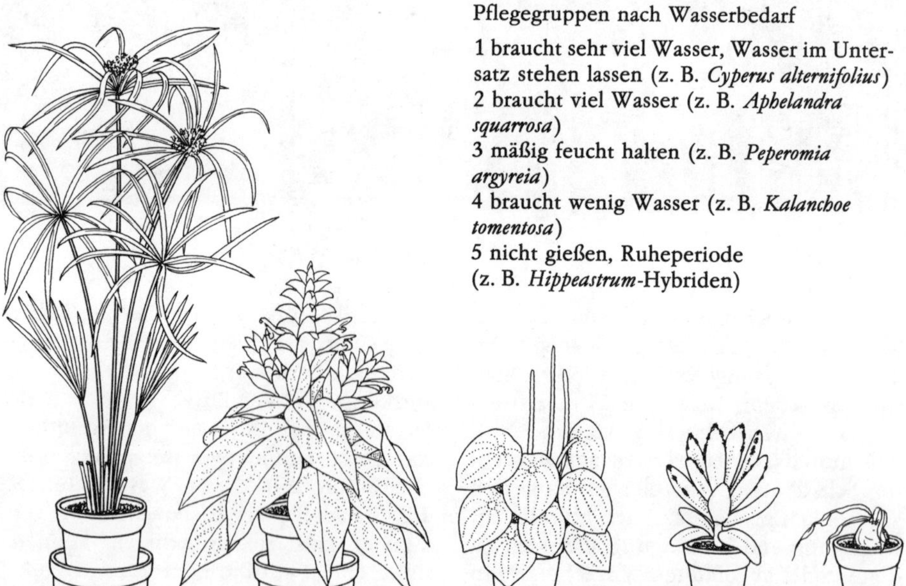

Pflegegruppen nach Wasserbedarf

1 braucht sehr viel Wasser, Wasser im Untersatz stehen lassen (z. B. *Cyperus alternifolius*)
2 braucht viel Wasser (z. B. *Aphelandra squarrosa*)
3 mäßig feucht halten (z. B. *Peperomia argyreia*)
4 braucht wenig Wasser (z. B. *Kalanchoe tomentosa*)
5 nicht gießen, Ruheperiode (z. B. *Hippeastrum*-Hybriden)

Pflanzen im Urlaub

Auch ein Pflanzenfreund möchte auf seine Urlaubsreise nicht verzichten. Er muß die Pflanzen für einige Zeit allein lassen. Am einfachsten ist es, wenn Verwandte, Nachbarn oder Freunde die Pflanzen während der Abwesenheit betreuen und die Gießarbeit übernehmen. Weil der Betreuer nichts vertrocknen lassen will, gießt er oft zu reichlich. Dadurch versumpft die Erde, Wurzeln faulen, und die Pflanzen leiden in unterschiedlichem Maße. Der Betreuer benötigt deshalb genaue Hinweise.

Während der Abwesenheit des Pflanzenfreundes sollen die Pflanzen hell, aber vor direkter Sonnenbestrahlung geschützt, aufgestellt werden. Ist der Standort dunkel, kann der Lichteinfall durch Reflektoren wie Aluminiumfolie, weiße Pappe oder entsprechend aufgestellte Spiegel verbessert werden. Man muß darauf achten, daß der Standort frei von Zugluft und starker Luftbewegung ist. Sonst wird die Verdunstung der Pflanzen beschleunigt.

Bei einem größeren Pflanzensortiment kann der Pfleger Hinweise verwechseln oder Angaben vergessen. Man sollte deshalb die Pflanzen zu Pflegegruppen, je nach ihren Bedürfnissen, zusammenstellen. Noch besser ist es, wenn jede Pflanze mit einem numerierten Schildchen oder mit unterschiedlich vielen Hölzchen versehen wird. Die Nummer oder die Anzahl der Hölzchen geben den Wasserbedarf an. Man kann das folgendermaßen einteilen:

1 Pflanze braucht sehr viel Wasser. Wasser im Untersatz stehenlassen
2 Pflanze braucht viel Wasser
3 Pflanze ist mäßig feucht zu halten
4 Pflanze benötigt wenig Wasser
5 Pflanze befindet sich in der Ruheperiode (Zwiebelpflanzen, Kakteen), nicht gießen.

Mit ähnlichen Angaben kann man die

Wasserbevorratung

ungünstig: Pflanzen in Schüsseln mit Wasser

Gießmattenverfahren: Pflanzen stehen bei ausreichenden Lichtverhältnissen auf ständig feuchten Matten (Wasserhahn tropfen lassen)

Töpfe in Gefäß mit Ziegelsplitt einsenken

Pflanzen auch während seiner Abwesenheit zur Pflege außer Haus geben. Besteht keine Möglichkeit, die Pflegearbeiten Freunden anzuvertrauen, so kann man sich auch auf andere Weise helfen.

Pflanzenpflege während des Urlaubs

Dochtverfahren mit Wollfaden oder Vlies

Wasserbevorratung

Die Pflanzen können in Schüsseln oder Wannen mit Wasser gestellt werden. Durch das Wasserabzugsloch im Blumentopf versorgt sich die Pflanze. Dieses Verfahren birgt jedoch Gefahren in sich. Wird zuviel Wasser angestaut, erhalten die Wurzeln keinen Sauerstoff und verfaulen. Füllt man zuwenig Wasser ein, ist es vorzeitig verbraucht, und die Pflanzen vertrocknen. Es ist schwierig, das richtige Maß zu finden, zumal meist Erfahrungswerte fehlen. Bei warmer Witterung ist das Wasser rasch aufgesogen. Während kühler Wetterperioden haben die Pflanzen einen geringeren Bedarf. Die Größe der Pflanzen und die Stärke der Verdunstung spielen ebenfalls eine Rolle.

Gießmattenverfahren

Das im Gartenbau bekannte Gießmattenverfahren kann auch dem Pflanzenfreund im Urlaub bei der Pflege der Pflanzen helfen. Dazu wird in der Badewanne ein großes, saugfähiges Tuch ausgebreitet und befeuchtet. Auf dieses werden die Pflanzen gestellt. Den Wasserhahn läßt man tropfen. Die Pflanzen nehmen durch das Loch des Blumentopfes die erforderliche Feuchtigkeit auf. Auch die Luftfeuchtigkeit wird erhöht. Man sollte bereits einen Tag vor der Abreise den Wasserbedarf ermitteln. Der Wasserhahn wird so eingestellt, daß das Tuch ständig feucht ist, aber kein Wasser abfließt und vergeudet wird.

Ziegelsplitt im Übertopf

Bei dieser Methode werden Scherben, besonders zerkleinerte Stücke von alten Blumentöpfen oder Ziegelsteinen verwendet. In einen Übertopf oder in ein anderes wasserdichtes Gefäß wird so viel Ziegelsplitt eingefüllt, daß der Rand des

Blumentopfes mit dem des Übertopfes abschließt. Bis zum Boden des Blumentopfes wird Wasser in das Übergefäß eingefüllt, so daß der Wurzelballen nicht naß steht. Danach wird der Zwischenraum zwischen Topf und Übertopf mit feuchtem Ziegelsplitt, der Wasser nachsaugt, aufgefüllt. Dadurch wird der Wurzelballen der Pflanze feucht gehalten.

Dochtverfahren

Altbekannt ist das Dochtverfahren, bei dem ein dicker Wollfaden das Wasser aus einem Vorratsbehälter in den Blumentopf leitet. Je höher das Vorratsgefäß steht, je dicker der zuvor angefeuchtete Docht und je kürzer der Weg bis zur Pflanze ist, um so mehr Feuchtigkeit erreicht die Pflanze. Dabei kommt das Kapillarprinzip zur Wirkung. Ein Faden ist ein ganzes Kapillarbündel. Der Wasserfluß und die erforderliche Menge der Wasserbevorratung müssen vor Antritt der Reise ausprobiert werden. Reicht ein Faden nicht aus, sollten mehrere je Topf verwendet werden. Schmale Streifen von Vliesstoff leiten meist mehr Wasser als ein Wollfaden weiter. Auf ähnliche Weise arbeitet das »Blumat«-Verfahren. Hierbei gelangt das Wasser aus einem Vorratsbehälter durch einen dünnen Schlauch in einen Tonzylinder, der im Blumentopf steckt. Durch dessen Wandung diffundiert das Wasser in das Substrat des Blumentopfes.

Bei einem anderen Dochtverfahren werden die Pflanzen auf einen umgedrehten Blumentopf in ein flacheres Gefäß mit Wasser gestellt. Durch einen zuvor angefeuchteten Docht aus Wolle oder Vlies wird das Wasser durch das Abzugsloch im Blumentopf direkt zur Erde und damit zu den Wurzeln geleitet. Man kann auch Dochte direkt an einem schwach tropfenden Wasserhahn anbringen. Er wird so eingestellt, daß Wasser ständig durch den Docht zur Pflanze gelangt. Damit kein Wasser vergeudet wird, soll der Hahn nur so weit aufgedreht werden, daß der Docht ständig feucht ist.

Die Dochtverfahren gewährleisten eine ständige Wasserzufuhr. Man kann jedoch die Menge des Wassers nicht entsprechend dem Bedarf der Pflanze dosieren. Die Quantität des zugeführten Wassers ergibt sich aus der Dicke des Wollfadens oder der Breite des Vliesstreifens bzw. deren Länge und bleibt konstant.

Verfahren nach Ward

Das Prinzip der sogenannten Wardschen Kästen entspricht der heute beliebten und aus diesem Verfahren entwickelten Flaschengärten. Es sind gläserne Gefäße mit Pflanzen, die vollkommen bzw. weitgehend verschlossen sind. Nach dem Angießen benötigen die Pflanzen für einen längeren Zeitraum kein neues Wasser, da sich im Gefäß ein geschlossener Kreislauf herausbildet. Transpiration und Kondensation befinden sich im Gleichgewicht.

Man verwendet lichtdurchlässige Planen aus Folie. Sie werden über ein Holzgestell in Form einer Vitrine bzw. eines Kleingewächshauses gespannt. Ist kein Holzgestell vorhanden, stehen kleinere Pflanzen am Rand, höhere in der Mitte. Die Plane wird nach oben beutelartig zusammengezogen und zugebunden. Damit die Pflanzen nicht gedrückt werden, hält ein Faden, nach oben gespannt, den Beutel aufrecht. Ehe die Pflanzen in dieses Behältnis gestellt werden, sind sie durchdringend gegossen worden. Zwischen die Blumentöpfe kommt feuchtes Moos, Sand, Torf oder auch Erde. Wichtig ist, daß kein Gasaustausch erfolgt und die sich entwickelnde feuchte Luft nicht entweicht. Das verdunstete Wasser schlägt sich an der Folie nieder, rinnt an den Wandungen herab, befeuchtet das Material, in das die Töpfe eingesenkt sind, und damit die Pflanzen. Nach langer Abwesenheit sollte man zunächst die

Pflanzenpflege während des Urlaubs

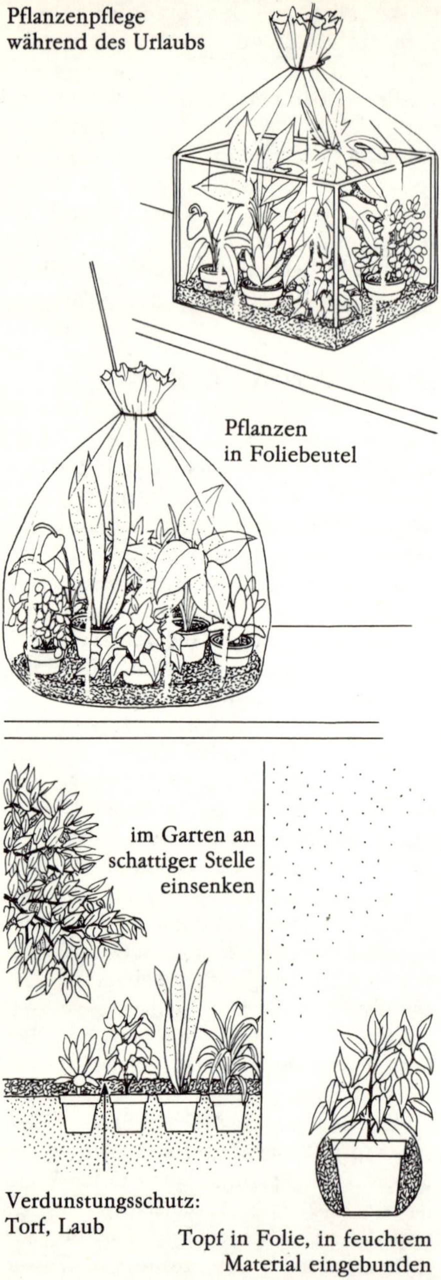

Folie einige Tage lang nur wenig öffnen, bis sich die Pflanzen an die geringere Luftfeuchtigkeit der Zimmerluft wieder gewöhnt haben.

Einschlagen in Erde

Wenn ein Garten vorhanden ist, kann man Pflanzen, die im Freien stehen können, mit oder besser ohne Topf in die Erde einsenken. Zuvor wird reichlich gegossen, damit sich das Pflanzsubstrat richtig vollsaugt. Als Standort sucht man eine schattige Stelle aus, doch nicht unter dem dichten Blätterdach eines Baumes oder im Regenschatten des Hauses. Nach dem Einsenken wird die Erde gut durchfeuchtet und danach mit Laub, abgeschnittenem Gras oder Folie abgedeckt. Ähnlich kann man die Pflanzen auch auf dem Balkon an einer schattigen Stelle in einer Kiste mit feuchter Erde unterbringen.

Die Verdunstung verringert man auch, wenn der Blumentopf von feuchter Erde, Torf oder Sand umgeben in einen Foliebeutel eingebunden wird. Noch günstiger ist es, die Pflanze zuvor auszutopfen. Die so eingebundenen Pflanzen werden an einem schattigen, luftfeuchten Standort im Freien oder an einem Kellerfenster aufgestellt.

Vermehren

Vermehrung durch Samen

Zahlreiche Zimmerpflanzen können vom Pflanzenfreund selber aus Samen herangezogen werden. Im Samenkorn ist die junge Pflanze als Embryo angelegt. Er wird vom Nährgewebe umgeben, ist ihm seitlich angelagert, oder die Nährstoffe sind in den Keimblättern gespeichert. Der Keimvorgang wird durch Wasser, die erforderliche Temperatur, Sauerstoff und evtl. Licht eingeleitet. Zuerst quillt das Samenkorn, dann bilden sich Keimwurzel, später Keimblatt bzw. Keimblätter und der Sproß. Zu Beginn des Keimvorganges erhält das Pflänzchen die Nährstoffe aus dem

Nährgewebe des Samens. Später erfolgt die Nahrungsaufnahme durch die Wurzeln.

Einkeimblättrige Pflanzen (Monocotyledone) bilden nur ein Keimblatt, meist in röhrenartiger oder schuppiger Form. Das Keimblatt verbleibt vollkommen oder teilweise in der Samenhülle, während sich das erste Laubblatt über der Erde entwickelt. Zweikeimblättrige Pflanzen (Dicotyledone) haben zwei Keimblätter, die sich über oder unter der Erde ausbilden.

Der Zimmerpflanzenfreund benötigt nur eine oder wenige Pflanzen derselben Art. Er wird deshalb in kleinen Gefäßen wie Blumentöpfen oder Schalen aussäen. Das Substrat soll – bis auf wenige Ausnahmen – sandig und humos sein. Man kann auch Gartenerde mit Sand und Torf vermischt oder nur sandige Gartenerde verwenden. Um alle Pilzkeime und Unkrautsamen abzutöten, empfiehlt es sich, das Substrat vor der Aussaat zu sterilisieren, am einfachsten 30 Minuten lang bei etwa 120 °C in der Backröhre. Die mäßig feuchte Erde wird gesiebt. Der grobe Anteil dient als Dränage. Auf diesen kommt fein gesiebte Erde, bis etwa 1 cm unter den Rand des Gefäßes. Sie wird glatt gestrichen und leicht angedrückt. Besonders bei feinem Saatgut ist das Substrat vor der Aussaat anzufeuchten, damit der Samen beim Angießen nicht verschlämmt wird.

Das Saatgut wird am einfachsten mit Hilfe einer Samentüte ausgestreut. Mit der rechten Hand drückt man sie etwas zusammen, und der Samen wird durch vorsichtiges Schütteln oder Klopfen mit dem Zeigefinger auf der Substratoberfläche gleichmäßig verteilt. Dunklen Samen kann man zur Markierung mit Sand vermischen, muß dann aber etwas dich-

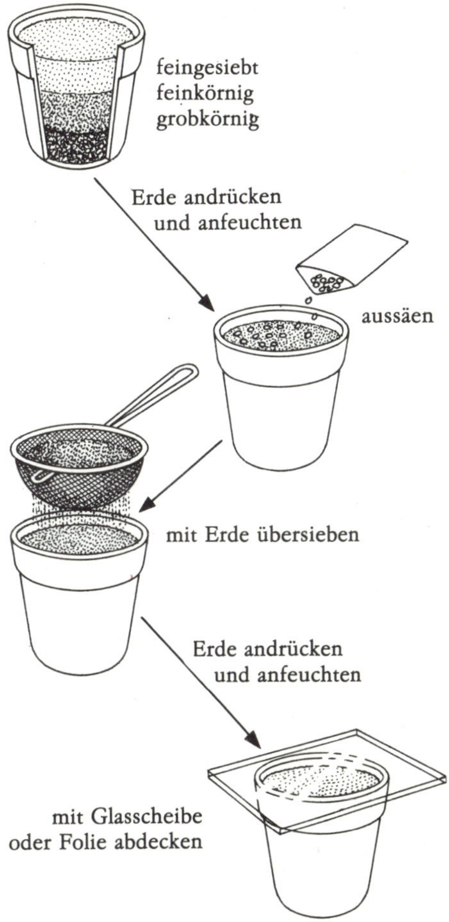

Aussaat

Dieffenbachia maculata 'Jenmanni'

ter säen. Große Samenkörner werden einzeln ausgelegt oder flach in die Erde eingedrückt.

Feines Saatgut, besonders von Lichtkeimern, bedeckt man nicht. Es wird nur angedrückt und evtl. vorsichtig angefeuchtet. Größere Samen werden mit einer Schicht Erde bedeckt, die so dick sein soll, wie der Samen groß ist, höchstens doppelt so stark. Damit eine gute Verbindung mit dem Boden erfolgt, drückt man die Erde leicht an und gießt vorsichtig. Das Aussaatgefäß kann auch in eine Schüssel mit Wasser gestellt werden. Durch das Abzugsloch saugt sich die Erde mit Wasser voll. Ebenso kann man einen Wasserzerstäuber zum Anfeuchten benutzen. Damit die Erde möglichst gleichmäßig feucht bleibt, wird eine Glasscheibe über das Aussaatgefäß gelegt oder eine Folientüte darüber gestülpt. Bei gleichmäßiger Feuchtigkeit keimen die Samen einheitlicher. Anfangs soll der Standort möglichst hell sein. Bei einem zu hellen Standort im Fenster wird das Aussaatgefäß mit Papier abgedeckt. Auch dadurch bleibt die Feuchtigkeit konstanter.

Um die Keimdauer hartschaliger Samen zu verkürzen, werden sie mit chemischen Mitteln geätzt. Dadurch wird die Samenschale wasserdurchlässiger. Diese Methode sollte dem Fachmann vorbehalten bleiben. Der Pflanzenfreund wird mit einem Messer die harte Schale ankerben oder sie anfeilen. Dabei darf aber nur die Schale verletzt werden. Kleinere, hartschalige Samen werden vorsichtig mit einem Hartgummi- oder Holzhammer geklopft bzw. zwischen zwei Brettern mit Quarzsand gerieben. Auch Einweichen in 75 bis 80 °C warmem Wasser, in dem die Samen bis zum Erkalten verbleiben, verkürzt die Keimdauer.

Nach der Aussaat werden auf kleine Holz- oder Plastschildchen Namen und Aussaatdaten zur Kontrolle geschrieben. Das ist erforderlich, weil die Keimdauer der einzelnen Arten, oft auch der einzelnen Samen verschieden ist. Die Keimung kann schon nach wenigen Tagen erfolgen oder erst nach mehreren Wochen. Hartschalige Palmensamen benötigen z. B. oft 3 Monate, manchmal bis zu einem Jahr.

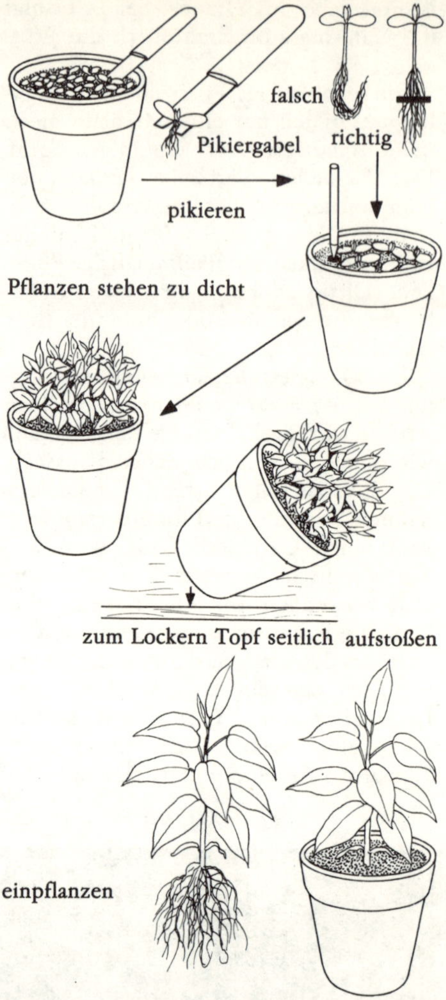

Jungpflanzenaufzucht

Pikieren

Haben sich die Keimblätter entfaltet und ist die Samenschale abgestoßen, wird der Platz für das weitere Wachstum der Sämlinge oft schon zu eng. Sie müssen ver-

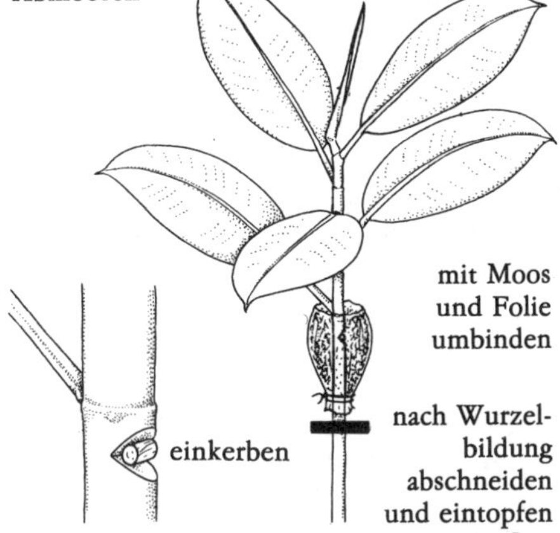

Abmoosen

einzelt oder pikiert werden. Zum Pikieren eignen sich Töpfe und Schalen. Das Substrat entspricht dem der Aussaat, kann jedoch etwas gröber und auch weniger sandig sein. Man richtet das Gefäß wie zur Aussaat her. Bei viereckigen muß die Erde in den Ecken leicht angedrückt werden, da sonst Hohlräume entstehen, die später zusammenfallen. Die Sämlinge werden je nach ihrer Größe mit einem Hölzchen, der Pikiergabel, oder mit der Hand herausgenommen und in das neue Substrat eingepflanzt. Der Abstand zwischen den Pflanzen soll ihrer Größe bzw. der Schnelligkeit ihres Wachstums entsprechen. Zuvor wird die lange Wurzelspitze entfernt, weil sie sich sonst im Boden u-förmig umbiegt und längere Zeit zum Einwurzeln benötigt. Die Wurzel verzweigt sich durch die Verkürzung besser und rascher. Bei Palmen und anderen großwüchsigen einkeimblättrigen Pflanzen, die eine Pfahlwurzel haben, wird nicht pikiert, sondern man topft gleich ein.

Bald sind die Pflanzen herangewachsen und stehen wieder zu eng. Sie werden nochmals pikiert, oder starke Pflanzen erhalten schon ihren eigenen Topf mit nährstoffreicherem Substrat. Um nochmals zu pikierende Pflanzen unbeschädigt aus dem Gefäß herausnehmen zu können, wird es mit der Kante seitlich aufgestoßen. Dadurch behalten die Pflanzen einen guten Wurzelballen.

Teilen

Die einfachste Vermehrungsart ist die Teilung. Pflanzen, die an ihrer Basis mehrere Vegetationspunkte bilden, können geteilt werden. Usambaraveilchen *(Saintpaulia)* entwickeln oft im Alter mehrere Blattrosetten, die abgetrennt und einzeln eingepflanzt werden können. Jedes Teilstück muß mindestens eine Sproßachse und genügend Wurzeln besitzen. Gleichwertige Teilstücke oder Seitensprosse werden als junge Pflanzen weitergepflegt, z. B. von Bromelien oder der Klivie. Die Schnittfläche wird gegen Fäulnis mit Holzkohle eingepudert. Eine Teilung oder das Abtrennen von Seitensprossen sollte nur bei einsetzendem Neutrieb und Wurzelwachstum erfolgen. Der günstigste Zeitpunkt ist beim Verpflanzen.

Abmoosen

Pflanzen, die zu groß geworden sind, haben oft eine verkahlte Sproßachse und nur an der Spitze einen Blätterschopf, z. B. Drachenbaum *(Dracaena)*, *Dieffenbachia* und Gummibaum *(Ficus)*. Die beblätterten Triebspitzen können zur Bewurzelung gebracht werden und wachsen schnell wieder zu dekorativen Pflanzen heran. Eine Methode zur Bewurzelung an der Sproßachse ist das Abmoosen, so genannt, weil die Wurzelbildung in Moos erfolgt. Unter dem 6. bis 8. Blatt einer Triebspitze wird die Sproßachse $1/3$ bis zur Hälfte eingekerbt. Gegen Fäulnis kann die Schnittfläche mit Holzkohlenpulver eingepudert werden. Damit sich die Triebspitze nicht in der Richtung der Kerbe senkt oder gar abbricht, wird ein sauberer Kieselstein oder ein Hölzchen in die Kerbe geklemmt. Etwa 5 bis 8 cm unter der Kerbe wird der Stamm mit Folie tütenartig umgeben und festgebunden. Anschließend füllt man bis einige Zentimeter über die Kerbe Moos ein und bindet darüber die Folie zusammen. Das Moos muß ständig feucht gehalten werden. Bei Zimmertemperatur bilden sich bald Wurzeln. Ist das Moos gut von ihnen durchwachsen, kann der Sproß als selbständige Pflanze abgetrennt und nach Entfernen der Folie eingepflanzt werden. Die auf diese Weise zurückgeschnittene Pflanze treibt aus den oberen ruhenden Knospen meist wieder aus. Sprosse, die sich daraus entwickeln, können bei entsprechender Größe zur Vermehrung dienen.

Adventivsprosse, Brutpflanzen

Es gibt Pflanzenarten, die sich auch in der Natur vegetativ vermehren. Einige *Kalanchoe*-Arten zum Beispiel bilden Adventivpflanzen, sogenannte Brutpflanzen am Rand ihrer Blätter. Bei Streifenfarn *(Asplenium dimorphum)* entwickeln sie sich auf den Blattrippen, bei der Grünlilie *(Chlorophytum comosum)* am Blütenstand. Sie werden vom Pflanzenfreund als Kindel bezeichnet. Kindel werden auch Seitensprosse genannt, die sich seitlich der Hauptachse bilden. Haben sie eigene Wurzeln entwickelt, können sie abgetrennt, eingetopft und als selbständige Pflanze weitergepflegt werden. Fleischige Trennstellen pudert man vorbeugend gegen Fäulnis mit Holzkohle ein.

Günstigster Zeitpunkt für die Vermehrung durch Kindel ist der Beginn der Vegetationsperiode. Sie kann jedoch auch noch bis August erfolgen. Zum Einpflanzen sollte man anfangs kleine Töpfe wählen. Sobald der Ballen gut durchwurzelt ist, muß verpflanzt werden.

Stecklinge

Manche Pflanzen müssen zurückgeschnitten werden, wenn sie sich gut verzweigen sollen. Die abgeschnittenen Triebspitzen können ebenso wie die beim Auslichten anfallenden Sproßteile zur Stecklingsvermehrung verwendet werden. Es gibt auch Arten, deren Blätter oder Blatteile an der Schnittfläche Wundgewebe (Kallus) und daraus Wurzeln sowie Neutriebe bilden können. Der Gärtner hat sich die Fähigkeit der Pflanzen, Adventivknospen zu entwikkeln, zunutze gemacht und entsprechende Methoden erarbeitet, um rasch und sicher größere Jungpflanzenbestände heranzuziehen. Auch der Zimmerpflanzenfreund kann auf diese Weise seine Bestände verjüngen.

Elektrisch beheizbare Vermehrungsbeete mit durchsichtigen Plasthauben, unter denen die Luftfeuchtigkeit hoch ist, sind für die Stecklingsvermehrung besonders günstig. Blumentöpfe und Schalen, die zur Erhöhung der Luftfeuchtigkeit mit einem Glas oder einer Folietüte bedeckt werden, sind bei Bodenwärme ebenso gut geeignet.

Die Stecklinge werden in ausgewaschenen Sand von 0,5 bis 1,5 mm Korn-

Besonders günstige Bedingungen zur Bewurzelung von Stecklingen

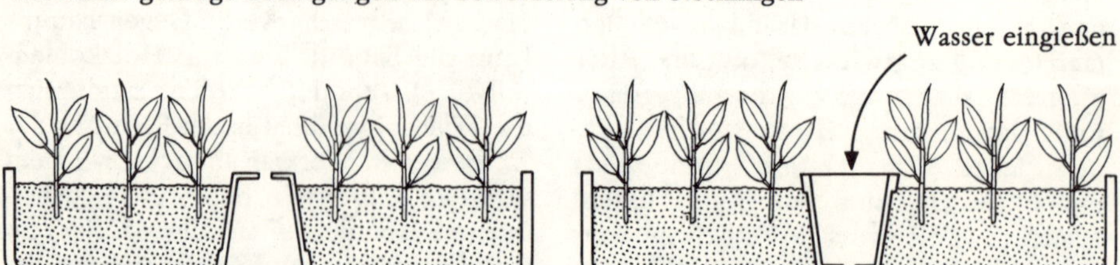

größe gesteckt. Auch Perlit ist gut geeignet. Besonders günstig sind Sand-Torf-Gemische im Verhältnis 1:1, 2:1 oder 1:2. Die Bewurzelung erfolgt bei optimaler Temperatur, Luftfeuchte und Lichtmenge rasch und ist artspezifisch. Bei Tontöpfen oder Schalen ist das Luft-Wasser-Verhältnis am Rand besonders gut, was sich auf die Bewurzelung positiv auswirkt. Um diese günstigen Verhältnisse zu schaffen, kann man einen umgestülpten Blumentopf in eine Schale stellen und den Zwischenraum mit Vermehrungssubstrat ausfüllen. Bei einer ähnlichen Methode stellt man den Blumentopf mit der Öffnung nach oben in ein Gefäß ohne Wasserabzugloch. Auch hierbei wird der Zwischenraum mit Vermehrungssubstrat ausgefüllt. Gegossen wird in den Blumentopf. Durch das Wasserabzugloch des Topfes wird das Vermehrungssubstrat befeuchtet, wodurch keine Stecklinge beim Gießen ausgespült werden können. Für den Zimmerpflanzenfreund, der nur wenige Exemplare einer Art benötigt, ist diese Methode besonders gut geeignet. Stecklinge, die sich schnell bewurzeln, z. B. die der Buntnessel *(Coleus)*, können gleich in kleine Töpfe gesteckt werden. In diese wird etwa ¼ bis ⅓ Kultursubstrat, darauf ein Torf-Sand-Gemisch gefüllt. Das Stecken ist auch direkt in das Kultursubstrat möglich. Stecklinge vieler Arten bewurzeln sich auch in einem Glas oder einer Flasche mit Wasser.

Die Stecklingsvermehrung erfolgt am günstigsten zu Beginn der Vegetationsperiode etwa ab Ende Februar bis Mai/Juni. Zahlreiche Pflanzen bilden auch noch im August rasch Wurzeln. Die Vermehrung soll möglichst so zeitig im Jahr erfolgen, daß die jungen Pflanzen vor der winterlichen Ruheperiode das Substrat nach dem Eintopfen gut durchwurzelt haben. Der Sproß muß eine gewisse Reife erlangen.

Die zur Stecklingsvermehrung verwendeten Pflanzenteile müssen gut ernährt sein. Der Steckling bildet aus den an die Schnittfläche angrenzenden Zellschichten ein Wundgewebe (Kallus). Aus diesem, einer gewissen Form von Meristemgewebe (teilungsfähiges Gewebe), differenzieren sich Adventivwurzeln und Adventivsprosse. Wichtig ist, daß der Steckling nicht welkt, weil er seinen Wasserhaushalt kaum ergänzen kann.

Die Zeitdauer bis zur Bewurzelung ist art- bzw. sortenspezifisch und hängt von den Umweltbedingungen ab. Im Handel erhältliche Präparate können die Bewurzelung beschleunigen. Die Stecklinge sollen mit einem einseitig angeschliffenen Stecklingsmesser ziehend geschnitten werden, damit das Zellgewebe nicht gequetscht wird. Auch eine Rasierklinge kann man verwenden. Saftige Stecklinge können gebrochen werden. Der Schnitt erfolgt gerade (rechtwinklig zur Sproßachse) oder wenig schräg. Er soll 1 bis 5 mm unter einem Blattknoten (Nodium) erfolgen, da hier die größte Bereitschaft zur Kallusbildung besteht. Bei einigen Arten, wie bei der Buntnessel *(Coleus)*, bildet sich auch noch weiter entfernt vom Blattknoten Kallus. Beim

Vriesea heterostachys

Gummibaum *(Ficus)* erfolgt der Schnitt schräg durch das Nodium.

Um die Verdunstung der Stecklinge zu verringern, kann man die Blätter bis auf ein Drittel ihrer Länge kürzen. Eine derartige »Verstümmelung« sollte aber nur bei rasch wachsenden Arten erfolgen. Pflanzen, die eingekürzte Blätter längere Zeit behalten, wirken unschön. Genügend hohe Luftfeuchtigkeit macht das Kürzen überflüssig. Bei großblättrigen Pflanzen kann man die Blätter zur Verringerung der Verdunstung nach oben zusammenbinden, z. B. Wunderstrauch *(Codiaeum)*, oder zusammenrollen, z. B. Gummibaum *(Ficus elastica)*.

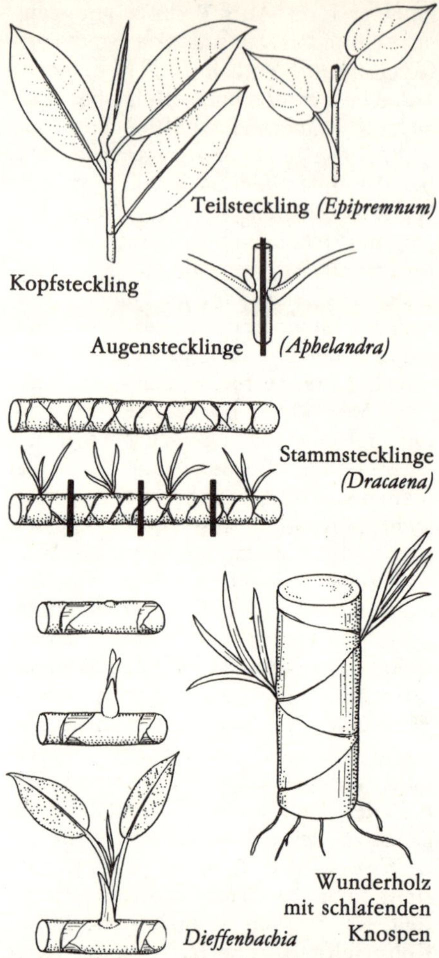

Triebstecklinge und Stammstecklinge

Vor dem Stecken füllt man das Substrat in das Gefäß, drückt leicht an und befeuchtet. Der Steckling wird etwa 1 cm tief gesteckt und mit 3 Fingern angedrückt, ohne ihn zu quetschen. Man kann auch ein Hölzchen zum Vorlochen verwenden. Unter dem Steckling darf kein Hohlraum verbleiben.

Unbewurzelte Stecklinge können kaum Wasser aufnehmen. Deshalb soll das Substrat stets gleichmäßig feucht sein, damit die Kallus- und Wurzelbildung ohne Stockung erfolgen kann. Da der Steckling nicht fähig ist, die durch Verdunstung abgegebene Feuchtigkeit zu ersetzen, hat eine gleichbleibend hohe relative Luftfeuchtigkeit größte Bedeutung. Bei Bedarf ist ein Besprühen mit Wasser notwendig. Im Durchschnitt soll die Bodentemperatur 20 bis 24 °C, die Lufttemperatur etwa 18 bis 20 °C betragen. Einige Arten benötigen höhere Temperaturen, oder sie bewurzeln sich bei diesen schneller. Die Temperaturen sollen nachts nicht oder nur wenig absinken. Bewurzelung erfolgt am besten bei hellem, diffusem Licht. Direkte Sonnenbestrahlung bewirkt meist eine trockenere Luft und stärkere Verdunstung. Sie ist zu vermeiden.

Als **Kopfstecklinge** werden Triebspitzen verwendet. Sie haben außer dem Vegetationspunkt, der Endknospe, 2 bis 3 ausgewachsene Blätter. Mit beginnender Bewurzelung des Stecklings treibt die Endknospe aus.

Teilstecklinge werden häufig auch als Triebstecklinge bezeichnet. Es sind Sproßstücke, die man unterhalb des Kopfstecklings von der Pflanze entnimmt. Sie werden, wie bei der Efeutute *(Epipremnum)*, in Teile mit 2 bis 3 Blattansätzen geschnitten. Aus den ruhenden Knospen in den Blattachseln entwickeln sich die Neutriebe.

Stammstecklinge sind Sproßachsen, die in Vermehrungssubstrat oder *Sphag-*

num-Moos eingelegt werden, z. B. Drachenbaum *(Dracaena)*. Die ruhenden Knospen treiben nicht immer gleichzeitig aus. Ausgetriebene werden, wenn sie eine gewisse Größe erreicht haben, abgetrennt und wie Kopfstecklinge behandelt. Sind schon Wurzeln gebildet, können die Sprosse abgeschnitten und wie Jungpflanzen eingetopft werden. Von Palmlilie und Drachenbaum, dem Wunderholz, *(Yucca, Dracaena)* pflanzt man unterschiedlich lange Stücke der Sproßachse mit dem unteren Ende in nicht zu große Töpfe in Vermehrungssubstrat, unter dem sich normales Pflanzsubstrat befindet. Bald bilden die Stammstecklinge Wurzeln und treiben an der Spitze aus einer oder mehreren »schlafenden« Knospen. Stammstecklinge kann man aber auch so schneiden, daß Stücke mit einer ruhenden Knospe in Vermehrungssubstrat eingelegt und nach erfolgtem Austrieb als Jungpflanze eingetopft werden, z. B. *Dieffenbachia*.

Stammstecklinge mit gegenständigen Blättern treiben meist ungleich aus. Bei zahlreichen Arten kann man die Sproßachse spalten, so daß jedes Blattpaar 2 Stecklinge ergibt. Jeder Steckling hat ein Blatt und eine ruhende Knospe. Er wird auch als **Augensteckling** bezeichnet. Man wendet diese Vermehrungsart z. B. beim Glanzkölbchen *(Aphelandra squarrosa)* an.

Als **Blattstecklinge** werden ausgereifte, nicht verhärtete Blätter verwendet. An ihnen bleiben einige Zentimeter des Stieles, der in das Substrat gesteckt wird. An seiner Basis bildet sich der Kallus, aus dem sich Wurzeln und Adventivsprosse entwickeln. Nach der Jungpflanzenbildung können die Blätter oberhalb der Jungpflanzen abgeschnitten und nochmals zur Vermehrung verwendet werden. Die Blattstecklinge vieler Arten, z. B. Usambaraveilchen *(Saintpaulia)*, wurzeln und entwickeln Sprosse auch in Wasser. Eine andere Form von Blattstecklingen findet bei der Vermehrung von Begonia-Rex-Hybriden statt.

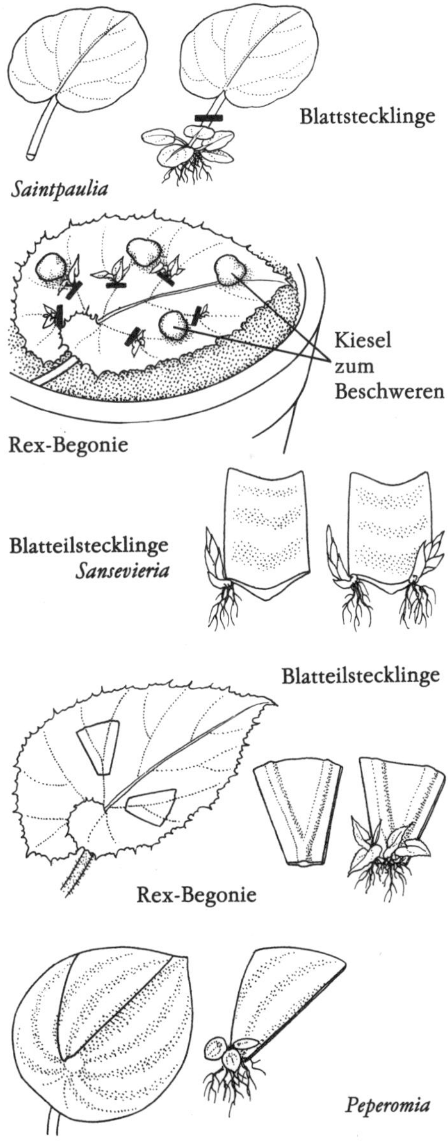

Blattstecklinge und Blatteilstecklinge

Ganze Blätter werden auf das Substrat gelegt, an den Nervengabelungen eingeschnitten und mit Kieselsteinen beschwert, damit die Schnittflächen eine gute Verbindung mit dem Substrat bekommen. An den Schnittstellen bilden sich bald Wurzeln und Adventivsprosse.

Coleus-Blumei-Hybride

Blatteilstecklinge (entwickelt aus der zuvor genannten Methode) erhält man durch Zerschneiden der Blätter, die, wie bei Begonia-Rex-Hybriden, keilartig aus dem Blatt an den Nervenverzweigungen herausgeschnitten werden. Man bezeichnet sie auch als Blattkeilstecklinge. Andere Blätter können in 2 bis 4 Stücke aufgeteilt werden, z. B. beim Pfeffergesicht *(Peperomia argyreia)*. Blatteilstecklinge, z. B. beim Bogenhanf *(Sanseviera)*, erhält man durch Zerschneiden der Blätter in etwa 5 bis 6 cm lange Stücke. Es ist darauf zu achten, daß der untere Teilabschnitt des Blattes in das Substrat gesteckt wird. Auch Blätter von Begonia-Rex-Hybriden, in 2 × 2 cm große Vierecke geschnitten, ergeben Blatteilstecklinge. Man legt sie direkt auf das Vermehrungssubstrat dicht unter eine Glasscheibe.

Blattstecklinge und Blatteilstecklinge sollten nicht zu zeitig aus dem Vermehrungssubstrat herausgenommen werden. Sie müssen bereits die ersten Blätter entwickelt haben. Oft bildet sich an einem Steckling eine Vielzahl von jungen Pflänzchen. Sie sind, wenn sie eigene Wurzeln besitzen, auseinanderzunehmen und als selbständige Exemplare aufzuziehen. Trennt man die Pflänzchen nicht, ergeben sie keine schöne Wuchsform, wie z. B. beim Usambaraveilchen *(Saintpaulia)* oder dem Pfeffergesicht *(Peperomia argyreia)*.

Die Vermehrung durch **Wurzelschnittlinge** ist dem Zimmerpflanzenfreund kaum bekannt. Sie eignet sich gut zur Vermehrung der Passionsblume *(Passiflora)*. Man verwendet kräftige Wurzelstücke von 6 bis 7 cm Länge. Der Schnitt erfolgt wie bei Stecklingen. Sie werden zu mehreren in ein Torf-Sand-Gemisch oder gleich in Kultursubstrat eingelegt, können aber auch einzeln in kleine Töpfe gepflanzt werden. Der nach unten weisende Teil der Wurzel wird immer nach unten eingesetzt. Es ist darauf zu achten, daß der Wurzelschnittling stets von Substrat bedeckt ist. Nach dem Einpflanzen bzw. Einlegen wird angegossen und mit einem Glas oder einer Folietüte abgedeckt, damit die Feuchtigkeit der Erde gleichmäßig bleibt. Der Austrieb erfolgt nach wenigen Wochen.

Gewebevermehrung

Gewebekulturen, meist als Meristemvermehrung bezeichnet, wurden erst in den letzten Jahrzehnten entwickelt. Dabei werden ein oder wenige Millimeter große Stücke teilungsfähigen Gewebes ausgelöst und unter Laborbedingungen keimfrei auf künstlichem Nährboden in Glasgefäßen kultiviert. Aus dem teilungsfähigen Gewebe bilden sich Seitentriebe, d. h., es proliferiert. Es wird so lange geteilt, bis die erwünschte Individuenzahl erreicht ist. Nach Differenzierung der Gewebeteile in Wurzeln und Sprosse werden die kleinen Pflänzchen in ein Kultursubstrat pikiert und ähnlich wie Sämlinge aufgezogen. Diese Vermehrungsmethode ist dem gärtnerischen Spezialbetrieb mit Laboreinrichtungen vorbehalten.

Krankheiten und Schädlinge

Ungünstige Wachstums- bzw. Umweltbedingungen fördern Krankheiten und Schädlinge an Zierpflanzen. In Verbindung mit falscher Pflege können geschwächte Pflanzen Krankheitsherde und Ausgangspunkt des Schädlingsbefalls werden.

Tierische Schädlinge, pilzliche Erreger, aber auch Bakterien und Viren werden auf die Pflanzen durch die Luft, durch Arbeitsgeräte, Blumentöpfe, Kultursubstrate, verunreinigtes Gießwasser, befallene Pflanzen, die neu in die Pflege aufgenommen werden, u. a. übertragen. Grundbedingung einer jeden Pflanzenkultur ist deshalb größte Sauberkeit.

Schäden werden meist erst bemerkt, wenn eine größere Zahl Einzelpflanzen befallen ist und die Schädlinge sich auszubreiten beginnen. Deshalb soll man seine Pflanzen ständig kontrollieren. Es empfiehlt sich, Zimmerpflanzen vorbeugend mechanisch gegen Schädlingsbefall zu behandeln. Das kann in einem Arbeitsgang mit der Reinigung von Staub erfolgen. Etwa jede 2. oder 3. Woche werden die Pflanzen mit lauwarmem Wasser überbraust oder mit Kernseifenlauge abgewaschen. Anschließend wird mit reinem Wasser abgespült. Durch das Waschen werden viele Schädlinge in ihren verschiedensten Entwicklungsstadien entfernt oder abgetötet.

Nur wenn eine Veränderung der Umwelt durch günstigere Standorte und eine manuelle Bekämpfung nicht mehr ausreichen, sollte auch in der Wohnung eine Behandlung mit Schädlingsbekämpfungsmitteln durchgeführt werden. Die Anwendung verbietet sich oft, um die Gesundheit von Mensch und Tier nicht zu gefährden. Viele chemische Bekämpfungsmittel unterliegen dem Giftgesetz, sie sind deshalb nur in Spezial-Verkaufseinrichtungen zu erwerben. Die aufgedruckten Angaben zu Umgang, Anwendungsweise und Konzentration müssen unbedingt eingehalten werden.

Bei einer einmaligen Behandlung der kranken Pflanzen wird meist nur ein bestimmtes Entwicklungsstadium der Schädlinge abgetötet. Es sind deshalb mehrere Anwendungen in Abständen von 5 bis 8 Tagen erforderlich. Tierische Schädlinge werden mit Insektiziden, Pilzbefall und mit Fungiziden behandelt.

Nichtparasitäre Schädigungen

Nichtparasitäre Schädigungen sind Folge ungünstiger Umweltfaktoren, die den Lebensansprüchen der jeweiligen Pflanzenart nicht entsprechen. Sie treten durch falsche Pflegemaßnahmen ein, ergeben Veränderungen an den Pflanzen bzw. Pflanzenteilen und können bis zum Absterben führen.

Lichtmangel macht sich bei Zierpflanzen, besonders im Winter, durch schwache, gelbliche Triebe bemerkbar. Meist verschlimmern zu hohe Wärmegrade den Schaden.

Lichtüberschuß bei gleichzeitig hoher Wärme führt zur Anreicherung von Anthozyan, einem roten Farbstoff, z. B. in den Blättern beim Flammenden Kätchen *(Kalanchoe)*, einigen Schiefblattarten *(Begonia)*, oder zu Blattverbrennungen durch Überhitzung des Gewebes.

Wassermangel hat Kümmerwuchs, bei Azaleen (Rhododendron-Simsii-Hybriden) Blattfall zur Folge. Bei Alpenveilchen *(Cyclamen)* entwickeln sich die Blüten unter den Blättern.

Wasserüberschuß kann Wurzelfäule verursachen. Die Pflanzen bzw. Blätter sterben ab, sie vertrocknen, bleiben aber grün und haften fest an der Sproßachse.

Häufiger Wechsel der Bodenfeuchtigkeit kann zum Aufplatzen der Sproßachsen und Abwerfen von Knospen, z. B. bei Kamelien *(Camellia)* führen.

Wärmemangel hemmt das Wachstum, ergibt durch Anthozyan-Anreicherung eine Rotfärbung von Blättern und kann bei zu niedrigen Temperaturen zum Verlust der Pflanzen führen. Das tritt besonders ein, wenn das Substrat naß und unterkühlt ist. Die Schäden sind bei unterschiedlich niedrigen Temperaturen artspezifisch.

Wärmeüberschuß führt in Verbindung mit Wassermangel und geringer Luftfeuchtigkeit u. a. zu Vertrocknungserscheinungen an Blatträndern und Blattspitzen. Bei Azaleen (Rhododendron-Simsii-Hybriden), Kamelie *(Camellia)* u. a. können Knospen vertrocknen oder abgestoßen werden.

Zu trockene Luft verursacht vertrocknete Blattränder und Blattspitzen, Blattvergilbungen und Abstoßen von Knospen sowie Blüten. Blüten und junge Blätter entwickeln sich mangelhaft.

Nährstoffschäden zeigen sich an Blattverfärbungen, schwachem oder üppigem, verweichlichtem Wuchs, an Verkümmerungen, am Abwerfen der Knospen u.a. Ihre spezifischen Erscheinungsbilder sind für den Nichtfachmann sehr schwer einzuordnen und werden deshalb hier im einzelnen nicht genannt.

Tierische Schädlinge

Blattläuse sind grün, gelb oder schwarz, geflügelt oder ungeflügelt. Sie saugen vorwiegend an Neutrieben, aber auch an Blättern und Sproßachsen, die in der Folge verkümmern oder sich krümmen können. Der Befall wird durch Wärme und trockene Luft begünstigt. Vorbeugend sind die Pflanzen abzuwaschen oder wiederholt mit Wasser zu besprühen. Befallene Exemplare können mit einem scharfen Wasserstrahl mehrmals abgespritzt werden. Eine Bekämpfung der Blattläuse ist auch im Wasser möglich. Dazu legt man 2 Blumenstäbe über einen Eimer mit Wasser. Auf diese wird der Blumentopf verkehrt herum aufgehängt, so daß die Pflanze vollständig in das Wasser eintaucht. Nach 1 bis 2 Stunden sind die Blattläuse ertrunken.

Schildläuse, von einem Schild unterschiedlicher Form geschützt, leben vorwiegend an den Blattadern, besonders auf der Blattunterseite sowie an der Sproßachse. Eine manuelle Bekämpfung ist einfach, bei starkem Befall jedoch zeitaufwendig. Die Schildläuse müssen abgelesen oder zerdrückt werden. Anschließend wird die Pflanze mit Seifenlauge abgewaschen und durch wiederholtes Spritzen mit Wasser gereinigt. Auch durch systemische Mittel ist eine Bekämpfung möglich.

Woll- oder Schmierläuse umgeben sich mit wachsartigen wasserabstoßenden Gespinsten. Befallene Pflanzen sehen aus, als hätten sie in den Blattachseln weiße Wollfusseln. Vorbeugend werden die Blätter mit Seifenlauge abgewaschen. Bei Befall kann bei Temperaturen über 15 °C mit systemischen Insektiziden gegossen werden.

Wurzelläuse sehen wie weißer Schimmel an den Wurzeln aus und schädigen durch Saugen. Wachstumsstörungen und Blattvergilbungen sind die Folge. Bei Bodentemperaturen über 15 °C wird mit systemischen Insektiziden gegossen, oder die Bekämpfung erfolgt beim Verpflanzen durch Einpudern des Wurzelballens mit Stäubemitteln.

Spinnmilben (Rote Spinne), gelblich oder rot und etwa 0,5 mm groß, leben unter einem feinen Gespinst auf der Blattunterseite und schädigen durch Saugen. Dadurch ist die Blattoberseite unterschiedlich dicht punktartig aufgehellt. Der Befall wird durch Lufttrockenheit begünstigt. Öfteres Abwaschen der Blätter, besonders der Unterseite, mit Seifenlauge und wiederholtes Spritzen sind zu empfehlen.

Weichhautmilben sind glasig durchscheinend und erreichen eine Größe von 0,15 bis 0,30 mm. Sie schädigen durch Saugen an den Neutrieben. Die befallenen Pflanzenteile werden im Wachstum

Peperomia obtusifolia 'Variegata'

gehemmt, kräuseln sich, sind fleischig dick und haben eine stumpfe Farbe. Spritzungen mit Schädlingsbekämpfungsmitteln erfolgen nach jeweils 5 bis 8 Tagen. Stark befallene Pflanzen sind zu vernichten.

Thrips (Blasenfuß) ist gelb bis schwarz gefärbt und wird etwa 1 mm groß. Er schädigt durch Saugen auf der Blattunterseite. Durch Lufttrockenheit und Wärme vermehrt sich Thrips rasch. Befallene Blätter erhalten einen silbrigen Schein, werden später gelb bis bräunlich und sterben ab. Ein öfteres Abwaschen, besonders der Blattunterseiten, häufiges Spritzen und Gießen bei mehr als 15 °C mit systemisch wirkenden Mitteln sind günstig.

Die **Weiße Fliege** (Mottenschildlaus) ist gelblichgrün, weiß bepudert und hat weiße Flügel. Sie wird etwa 1,5 mm lang und schädigt durch Saugen auf der Blattunterseite. Trockene Wärme begünstigt die Verbreitung. Bei starkem Befall können die Blätter vergilben. Eine Bekämpfung erfolgt durch wiederholtes Spritzen in Abständen von 6 bis 8 Tagen.

Springschwänze sind weißliche Tiere von etwa 4 mm Länge. Sie leben an der Erdoberfläche zu feucht gehaltener Zimmerpflanzen. Die Schädigung erfolgt durch Fraß an feinen Wurzeln, auch an Sämlingen. Zur Bekämpfung läßt man die Erde abtrocknen, da Springschwänze bei Trockenheit nicht existieren können.

Regenwürmer in Blumentöpfen schädigen nicht direkt, da sie nur verrottete Humusteile fressen. Durch ihren Kot verdichten sie die Erde, was zu Wurzelschäden führen kann. Regenwürmer beseitigt man, indem der Blumentopf bis zum Rand längere Zeit in ein Gefäß mit Wasser gestellt wird. Durch den eintretenden Sauerstoffmangel wandern die Regenwürmer meist aus dem Substrat.

Schädigende Pilze

Fußkrankheiten und Stengelfäule werden durch verschiedene Pilzarten verursacht. Der Befall beginnt am Wurzelhals der Pflanzen. Zuerst tritt eine Bräunung ein, die meist schimmelartig wird. Später werden die Pflanzen gelb und sterben ab. Zu viel Feuchtigkeit und Stickstoffüberdüngung sind zu vermeiden.

Vermehrungspilze bezeichnet man die Erreger der **Schwarzbeinigkeit** oder des **Wurzelbrandes.** Sie befallen Sämlinge und Stecklinge vieler Pflanzenarten. Als Erreger treten verschiedene Pilze auf. Sie befinden sich im Substrat, in den Gefäßen, an den Arbeitsgeräten oder im Gießwasser. Um einem Befall vorzubeugen, sind Desinfektionen sowie ein möglichst luftiger und mäßig feuchter Standort erforderlich.

Grauschimmel kann fast alle Zimmerpflanzen befallen. Er tritt meist bei Licht- und Luftmangel sowie bei zu hoher Luftfeuchtigkeit und Stickstoffüberdüngung auf. Ein nicht zu kühler, luftiger Standort, herabgesetzte Feuchtigkeit und mäßige Stickstoffgaben beugen einem Befall vor.

Rostpilze brauchen für ihre Entwicklung einen Wirtswechsel, d. h., sie befallen zeitweise andere Pflanzenarten. Ihre Verbreitung erfolgt durch Wasser, Wind, Insekten, verseuchte Erde usw. Meistens treten, vorwiegend auf der Blattunterseite, rostbraune oder rostrote Pusteln auf, die sich auch flächig ausbreiten können. Verminderte Feuchtigkeit und Stickstoffgaben sind vorbeugende Maßnahmen.

Echter Mehltau wächst mit seinen Pilzfäden auf der Oberfläche der befallenen Pflanzenteile und sieht wie ein mehlartiger Belag aus. Der Befall erfolgt besonders bei trockener Wärme. Die Blätter werden gelb und sterben später ab. Eine einseitige Stickstoffdüngung ist zu vermeiden. Echter Mehltau wird mit Schwefelpräparaten bekämpft.

Falscher Mehltau wächst im Inneren des Pflanzengewebes und bricht mit seinen Sporenträgern nach außen durch. Zuerst bildet sich auf der Blattunterseite ein grauweißer, schimmelartiger Belag, dann entstehen gelbe, später bräunliche Flecken auf der Oberseite. Begünstigt wird der Befall durch feuchte Luft und Überdüngung mit Stickstoff. Zur Bekämpfung sind besonders kupferhaltige Mittel geeignet.

Rußtau siedelt sich auf dem »Honigtau«, den Ausscheidungen von Blatt- und Schildläusen, auch von Weißer Fliege, an. Er bildet auf dem Blatt einen schwarzen, oft krustenartigen Belag. Die Schädigung besteht in einer Herabsetzung der Assimilationstätigkeit der Pflanzen. Zu bekämpfen sind die Schädlinge, die den »Honigtau« ausscheiden. Die Blätter sind abzuwaschen.

Bakterien und Viren

Bakterien werden durch das Gießwasser, die Arbeitsgeräte, das Substrat usw. verbreitet und dringen durch Verletzungen in das Pflanzengewebe ein. Sie rufen Fäulnis meist an der Basis der Sproßachse, aber auch auf den Blättern hervor. Oft sehen die befallenen Stellen wie Ölflecken aus, die eine schwärzliche Brühe absondern. Bakterien verstopfen die Leitungsbahnen. Kranke Pflanzen sollten vernichtet werden.

Viren werden durch Insekten, Arbeitsgeräte usw. übertragen. Befallene Pflanzen haben zuerst gelbliche, später schwarze, ring- oder strichförmige Verfärbungen an den Blättern. Auch die Blüten können geschädigt werden. Ein gestauchter Wuchs der ganzen Pflanze oder von Pflanzenteilen kann ebenfalls auf einen Virusbefall hinweisen. Eine Bekämpfung ist nicht möglich, deshalb sollte man die befallenen Pflanzen vernichten.

Hippeastrum-Hybride

Empfehlenswerte Zimmerpflanzen von A bis Z

Verwendete Zeichen und Abkürzungen

⌂K	für kühle Räume (Kalthaus)
⌂	für mäßig beheizte Räume (temperiertes Haus)
⌂W	für warme Räume (Warmhaus)
⌐	Kultur zeitweise im Freien
⇉	Frischluftzufuhr erforderlich
○	für sonnige Standorte
☼	für absonnige Standorte
◐	Halbschatten liebend oder vertragend
●	Schatten liebend oder vertragend
▯D	Dränage erforderlich
▯H	für Hydrokultur geeignet
▯	Kultur im Doppeltopf oder Übertopf
♤	Blätter farbig gezeichnet, buntlaubig
♡	Blatt zierend
♣	Frucht zierend
×	Hybride

I bis XII	Blütezeit, Monatsangabe
ssp.	Subspecies (Unterart)
var.	Varietät
syn.	Synonym (nicht gebräuchlicher wissenschaftlicher Name)
arab.	= arabisch
gr.	= griechisch
hebr.	= hebräisch
lat.	= lateinisch
türk.	= türkisch
non	= nicht
nec	= auch nicht
auct.	= auctorum (der Autoren)
mult.	= multum (viele –)
ex	= Aus dem Werk von …
hort.	= hortorum (der Gärten)
corr.	= corrigo (berichtigt von …)

Abutílon Mill.

SCHÖNMALVE, ZIMMERAHORN

Malváceae

(K) bis (W)

Der englische Gärtner und Botaniker P. Miller (1691 bis 1771) benannte die Gattung nach einem arabischen Pflanzennamen, der wahrscheinlich eine Faserpflanze bezeichnete.

Die Gattung umfaßt etwa 150 Arten und ist in den tropischen und subtropischen Gebieten der Erde verbreitet. Es sind einjährige Pflanzen, Stauden, Halbsträucher oder Sträucher. Die Blüten stehen in den Achseln der Blätter.

– Hybriden

Zuerst in Frankreich aus *A. píctum* (Gill. ex Hook. et Arn.) Walp. x *A. venósum* Lem. gezüchtet, später wurden *A. darwínii* Hook. f. u. a. eingekreuzt, erste Züchtung um 1848.

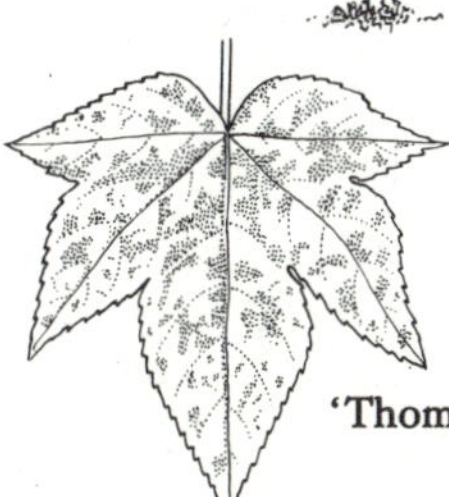

'Thompsonii'

Abutilon-Hybride

Abutilon megapotanicum

Es gibt grünblättrige Hybriden, die durch Samen vermehrt werden und dankbar blühen, sowie Sorten mit gelb oder weiß gezeichneten Blättern, ebenfalls mit schönen Blüten. Die Blattfärbung ist auf Virusinfektion zurückzuführen, oder es sind Chimären.

Wuchs aufrecht, einfach oder verzweigt. Blatt meist 5lappig, Rand grob gesägt. Blüten glockenförmig, weiß, gelb, orange, rosa, rot oder violett, auch dunkel geadert; I bis XII.

– – 'F. Savitzer' syn. A.-Hybriden 'Souvenir de Bonn'

Blattrand breit unregelmäßig weiß.

– – 'Thompsónii'

Blätter grün, gelb gescheckt.

– – 'Souvenir de Bonn' ⟶ Abutílon-Hybriden 'F. Savitzer'

– *megapotánicum* (Spreng.) St.-Hil. et Naud.

megapotánicus = vom Rio Grande (Brasilien) stammend; eingeführt 1864.

Sproßachse überhängend, verholzend, bis 1,5 m lang, im Topf meist kleiner, dünn, verzweigt. Blätter schmal dreieckig, Basis herzförmig, mit langer Spitze, Rand gesägt. Blüte hängend, gelb, Basis

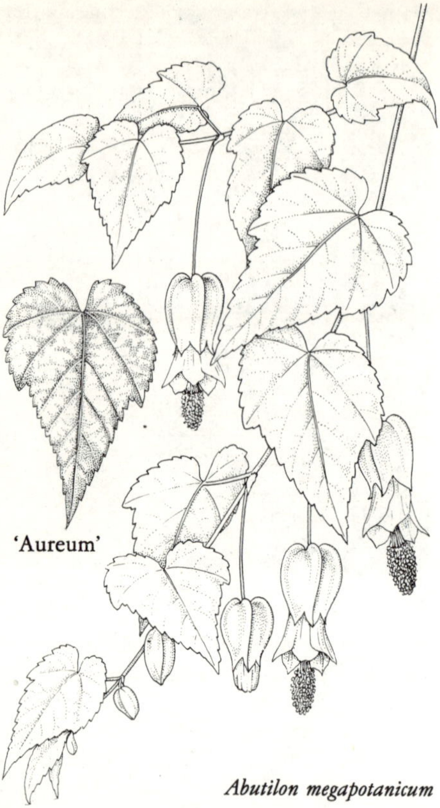

Abutilon megapotanicum

purpurn; Kelch fünfkantig, aufgeblasen, rot; Staubblätterbündel violett; I bis XII.

– – 'Aureum' syn. *A. megapotánicum* 'Marmoratum', *A. megapotánicum* 'Variegatum'

Blätter auffallend gelb gescheckt.

– – 'Marmoratum' ⟶ *Abutílon megapotánicum* 'Aureum'

– – 'Variegatum' ⟶ *Abutílon megapotánicum* 'Aureum'

Verwendung/Pflege/Vermehrung:

Schöne Blatt- und Blütenpflanzen, die im Sommer auf dem Balkon oder im Freien stehen können. *A. megapotánicum* ist als Ampelpflanze geeignet.

Der Standort soll hell, sonnig und luftig sein. Temperaturen zwischen 10 und 20 °C sind am günstigsten. Bei trockener Luft ist öfters zu sprühen. Während des Wachstums im Sommer benötigen die Pflanzen viel Wasser. Im Winter wird bei kühlem Stand nur mäßig gegossen. Als Substrat ist eine Mischung aus Lauberde, Lehm und Sand, auch Kompost- oder Einheitserde geeignet; *p*H-Wert um 6. Verpflanzt wird jährlich von Februar bis Mai, gleichzeitig erfolgt der Rückschnitt. Gedüngt wird während der Wachstumszeit in Abständen von 1 bis 2 Wochen, im Winter von 4 bis 6 Wochen. Hydrokultur ist in 0,1%iger Nährlösung (im Winter 0,075 %) bei flachem Anstau möglich.

Auf Befall durch Weiße Fliege, Spinnmilben und Blattläuse ist zu achten.

Vermehrt werden die buntblättrigen Sorten und *A. megapotánicum* durch Kopfstecklinge bei 18 bis 24 °C. *A. megapotánicum* pflanzt man zu mehreren in einen Topf, um rasch voll bewachsene Exemplare zu erhalten. Samen keimen gut bei 10 °C und mehr. Sie ergeben nach etwa 4 Monaten reichblühende Pflanzen.

Acalýpha L.

KATZENSCHWANZ, NESSELSCHÖN

Euphorbiáceae

⌂ bis ⌂W ☀ H ♤ ♡

C. v. Linné (1707 bis 1778) benannte die

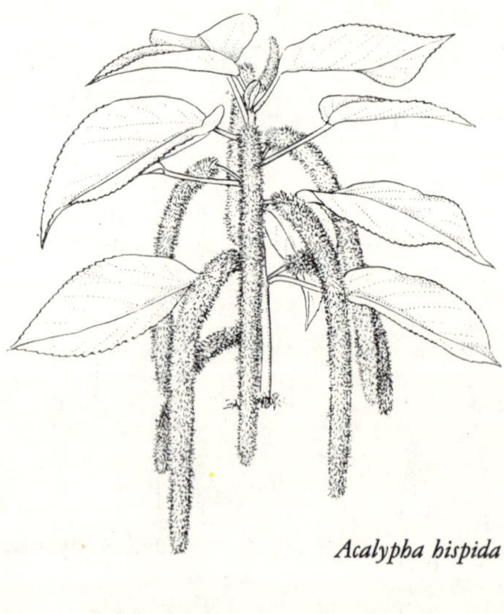

Acalypha hispida

Acalypha hispida

Gattung nach gr. akalephe, einer Nesselart bei Aristophanes (um 445 bis etwa 385 v. u. Z.). Die deutschen Namen beziehen sich auf Blütenstände oder Blätter.

Die 430 Arten umfassende Gattung ist von Madagaskar bis Mikronesien verbreitet. Sie sind einjährig oder wachsen halbstrauchig, strauchig bzw. baumartig. Die Blüten sind einhäusig und bei fast allen Arten unscheinbar.

– *híspida* Burm. f. syn. *A. sánderi* N. E. Br.
Katzenschwanz
hispidus = steifhaarig. Ostindien bis Neuguinea; eingeführt 1896.
Blütenpflanze. Sproßachse aufrecht, meist eintriebig. Blätter breit elliptisch, Rand grob gesägt, grün, unterseits mit glasigen Ausscheidungsdrüsen. Blütenstände hängend, etwa 40 cm lang, dicht mit karminroten Narbenästen besetzt (Schmuckwirkung!).

– – 'Alba'
Mit cremeweißen Narbenästen. ⟶

– *sánderi* N. E. Br. ⟶ *Acalýpha híspida*

– *wilkesiána* Muell. Arg. Nesselschön
Südseeinseln, eingeführt 1866.
Blattpflanze, Wuchs strauchartig. Blätter vielgestaltig, verschieden gefärbt.

– – 'Musaica'
Blätter rundlich-elliptisch bis breit-eiförmig, spitz, Rand gesägt, olivgrün bis rotoliv, unregelmäßig gelb, orange und rot gezeichnet.

– – 'Obovata'
Blätter rundlich bis verkehrt eiförmig-rundlich, oliv mit gelblichem Rand, bei hellem Stand olivbraun, Rand rötlich.

Verwendung/Pflege/Vermehrung: Schöne Blatt- oder Blütenpflanzen, die besonders im Sommer gut im Zimmer wachsen. Der Standort soll hell, aber absonnig sein, die Temperatur 16 bis 24 °C (und mehr) betragen. Bei trockener Luft sollten sie öfter besprüht werden. Für

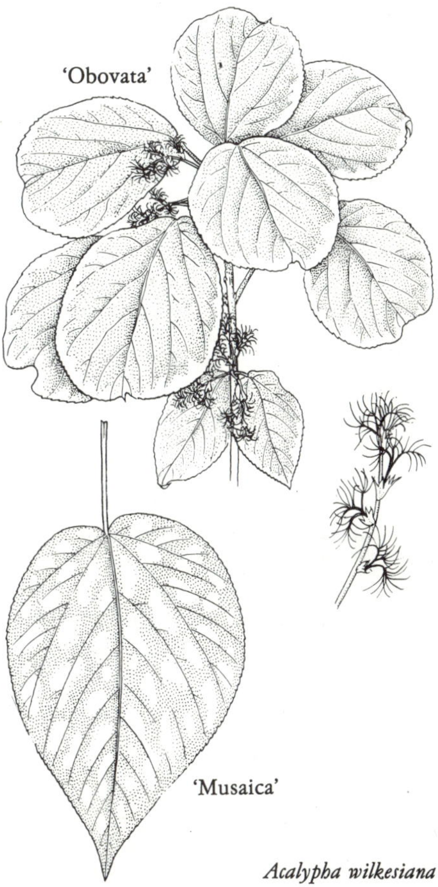

Acalypha wilkesiana

Acalypha wilkesiana 'Obovata'

eine gute Entwicklung ist gleichmäßige Ballenfeuchtigkeit erforderlich. Als Substrat ist eine Mischung aus Lauberde, Torf, Kompost oder Gartenerde bzw. Lehm und Sand oder Einheitserde geeignet; *p*H-Wert etwa 6,5. Verpflanzt wird jährlich zwischen März und Mai. Die Düngung führt man in Abständen von 1 bis 2, im Winter von 4 bis 6 Wochen durch. Hydrokultur kann in 0,1- bis 0,2%iger Nährlösung (im Winter bei 0,075 bis 0,1 %) erfolgen.
Zugluft wird nicht vertragen und begünstigt den Befall von Roter Spinne, Thrips und Blattläusen. Ballentrockenheit und stauende Nässe bewirken Blattfall.
Vermehrt wird durch Stecklinge in Torf und Sand bei Bodentemperaturen von 21 bis 24°C und hoher Luftfeuchtigkeit.

Achímenes Pers.
SCHIEFTELLER
Gesneriáceae

⌂ bis Ⓦ ⇉ ☼ bis ◐ Ⓓ

Der holländisch-deutsche Botaniker und Arzt C. H. Persoon (1761 bis 1836) gab der Gattung den Namen wegen ihrer Kälteempfindlichkeit nach gr. a = nicht und cheimaino = Kälte ertragen. Schiefteller heißen die Pflanzen, weil die Blütenkronplatte schief auf der Röhre aufsitzt.
Die Gattung umfaßt 25 Arten und ist von Mexiko bis Nordargentinien und mit einer Art auf Jamaika verbreitet. Es sind Stauden mit kriechendem, schuppigem Rhizom. Während der Ruhezeit sterben die oberirdischen Pflanzenteile ab. Der Sproß ist meist einfach und trägt behaarte, gegenständige oder wirtelig angeordnete Blätter. Aus deren Achseln entwickeln sich die ein- oder mehrblütigen Infloreszenzen. Die Blütenkronplatte ist weitgehend verwachsen, vorn 5teilig.

– *coccínea* (Scop.) Pers. ⟶ *Achímenes erécta*

– *erécta* (Lam.) H.P. Fuchs syn. *A. coccínea* (Scop.) Pers., *A. pulchélla* (L'Hérit.) Hitchc., *A. rósea* Lindl.
eréctus = aufrecht. Mexiko, Mittelamerika, Jamaika, in Berglagen; eingeführt 1778.
Sproßachse etwa bis 35 cm lang. Blätter gegenständig oder zu dritt wirtelig, grün, eiförmig, Rand gesägt. Blüten 1,8 cm groß, leuchtend scharlachrot, auch karminrot oder rosa, am Schlund gelb, rot gefleckt, Schlund gelblich; VI bis IX.

Achimenes erecta

Acalypha hispida

Gattung nach gr. akalephe, einer Nesselart bei Aristophanes (um 445 bis etwa 385 v. u. Z.). Die deutschen Namen beziehen sich auf Blütenstände oder Blätter.

Die 430 Arten umfassende Gattung ist von Madagaskar bis Mikronesien verbreitet. Sie sind einjährig oder wachsen halbstrauchig, strauchig bzw. baumartig. Die Blüten sind einhäusig und bei fast allen Arten unscheinbar.

– *híspida* Burm. f. syn. *A. sánderi* N. E. Br. Katzenschwanz

hispidus = steifhaarig. Ostindien bis Neuguinea; eingeführt 1896.

Blütenpflanze. Sproßachse aufrecht, meist eintriebig. Blätter breit elliptisch, Rand grob gesägt, grün, unterseits mit glasigen Ausscheidungsdrüsen. Blütenstände hängend, etwa 40 cm lang, dicht mit karminroten Narbenästen besetzt (Schmuckwirkung!).

– – 'Alba'

Mit cremeweißen Narbenästen. ⟶

– *sánderi* N. E. Br. ⟶ *Acalýpha híspida*

– *wilkesiána* Muell. Arg. Nesselschön

Südseeinseln, eingeführt 1866.

Blattpflanze, Wuchs strauchartig. Blätter vielgestaltig, verschieden gefärbt.

– – 'Musaica'

Blätter rundlich-elliptisch bis breit-eiförmig, spitz, Rand gesägt, olivgrün bis rotoliv, unregelmäßig gelb, orange und rot gezeichnet.

– – 'Obovata'

Blätter rundlich bis verkehrt eiförmig-rundlich, oliv mit gelblichem Rand, bei hellem Stand olivbraun, Rand rötlich.

Verwendung/Pflege/Vermehrung: Schöne Blatt- oder Blütenpflanzen, die besonders im Sommer gut im Zimmer wachsen. Der Standort soll hell, aber absonnig sein, die Temperatur 16 bis 24 °C (und mehr) betragen. Bei trockener Luft sollten sie öfter besprüht werden. Für

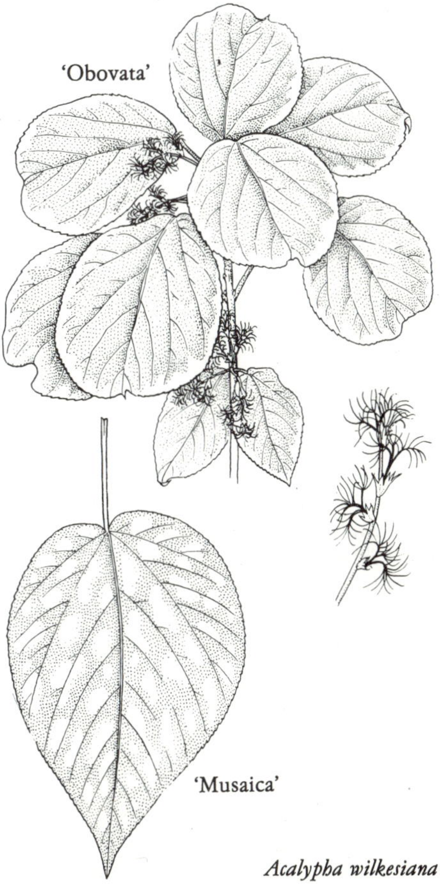

Acalypha wilkesiana

Acalypha wilkesiana 'Obovata'

eine gute Entwicklung ist gleichmäßige Ballenfeuchtigkeit erforderlich. Als Substrat ist eine Mischung aus Lauberde, Torf, Kompost oder Gartenerde bzw. Lehm und Sand oder Einheitserde geeignet; *p*H-Wert etwa 6,5. Verpflanzt wird jährlich zwischen März und Mai. Die Düngung führt man in Abständen von 1 bis 2, im Winter von 4 bis 6 Wochen durch. Hydrokultur kann in 0,1- bis 0,2%iger Nährlösung (im Winter bei 0,075 bis 0,1 %) erfolgen.
Zugluft wird nicht vertragen und begünstigt den Befall von Roter Spinne, Thrips und Blattläusen. Ballentrockenheit und stauende Nässe bewirken Blattfall.
Vermehrt wird durch Stecklinge in Torf und Sand bei Bodentemperaturen von 21 bis 24°C und hoher Luftfeuchtigkeit.

Achímenes Pers.
SCHIEFTELLER
Gesneriáceae

⌂ bis ⌂W ⇉ ✹ bis ◐ D

Der holländisch-deutsche Botaniker und Arzt C. H. Persoon (1761 bis 1836) gab der Gattung den Namen wegen ihrer Kälteempfindlichkeit nach gr. a = nicht und cheimaino = Kälte ertragen. Schiefteller heißen die Pflanzen, weil die Blütenkronplatte schief auf der Röhre aufsitzt.
Die Gattung umfaßt 25 Arten und ist von Mexiko bis Nordargentinien und mit einer Art auf Jamaika verbreitet. Es sind Stauden mit kriechendem, schuppigem Rhizom. Während der Ruhezeit sterben die oberirdischen Pflanzenteile ab. Der Sproß ist meist einfach und trägt behaarte, gegenständige oder wirtelig angeordnete Blätter. Aus deren Achseln entwickeln sich die ein- oder mehrblütigen Infloreszenzen. Die Blütenkronplatte ist weitgehend verwachsen, vorn 5teilig.
– *coccínea* (Scop.) Pers. ⟶ *Achímenes erécta*
– *erécta* (Lam.) H.P. Fuchs syn. *A. coccínea* (Scop.) Pers., *A. pulchélla* (L'Hérit.) Hitchc., *A. rósea* Lindl.
eréctus = aufrecht. Mexiko, Mittelamerika, Jamaika, in Berglagen; eingeführt 1778.
Sproßachse etwa bis 35 cm lang. Blätter gegenständig oder zu dritt wirtelig, grün, eiförmig, Rand gesägt. Blüten 1,8 cm groß, leuchtend scharlachrot, auch karminrot oder rosa, am Schlund gelb, rot gefleckt, Schlund gelblich; VI bis IX.

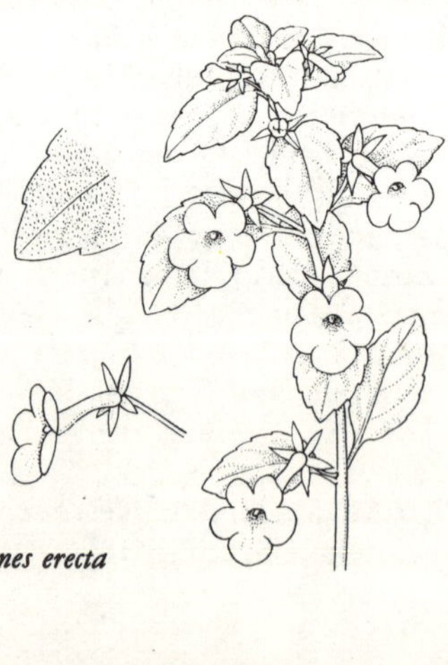

Achimenes erecta

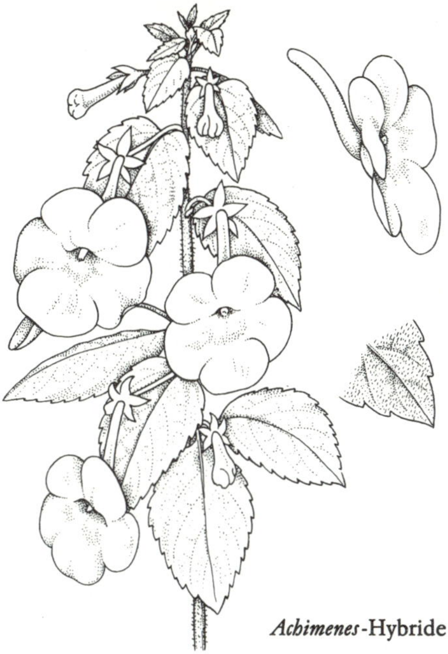

Achimenes-Hybride

– Hybriden
Züchterisch etwa von 1845 bis 1860 stark bearbeitet durch J. Baumann in Gent und E. Regel, Botanischer Garten Zürich. Zur Kreuzung wurden die Arten *A. eréсta* (Lam.) H. P. Fuchs, *A. longiflóra* DC., *A. grandiflóra* DC., *A. pátens* Benth. u. a. verwendet. Heutige Züchtungen sind Kreuzungen von Sorten untereinander.
Der Wuchs ist aufrecht bis überhängend (als Ampelpflanze). Kompakt wachsende Sorten brauchen nicht aufgebunden zu werden. Blätter eiförmig, grün oder oliv, behaart, Rand gesägt. Blüte klein oder bis 6 cm groß, rosa, lachsrot, scharlach, karmin, blau, violett, auch mit hellem oder dunklem Zentrum.
– *pulchélla* (L'Hérit.) Hitchc. ⟶ *Achímenes eréсta*
– *rósea* Lindl. ⟶ *Achímenes eréсta*

Verwendung/Pflege/Vermehrung:
Schiefteller sind schön blühende Zimmerpflanzen. Damit die Sproßachsen aufrecht stehen, können 5 Stäbchen an den Rand des Topfes gesteckt und mit einem Faden verbunden werden. Exemplare mit hängenden Trieben eignen sich als attraktive Ampelpflanzen. Der Standort soll mäßig hell bis halbschattig sein. Die Temperatur sollte 14 bis 20 °C und mehr betragen. Gegossen wird gleichmäßig, Staunässe ist zu vermeiden. Als Substrat ist eine humose, nährstoffreiche Erde aus Kompost, Torf, Lauberde und Sand oder Einheitserde geeignet; *p*H-Wert 5,5 bis 6. Verpflanzt wird zwischen Ende Februar und Ende April. Dazu werden die Wurzelsprosse zu 6 bis 12 je Schale oder zu 5 bis 6 je Topf etwa 2 cm tief in die Erde gelegt. Günstig ist eine gute Dränage durch Topfscherben auf dem Boden des Pflanzgefäßes. Gedüngt wird etwa ab 6. oder 7. Woche nach dem Einpflanzen in Abständen von 1 bis 2 Wochen.
Schiefteller dürfen nicht mit kaltem Wasser gegossen werden, sonst entstehen helle Flecken auf den Blättern. Auf Weiße Fliege ist zu achten.
Schiefteller sterben im Herbst oberirdisch ab. Sie werden trocken, dunkel und bei Zimmertemperaturen bis zum Verpflanzen im Frühjahr überwintert.
Vermehrt wird durch Teilung der Rhi-

Achimenes erecta

zome, ist aber auch durch Samen, Kopf-, Teil-, Blatt- und Blatteilstecklinge bei 20 bis 24 °C möglich.

Aechméa Ruiz et Pav.
LANZENROSETTE
Bromeliáceae

⌂ bis ⌂W ○ ✹ bis ◐ D H ♀

Die spanischen Botaniker und Forschungsreisenden H. Ruiz Lopez (1754 bis 1815) und J. A Pavon (1750 bis 1844) benannten die Gattung wegen der meist stachelspitzen Hoch- und Kelchblätter nach gr. aichné = Lanzenspitze.

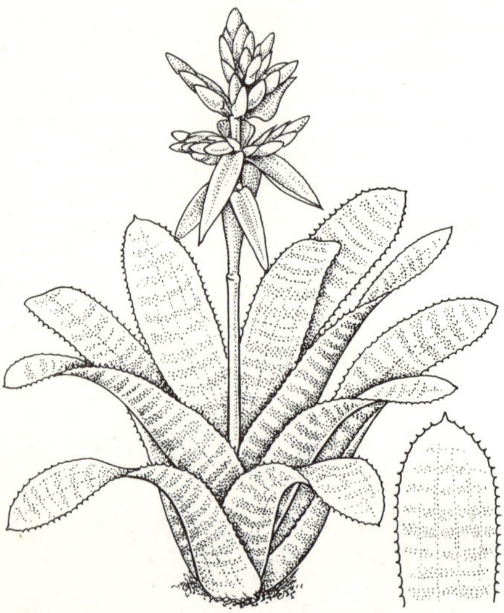

Aechmea chantinii

Aechméa ist mit etwa 170 Arten von der Karibik und Mexiko bis Argentinien verbreitet. Sie wachsen meist epiphytisch, seltener auf dem Boden. Die Blattrosetten sind trichterförmig bis röhrig, wenig- bis reichblättrig. Ihre Blütenstände haben meist intensiv gefärbte Hochblätter. Die Blüten sind fast immer kurzröhrig, die Frucht ist eine Beere. Trockenperioden werden mit im Blatttrichter gespeichertem Wasser überdauert.
– *chantínii* (Carr.) Bak.
chantínii = nach Chantin. Kolumbien,

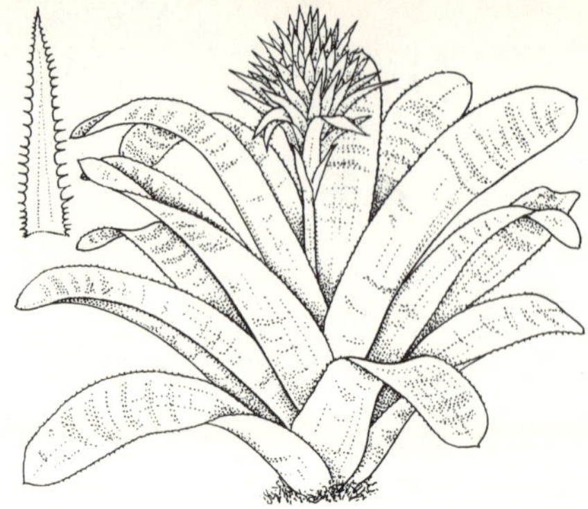

Aechmea fasciata

Nordperu, Amazonasgebiet; eingeführt 1877.
Rosette aufrecht. Blätter breit-länglich, etwa 40 × 6 cm, dunkelgrün, beiderseits durch Schuppen silbergrau quergebändert, Spitze abgerundet, stachelspitz, Rand stark bedornt. Hochblätter leuchtend rot, meist zurückgeschlagen, Blüte gelb.
– *fasciáta* (Lindl.) Bak.
fasciátus = gebändert (Blätter). Brasilien; eingeführt 1826.
Rosette breit aufrecht. Blätter breit länglich, etwa 45 × 6 cm, dunkelgrün, unterschiedlich breit grau quergebändert, Spitze rundlich, stachelspitz, Rand stark bedornt. Blütenschaft aufrecht, Blütenstand kopfförmig, pyramidal, Hochblätter rosa, Rand gesägt, Blüte blau, später rosa.
– – 'Albomarginata'
Kultivar mit am Rand breit weiß gefärbten Blättern.

Aechmea fulgens

Aechmea fasciata

– – 'Purpurea'
Blätter rotbraun, wie die Art quergebändert.
– – 'Variegata'
Blätter cremegelb längsgestreift.
– *fúlgens* Brongn.
fúlgens = leuchtend. Brasilien; eingeführt 1842.
Rosette trichterförmig. Blätter breit länglich, bis 40 × 6 cm, dunkelgrün, abgerundet, stachelspitz, unterseits bereift, Rand fein bedornt. Fruchtknoten und Kelchblätter rot, Blüte blauviolett, später karmin.
– – var. *díscolor* (C. Morr.) Brongn. ex Bak.
Blattunterseite purpurbraunrot. Sehr dekorativ!
– Hybriden
Entstanden wohl zuerst bei M. B. Foster (USA) und W. Richter (DDR); Mitte des 20. Jh. Wuchs rosettig. Blätter grün, grau beschuppt, oft braun, oft gefleckt. Blütenstand aufrecht oder hängend.

– *nudicáulis* (L.) Griseb.
nudicáulis = nacktstengelig. Karibik, Mexiko bis Venezuela; eingeführt 1825. Rosette wenigblättrig, röhrenartig. Blätter länglich, lederig, 30 bis 50 cm lang, grün, Spitze abgerundet, Rand schwarz bedornt. Blütenschaft und Hochblätter rot, Blüte gelb.

Aechmea-Hybriden

– *orlandiána* L. B. Sm.
orlandiána = nach der Stadt Orlando in Florida. Brasilien; eingeführt 1941. Rosette aufrecht. Blätter länglich, etwa 45 × 4 cm, grün, dunkelgrün bis schwarzbraun quergefleckt, stumpf zugespitzt, stachelspitz, Rand dicht schwärzlich bedornt. Blütenschaft grün oder rot, Blütenstand dicht, später lockerer, Hochblätter rötlich, Blüte gelblichweiß.
– *recurváta* (Klotzsch) L. B. Sm.

Aechmea nudicaulis

recurvátus = zurückgekrümmt (Blätter). Brasilien, Uruguay; eingeführt 1875. Rosette etwa 20 cm hoch. Blätter breit lanzettlich, steif, silbergrau, zur Blüte rot überlaufen, Spitze lang ausgezogen, Rand bedornt. Blüte hellviolettkarmin.

Verwendung/Pflege/Vermehrung:
Dankbare, dekorative Zimmerpflanzen, die trockene Luft gut vertragen.
Sie lieben viel Licht, einige Arten können noch fast halbschattig stehen. Günstig sind Temperaturen von 18 bis 24 °C und mehr. Temperaturen unter 12 °C

Aechmea orlandiana

Aechmea nudicaulis

werden nicht für längere Zeit vertragen. Es wird gleichmäßig gegossen. Gelegentliches Austrocknen schadet nicht, im Blatttrichter muß jedoch immer Wasser stehen. Als Substrat ist grobe Lauberde mit Torf oder Moos, Rinde bzw. Borke, Holzkohlestücke und Sand oder bei guter Dränage Einheitserde geeignet; *p*H-Wert um 5. Verpflanzt wird möglichst jährlich zwischen Februar und August/

Aechmea recurvata

September. Dabei werden abgeblühte Rosetten entfernt. Gedüngt wird alle 2 bis 3 Wochen, im Winter alle 6 Wochen. Hydrokultur ist bei 0,05%iger Nährlösung (im Winter fast ohne Nährstoffe) möglich.
Vermehrung erfolgt durch Abtrennen bewurzelter Seitensprosse beim Verpflanzen oder durch Samen.

»Affenbrotbaum« ⟶ *Crássula*

Agáve L.
Agaváceae

Ⓚ bis ⌂ (Ⓦ) ⌐ ⇉ ○ bis ☀ ♁ ♀

Linné benannte die Gattung nach gr. agauós = bewunderungswert.

Agave americana

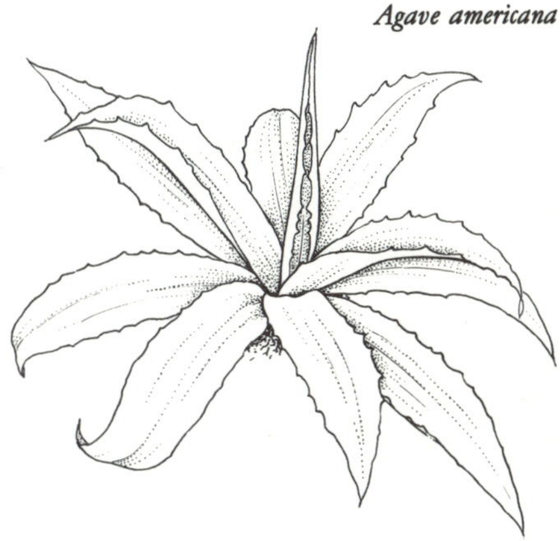

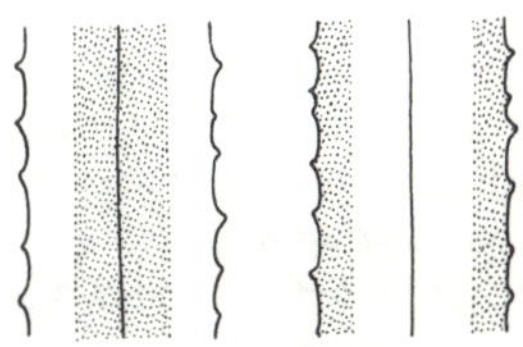

'Marginata' 'Medio-picta'

Die Gattung umfaßt etwa 300 Arten und ist von der Karibik sowie den südlichen Staaten der USA bis in den Norden von Südamerika verbreitet. Ihre Blätter stehen in mehr oder weniger dichten Rosetten, sind meist fleischig und derb, vielfach mit großen Randdornen und dorniger Blattspitze. Der Blütenstand wird sehr groß. Jede Pflanze blüht nur einmal und stirbt danach ab, doch werden meist zahlreiche Seitensprosse gebildet. In der Zimmerkultur kommen sie nicht zur Blüte.

– *americána* L.

americánus = amerikanisch. Mexiko; eingeführt um 1580.

Rosette groß. Blätter linealisch-lanzettlich, schwach spatelförmig, bis 175 × 20 cm, dickfleischig, graugrün, bläulich bereift, Rand oft grob geschweift mit schwarzbraunen Dornen, Blattspitze etwa 3 cm dornartig. Reiche Ausläuferbildung.

– – 'Marginata'

Begehrter, dekorativer Kultivar. Blätter mit cremeweißen bis gelben Rändern.

– – 'Medio-picta'

Blätter in der Mitte breit cremegelb gestreift.

Verwendung/Pflege/Vermehrung: Große dekorative Pflanzen, die sich nur im Jugendstadium zur Pflege im Zimmer eignen und im Sommer auf dem Balkon kultiviert werden können. Große Exemplare stellt man gern solitär im Garten auf. Während des Winters ist ein heller, kühler Standort erforderlich. Agaven lieben viel Licht, möglichst volle Sonne und frische Luft. Während des Winters sind Temperaturen von 1 bis 15 °C am günstigsten. Geeignet ist ein Substrat aus Gartenerde oder Kompost mit Lehm und etwas Torf oder Lauberde und Sand im Verhältnis bis 4:1. Gegossen wird während der Vegetationsperiode jeweils nach dem Abtrocknen reichlich, im Winter in je größeren Abständen, je kühler die Pflanze steht. Umgetopft werden junge Exemplare jährlich im Frühjahr, ältere nur, wenn das Gefäß zu klein geworden ist. Von Mai bis September kann etwa alle 3 Wochen gedüngt werden.

Vermehrung durch Abtrennen der Seitensprosse im Frühjahr oder Sommer bzw. beim Verpflanzen. Die Schnittflächen müssen vor dem Einpflanzen gut abgetrocknet sein.

Aglaonéma Schott

KOLBENFADEN

Aráceae

⌂ bis ⌂ ☼ ◐ bis ● ⊡ ♤ ♧ ♣

Der Gärtner, Botaniker und Forschungsreisende H. W. Schott (1794 bis 1865), Direktor der Gärten zu Schönbrunn bei Wien, gab der Gattung den Namen nach gr. aglaós = herrlich und nema = Faden.

Die Gattung umfaßt 41 Arten und ist in Südostasien verbreitet. Ihre meist fleischige Sproßachse wächst aufrecht, seltener gestaucht. Die eiförmig-länglichen Blätter sind oft etwas asymmetrisch und haben einen oben meist runden, sehr lang scheidigen Stiel. Der Blütenkolben ist fast so lang wie das blaßgrüne Hochblatt und hat keinen sterilen oberen Teil.

– *commutátum* Schott var. *maculátum* (Hook. f.) Nicols. syn. *A. marantifólium* hort.

commutátus = verändert (variabel). Philippinen; eingeführt 1863.

Sproßachse aufrecht, bis 50 cm lang, fleischig. Blätter schmal eiförmig, spitz, dunkelgrün, graugrün gefleckt. Willig fruchtend, Beere rot.

Aglaonema commutatum 'Pseudobracteatum'

Aglaonema commutatum 'Treubii'

– – var. ***robústum*** (Rosenb.) Nicols.
Sproßachse aufrecht, fleischig, Blätter schmal eiförmig, grün, graugrün gezeichnet.

– – – 'Fransher'
Wertvoller Kultivar. Blätter schmal elliptisch, spitz, weißlich-silbergrün, wenig grün gezeichnet.

– – – 'Pseudobracteatum'
Sproßachse aufrecht, etwa 60 cm lang, Blätter schmal eiförmig-elliptisch, spitz, dunkelgrün, hellgrün und cremeweiß gefleckt, Mitte unregelmäßig cremeweiß.

– – – 'Silver King'
Blätter silbergrün, vorwiegend am Mittelnerv dunkelgrün gefleckt.

– – – 'Silver Queen'
Blätter silbergrün, wenig dunkelgrün, besonders zum Rand zu gefleckt.

– – – 'Treubii'
Blätter schmal-länglich, Spitze lang ausgezogen, dunkelgrün, hellgraugrün gefleckt und gepunktet.

– ***marantifólium*** hort. ⟶ ***Aglaonéma commutátum*** var. ***maculátum*** (Hook. f.) Nicols.

Verwendung/Pflege/Vermehrung:
Unempfindliche, attraktive Blattpflanzen, die auch gut in Hydrokultur wachsen. Die Pflege und Vermehrung erfolgt wie bei ⟶ *Dieffenbachia.*

Áloe L.
BITTERBLATT
Liliáceae

C. v. Linné gab den Namen nach arab. alloek, hebr. halal = glänzend, bitter. »Aloe« ist der arabische Name des eingedickten abführend wirkenden Saftes einer in Südafrika heimischen Pflanze.

Aloe arborescens

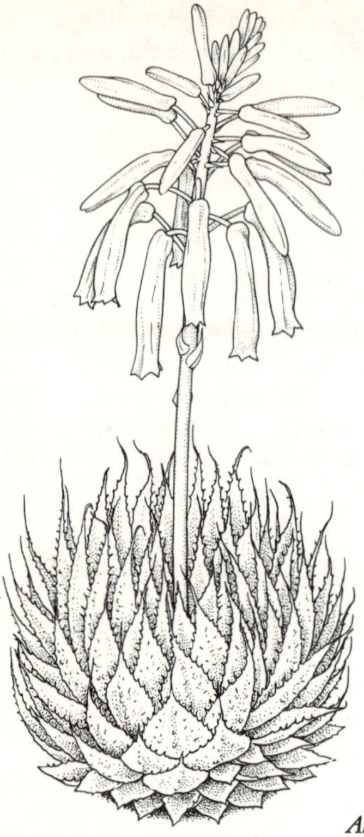

Aloe aristata

Der deutsche Name weist ebenfalls auf den bitteren Zellsaft hin, der offizinelle Bitterstoffe enthält. Seit dem Altertum wird der dickflüssige Saft vieler Arten bei der Behandlung von Brandwunden und Verletzungen angewandt, aber auch innerlich gebraucht.

Die Gattung kommt mit etwa 200 Arten in Afrika, besonders in den südlichen, trockenen Gebieten, in Arabien, auf Madagaskar und den Maskarenen vor. Der Habitus ist strauch- bis baumförmig oder stammlos. Ihre Blätter stehen in einer Rosette, seltener 2zeilig oder spiralig. Sie sind fleischig, oft am Rand knorpelig gezähnt, fast stets mit bitterem Saft. Der Blütenstand entwickelt sich seitenständig oder scheinbar endständig, ist einfach oder verzweigt und hat traubig angeordnete, meist hängende, oft rötliche Blüten.

– *arboréscens* Mill. syn. *A. fruticósa* Lam.

arboréscens = baumartig. Südafrika, Natal, Malawi; eingeführt vor 1700.

Sproßachse in Kultur bis 2 m lang, aber auch als kleine Topfpflanze geeignet. Blätter schmal-länglich, bis etwa 40 cm lang, grau-, gelb-, oder dunkelgrün, fleischig, Spitze lang ausgezogen, Rand bis 5 mm lang, buchtig gezähnt. Blütenstand einfach, Blüten bis 4,5 cm lang, rot; I bis IV.

– *aristáta* Haw.

aristatus = begrannt (Blätter). Südafrika, Natal; eingeführt 1824.

Variabel, Wuchs dicht rosettig. Blätter etwa 10 × 1,5 cm, dunkel- bis bläulichgrün, oberseits flach, wenig höckerig, unterseits gekielt und knorpelig höckerig, Rand und Kiel knorpelig, gesägt, Höcker und knorpelige Teile weiß, Spitze bis 1,3 cm lang, grannenartig. Blü-

Aloe variegata

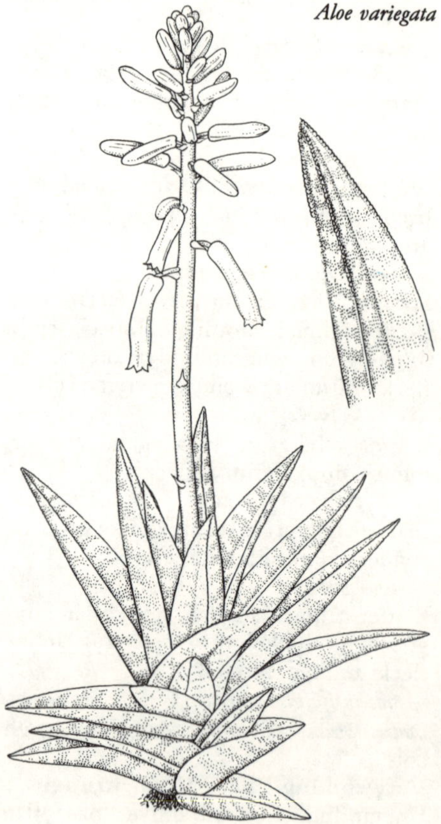

Aloe aristata

tenstand einfach oder verzweigt, Blüte etwa 3,5 cm lang, rötlich; V bis VI.
– *fruticósa* Lam. ——→ *Áloe arboréscens*
– *púlchra* Jacq. ——→ *Gastéria púlchra*
– *variegáta* L.
variegátus = bunt (Blätter). Südafrika; eingeführt etwa 1720.
Sproßachse bis 30 cm lang, dicht 3reihig spiralig beblättert. Blätter 12 × 3,5 cm, dreieckig, oben rinnig, steif-dickfleischig, dunkelgrün, mit länglichen weißlichen Flecken quergebändert, Rand knorpelig, schwach gezähnt. Blütenstand bis 25 cm lang, Blüten bis 4,5 cm lang, rosa bis rot; IV bis V.
verrucósa Mill. ——→ *Gastéria verrucósa*
Verwendung/Pflege/Vermehrung:
Langlebige Zimmerpflanzen ohne große Ansprüche, die im Sommer auf dem Balkon stehen können. *A. arborescens* ist auch als Kübelpflanze geeignet.
Die Pflanzen lieben viel Licht, frische Luft und wachsen auch in lufttrockenen Wohnräumen. Im Winter brauchen sie einen kühlen Standort, doch wird bei mäßiger Feuchtigkeit auch Zimmertemperatur vertragen. Während der Wachstumszeit im Frühjahr und Sommer kann etwas mehr gegossen werden. Verpflanzt wird jährlich oder nach 2 bis 4 Jahren zwischen März und August in nicht zu große Töpfe. Als Substrat ist Kompost oder Gartenerde mit Sand oder lehmreiche Einheitserde geeignet; *p*H-Wert 6,5. Gedüngt wird wenig oder von Mai bis Ende August monatlich einmal stickstoffarm. Hydrokultur erfolgt im Sommer in einer Nährlösung von 0,1 % und niedrigem Anstau, im Winter wird das Substrat nur mäßig feucht gehalten oder nur flach angestaut.
Vermehrung durch Samen, bewurzelte Seitentriebe oder Kopfstecklinge; auch Blattstecklinge (Schnittfläche gut abtrocknen lassen) sind möglich.

Alpenveilchen ——→ *Cýclamen*

Amarýllis ——→ *Hippeástrum*

Anthúrium Schott
FLAMINGOBLUME, SCHWANZBLUME
Aráceae

⌂ bis Ⓦ ✹ bis ◐ Ⓓ Ⓗ

Der Name der Gattung bezieht sich auf den langen Blütenkolben (gr. ánthos = Blüte, ourá = Schwanz). Die deutschen Namen nehmen auf die Blütenform bzw. den Blütenkolben Bezug.
Die mehr als 200 Arten umfassende Gattung ist im tropischen Amerika verbreitet. Es sind Stauden mit unterschiedlich langen Sproßachsen oder selten wurzelkletternde Lianen mit immergrünen einfachen, gelappten oder geteilten Blättern. An der Basis des Blütenkolbens steht das auffällige Hochblatt. Die zweifächerige Frucht wächst mit zunehmender Reife und Vergrößerung aus dem Gewebe des Kolbens heraus.
– Andreanum-Hybriden syn. A. x *cultórum* Birdsey
andreánum = nach E. F. André (1840 bis 1911). Die ersten Kreuzungen entstanden um 1880 in England und Frank-

Anthurium-Andreanum-Hybride

reich, vorwiegend unter Verwendung von *A. andreánum* Lind. corr. André und *A. nymphaefólium* C. Koch et Bouché.
Sproßachse aufrecht, mit Luftwurzeln. Blätter kurz eiförmig, spitz, etwa 35 × 20 cm, Hochblatt glatt oder blasig (gehämmert), rot, dunkelrot, lachs, rosa oder weiß, Blütenkolben weiß bis gelblich, gebogen; I bis XII.

– x *cultórum* Birdsey ⟶ Anthúrium-Andreanum-Hybriden

– x *hortulánum* Birdsey ⟶ Anthúrium-Scherzeranum-Hybriden

– Scherzeranum-Hybriden syn. *A. hortulánum* Birdsey

scherzeranum = nach K. v. Scherzer (19. Jh.), Arzt und Forschungsreisender. Züchtungen wurden aus Formen der Art und verwandter Arten erzielt, erstmalig ausgestellt 1878.
Sproßachse gestaucht, mit Luftwurzeln. Blätter schmal elliptisch-länglich bis lanzettlich, spitz, etwa 30 × 8 cm, lederig, dunkelgrün, unterseits blaßgrün. Hochblatt elliptisch, Spitze aufgesetzt, rot oder lachs, seltener rosa, weiß oder unterschiedlich dicht rot und weiß gefleckt. Die Blütenkolben sind gekrümmt oder spiralig gedreht, meist gelb bis rotorange gefärbt.

Verwendung/Pflege/Vermehrung: Wertvolle Topfpflanzen und Schnittblumen. Sie lieben einen absonnigen bis halbschattigen Standort und Temperaturen zwischen 18 und 24 °C. Bei mäßiger Ballenfeuchtigkeit dürfen diese kurzfristig auf 12 °C absinken. Flamingoblumen sollen nie vollkommen trocken stehen, doch ist eine gute Dränage erforderlich. Bei zu geringer Luftfeuchtigkeit sind die Pflanzen öfters zu übersprühen. Als Substrat ist grobe Lauberde, Torf, Moos, Sand und Holzkohle, aber auch Einheitserde geeignet; *p*H-Wert 5 bis 5,5. Eine Auflockerung des Pflanzstoffes mit Polystyrol bzw. Styromull, auch mit Rindenstücken oder Hobelspänen ist vorteilhaft. Hochwachsende Pflanzen werden tiefer gesetzt oder die Wurzeln und der untere Teil der Sproßachse mit *Sphagnum* umgeben. Verpflanzt wird in Abständen

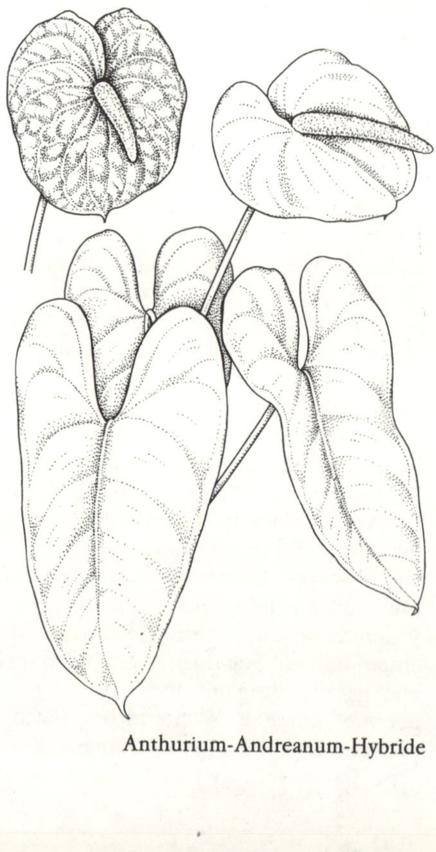

Anthurium-Andreanum-Hybride

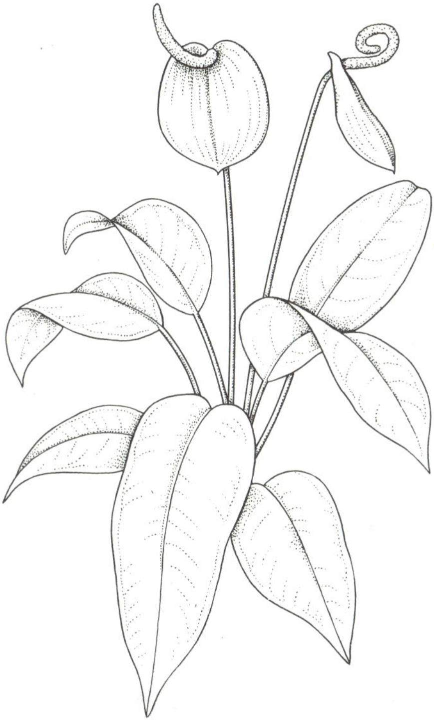

Anthurium-Scherzerianum-Hybride

Anthurium-Scherzerianum-Hybride

von 1 bis 2 Jahren. Düngung erfolgt in der Vegetationsperiode alle 2, im Winter etwa alle 4 bis 6 Wochen. Hydrokultur ist in einer Nährlösung von 0,1 %, im Winter um 0,05 % möglich. Anthurium-Scherzerianum-Hybriden sollen im Winter für 6 bis 8 Wochen bei etwa 12 bis 15 °C mäßig feucht gehalten werden, um eine reichere Blütenbildung zu erzielen. Vermehrung durch Abtrennen von Seitensprossen. Aussaat von frischen Samen erfolgt auf Fließpapier in Petrischalen oder auf sandig-humose Erde mit Moos bei 21 bis 26 °C.

Aphelándra R. Br.

GLANZKÖLBCHEN

Acantháceae

⌂ bis Ⓦ ✹ bis ◐ Ⓗ ♤ ♡

Der Gattungsname wurde von dem englischen Botaniker Robert Brown (1773 bis 1858) mit Bezug auf den einfächerigen Staubbeutel aus gr. apheles = einfach und andros = Mann gebildet.
Im tropischen und subtropischen Amerika wachsen die etwa 80 Arten der Gattung als Stauden, Halbsträucher oder Sträucher. Die Sproßachse entwickelt sich aufrecht, kann aber bei älteren Trieben überhängen. Die Blätter sind gegenständig angeordnet, der Blütenstand entwickelt sich terminal. Er bildet Blüten bzw. Hochblätter von gelber, roter oder oranger Farbe.

– *aurantíaca* (Schweidw.) Lindl. syn. *A. aurantíaca* var. *róezlii* Regel
aurantíacus = orangerot (nach der Farbe der Blüten). Kolumbien bis Peru; eingeführt 1867.
Blätter schmal-eiförmig, silbriggrün, an den Nerven heller. Blütenknospen gelb, Blüte leuchtend lachsorangerot; IX bis XII.

– *aurantíaca* var. *róezlii* Regel ⟶ *Aphelandra aurantáca*

– *squarrósa* Nees
– squarrósus = sparrig (Wuchs). Brasilien; eingeführt 1855.

Wuchs strauchig. Blätter eiförmig-lanzettlich, dunkelgrün, an den Nerven silbrig-cremeweiß gezeichnet. Blütenstand bis 15 cm lang, einfach oder verzweigt, Brakteen gelb, Blüten hellgelb gefärbt; V bis VII.

– – 'Fritz Prinzler'

Bewährte Sorte, die 1938 aus *A. squarrosa* var. *leopoldii* Van Houtte x *A. squarrosa* var. *louisiae* Van Houtte entstand.

– – 'Dania'

Ausleseform aus voriger Hybride, Wuchs niedriger.

– – 'Josette'

Wuchs gedrungen, rasch wachsend, Blätter glänzend dunkelgrün, an den Nerven breit cremegelb.

Auch als nicht blühende Blattpflanze ist diese Sorte zur Zimmerpflege gut geeignet und zu empfehlen.

Aphelandra squarrosa

Aphelandra aurantiaca

Verwendung/Pflege/Vermehrung:
Schön blühende Blattpflanzen für wärmere Standorte. Zugluft ist zu vermeiden. Die Pflanzen lieben absonnige bis halbschattige Standorte bei Temperaturen von 15 bis 24 °C und gleichmäßig feuchtem Substrat. Bei trockener Luft ist öfters zu sprühen.

Als Substrat ist eine Mischung aus Lauberde, Torf, wenig Lehm und Sand oder Einheitserde zu verwenden; *p*H-Wert 5 bis 6. Verpflanzt wird jährlich zwischen Februar und Mai nach erfolgtem Rückschnitt. Im Sommer sollte alle 2 bis 3 Wochen, im Winter monatlich einmal gedüngt werden. Hydrokultur ist in einer Nährlösung von 0,1 % möglich.

Auf Schildlausbefall ist zu achten! Zugluft und Ballentrockenheit führen zum Welken der Blätter.

Vermehrung durch Kopf-, Teil- und Augenstecklinge bei 21 bis 24 °C und hoher Luftfeuchtigkeit. Kopfstecklinge bewurzeln auch in Wasser. Bei *A. aurantiaca* ist die Vermehrung durch Aussaat zu empfehlen.

Aphelandra aurantiaca

Aporocáctus Lem.

SCHLANGEN-
ODER PEITSCHENKAKTUS

Cactáceae

⌂ ⌐ ⇉ ○ ☼ bis ◐ ⊡

Der belgische Gärtner, Botaniker und Kakteenkenner C. A. Lemaire (1801 bis 1871) benannte die Gattung nach gr. áporos = dürftig und káktos = stachlige Pflanze.

Die Heimat der 5 Arten der Gattung sind Trockenwälder in Mexiko. Sie wachsen vorwiegend als dünntriebige Epiphyten kriechend oder hängend. Luftwurzeln werden ausgebildet. Die Blüten sind schrägsäumig (zygomorph). Mit *Aporocáctus* wurde bereits 1830 die Hybridgattung *Heliaporus* gezüchtet.

– *flagellifórmis* (L.) Lem. syn. *Céreus flagellifórmis* (L.) Mill.

flagelláris = peitschenartig, fórmis = förmig. Mexiko; eingeführt 1690.

Sproßachse bis 2 cm dick, bis 1 m lang

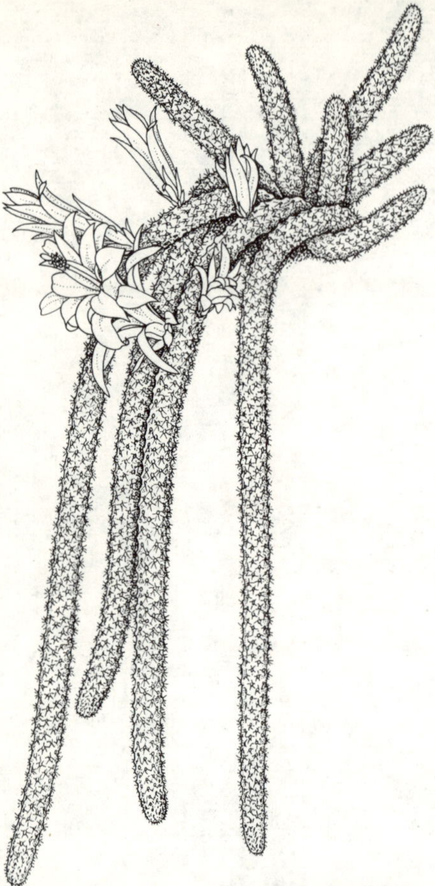

Aporocactus flagelliformis

mit 10 bis 12 undeutlichen Rippen. Areolen bis 8 mm voneinander entfernt, Randdornen zu 8 bis 12, rotbraun, Mitteldornen zu 3 bis 4, hellbraun, Spitzen gelb. Blüten bis 8 cm lang, karminrot; IV bis VI.

Verwendung/Pflege/Vermehrung: Ampelpflanzen, die trockene Zimmerluft vertragen und im Sommer im Freien an geschützten Stellen hängen können. Der Schlangenkaktus liebt einen hellen bis halbschattigen Standort und im Winter Temperaturen zwischen 8 bis 15 °C. Während dieser Zeit wird wenig gegossen, im Sommer aber reichlicher Wasser gegeben. Als Substrat sind Kompost mit grober Lauberde oder Torf und Sand, auch Einheitserde mit Lehmzusatz geeignet; *p*H-Wert um 6. Nach etwa 3 bis 5 Jahren wird im Frühjahr verpflanzt. Die Düngung erfolgt von April/Mai bis Ende August alle 3 Wochen stickstoffarm. Auf Spinnmilbenbefall ist zu achten. Hochstämmchen werden vorwiegend durch Pfropfung auf *Eriocéreus jusbértii* herangezogen.

Vermehrung erfolgt durch Stecklinge in einem sandigen Substrat (Schnittflächen gut abtrocknen lassen!).

Arália elegantíssima Veitch ⟶ *Dizygothéca*
Arália japónica Thunb. ⟶ *Fátsia*
Arália siebóldii hort. ⟶ *Fátsia*
Aralie ⟶ *Fátsia*

Araucária Juss.
ZIMMERTANNE
Araucariáceae

Ⓚ bis ⌂ ⌐ ⥲ ○ ✹

A. L. de Jussieu (1748 bis 1836), Professor am Jardin des Plantes, Paris, benannte die Gattung nach dem Indianerstamm der Araukaner in Südchile. In ihrem Wohngebiet kommt die zuerst bekannt gewordene Art vor. Der deutsche Name weist auf die Ähnlichkeit mit einer Tanne hin.

Die etwa 12 Arten der Gattung kommen in Südamerika, Australien und auf Inseln des Stillen Ozeans vor. Es sind hohe, immergrüne Nadelgehölze mit meist in Quirlen stehenden Ästen.

– *excélsa* R. Br. quoad descr. ⟶ *Araucária heterophýlla*

– *heterophýlla* (Salisb.) Franco syn. *A. excélsa* R. Br. quoad descr.

heterophýllus = verschiedenblättrig. Norfolkinseln; eingeführt 1793.

Wuchs baumförmig, in der Heimat bis 60 m hoch. Borke braun. Äste 1. Ordnung in Quirlen zu 5 bis 7, Äste 2. Ordnung wechselständig. Nadeln bis 2 cm lang, schwach 4kantig, an der Basis verdickt, gebogen, stachelspitz. Es gibt Formen mit grünen, olivgrünen oder blau bereiften groben oder feinen Nadeln.

Verwendung/Pflege/Vermehrung: Dankbare Topf- und Kübelpflanzen für helle, kühle und luftige Räume. Während des Sommers können sie auf dem Balkon oder im Freien stehen. Im Winter sollen die Temperaturen nicht viel über 10 °C ansteigen. Gegossen wird in dieser Zeit mäßig, während des Wachstums im Sommer aber reichlich. Als Substrat ist Einheitserde mit ⅓ Sand oder Kompost-Laub-Erde, Gartenerde mit Torf, Lehm und reichlich Sand geeignet; *p*H-Wert etwa 5. Verpflanzt werden jüngere Exemplare jährlich, ältere nach jeweils 3 bis 4 Jahren. Der Wurzelballen soll nicht tiefer im neuen Topf stehen. Gedüngt wird etwa jede 2. Woche, im Winter nach 6 bis 8 Wochen.

Vermehrung durch Kopfstecklinge in einem Torf-Sand-Gemisch bei 24 bis 26 °C Bodenwärme und hoher Luftfeuchtigkeit in kleinen Töpfen. Die Stecklinge sollen gerade einen Neutrieb entwickeln. Nach dem Schneiden muß der Steckling »ausbluten«. Das sich an der Schnittfläche bildende Harz ist zu entfernen. Der Steckling erhält durch einen Stab Halt, wobei die Seitenäste nach oben zusammengebunden werden. Bis zur Bewurzelung vergehen etwa 2 bis 3 Monate. Seitensprosse sind zur Vermehrung nicht geeignet, da sie nur horizontal wachsende Pflanzen ergeben. Ältere Exemplare können durch Abmoosen vermehrt werden. Samen, der importiert werden muß, verliert rasch die Keimfähigkeit.

Araucaria heterophylla

Araucaria heterophylla

Aschenblume ⟶ *Senécio*

Aspáragus L.
SPARGEL
Liliáceae

Ⓚ ⌂ Ⓦ ⌐ ⇉ ○ ☀ bis ◐ ⊞ ♁

C. v. Linné bildete den Gattungsnamen aus dem gr. spargáein = sprossend und a – hier verstärkende Vorsilbe = stark sprossend.

Das Areal der etwa 300 Arten umfassenden Gattung erstreckt sich über die wärmeren Gebiete der Alten Welt. Es sind Stauden oder Halbsträucher mit kurzem, kriechendem Erdstamm und oft verdickten Wurzeln. Die Blätter sind meistens klein und schuppenförmig. Ihre Form und Funktion haben zu Phyllokladien umgebildete blattförmige Kurztriebe

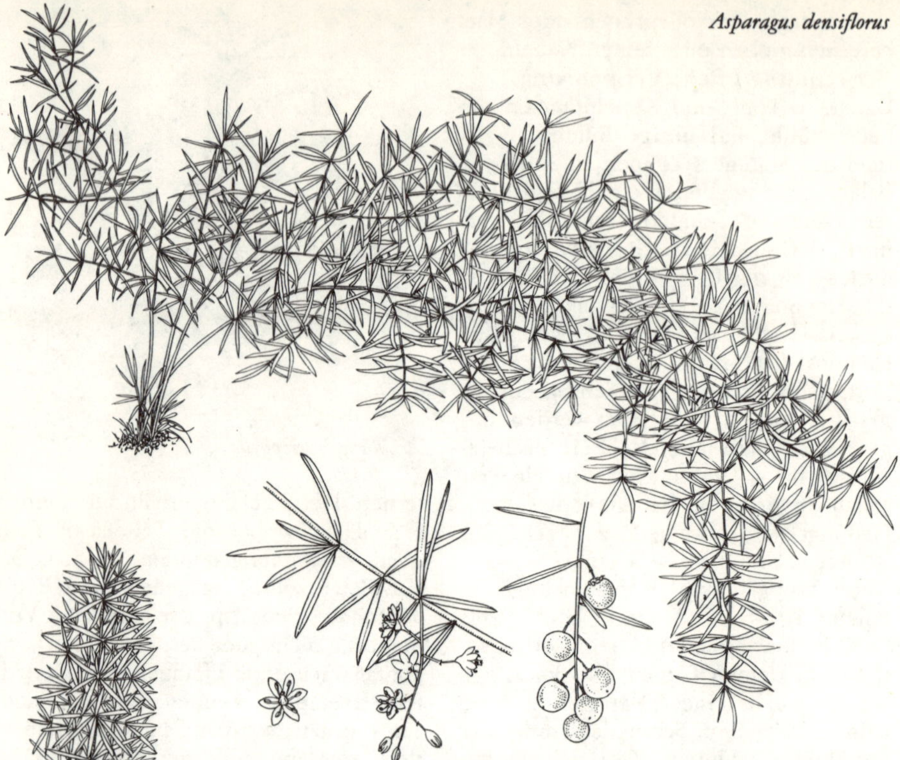

Asparagus densiflorus 'Meyeri'

übernommen. Die Blüte ist klein und hat 6 getrennte oder fast getrennte Kronabschnitte. Ihre Frucht ist eine Beere.

– *densiflórus* (Kunth) Jessop syn. *A. sprén-geri* Regel

densiflórus = dichtblütig. Südafrika (Natal); eingeführt 1890.

In Kultur ist die Sorte 'Sprengeri'. Wurzeln mit Knollen-Sproßachse aufrecht-überhängend, längsgefurcht. Blätter sind zu Dornen umgebildet, Phyllokladien einzeln oder zu 2 bis 4, länglich, linealisch, flach, spitz, etwa 30 × 2 mm. Blüten weiß, duftend. Beere rot, Samen schwarz; IV bis VIII.

– – 'Meyeri' syn. *A. mḗyeri* hort., *A. myérsii* hort.

Sproßachse aufrecht mit dicht stehenden Verzweigungen und Phyllokladien, dadurch walzenförmig wirkend.

– *mḗyeri* hort. ⟶ *Aspáragus densiflórus* 'Meyeri'

– *myérsii* hort. ⟶ *Aspáragus densiflórus* 'Meyeri'

– *plumósus* Bak. ⟶ *Aspáragus setáceus*

– *setáceus* (Kunth) Jessop syn. *A. plumósus* Bak.

setáceus = borstenförmig (Form der Phyllokladien). Südafrika; eingeführt 1876.

Sproßachse dünn, bis etwa 1,5 m lang, an der Spitze oft etwas windend. Blätter schuppenförmig mit dorniger Spitze, der

Sproßachse anliegend. Phyllokladien borstenförmig, zu 6 bis 12, bis 5 mm lang, dunkelgrün, in einer Ebene stehend, Blüten grünlichweiß, einzeln, Beere schwarz; VIII bis X.

– – 'Cupressoides'

Wuchs aufrecht. zypressenartig, Seitenäste aufrecht, Phyllokladien 3 bis 5 mm lang, smaragdgrün.

– – 'Nanus'

Wuchs niedrig, dicht.

– – 'Tenuissimus'

Wuchs locker. Phyllokladien bis 6 mm lang, nicht in einer Ebene stehend.

Verwendung/Pflege/Vermehrung: Beliebte Grünpflanzen für die Fensterbank. *A. densiflorus* kann im Sommer auch an einem geschützten Standort auf dem Balkon stehen. *A. densiflorus* liebt viel Licht, *A. setaceus* mehr Halbschatten. Günstig sind Zimmertemperaturen um 20 °C, die bei *A. densiflorus* bis unter

Asparagus setaceus 'Cupressoides'

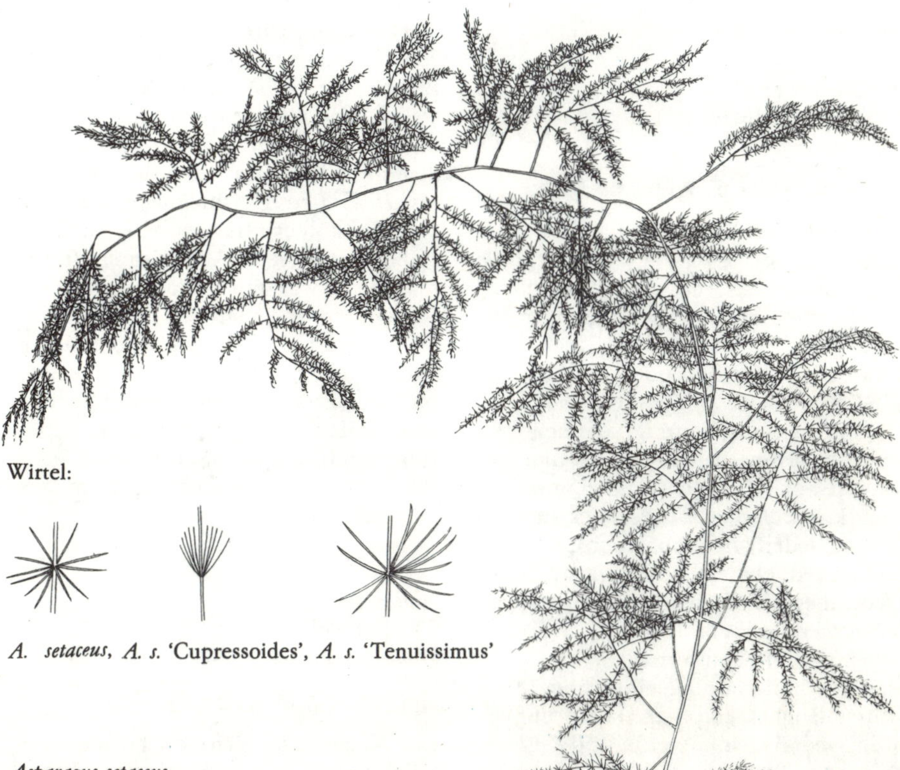

Wirtel:

A. setaceus, *A. s.* 'Cupressoides', *A. s.* 'Tenuissimus'

Asparagus setaceus

12 °C absinken können. Das Substrat muß stets gleichmäßig feucht gehalten werden. Bei kühlem Stand sollte man weniger gießen. Als Substrat ist Kompost, auch humose Gartenerde mit Sand oder Einheitserde, bei *A. densiflorus* mit einem Zusatz von Lehm, geeignet; *p*H-Wert 6 bis 6,5. Verpflanzt wird jährlich zwischen Februar und September. Eine Zusatzdüngung gibt man im Sommer jede Woche oder alle 2 Wochen, im Winter in Abständen von 4 bis 6 Wochen. Hydrokultur in 0,1- bis 0,2%iger Nährlösung (im Winter 0,05 % und weniger hohem Anstau) ist möglich. Neutriebe werden häufig von Blattläusen befallen, auch auf Spinnmilben und Schildläuse ist zu achten.

Vermehrung durch Teilung beim Verpflanzen oder durch Samen; *A. setaceus* 'Tenuissimus' auch durch Stecklinge mit Ansatz der Sproßachse (Augensteckling).

Aspidístra Ker-Gawl.
SCHILDBLUME
Liliáceae

Ⓚ bis Ⓦ ⌐ ⇝ ☼ ◐ bis ● Ⓗ ♁

Der englische Botaniker, der die Gattung nach gr. aspís = Schild (große schildförmige Narbe der Blüten) benannte, hieß bis 1804 John Gawler, danach John Bellenden Ker, auch Ker-Gawler oder Ker-Bellenden. Er lebte von 1764 bis 1824.

Die 8 Arten der Gattung kommen vom östlichen Himalaja bis China und auf Taiwan vor. Es sind Stauden mit kurzem, kriechendem Wurzelstock und gestielten, lederigen Laubblättern. Die Blüten stehen einzeln auf kurzem Schaft dicht über dem Boden und werden von Schnecken bestäubt.

– *elátior* Bl. · Schusterpalme
elátior = höher. China; eingeführt 1835. Blätter länglich-elliptisch, spitz, dunkelgrün, lederig, immergrün, 50 × 12 cm, Stiel etwa 20 cm lang. Blüte schmutzig

Aspidistra elatior

grauviolett, Kronröhre achtspaltig, Narbe schildförmig, achtlappig, groß; II bis V. (s. Abb. S. 21).

– – 'Variegata'
Dekorativ. Blätter cremeweiß längsgestreift. Leider selten.

Verwendung/Pflege/Vermehrung: Schusterpalmen sind unverwüstliche Blattpflanzen, die keinerlei Ansprüche stellen. Die Pflanzen vertragen schattige und helle, aber keine vollsonnigen Standorte bei Temperaturen von 8 (2) bis 25 °C und gleichmäßiger Feuchtigkeit. Bei kühler Pflege soll die Erde nur mäßig feucht sein. Als Substrat ist eine humose, etwas mit Sand angereicherte Gartenerde geeignet; *p*H-Wert 6. Verpflanzt wird jährlich zwischen Frühjahr und Sommer oder nach 2 bis 3 Jahren. Im Sommer sollte öfters flüssig gedüngt werden. Hydrokultur ist in einer Nährlösung von 0,05 bis 0,1 % möglich.

Vermehrung durch Teilung beim Verpflanzen.

Asplénium L.
STREIFENFARN
Aspleniáceae

Ⓚ ⌂ bis Ⓦ ☼ ◐ bis ● Ⓗ ♁

Der Name leitet sich von gr. plenos = Milz und a = gegen ab. Die Pflanze

Sproßachse anliegend. Phyllokladien borstenförmig, zu 6 bis 12, bis 5 mm lang, dunkelgrün, in einer Ebene stehend, Blüten grünlichweiß, einzeln, Beere schwarz; VIII bis X.

– – 'Cupressoides'

Wuchs aufrecht. zypressenartig, Seitenäste aufrecht, Phyllokladien 3 bis 5 mm lang, smaragdgrün.

– – 'Nanus'

Wuchs niedrig, dicht.

– – 'Tenuissimus'

Wuchs locker. Phyllokladien bis 6 mm lang, nicht in einer Ebene stehend.

Verwendung/Pflege/Vermehrung: Beliebte Grünpflanzen für die Fensterbank. *A. densiflorus* kann im Sommer auch an einem geschützten Standort auf dem Balkon stehen. *A. densiflorus* liebt viel Licht, *A. setaceus* mehr Halbschatten. Günstig sind Zimmertemperaturen um 20 °C, die bei *A. densiflorus* bis unter

Asparagus setaceus 'Cupressoides'

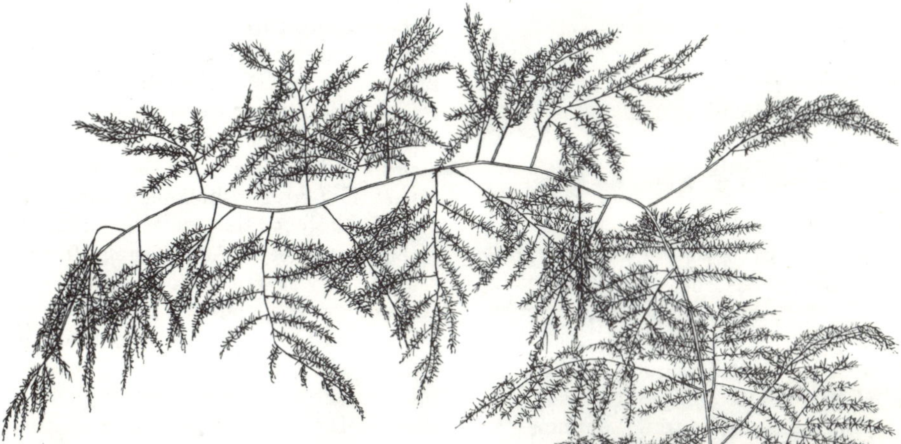

Wirtel:

A. setaceus, *A. s.* 'Cupressoides', *A. s.* 'Tenuissimus'

Asparagus setaceus

12 °C absinken können. Das Substrat muß stets gleichmäßig feucht gehalten werden. Bei kühlem Stand sollte man weniger gießen. Als Substrat ist Kompost, auch humose Gartenerde mit Sand oder Einheitserde, bei *A. densiflorus* mit einem Zusatz von Lehm, geeignet; *p*H-Wert 6 bis 6,5. Verpflanzt wird jährlich zwischen Februar und September. Eine Zusatzdüngung gibt man im Sommer jede Woche oder alle 2 Wochen, im Winter in Abständen von 4 bis 6 Wochen. Hydrokultur in 0,1- bis 0,2%iger Nährlösung (im Winter 0,05 % und weniger hohem Anstau) ist möglich. Neutriebe werden häufig von Blattläusen befallen, auch auf Spinnmilben und Schildläuse ist zu achten.
Vermehrung durch Teilung beim Verpflanzen oder durch Samen; *A. setaceus* 'Tenuissimus' auch durch Stecklinge mit Ansatz der Sproßachse (Augensteckling).

Aspidístra Ker-Gawl.
SCHILDBLUME
Liliáceae

Ⓚ bis Ⓦ ⌐ ⇉ ☼ ◐ bis ● ⊡ ♁

Der englische Botaniker, der die Gattung nach gr. aspís = Schild (große schildförmige Narbe der Blüten) benannte, hieß bis 1804 John Gawler, danach John Bellenden Ker, auch Ker-Gawler oder Ker-Bellenden. Er lebte von 1764 bis 1824.
Die 8 Arten der Gattung kommen vom östlichen Himalaja bis China und auf Taiwan vor. Es sind Stauden mit kurzem, kriechendem Wurzelstock und gestielten, lederigen Laubblättern. Die Blüten stehen einzeln auf kurzem Schaft dicht über dem Boden und werden von Schnecken bestäubt.
– *elátior* Bl. · Schusterpalme
elátior = höher. China; eingeführt 1835. Blätter länglich-elliptisch, spitz, dunkelgrün, lederig, immergrün, 50 × 12 cm, Stiel etwa 20 cm lang. Blüte schmutzig

Aspidistra elatior

grauviolett, Kronröhre achtspaltig, Narbe schildförmig, achtlappig, groß; II bis V. (s. Abb. S. 21).
– – 'Variegata'
Dekorativ. Blätter cremeweiß längsgestreift. Leider selten.
Verwendung/Pflege/Vermehrung: Schusterpalmen sind unverwüstliche Blattpflanzen, die keinerlei Ansprüche stellen. Die Pflanzen vertragen schattige und helle, aber keine vollsonnigen Standorte bei Temperaturen von 8 (2) bis 25 °C und gleichmäßiger Feuchtigkeit. Bei kühler Pflege soll die Erde nur mäßig feucht sein. Als Substrat ist eine humose, etwas mit Sand angereicherte Gartenerde geeignet; *p*H-Wert 6. Verpflanzt wird jährlich zwischen Frühjahr und Sommer oder nach 2 bis 3 Jahren. Im Sommer sollte öfters flüssig gedüngt werden. Hydrokultur ist in einer Nährlösung von 0,05 bis 0,1 % möglich.
Vermehrung durch Teilung beim Verpflanzen.

Asplénium L.
STREIFENFARN
Aspleniáceae

Ⓚ ⌂ bis Ⓦ ☼ ◐ bis ● ⊡ ♁

Der Name leitet sich von gr. plenos = Milz und a = gegen ab. Die Pflanze

wurde zur Behandlung von Erkrankungen der Milz verwendet. Der deutsche Name weist auf die streifenförmige Anordnung der Sporenhäufchen hin.
Die Gattung umfaßt etwa 700 Arten und ist auf allen Kontinenten verbreitet. Ihre Arten wachsen terrestrisch, lithophytisch und epiphytisch. Die Blätter sind einfach bis mehrfach gefiedert.
– *dimórphum* Kunze
dimórphus = zweigestaltig (Blätter). Norfolkinseln; eingeführt vor 1894.

Asplenium dimorphum

Blätter lang gestielt, bis 60 cm lang, an der Spitze überhängend, doppelt gefiedert, Blattfieder schmal, lederig, stumpfgrün, ältere Blätter reich mit Adventivpflanzen besetzt, deren Blättchen elliptisch bis schmal verkehrt-eiförmig sind.
– *nídus* L. syn. *A. nídus-ávis* hort. · Nestfarn
nídus = Nest (Wuchs). Ostafrika, tropisches Asien bis Australien; eingeführt 1822.
Wuchs durch die Stellung der Blätter nestartig-trichterförmig. Dadurch kann herabfallendes Laub aufgefangen werden und die bei der Verrottung frei werdenden Nährstoffe stehen der Pflanze zur Verfügung. Blätter länglich, bei älteren

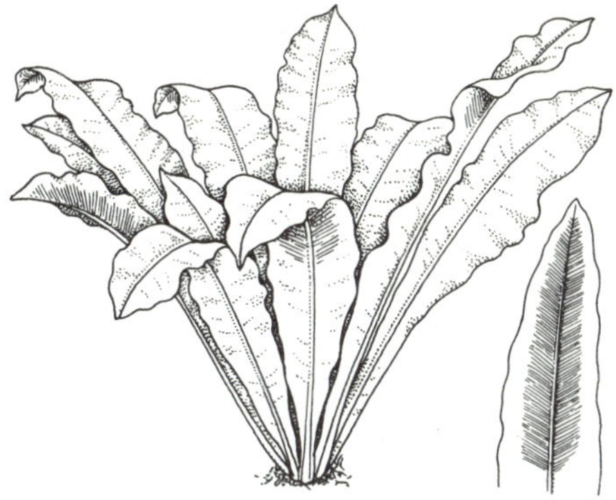

Asplenium nidus

Pflanzen 100 × 24 cm, hellgrün, Basis schmal, Spitze aufgesetzt, Mittelnerv fast bis zur Spitze schwarz, Sporenhäufchen streifenförmig im oberen Drittel des Blattes.
– *nídus-ávis* hort. ⟶ *Asplénium nídus*

Verwendung/Pflege/Vermehrung:
Dekorative Blattpflanzen mit geringem Lichtbedarf. Sie lieben keine trockene Heizwärme und benötigen einen absonnigen bis halbschattigen Standort, vertragen aber auch noch Schatten. Geeignet sind Temperaturen von 20 °C und mehr, für längere Zeit nicht unter 14 °C, bei *A.*

Asplenium nidus

dimorphum bis etwa 10 °C. Die Erde soll stets gleichmäßig feucht sein. Ein starkes Austrocknen wird nicht vertragen. Als Substrat ist Lauberde mit Kompost, wenig Lehm, Torf und Sand oder Einheitserde zu verwenden; *p*H-Wert um 5. Das Verpflanzen erfolgt jährlich zwischen Februar und August/September in jeweils nicht viel größere Töpfe. Gedüngt wird von April bis August jede 2. oder 3. Woche, in der übrigen Zeit nach jeweils 6 Wochen. Hydrokultur erfolgt in einer Nährlösung von 0,05 % (im Winter schwächer).
Der Gärtner vermehrt durch Sporen. Von *A. dimorphum* können sich ablösende Adventivpflänzchen eingepflanzt und bei höherer Luftfeuchtigkeit aufgezogen werden.

Aucúba Thunb.
FLEISCHERPALME
Cornáceae

Ⓚ bis ⌂ ⌐ ⇉ ☼ bis ◐ ♁ ♀

C. P. Thunberg verwendete bei der Wahl des Gattungsnamens die japanische Bezeichnung des Strauches »aokiba«.
Die Gattung kommt vom Himalaja bis Korea, Taiwan und Japan mit 3 Arten vor. Es sind immergrüne Sträucher mit gegenständigen, ganzrandigen oder gezähnten Blättern. Sie sind zweihäusig und entwickeln eine einsamige, beerenartige Steinfrucht.
– *japónica* Thunb. · Fleischerpalme
japónicus = japanisch. Japan; eingeführt 1861 (1863), buntblättrige Form 1783.
Sproßachse verzweigt, holzig, grün, bis 2 m lang, im Topf meist nicht über 1 m. Blätter elliptisch-lanzettlich, dunkelgrün, 8 bis 20 cm lang, lederig, Rand entfernt und grob gesägt. Blüten unscheinbar rotviolett; III–IV.
– – 'Variegata'
Blätter glänzend, dicht gelb gepunktet, formenreich.
Verwendung/Pflege/Vermehrung:
Anspruchslose Blattpflanze, die auch im Winter relativ schattig und kühl gepflegt werden kann. Sie liebt einen absonnigen bis halbschattigen Standort bei guter Frischluftzufuhr. Im Winter reichen 5 bis 10 (15) °C aus. Während der Vegetationsperiode ist reichlich zu wässern, aber auch im Winter wollen die Pflanzen nicht vollkommen trocken stehen. Als Substrat ist eine nahrhafte Gartenerde oder Kompost mit wenig Torf oder Lauberde und Sand geeignet. Verpflanzt wird im Jugendstadium jährlich, später nach jeweils 2 bis 3 Jahren zwischen Fe-

Aucuba japonica

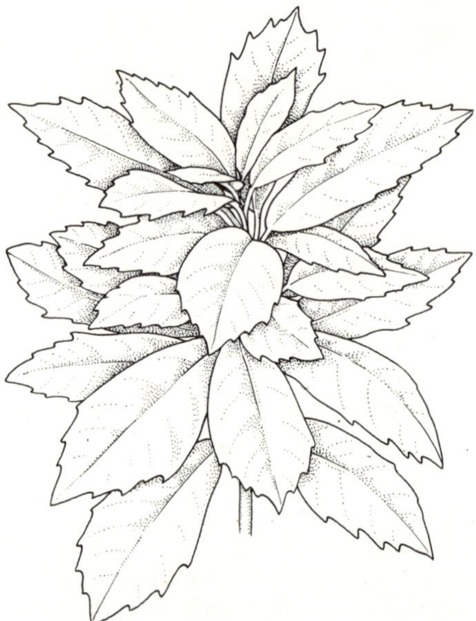

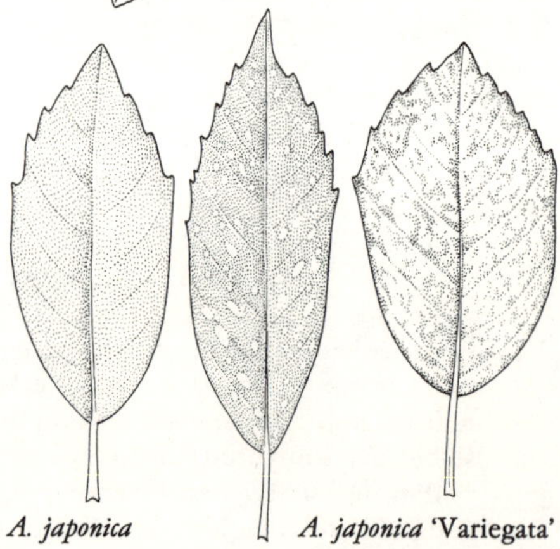

A. japonica *A. japonica* 'Variegata'

Aucuba japonica 'Variegata'

bruar und August. Während des Neutriebes düngt man wöchentlich, danach etwa alle 2 bis 3 Wochen bis September.
Die Pflanzen werden nicht beschnitten, da sie sich gut verzweigen.
Vermehrung durch Stecklinge vorwiegend im Februar/März oder im August bei Temperaturen zwischen 15 und etwa 24 °C.

Azálea índica hort. ⟶ *Rhododéndron*
Azalee ⟶ *Rhododéndron*
Baumfreund ⟶ *Philodéndron*
Becherprimel ⟶ *Prímula*

Begónia L.
SCHIEFBLATT
Begoniáceae

⌂ bis Ⓦ (⌐) ⇉ ☀ bis ◐ Ⓓ Ⓗ ♤ ♡

Die Gattung wurde von C. von Linné zu Ehren des französischen Statthalters von St. Domingo, M. Begon (1638 bis 1710), benannt. Der deutsche Name bezieht sich auf die asymmetrische Blattform der meisten Arten.

Die Gattung ist mit etwa 1000 Arten in den tropischen und subtropischen Gebieten von Asien, Afrika und Amerika verbreitet. Sie wachsen vorwiegend in Nebelwäldern der Gebirge auf dem Boden oder im unteren Bereich der Bäume als Epiphyten. Es sind Stauden mit rosettig wachsenden Blättern oder einer auf dem Boden kriechenden Sproßachse, aufrechte Halbsträucher oder wurzelkletternde Lianen. Manche Arten bilden Knollen aus, und der Sproß stirbt während der jahreszeitlich bedingten Trockenperiode ab. Die Blätter sind meist asymmetrisch und ganzrandig, auch gelappt, tief eingeschnitten bis handförmig geteilt. Die einhäusigen männlichen Blüten haben 4, seltener 2, die weiblichen 5, seltener 2 oder 6 bis 8 Hüllblätter. Der unterständige Fruchtknoten ist oft geflügelt.
– *bówerí* Ziesenh.
bóweri = nach Bower. Mexiko; eingeführt um 1960.
Blattbegonie, Wuchs klein, Sproßachse kriechend. Blätter schief-eiförmig, lang zugespitzt, smaragdgrün, Rand schwarzbraun gezeichnet, gekerbt und weiß behaart. Blüte weiß; XI bis IV.

Begonia boweri

Begonia-Elatior-Hybride

– *bunchii* hort. ex L.H. Bailey ——→ *Begónia* x *erythrophýlla* 'Bunchii'

– x crédneri Haage et Schmidt

crédneri = nach Credner. Kreuzung aus *B. scharffiána* Regel x *B. metállica* W.G. Sm., gezüchtet von Haage und Schmidt (Erfurt); 1890 erstmalig ausgestellt.

Strauchbegonie, Sproßachse aufrecht, bis 1 m lang. Blätter schief-eiförmig, etwa 17 × 10 cm, olivgrün, unterseits rot, beiderseits behaart, Rand entfernt gekerbt-gesägt. Blüten weiß bis hellrosa, außen rot behaart. G. Arends nahm Rückkreuzungen mit *B. metallica* vor und erzielte einen gedrungenen Wuchs.

– Elatior-Hybriden syn. B. hiemális Fotsch

elátius, elátor = höher. Kreuzung aus *B. socotrána* Hook. f. x *B.* 'Viscountess Doneraile' und anderen Knollenbegonien. Erste Züchtung von J. Heal bei Veitch (Großbritannien) 1883.

Blütenbegonie, etwa 25 cm hoch. Blätter asymmetrisch, rundlich-eiförmig, glän-

Begonia x *credneri*

zend grün, Rand grob gekerbt-gesägt. Blüte etwa 6 cm groß, einfach, auch gefüllt, rot, rosa, orange, gelb, weiß. Gefülltblühende Sorten sind für Winterblüte weniger geeignet. Bei ungünstigem Standort besteht Gefahr des Befalls durch Echten Mehltau.

– x *erythrophýlla* Neum. syn. *B. feastii* hort. ex L. H. Bailey

Begonia-Elatior-Hybriden

erythrophýllus = rotblättrig. Kreuzung aus *B. hydrocotylefólia* Otto ex Hook. x *B. manicáta* Brongn. Gezüchtet 1849, zuerst verbreitet als *B. hydrocotylefólia* 'Warscewiczii'.

Blattbegonie, Sproßachse kriechend. Blätter schief-eirund, olivbraun, unterseits purpurfarben, Nerven hellgrün.

– – 'Bunchii'

Kultivar mit dicht gekraustem Blattrand.

– x *feastii* hort. ex L. H. Bailey ⟶ *Begónia* x *erythrophýlla*

– *glaucophýlla* Gower ⟶ *Begónia limmingheána*

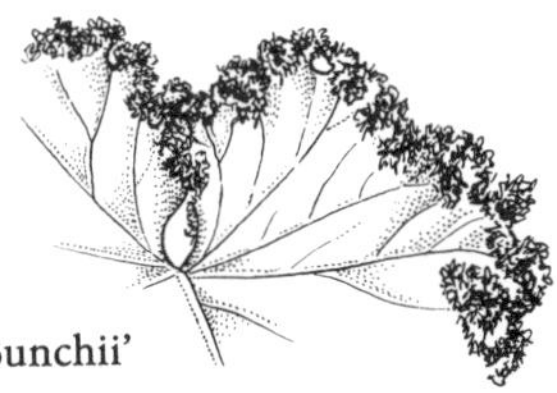

'Bunchii'

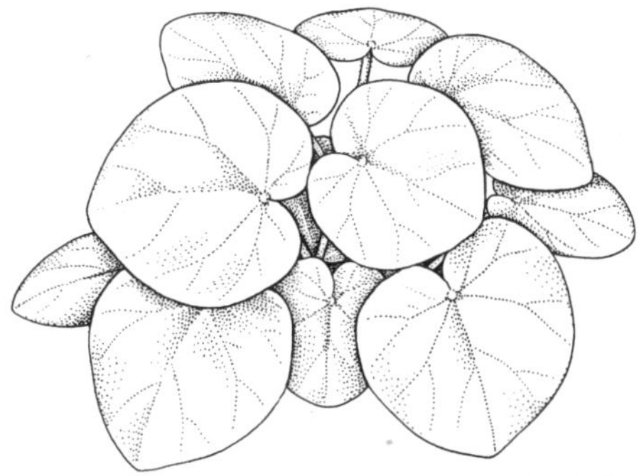

Begonia x *erythrophylla*

– 'Gloire de Lorraine' ⟶ Begónia-Lorraine-Hybriden

– *heracleifólia* Cham. et Schlechtend. heracleifólius = bärenklaublättrig. Mexiko, Guatemala; *B. heracleifólia* 'Nigricans' eingeführt 1857.

Blattbegonie, Sproß fleischig, kriechend. Blätter ungleich handförmig, 7spaltig, dunkelgrün, Rand und Nerven unterseits behaart. Blüte rosa; I bis III.

– – 'Nigricans'

Nicht so großwüchsiger Kultivar. Blattlappen vom Rand bis fast zu den Nerven schwarzgrün, unterseits purpurkarmin gezeichnet.

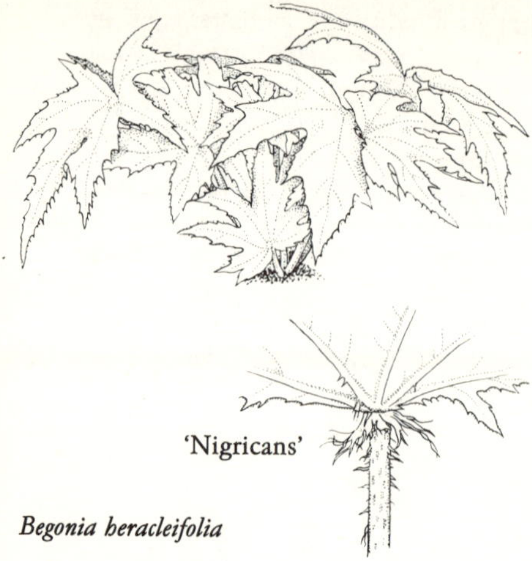

Begonia heracleifolia

– Karibik-Hybriden ⟶ Begonia-Mexicross-Hybriden
– *hiemális* Fotsch ⟶ Begonia-Elatior-Hybriden
– 'Iron Cross' ⟶ *Begonia masoniána*
– *limingbii* K. Koch ⟶ *Begonia limmingheána*
– *limmingheána* C. Morr syn. *B. glaucophýlla* Gower, *B. limingbii* K. Koch
limmingheána = nach A. v. Limminghe (2. Hälfte des 19. Jahrhunderts), belgischer Pflanzenfreund. Brasilien; eingeführt 1866.
Blattbegonie, Sproß dünn, kriechend, wurzelkletternd oder hängend. Blätter schief-eiförmig, spitz, bis 13 × 6 cm,

Begonia limingheana

grün, Rand gekerbt. Blütenblätter lachsrot, Basis weiß; III bis VII.
– Lorraine-Hybriden syn. *Begónia* 'Gloire de Lorraine'
Lorraine = Lothringen. *B. socotrána* Hook f. x *B. drégei* Otto et A. Dietr. Erste Hybride gezüchtet von Lemoine (Nancy) 1891.
Blütenbegonie, Sproßachse aufrecht, Blätter schwach asymmetrisch, breit-eiförmig bis rundlich, grün, Rand gekerbt. Blüten rosa, dunkelrosa, auch weiß, fast alle männlich, reichblütig. Heute gibt es

Begonia-Lorraine-Hybride

ein umfangreiches Sortiment.
– x *luzerna* hort.
luzerna = nach der Stadt Luzern (Schweiz). Züchtung aus *B. corállina* Carr. x *B.* 'Madame Charrat', gekreuzt von Wettstein in Luzern 1903.
Sproßachse aufrecht, 60 bis 120 cm lang. Blätter stark asymmetrisch, schmal-eiförmig, spitz, bis 35 × 15 cm, olivgrün, silbrig gefleckt, unterseits purpurfarben. Blütenstand groß, hängend, Blüten rot; V bis X.

Zimmerpflanzen machen ein Heim wohnlich und geben ihm sein unverwechselbares, individuelles Gepräge.

– *manicáta* Brongn. ex Cels
manicátus = manschettenartig. Mexiko, Guatemala; eingeführt 1837/38.
Blattbegonie, Sproßachse kriechend, fleischig. Blattstiel grün mit roten Schuppenhaaren und Schuppenmanschetten. Blätter schief-breit-eiförmig, hellgrün, glatt, Rand buchtig. Blüte rosa, reich blühend; XI bis III.
– – 'Crispa'
Blattrand stark gekraust.

Begonia x *lucerna*

Begonia x *lucerna*

Strauchbegonie, Sproßachse aufrecht, verzweigt. Blätter asymmetrisch, eirund, spitz, olivgrün, an den Nerven dunkelolivgrün, unterseits hellgrün, karminrot geadert, ganze Pflanze weißlich behaart; Blüte rosa, außen rot behaart; VII bis X.

– – 'Aureo-Maculata'
Blätter cremegelb gezeichnet.
– *masoniána* Irmsch. syn. *B.* 'Iron Cross'
masoniána = nach Mason (20. Jahrh.), englischer Pflanzenfreund. China (?); eingeführt 1959 (s. Abb. S. 2).
Blattbegonie, Sproßachse niederliegend. Blätter asymmetrisch, eirund, spitz, oben mit pustelartigen Erhebungen, die je 1 Haar tragen, olivgrün, an den Nerven breit schwarzbraun, Nerven grün.
– *metállica* W. G. Sm.
metállicus = metallisch (Blatt). Brasilien; eingeführt 1869.

Begonia manicata

Begonia masoniana

– Mexicross-Hybriden syn. B.-Karibik-Hybriden
Entstanden zuerst in Florida (USA), besonders unter Verwendung von *B. boweri* Ziesenh.
Blattbegonie, Wuchs mittelgroß, Sproßachse kriechend. Blätter asymmetrisch, meist grün, smaragdgrün bis oliv, oft rot-

Begonia metallica

bis schwarzbraun gezeichnet, Rand meist dicht und lang bewimpert.
– Rex-Hybriden
réx = König. Züchtung aus *B. réx* Putz x Formen der Art und anderen Blattbegonien, besonders mit *B. diadéma* Lind. *B. rex* eingeführt 1857.
Blattbegonie, Sproßachse fleischig, kriechend. Blätter asymmetrisch, eirund, spitz, bei Einkreuzungen von *B. diadema* unterschiedlich tief fünf bis siebenspaltig oder gelappt, karmin- bis schwarzrot, grün oder silbrig gefärbt bzw. gezeichnet.

Begonia metallica

– Semperflorens-Hybriden
semperflórus = immerblühend. Züchtungen rot- und weißblühender Sorten zuerst 1873 durch Haage und Schmidt (Erfurt), auch durch Kreuzung mit ande-

ren Arten. Lemoine (Nancy) züchtete gefüllt blühende Sorten zuerst 1898. Blütenbegonie. Es werden 2 Hauptgruppen unterschieden: groß- und glattblättrige (B.-Semperflorens-Klasse) und kleinblättrige mit guter Winterblüte (B.-Gracilis-Klasse). Es gibt viele Sorten mit fließendem Übergang der Wuchsformen.

Begonia-Mexicross-Hybride

Begonia-Rex-Hybride

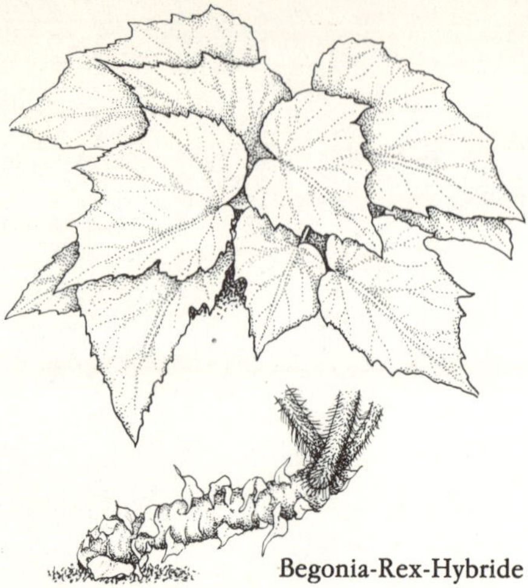

Begonia-Rex-Hybride

Wuchs niedrig-strauchig, mehrtriebig. Blätter asymmetrisch, eiförmig, grün, auch bräunlichrot (s. Abb. S. 35), Rand gekerbt, bewimpert. Reichblütig, einfach und gefüllt, weiß, rosa, rot, auch 2-farbig.

Verwendung/Pflege/Vermehrung:
Schöne Blatt- und Blütenpflanzen. Für die Zimmerpflege unterscheidet man Blatt-, Strauch- und Blütenbegonien.
Sie lieben einen luftigen, hellen bis halbschattigen, aber keinen vollsonnigen

Begonia-Semperflorens-Hybride (Blüte gefüllt)

Begonia-Semperflorens-Hybriden

Standort. Die Temperaturen sollten um 20 °C liegen und nicht für längere Zeit unter 10 °C absinken. Die Pflanzen wollen stets mäßig feucht stehen. Staunässe ist ebenso wie starkes Austrocknen zu vermeiden. Als Substrat eignet sich eine Mischung aus Lauberde, Torf, Sand mit wenig Lehm oder Kompost. Auch Einheitserde kann verwendet werden. *p*H-Wert 5,5 bis 6,5. Verpflanzt wird vorwiegend im Frühjahr, etwa ab Februar, auch bis September. Starkwüchsige Arten sind zweimal im Jahr umzusetzen. Fast alle Arten lieben relativ kleine Töpfe. Gedüngt wird in Abständen von 1 bis 3 Wochen. Hydrokultur ist in einer Nährlösung von 0,05 bis 0,1 % und bei relativ niedrigem Anstau möglich. Einige Arten können vom Echten Mehltau befallen werden.

Vermehrung durch Kopf- oder Blattstecklinge, bei einigen Arten durch Blattkeil- bzw. Blatteilstecklinge. Arten mit kriechender oder aufrechter Sproßachse können durch Stammstecklinge vermehrt werden. Auch Teilung und Aussaat ist möglich. Vermehrungstemperaturen von 20 bis 25 °C.

Belopérone Nees

ZIMMERHOPFEN

Acanthâceae

◯ bis Ⓦ ⇉ ☼ Ⓗ

C. G. D. Nees von Esenbeck (1776 bis 1858) gab der Gattung den Namen nach gr. bélos = Spieß, Pfeil und peróne = Spitze, Bolzen, weil das Verbindungsstück der beiden Staubbeutelhälften halbpfeilförmig ist und auseinanderspreizende Antherenfächer trägt. Der deutsche Name beruht auf der Ähnlichkeit des Blütenstandes mit dem des Hopfens.

Die Gattung umfaßt 30 Arten aus dem tropischen und subtropischen Amerika. Es sind Halbsträucher oder Sträucher.

– *guttáta* T. S. Brandeg. syn. *Justícis brandegéana* Wasserh. et L. B. Sm.
guttátus = betropft. Mexiko; eingeführt 1932.

Wuchs bis 80 cm hoch, Sproßachse und Blätter behaart. Blütenstände end- oder seitenständig, überhängend mit großen, zuerst gelbgrünen, später braunroten Hochblättern, die mehrere Monate haltbar sind, Blüten weiß, weniger haltbar; Ausleseformen haben rote oder gelbe Hochblätter; fast I bis XII.

– 'Super Goldy' ⟶ *Pachýstachys lútea*

Verwendung/Pflege/Vermehrung:
Blütenpflanzen von langer Haltbarkeit. Der Standort soll hell und luftig sein, damit sich die Hochblätter gut färben. Die Temperaturen sollen zwischen 12 und 18 °C liegen. Das Substrat ist stets gleichmäßig feucht zu halten. Es besteht aus humoser Gartenerde oder Kompost mit Torf und Lauberde sowie Sand bzw. aus Einheitserde; *p*H-Wert 5,5 bis 6. Verpflanzt wird jährlich nach erfolgtem Rückschnitt zwischen Februar und Mai, notfalls bis September. Gedüngt wird alle 1 bis 2 Wochen, im Winter nach jeweils 6 Wochen. Hydrokultur ist in einer Nährlösung von 0,05 % und bei relativ flachem Anstau möglich.

Stickstoffreicher Dünger begünstigt ein Vergrünen der Hochblätter. Temperaturen unter 10 °C bei gleichzeitig nassem Wurzelballen führen ebenso wie Ballentrockenheit zum Abwerfen der Blätter.

Vermehrung durch Kopf- oder Teilsteck-

Beloperone guttata

Beloperone guttata

linge bei Bodentemperaturen von 20 °C oder mehr. Öfteres Stutzen oder mehrere Stecklinge in einen Topf gepflanzt ergeben einen buschigen Wuchs.

Bergpalme ——→ *Chamaedórea*

Billbérgia Thunb.
ZIMMERHAFER
Bromeliáceae

((K)) ⌂ bis (W) ○ ✹ ◐ (H)

Die Gattung erhielt von dem schwedischen Botaniker und Forschungsreisenden C. P. Thunberg (1743 bis 1828), Schüler und Nachfolger von Linné (Vater und Sohn) auf dem Lehrstuhl für Naturgeschichte in Uppsala (Schweden), ihren Namen zu Ehren des schwedischen Botanikers J. B. Billberg (1772 bis 1844).

Das Areal der Gattung reicht von Mexiko bis Bolivien, Argentinien und Uruguay. Billbergia wachsen meist epiphytisch, selten terrestrisch. Die Blätter stehen rosettig in Trichter- oder Röhrenform. Ihre Blüten haben meist eine kurze Lebensdauer, doch sind die Blütenstände vieler Arten durch auffällig gefärbte Hochblätter ausgezeichnet. Die Frucht ist eine Beere.

– Hybriden
Gezüchtet zuerst um 1879 in Frankreich, Belgien und Deutschland. Es wurden vorwiegend Primärhybriden bekannt, teilweise mit weiß gefleckten oder grau beschuppten Blättern, Blütenstand meist mit auffallend rot gefärbten Hochblättern.

– *nútans* H. Wendl.
nútans = nickend (Blütenstand). Brasilien bis Argentinien; eingeführt 1868.
Blätter bis 50 cm lang, schmal-länglich, dunkelgrün, lederig. Blütenstand aufrecht-überhängend, Hochblätter rosarot. Blüten etwa 5 cm lang, gelbgrün, Rand blau; I bis IV.

– *pyramidális* (Sims) Lindl. syn. *B. thyrsoídea* Mart. ex Schult.

Billbergia-Hybride (*B.* × *windii*)

pyramidális = pyramidenförmig (Blütenstand). Ostbrasilien; eingeführt 1822.
Rosette breit trichterförmig, Blätter breit-länglich, grün, grau beschuppt und quergebändert. Blütenstand steif auf-

Billbergia-Hybride

Billbergia nutans

recht, Hochblätter rötlich, Blüte karminpurpurfarben, Rand violett; II bis V.

– *thyrsoídea* Mart. ex Schult. ⟶ *Billbérgia pyramidális*

Verwendung/Pflege/Vermehrung:
Der Zimmerhafer ist eine dankbare Topfpflanze, die trockene Zimmerluft gut verträgt. Der Standort soll hell, kann aber auch noch halbschattig sein. Günstig sind Temperaturen von (15) 18 bis

Billbergia pyramidalis

20 °C und mehr. Sie kann bei *B. nutans* bis 8 °C absinken. Es muß gleichmäßig gegossen werden, wobei auch im Trichter stets Wasser stehen sollte (nur bei *B. nutans* nicht unbedingt erforderlich). Als Substrat ist eine grobe humose Mischung geeignet; *p*H-Wert etwa 5. Verpflanzt wird zwischen Februar und September in nicht zu große Töpfe. Die schwache Düngung (0,05 %) erfolgt in Abständen von 3 bis 4 Wochen von Frühjahr bis Herbst. Eine Pflege in Hydro ist in 0,05%iger Nährlösung möglich. Auf einen Befall durch Schildläuse ist zu achten. Jede Pflanze (Blattrosette) blüht nur einmal. Beim Umtopfen werden die abgeblühten Rosetten entfernt.
Vermehrung durch Abtrennen bewurzelter Seitensprosse. Auch Aussaat ist möglich.

Birkenfeige ⟶ *Fícus*
Bitterblatt ⟶ *Áloe*
Blattkaktus ⟶ *Epiphýllum*
Blutblume ⟶ *Haemánthus*
Bogenhanf ⟶ *Sansevíeria*

Bougainvíllea Com. ex Juss. corr. Spach
Nyctagináceae

⌂ ⇉ ○ bis ✹

Mit dem Namen wurde der Seefahrer L. A. Comte de Bougainville (1729 bis 1811) geehrt, der von 1766 bis 1768 die Welt umsegelte.
Verbreitet sind die 14 Arten der Gattung im tropischen und subtropischen Amerika. Es sind unbewehrte oder dornige Sträucher bzw. niedrige Bäume, die teilweise lianenartig wachsen. Die Blüten, die an einem meist farbigen Hochblatt angewachsen sind, stehen einzeln oder zu dritt in den Blattachseln oder in endständigen Infloreszenzen.

– *glábra* Choisy
glábra = kahl. Brasilien; eingeführt 1894.
Kletterstrauch, ausgepflanzt bis 5 m hoch, Sproßachse holzig, dornig. Blätter

linge bei Bodentemperaturen von 20 °C oder mehr. Öfteres Stutzen oder mehrere Stecklinge in einen Topf gepflanzt ergeben einen buschigen Wuchs.

Bergpalme ⟶ *Chamaedórea*

Billbérgia Thunb.
ZIMMERHAFER
Bromeliáceae

([K]) ⌂ bis [W] ○ ☼ ◐ [H]

Die Gattung erhielt von dem schwedischen Botaniker und Forschungsreisenden C. P. Thunberg (1743 bis 1828), Schüler und Nachfolger von Linné (Vater und Sohn) auf dem Lehrstuhl für Naturgeschichte in Uppsala (Schweden), ihren Namen zu Ehren des schwedischen Botanikers J. B. Billberg (1772 bis 1844).
Das Areal der Gattung reicht von Mexiko bis Bolivien, Argentinien und Uruguay. Billbergia wachsen meist epiphytisch, selten terrestrisch. Die Blätter stehen rosettig in Trichter- oder Röhrenform. Ihre Blüten haben meist eine kurze Lebensdauer, doch sind die Blütenstände vieler Arten durch auffällig gefärbte Hochblätter ausgezeichnet. Die Frucht ist eine Beere.
– Hybriden
Gezüchtet zuerst um 1879 in Frankreich, Belgien und Deutschland. Es wurden vorwiegend Primärhybriden bekannt, teilweise mit weiß gefleckten oder grau beschuppten Blättern, Blütenstand meist mit auffallend rot gefärbten Hochblättern.
– ***nútans*** H. Wendl.
nútans = nickend (Blütenstand). Brasilien bis Argentinien; eingeführt 1868.
Blätter bis 50 cm lang, schmal-länglich, dunkelgrün, lederig. Blütenstand aufrecht-überhängend, Hochblätter rosarot. Blüten etwa 5 cm lang, gelbgrün, Rand blau; I bis IV.
– ***pyramidális*** (Sims) Lindl. syn. *B. thyrsoídea* Mart. ex Schult.

Billbergia-Hybride (*B.* × *windii*)

pyramidális = pyramidenförmig (Blütenstand). Ostbrasilien; eingeführt 1822.
Rosette breit trichterförmig, Blätter breit-länglich, grün, grau beschuppt und quergebändert. Blütenstand steif auf-

Billbergia-Hybride

Billbergia nutans

recht, Hochblätter rötlich, Blüte karminpurpurfarben, Rand violett; II bis V.

– *thyrsoídea* Mart. ex Schult. ⟶ *Billbérgia pyramidális*

Verwendung/Pflege/Vermehrung:
Der Zimmerhafer ist eine dankbare Topfpflanze, die trockene Zimmerluft gut verträgt. Der Standort soll hell, kann aber auch noch halbschattig sein. Günstig sind Temperaturen von (15) 18 bis

Billbergia pyramidalis

20 °C und mehr. Sie kann bei *B. nutans* bis 8 °C absinken. Es muß gleichmäßig gegossen werden, wobei auch im Trichter stets Wasser stehen sollte (nur bei *B. nutans* nicht unbedingt erforderlich). Als Substrat ist eine grobe humose Mischung geeignet; *p*H-Wert etwa 5. Verpflanzt wird zwischen Februar und September in nicht zu große Töpfe. Die schwache Düngung (0,05 %) erfolgt in Abständen von 3 bis 4 Wochen von Frühjahr bis Herbst. Eine Pflege in Hydro ist in 0,05%iger Nährlösung möglich. Auf einen Befall durch Schildläuse ist zu achten. Jede Pflanze (Blattrosette) blüht nur einmal. Beim Umtopfen werden die abgeblühten Rosetten entfernt.
Vermehrung durch Abtrennen bewurzelter Seitensprosse. Auch Aussaat ist möglich.

Birkenfeige ⟶ *Fícus*
Bitterblatt ⟶ *Áloe*
Blattkaktus ⟶ *Epiphýllum*
Blutblume ⟶ *Haemánthus*
Bogenhanf ⟶ *Sansevíeria*

Bougainvíllea Com. ex Juss. corr. Spach
Nyctagináceae

⌂ ⇄ ○ bis ☼

Mit dem Namen wurde der Seefahrer L. A. Comte de Bougainville (1729 bis 1811) geehrt, der von 1766 bis 1768 die Welt umsegelte.
Verbreitet sind die 14 Arten der Gattung im tropischen und subtropischen Amerika. Es sind unbewehrte oder dornige Sträucher bzw. niedrige Bäume, die teilweise lianenartig wachsen. Die Blüten, die an einem meist farbigen Hochblatt angewachsen sind, stehen einzeln oder zu dritt in den Blattachseln oder in endständigen Infloreszenzen.

– *glábra* Choisy
glábra = kahl. Brasilien; eingeführt 1894.
Kletterstrauch, ausgepflanzt bis 5 m hoch, Sproßachse holzig, dornig. Blätter

elliptisch, spitz, grün. Blüte cremeweiß, Hochblätter herz-eiförmig, karmin, dunkler geadert; IV bis VII.

– – 'Alexandra'

Kultivar mit dunkelkarminroten Hochblättern, entstand 1950 in Holland.

– – 'Sanderiana'

Hochblätter karminrot, reichblühend, schwachwüchsig und deshalb besonders gut zur Topfkultur geeignet.

– – 'Variegata'

Wenigblütig, Blätter cremeweiß gezeichnet, benötigt einen wärmeren und etwas schattigeren Standort.

Verwendung/Pflege/Vermehrung: Auffallende Blütenpflanzen. Die Sorte 'Variegata' eignet sich nur als Blattpflanze. Sie benötigen einen sonnigen, zumindest einen hellen Standort. Während der Wachstumsperiode müssen sie gleichmäßig feucht gehalten werden, vertragen jedoch keine Staunässe. Von November bis Februar sollen sie nur mäßig feucht stehen. Während dieser Zeit soll der Standort nur temperiert sein. Als Substrat eignet sich Kompost oder Gartenerde mit Lehm, Lauberde, Torf und Sand oder Einheitserde, *p*H-Wert um 6,5. Verpflanzt wird jährlich, ältere Exemplare nach 2 bis 3 Jahren, im Frühjahr. Die Düngung erfolgt während der Vegetationsperiode alle 1 bis 2 Wochen.

Im Februar schneidet man die Triebe um etwa ⅓ zurück. Schwache Sprosse werden auf 3 bis 5 Blätter zurückgeschnitten. Die Blüten entwickeln sich vorwiegend an kurzen Seitentrieben. Im Winter werden von den Pflanzen oft die Blätter abgestoßen.

Vermehrung durch Steckholz mit 3 bis 5 ruhenden Knospen bei 24 bis 28 °C oder auch einer höheren Bodentemperatur.

Bougainvillea glabra

Billbergia pyramidalis

Bryophýllum daigremontiánum (Hamet et Perr. de la Bathie) Berger ⟶ *Kalánchoe*

– *tubiflórum* Harv. ⟶ Kalánchoe

Bubiköpfchen ⟶ *Soleirólia*
Buchsbaumfeige ⟶ *Fícus*
Buntnessel ⟶ *Cóleus*

Bougainvillea glabra 'Sanderiana'

Caláthea G. F. W. Mey.
Marantáceae

⌂ bis Ⓦ ✹ bis ◐ (●) Ⓗ ♀ ♂

Der deutsche Botaniker G. F. W. Meyer (1782 bis 1856) benannte die Gattung wegen der prächtig gefärbten Blätter vieler Arten nach gr. kalós = schön und théa = Anblick.

Die etwa 150 Arten der Gattung kommen im tropischen Amerika als Bodenpflanzen der Wälder vor. Es sind Stauden mit ährenförmigen Blütenständen.

– *crocáta* E. Morr. et Le Jolis

Calathea crocata

crocátus = krokusfarbig. Brasilien; eingeführt 1874.

Wurzelstock rhizomartig. Blätter eiförmig-elliptisch, dunkelgrün, am Mittelnerv heller, Spitze rund, Rand gewellt, Unterseite rotviolett. Schaft des Blütenstandes aufrecht, länger als die Blätter, kopfförmig-ährig, Hochblätter gelb; IV bis VII, durch Kurztagbehandlung (8 Stunden Licht) I bis XII.

Verwendung/Pflege/Vermehrung: Auffallend schöne Blatt- und Blütenpflanzen für absonnige bis schattige Standorte. Volle Sonne und Zugluft werden nicht vertragen. Für eine gute Pflege sind Temperaturen von etwa 18 bis 24 °C erforderlich. Durch öfteres Übersprühen kommt man der Anforderung nach höherer Luftfeuchtigkeit entgegen. Als Substrat ist eine humose, möglichst grobbrockige Mischung geeignet; *p*H-Wert 5 bis 6. Pflege wie ——→ *Maranta.*

Größere Pflanzen können beim Umtopfen geteilt werden. Auch eine Aufteilung in Einzelsprosse oder Stecklinge bei Temperaturen von 21 bis 24 °C und hoher Luftfeuchtigkeit ist von Februar bis Ende August möglich.

Calceolária L.
PANTOFFELBLUME
Scrophulariáceae

Ⓚ bis ⌂ ⇉ ✹ bis ◐

Der Gattungsname wurde von Linné vom lat. calcéolus = kleiner Schuh abgeleitet. Er nahm dabei Bezug auf die Gestalt der Blüten, die auch dem deutschen Namen zugrunde liegt.

Das Verbreitungsgebiet der 300 Arten umfassenden Gattung erstreckt sich in den Berglagen von Mexiko bis Peru bzw. Chile. 2 kommen auf Neuseeland vor. Es sind einjährige Pflanzen, Stauden, Halbsträucher oder kleine Sträucher mit gegen- oder quirlständigen Trugdolden. Die Blüten sind vorwiegend gelb, purpurfarben oder braun. Sie haben kaum eine Kronröhre. Der Kronsaum ist

Calceolaria-Hybride

2teilig, ganz, ausgehöhlt oder pantoffelförmig aufgeblasen mit kleiner Ober- und großer Unterlippe.
– x *herbeohýbrida* Voss ⟶ *Calceolária*-Hybriden
– Hybriden syn. *C.* x *herbeohýbrida* Voss, *C.* x *speciósa* Lilja (s. Abb. S. 33).
Entstanden vor 1830 durch Kreuzung aus *C. arachnoídea* R. Grah., *C. corymbósa* Ruiz et Pav., *C. crenatiflóra* Cav. u. a.
Sproßachse aufrecht, bis 35 cm lang. Blätter eiförmig, spitz oder abgerundet, grün, Rand entfernt gekerbt. Blütenstand aufrecht, verzweigt, reichblütig, Blüten mit pantoffelförmigem Kronsaum, einfarbig gelb, orange, rot, purpurfarben, kupferfarbig oder violett bzw. in diesen Farben unterschiedlich dicht gezeichnet, auch gepunktet. Es gibt großblütige Sorten (bis 7 cm) und reichblühendere mit kleineren Blüten (3 bis 5 cm); IV bis VI.
– x *speciósa* Lilja ⟶ *Calceolária*-Hybriden

Verwendung/Pflege/Vermehrung:
Als Topfpflanze eignen sich nur die im Frühjahr reich und auffallend schön blühenden einjährigen Hybriden. Sie werden in mäßig beheizten Räumen oder in breiten Doppelfenstern – nicht Südlage – gepflegt. Da eine Vermehrung und Aufzucht in der Wohnung kaum möglich ist, sollten jährlich Pflanzen zu Blühbeginn gekauft werden.
Pantoffelblumen lieben einen luftigen und hellen, aber nicht vollsonnigen Standort. Günstig sind Temperaturen von 8 bis 15 °C und hohe Luftfeuchte. Es ist gleichmäßig zu gießen. Staunässe wird nicht vertragen. Sie ergibt chlorotische Blätter oder führt zu Wurzelschäden. Leichte Dünggüsse fördern das Aufblühen aller Knospen. Als Schädlinge treten Blattläuse und Weiße Fliege auf. Zugluft ist zu vermeiden.

Cálla aethiópica L. ⟶ *Zantedéschia*
– *elliottiána* (W. Wats.) Knight ⟶ *Zantedéschia*

Callísia Loefl.
Commelináceae

(Ⓚ) ⌂ bis ⌂ ☼ ◐ bis ● ♁ ♀ ♂

Peter Löfling (1729 bis 1756), schwedischer Botaniker und Forschungsreisender, Schüler von Linné, gab der Gattung den Namen nach gr. kállos = Schönheit (Blätter) und lis = Lilie.
Die Gattung ist mit 5 Arten im tropischen Amerika verbreitet. Es sind Stauden mit dichten Blattrosetten oder aufrechten, später niederliegenden oder

Callisia elegans

Calceolaria-Hybride

kriechenden Sproßachsen ähnlich *Tradescantia.* Die unscheinbaren Blüten stehen in sitzenden einfachen oder gestielten Doppelwickeln.

– *élegans* Alex. ex E. H. Moore syn. *Setcreásia striáta* hort.

élegans = zierlich. Mexiko; eingeführt 1943 (s. Abb. S. 9).

Sproßachse fleischig, von der Basis an verzweigt, aufrecht, später überhängend. Blätter schmal elliptisch, spitz, etwa 6 × 2,5 cm, grün, mehrfach weiß längsgestreift. Blüten klein, weiß.

Verwendung/Pflege/Vermehrung: Blattpflanzen, die bei gleichmäßiger Feuchtigkeit, auch zeitweise nur in Wasser stehend, im Zimmer willig wachsen. Temperaturen zwischen 15 und 20 °C und mehr, kurzfristiges Absinken bis auf 10 °C, wird auch bei relativ trockener Luft vertragen. Ist diese aber sehr trokken, sollte man öfters mit Wasser sprühen.

Pflege und Vermehrung wie ——→ *Tradescantia.*

Caméllia L.
KAMELIE
Theáceae

Ⓚ bis ⌂ ⇉ ☀ bis ◐

Der Gattungsname leitet sich von Kamel, latinisiert Camellus (1661 bis 1706) ab, der die Flora der Philippinen erforschte und angeblich die erste Pflanze der Gattung nach Europa brachte.

Die etwa 80 Arten der Gattung sind in Ostasien von Thailand bis Vietnam und Korea sowie auf den chinesischen und japanischen Inseln verbreitet. Es sind immergrüne Sträucher oder niedrige Bäume mit lederigen, meist glänzenden Blättern. Die Blüten haben 5 bis 7, selten mehr Kelch- und Kronblätter.

– *japónica* L. · Kamelie

japónicus = japanisch. Japan (Riu-Kiu-Inseln), Taiwan; Einführungsjahr ist umstritten, 1739?, (nach Meyer um 1550). Wuchs strauchartig, Sproßachse holzig, verzweigt. Blätter eiförmig-elliptisch, dunkelgrün, glänzend, lederig, Spitze ausgezogen, Rand gesägt. Blüte bis 12 cm groß, einfach mit 5 bis 7 Kron- und gelben Staubblättern, halbgefüllt oder gefüllt, weiß, rosa oder rot bzw. in diesen Farben gezeichnet; I bis IV.

Verwendung/Pflege/Vermehrung: Kamelien lieben einen hellen, luftigen Standort und sind vor voller Sonne zu schützen. Im Winter reichen 3 bis 8 °C, bis zur Blütenbildung soll die Temperatur 15 °C nicht übersteigen. Gegossen wird regelmäßig mit kalkfreiem oder abgekochtem Wasser, Staunässe und Ballentrockenheit führen zu Wurzelschäden und Blattfall. Alte Moor-, Heide- oder Nadelerde, vermischt mit Lehm und Sand oder Einheitserde sind als Substrat geeignet; *p*H-Wert 4,5 bis 5,5. Verpflanzt wird jährlich, ältere Exemplare nach jeweils 2 bis 3 Jahren zwischen Februar und Anfang April. Die Düngung erfolgt alle 10 bis 14 Tage, im Winter im Abstand von 6 Wochen. Bei zu lufttrokkenem Standort ist verstärkt auf Spinnmilben und Thrips zu achten.

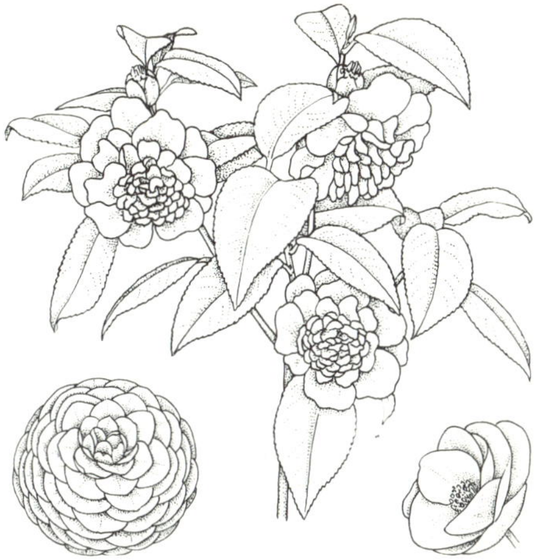

Camellia japonica

Nach der Blüte können zu hohe Pflanzen um etwa ⅓ zurückgeschnitten werden. Ab Ende Mai wird mäßig gegossen und weniger gedüngt, um den Blütenansatz zu fördern. Ende August, wenn die Blütenknospen ausgebildet sind, erfolgt eine 3- bis 4malige Reifedüngung (besonders Phosphor und Kali enthaltend) in wöchentlichem Abstand.

Camellia japonica

Knospenfall kann mehrere Ursachen haben. Unterschiedlicher Lichteinfall durch Drehen der Pflanze, zu hohe Temperaturen, zu geringe Luftfeuchtigkeit, Ballentrockenheit, stauende Nässe.
Vermehrung durch Stecklinge bei 18 bis 20 °C Bodentemperatur. Schwachwüchsige Sorten werden auf starkwüchsige veredelt.

Campánula L.
GLOCKENBLUME
Campanuláceae

Ⓚ bis ⌂ ⌐ ⇶ ○ ✹ bis ◐

Den botanischen Namen *Campánula* verwendete zuerst Leonhart Fuchs (1501 bis 1566) in seiner »Historia stirpium« (1542), abgeleitet von lat. campánula = Glöckchen.
Die etwa 300 Arten der Gattung sind in den subarktischen, gemäßigten und subtropischen Klimabereichen der Nordhalbkugel der Erde verbreitet. Viele wachsen in Gebirgen. Es sind Stauden, ein- oder zweijährige Pflanzen. Sie führen in den vegetativen Pflanzenteilen Milchsaft. Der Blütenstand ist end- oder seitenständig. Die Blüten haben einen fünfteiligen Kelch und eine glockige, seltener trichter- oder fast radförmige, verwachsene, wenig, bis zur Mitte, oder selten bis zur Basis fünfspaltige Krone.
– *frágilis* Cyr.
frágilis = zerbrechlich. Süditalien; eingeführt 1826.
Staude, Sproßachse niederliegend oder hängend, etwa 30 cm lang. Grundblätter nieren- bis rundlich herzförmig, bis 2,5 cm groß, Stengelblätter herz-eiförmig, alle gekerbt, dunkelgrün. Ganze Pflanze kahl. Blüten achselständig, offen glockenförmig, blau mit heller Mitte, etwa 3,5 cm groß; VI bis VII.
– *isophýlla* Moretti
isophýllus = gleichblättrig. Ligurische Alpen; eingeführt 1868.
Staude, blühende Sproßachse niederliegend oder hängend, bis 40 cm lang. Blätter rundlich herzeiförmig, bis 3,5 cm groß, frischgrün, Rand gezähnt, Stengelblätter kleiner und schmaler. Ganze Pflanze wenig bis dicht behaart. Blüten am Ende der Sproßachsen breit glockenförmig, hellblau, 2,5 bis 3 cm groß; VII bis IX.

Campanula isophylla

– – 'Alba'
Blüte weiß, 2,5 bis 3 cm groß.
Verwendung/Pflege/Vermehrung:
Schön- und reichblühende Topf- und Ampelpflanzen, auch zum Aufbinden am Spalier geeignet.

Campanula fragilis

Zur Pflege ist ein heller bis halbschattiger und luftiger Standort erforderlich. Die Temperaturen sollen nicht für längere Zeit über 18 °C ansteigen, am günstigsten sind 12 bis 15 °C. Eine frostfreie Überwinterung erfolgt bei etwa 8 °C. Glockenblumen lieben eine gleichmäßige Feuchtigkeit. Als Substrat ist humose Gartenerde oder Kompost mit Lehm und Sand, auch Einheitserde geeignet; *p*H-Wert um 7. Verpflanzt wird jährlich im Februar/März. Die Triebe schneidet man gleichzeitig kurz über dem Boden ab. Im Sommer fördert flüssiges Nachdüngen in 14tägigem Abstand Wachstum und Blütenansatz.
Die Pflanzen dürfen im Winter bei niedrigen Temperaturen nicht zu feucht stehen, sonst kann Grauschimmel auftreten. Bei großer Lufttrockenheit und starker Sonneneinstrahlung besteht die Gefahr von Spinnmilbenbefall.
Vermehrung erfolgt außer durch Teilung durch Stecklinge im März/April ohne Bodenwärme bei erhöhter Luftfeuchtigkeit oder durch Samen, der nicht bedeckt wird.

Campélia C. L. Rich.
Commelináceae

⌂ bis Ⓦ ✹ bis ◐ Ⓗ ♡

C. L. M. Richard (1754 bis 1821), französischer Botaniker und Forschungsreisender, benannte die Gattung nach gr. kampé = Biegung. Die äußeren Blätter der Blütenhülle (Perigon) neigen sich zuletzt einander zu.
Die Gattung umfaßt 3 Arten und ist im tropischen und subtropischen Amerika verbreitet. Es sind mehrjährige Pflanzen, die eine meist aufsteigende Sproßachse mit wechselständigen Blättern entwikkeln. Ihre kronenblattartigen Blüten sind 3teilig.
– *zanónia* (L.) H. B. K.
zanónia = nach G. Zanoni (1615 bis 1682), Professor in Bologna. Karibik, von Mexiko bis Brasilien; eingeführt 1759.
Sproßachse aufrecht, Seitentriebe vorwiegend von der Basis aufsteigend-niederliegend. Blätter elliptisch bis schmal elliptisch, Spitze ausgezogen, etwa 25 × 7 cm, glänzend grün, unterseits heller.
– – 'Mexican Flag' ♤
Kultivar mit breit cremeweiß gestreiften Blättern, Rand schmal karminrot.
Verwendung/Pflege/Vermehrung: Rasch wachsende Blattpflanze. Besonders der Kultivar liebt öfteres Besprühen. Die Pflege und Vermehrung erfolgt

Campelia zanonia 'Mexican Flag'

wie bei ⟶ *Tradescantia* bei Temperaturen um 18 °C und mehr. Es werden jedoch nur 1 oder 3 Pflanzen in einen Topf gesetzt.

Cápsicum L.
PAPRIKA, SPANISCHER PFEFFER
Solanáneae

⌂ ⌐ ⇉ ○ ✺ ♧

C. v. Linné gab der Gattung den Namen wahrscheinlich mit Bezug auf das lat. capsa, weil sich die Samen in einer kapselartigen, fleischigen Hülle befinden. Möglich ist auch die Ableitung von gr. kapsikos = beißend (scharf).
Die Artenzahl der Gattung wird unterschiedlich angegeben. Sie ist in Mittel- und Südamerika verbreitet. Es sind einjährige Pflanzen, Halbsträucher oder Sträucher mit kleinen Blüten, deren Krone radförmig oder tief 5- bis 9teilig ist. Die Früchte sind meist groß, intensiv gefärbt und haben einen scharfen Geschmack, der von dem Alkaloid Capsaicin stammt.

– *ánnuum* L. · Paprika, Spanischer Pfeffer
ánnuus = einjährig. Mexiko (?); eingeführt 1542.
Bis 2 m hoher Strauch, als Topfpflanze in Sorten meist nur 20 bis 25 cm hoch, kahl, verzweigt. Blätter eiförmig-elliptisch, spitz. Blütenkrone radförmig, cremeweiß, selten rötlich bis violett. Beerenfrüchte in Form und Farbe variabel, kugelig bis schmal eiförmig, aufrecht (bei den Zierformen) oder hängend, rot, orange, gelb bzw. hell- bis dunkelviolett.
Verwendung/Pflege/Vermehrung: Zierpaprika wirkt durch seine farbigen Früchte im Spätsommer und Herbst. Die Pflanzen werden mit Früchten gekauft und besonders für luftige, helle Räume verwendet, auch vor dem Fenster bzw. auf dem Balkon aufgestellt. Die Temperatur soll 12 bis 18 (23) °C betragen. Die Pflanzen sind feucht, aber nicht zu naß zu pflegen. Als Substrat ist nahrhafte Gartenerde oder Kompost mit Lehm und Sand geeignet; *p*H-Wert 6 bis 6,5. Gekaufte Exemplare mit Früchten werden nicht verpflanzt, da sie bereits ihre

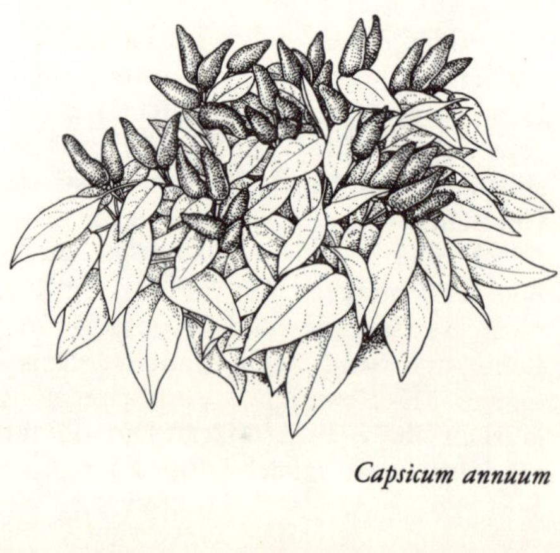

Capsicum annuum

Capsicum annuum

volle Schmuckwirkung erreicht haben. Sobald die Früchte eintrocknen bzw. Blätter vergilben, werden die Pflanzen entfernt und durch andere ersetzt. Bei Zierpaprika ist auf Blattläuse und Spinnmilben zu achten. Trockene Erde führt zum Abstoßen der Blüten und Schrumpfen der Früchte.

Vermehrung durch Samen. Die Aussaat erfolgt etwa im März/April bei 20 °C. Nach dem Pikieren stehen die jungen Pflanzen ab Ende Mai/Anfang Juni geschützt im Freien oder auf dem Balkon. An warmen Tagen benötigen sie viel Wasser. Nach 1- bis 2maligem Verpflanzen und mehreren Düngergaben nach der Durchwurzelung blühen sie im Hochsommer und Herbst. Früchte werden bei viel frischer Luft reichlich, im geschlossenen Zimmer schlecht angesetzt.

Céreus flagellifórmis (L.) Mill. ⟶ *Aporo-cáctus*

Ceropégia L.
LEUCHTERBLUME
Asclepiadáceae

(K) △ bis (W) ⇉ ○ ✵ (◐)

Die Bedeutung des Gattungsnamens ist unklar. Man nimmt an, daß er auf der Blütenform beruht.
Die Gattung kommt mit etwa 150 Arten von den Kanarischen Inseln und Afrika (außer am Mittelmeer) über Madagaskar, Indien bis Neuguinea und Australien vor. Es sind Stauden oder Halbsträucher, oft mit knolligem Wurzelstock, und aufrechten, auch windenden oder hängenden Sproßachsen. In den Achseln der gegenständigen Blätter bilden sich die wenigblütigen Infloreszenzen. Ihre Blüten haben eine meist lange Röhre mit verwachsenen Kronlappen.
– *hastáta* N. E. Br. ⟶ *Ceropégia wóodii*
– *wóodii* Schlecht. syn. *Ceropégia hastáta* N. E. Br.
wóodii = nach A. Wood (1820 bis 1881). Simbabwe bis Südafrika (Ost-Kapland); eingeführt um 1900.
Sproßachse fadenförmig, schlaff herabhängend oder kriechend, an den Sproßknoten oft mit Knollen. Blätter ei- bis herzförmig, 2,8 × 2,3 cm, fleischig, dunkelgrün, an den Nerven breit silbrig. Blütenröhre etwa 2,5 cm lang, trübrosa, nach oben schmal trichterförmig erweitert, Basis aufgeblasen, Kronzipfel schwarzbraun behaart, im aufgeblasenen Teil der Kronröhre die weiße Nebenkrone; I bis XII.

Verwendung/Pflege/Vermehrung:
Kleine Ampelpflanzen mit interessanten Blüten, die auch bei trockener Zimmerluft wachsen.
Die Leuchterblume liebt einen hellen bis absonnigen Standort. Geeignet sind Temperaturen von etwa 8 bis 24 °C. Gegossen wird während des Winters bei kühlem Standort mäßig, bei wärmerem und in der Vegetationsperiode nach

Ceropegia woodii

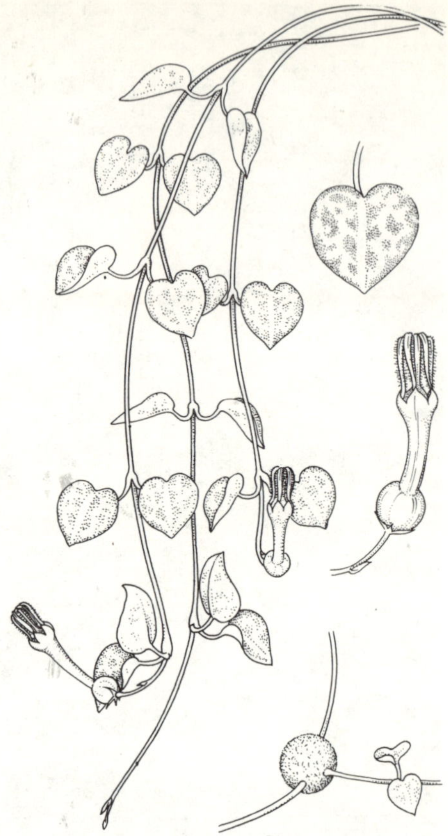

Ceropegia woodii

oberflächlichem Abtrocknen reichlich. Als Substrat ist Garten- oder Komposterde mit Lehm und Sand geeignet; *p*H-Wert um 6 bis 6,5. Verpflanzt wird alle 1 bis 2 Jahre zwischen Februar und Juni/Juli. Gedüngt wird im Sommer alle 2 bis 3 Wochen mit stickstoffarmem Volldünger.
Vermehrung durch Kopf- oder Teilstecklinge sowie durch Knöllchen in sandigem Substrat ohne Bodenwärme. Um einen dichten Wuchs zu bekommen, steckt man mehrere Stecklinge in einen Topf.

Chamaedórea Willd.
BERGPALME, ZWERGROHRPALME
Arecáceae

⌂ bis ⌂W ✹ ◐ bis ● ♁

K. L. Willdenow (1765 bis 1812), deutscher Botaniker, 1810 Direktor des Botanischen Gartens Berlin, benannte die Gattung nach gr. chamaí = auf der Erde, am Boden und dory = Lanze.
Etwa 100 Arten der Gattung kommen in den Bergen von Mexiko, Mittel- und Südamerika vor. Es sind kleine Palmen mit rohrartigem, aufrechtem, seltener niederliegendem oder kletterndem Stamm. Die Blätter sind einfach, an der Spitze 2spaltig oder gefiedert. Blütenkolben einfach oder rispig verzweigt, mit 2häusigen Blüten. Die Früchte werden erbsengroß.
– *élegans* Mart.
élegans = zierlich. Mexiko, Guatemala; eingeführt 1840.
Sproßachse etwa 1,5 m lang, aufrecht, Nodien nur wenige Zentimeter voneinander entfernt. Blätter an der Spitze schopfartig, bis 1 m lang, Blattstiel unten gelb, Fiederblätter schmal lanzettlich, lang zugespitzt, 30 bis 40 cm lang. Blüte gelb.
– *geonomifórmis* H. Wendl.
geonomiformis = von gr. geónomos = Ackerbau treibend. Die Art bildet am Boden liegende Seitensprosse aus, die Wurzeln entwickeln. Honduras; eingeführt 1856.
Sproßachse aufrecht, etwa 1,2 cm lang, an der Basis mit wurzelbildenden ausläuferartigen Sprossen, Blätter etwa 25 cm lang, lederig, dunkelgrün. Blüte orangerot.
Verwendung/Pflege/Vermehrung: Aufrecht wachsende Palmen, die wenig Platz benötigen. Bergpalmen beanspruchen wenig Licht. Sie benötigen Temperaturen von 16 bis 18(24) °C und eine gleichmäßige Feuchtigkeit. Verpflanzt wird zwischen März und August. Ältere Exemplare erst dann, wenn das Pflanzgefäß vollkommen mit Wurzeln ausgefüllt und damit zu klein ist. Das Substrat besteht aus Lauberde, Kompost, Lehm und Sand oder aus Gartenerde, Torf und Sand, auch Einheitserde ist geeignet, *p*H-Wert 5 bis 6,5. Gedüngt wird während der Vegetationsperiode alle 1 bis 2 Wochen, im Winterhalbjahr etwa nach jeweils 6 Wochen. Die relative Luftfeuchte sollte nicht unter 50 % absinken, sonst ist Befall durch Spinnmilben möglich.
Die Vermehrung erfolgt durch Samen, den weibliche Pflanzen willig ansetzen, bei Bodenwärme und gleichmäßiger

Chamaedorea elegans

Chamaedorea geonomiformis

Feuchtigkeit. Beim Verpflanzen kann man teilen, oder es werden bewurzelte Sprosse abgetrennt und wie Jungpflanzen gepflegt.

Chinesenprimel ⟶ *Prímula*
Chinesischer Roseneibisch ⟶ *Hibíscus*

Chloróphytum Ker-Gawl.
GRÜNLILIE
Liliáceae

Ⓚ ⌂ Ⓦ ⌐ ⇉ ☼ ◐ bis ● Ⓗ (Ⓤ) ♁ ♀

Der Gattungsname enthält die gr. Wörter chlorós = grün und phytón = Pflanze.
Über 100 Arten sind in den Tropen und Subtropen als Stauden mir rosettig angeordneten Blättern und fleischigen, knollenartigen Wurzeln verbreitet. Ihre unscheinbaren Blüten stehen an kurzen oder verlängerten, einfachen oder verzweigten Schäften in wenigblütigen oder dichten Trauben. Meist sind es mehrere in der Achsel einer Deckblattschuppe.
– *bichétii* (S. Karrer) Bak. syn. *Phalángium bichétii* S. Karrer. Tropisches Westafrika; eingeführt vor 1912.
Wurzeln fleischig. Blätter schmal-länglich, etwa 20 cm lang, gebogen, grün, Spitze ausgezogen, spitz, flach rinnig, unterer Teil scheidig.
– – 'Variegatum'
Blätter am Rand weiß. Öfters übersprühen und Substrat gleichmäßig feucht halten.
– *comósum* (Thunb.) Jacques syn. *C. sternbergiánum* (Schult. et Schult f.) Steud., *Phalángium comósum* Poir.
comósus = schopfartig. Südafrika; eingeführt vor 1850.
Wurzeln fleischig. Blätter schmal länglich-lanzettlich, rinnig gebogen, grün, Spitze lang ausgezogen, 30 bis 40 cm lang. Blütenschaft 50 bis 80 cm lang, überhängend, vorn mit Adventivpflanzen, Blüten klein, weiß.

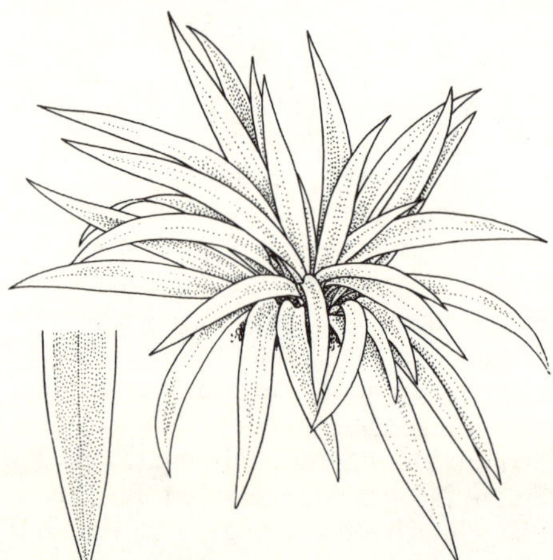

Chlorophytum bichetii 'Variegatum'

– – 'Variegatum'
Kultivar mit in der Mitte breit weiß längsgestreiften Blättern, oft in Kultur.
– *sternbergiánum* (Schult. et Schult. f.) Steud. ⟶ *Chloróphytum comósum*
Verwendung/Pflege/Vermehrung:
Dankbare Blattpflanze für absonnige bis schattige Standorte. Große Exemplare mit vielen Adventivpflanzen an den Blütenständen sind prächtige Ampelpflanzen. Obwohl nicht dem natürlichen Wuchs entsprechend, wirken an Leitern oder Bögen aufgebundene Blütentriebe

Chlorophytum comosum 'Variegatum'

mit den sich bildenden jungen Pflanzen sehr dekorativ. *C. comosum* wächst im Sommer halbschattig gepflegt gut auf dem Balkon oder im Garten.
Die Pflege erfolgt an hellen bis schattigen Standorten bei Temperaturen von 8 bis 25 °C. Das Substrat soll gleichmäßig feucht sein. Geeignet ist lehmige Garten- oder Einheitserde; *p*H-Wert um 6.

Chlorophytum bichetii 'Variegatum'

Verpflanzt wird jährlich zwischen Februar und September. Bei älteren Pflanzen entfernt man einige Wurzeln und teilweise die Erde. Im Sommer ist in 14täglichen Abständen flüssig zu düngen. Hydrokultur erfolgt in einer Nährsalzlösung von 0,1 %.
Bei zu geringer Luftfeuchtigkeit trocknen die Blattspitzen oft ein.
Vermehrung durch Adventivpflanzen (Kindel). Sie werden nach erfolgter Wurzelbildung von Februar bis August eingetopft. Auch eine Teilung der Pflanzen ist möglich.

Cineraria hýbrida Willd. non Bernh. ⟶ *Senécio*
Cinerarie ⟶ *Senécio*

Císsus L.
KLIMME
Vitáceae

(K) ⌂ bis (W) ≈ ☼ bis ◐ (H) ♁

Linné verwendete als Gattungsname die gr. Bezeichnung für Efeu = kossos, da *Cissus* wie dieser ebenfalls an Bäumen und Wänden emporklimmt.
Die Gattung kommt mit etwa 350 Arten in den Tropen und Subtropen vor. Es sind Pflanzen, die vorwiegend als lianenartige Sträucher oder Stauden wachsen. Ihre Blüten stehen meistens in blattgegenständigen Trugdolden.
– *antárctica* Vent. Känguruhklimme, Russischer Wein
antárcticus = antarktisch. Australien; eingeführt 1790.
Sproßachse aufrecht-niederliegend und braun. Die Blätter sind eiherzförmig, bis 8 × 12 cm, grob buchtig gezähnt, dunkelgrün, unterseits heller und Nerven rötlich, an ihrer Basis drüsig.
– *capénsis* (Burm.) Willd. ⟶ *Rhoicíssus capénsis*
– *rhombifólia* Vahl syn. *Rhoicíssus rhomboidea* (hort. non E. Mey. ex Harv.) Planch. · Englischer Wein
rhombifólia = rautenblättrig. Tropisches

und subtropisches Amerika; eingeführt um 1948.
Kletterstrauch, Sproßachsen und Blätter unterseits braun behaart. Blätter 3zählig, olivgrün, Blättchen rhombisch, die beiden seitlichen asymmetrisch.
– – 'Jubilee'
Kultivar mit ⅓ größeren Blättern, schnell wachsend.
– – 'Ellen Danica'
Blätter am Rand tief lappig eingeschnitten.

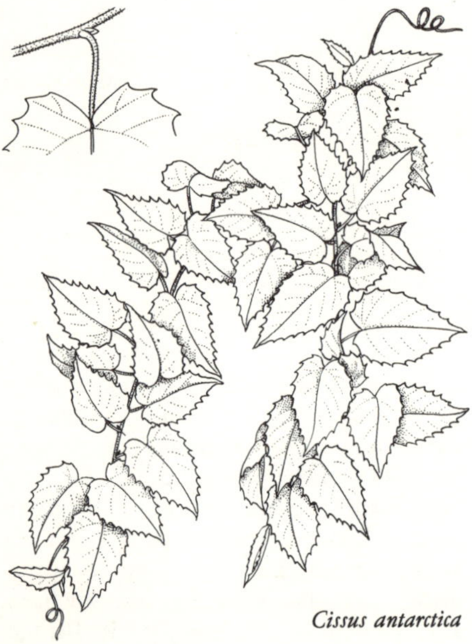

Cissus antarctica

Cissus antarctica

– *striáta* Ruiz et Pav.
striátus = gestreift. Südbrasilien, Chile; eingeführt 1878.
Kletterstrauch, Sproßachsen behaart. Blätter immergrün, 5-(3)zählig gefingert, grün, bei kühlem Standort rotbraun, Blättchen schmal verkehrt-eiförmig, Rand oberhalb der Mitte grob gesägt.

Verwendung/Pflege/Vermehrung:
Schöne Ampelpflanzen, die auch am Spalier aufgebunden werden können.
Die Kultur erfolgt hell, absonnig bis halbschattig. Die hier behandelten Arten wachsen gut bei Zimmertemperaturen, vertragen aber im Winter auch ein zeitweises Absinken bis auf etwa 8 °C. Bei niedrigen Temperaturen werden sie nur mäßig gegossen. Sonst wird eine gleichmäßige Feuchtigkeit benötigt. An das Substrat stellen die *Císsus*-Arten keine hohen Ansprüche. Geeignet ist Komposterde mit Lehm und Sand, auch Garten-

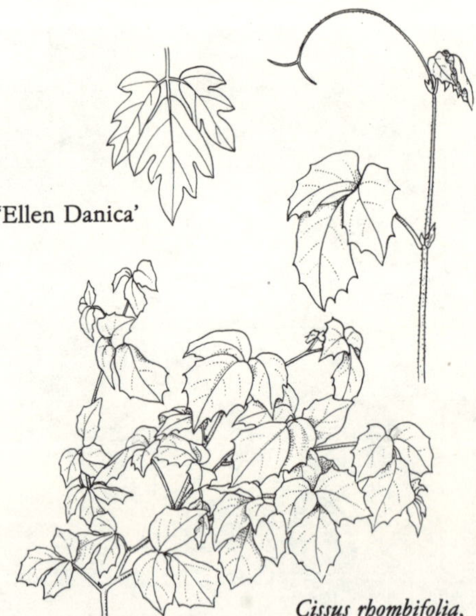

'Ellen Danica'

Cissus rhombifolia,

oder Einheitserde; *p*H-Wert 6 bis 6,5. Während des Wachstums sollte man alle 1 bis 2 Wochen nachdüngen. Hydrokultur ist in einer Nährlösung von 0,1 % (im Winter 0,05 % bei niedrigem Anstau) möglich.

Cissus striata

Nicht mit kaltem Wasser gießen, da sonst Blatt- und Wurzelschäden auftreten können!
Vermehrung durch Kopf- und Teilstecklinge bei 18 bis 24 °C. Wurzelbildung erfolgt auch im Wasser.

Clerodéndron L.
LOSBAUM
Verbenáneae

Ⓚ ⌂ Ⓦ ☼ bis ◐ ♀

C. v. Linné benutzte für den Gattungsnamen die gr. Wörter kléros = Schicksal und déndron = Baum, angeblich wegen des ungewissen Ausgangs der Behandlung von Krankheiten mit Arten dieser Gattung.
Die etwa 400 Arten kommen vorwiegend in den tropischen und subtropischen Gebieten von Afrika und Asien vor. Es sind Sträucher oder kleine Bäume, auch windende Lianen. Ihre Blätter stehen gegenständig oder zu dritt. Der fünfzähnige Kelch kann glokkenförmig sein und ist teilweise auffällig gefärbt, während die dünne Kronröhre einen vier- bis fünfteiligen Saum besitzt.
– *thomsóniae* Balf. f.
thomsoniae = nach T. Thomson (1817 bis 1878), englischer Botaniker. Tropisches Westafrika, Kongo; eingeführt 1861.
Sproßachse windend, bis 4 m lang, Blätter gegenständig, eiförmig-elliptisch. Blüten in seiten- und endständigen Trugdolden, Kelch aufgeblasen, fünfkantig, fünfteilig, weiß, nach der Blüte sich karmin färbend, lange haltbar, Blüte scharlachrot, Kronsaum schief, fünflappig, Staubblätter und Griffel sehr lang; III bis VII.
– – 'Variegata'
Blätter gelbgrün gezeichnet.
Verwendung/Pflege/Vermehrung:
Auffallend schöne Blütenpflanzen, die auch durch ihre Blätter und ihre Wuchsform wirken.
Der Standort kann absonnig bis halbschattig sein. In der Vegetationsperiode sind Temperaturen von 18 bis 25 °C günstig. Diese Werte können im Winter auf 10 bis 15 °C abgesenkt werden, aber auch höher liegen. Wichtig ist bei wärmerer Pflege ein gleichmäßig feuchtes Pflanzsubstrat. Bei kühlem Standort soll es trockener sein. Mit beginnendem Wachstum im Februar wird jährlich (ältere Exemplare jedes 2. Jahr) in humose Erde mit Lehm oder Sand bzw. Einheitserde verpflanzt; *p*H-Wert 5,5 bis 6,5. Während der Vegetationsperiode kann man jede 2. Woche düngen.

Clerodendron thomsoniae

Im Frühjahr werden die Triebe etwa um $\frac{1}{3}$ ihrer Länge gekürzt. Die Blütenstände entwickeln sich an den Seitensprossen.
Vermehrung durch nicht zu weiche Stecklinge bei Bodentemperaturen von 21 bis 25 °C.

Clívia Lindl.
KLIVIE, RIEMENBLATT
Amaryllidáceae

((K)) ⌂ bis (W) ⇉ ☼ bis ◐ (H)

Der englische Botaniker J. Lindley (1799 bis 1865) benannte die Gattung nach der Herzogin von Northumberland, geborene Lady Clive (gest. 1866).
Mit 3 Arten ist die Verbreitung der Gattung auf das südöstliche Afrika beschränkt. Die Pflanzen besitzen eine unvollkommene Zwiebel. Ihre Blätter bilden an der Basis einen Scheinstamm. Die Frucht ist eine Beere.
– ***miniata*** Regel
miniatus = mennigerot (Blüten). Südostafrika (Natal); eingeführt 1854.
Wurzeln fleischig. Blätter länglich, dunkelgrün, Spitze abgerundet, 50×7 cm. Blütenschaft zweischneidig, so lang oder länger als die Blätter, Blüten an einer bis etwa 20blütigen Dolde, mennigerot, Schlund gelblich; II bis V, vereinzelt ganzjährig.
Es wurden Sorten mit runden geschlossenen Blüten und mit intensiven Farbtönen ausgelesen.
Verwendung/Pflege/Vermehrung: Dekorative, haltbare Blatt- und Blütenpflanzen. Klivien lieben einen hellen,

Clivia miniata

Clivia miniata

luftigen Standort ohne direkte Sonnenbestrahlung, wachsen aber auch noch im Halbschatten. Sie gedeihen gut bei Zimmertemperaturen um 15 bis 20 °C. Wichtig ist ein stets gleichmäßig feuchtes Pflanzsubstrat. Es soll aus humoser, sandiger Gartenerde, Lauberde, Torf, Lehm und Sand oder lehmreicher Einheitserde bestehen; *p*H-Wert um 6. Verpflanzt wird in Abständen von 2 bis 3 Jahren nach der Blüte etwa Ende Mai/Anfang Juni (fleischige Wurzeln nicht verletzen!) in möglichst kleine Gefäße. Die Düngung erfolgt während der Vegetationsperiode von März bis Ende September alle 2 bis 3 Wochen. Eine Pflege in Hydro kann in 0,1%iger Nährlösung erfolgen. In der winterlichen Ruhezeit wird flach angestaut oder das Substrat nur befeuchtet. An ungünstigen Standorten treten Spinnmilben, Woll- und Schildläuse auf.

Zur Blütenbildung benötigen Klivien eine kühle Periode von 10 bis 15 °C bei

mäßiger Feuchtigkeit. Diese wird etwa ab Mitte September bis Ende November eingehalten. Entwickeln sich die Blüten unter den Blättern, kann mit warmem Wasser bis 40 °C gegossen werden, dadurch strecken sich meist die Blütenschäfte.
Vermehrt wird beim Verpflanzen durch Abtrennen bereits bewurzelter Seitensprosse. Aussaat erfolgt sofort nach der Ernte des Samens in sandige Erde oder in ein Torf-Sand-Gemisch bei 18 bis 24 °C Bodentemperatur.

Cócos weddeliána H. Wendl. ——→ *Microcōelum*

Coccóloba P. Br. corr. L.
SEETRAUBE, LAPPENBEERE
Polygonáneae

△ bis Ⓦ ☀ bis ◐ Ⓗ ♁

Der Name wurde von gr. kokkos = Beere und lobos = Lappen, entlehnt. Der Name Lappenbeere oder Seetraube bezieht sich auf die Früchte, an denen noch Reste der Blütenhüllen haften,

Coccoloba uvifera

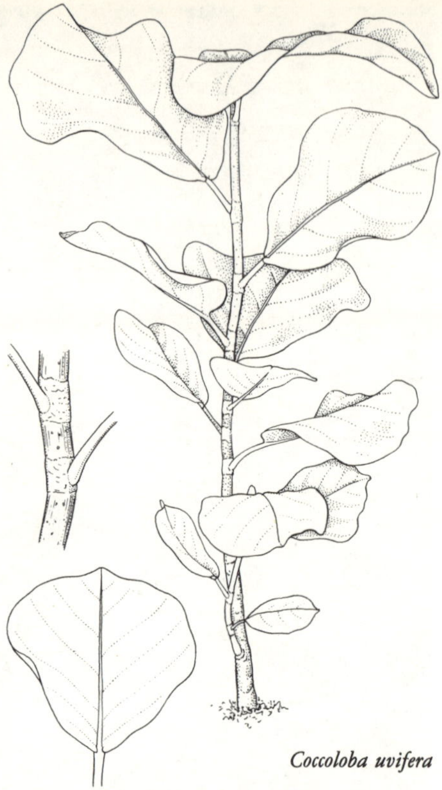

Coccoloba uvifera

bzw. auf die Form des Blütenstandes. Die mehr als 125 Arten der Gattung kommen im tropischen Amerika vor. Sie wachsen als Sträucher oder Bäume, teilweise lianenartig. Ihre immergrünen Blätter stehen wechselständig, sind in ihrer Größe sehr verschieden und meist lederig. Die zwittrigen Blüten besitzen eine röhrige Blütenhülle.
– *uvífera* (L.) L.
uvífera = traubentragend. Karibik, von Florida und Mexiko bis ins nördliche Südamerika; eingeführt 1690.
Sproß aufrecht, verholzend, meist einfach. Blatt gestielt, stengelumfassend, Blattspreite breit verkehrt-eiförmig, rundlich oder breitrundlich, etwa 20 × 18 cm, lederig, grün, Nerven grünlich-weiß oder rosakarmin, Rand schwach gelappt.
Verwendung/Pflege/Vermehrung: Dekorative Blattpflanze. Zu dritt zusam-

mengepflanzt ergeben sie stattliche Kübelpflanzen. Die Seetraube liebt einen hellen Standort, aber keine direkte Sonnenbestrahlung. Günstig sind Temperaturen zwischen 18 und über 20 °C, die nur kurzfristig bis 12 °C absinken dürfen. Das Pflanzsubstrat wird stets gleichmäßig feucht gehalten. Geeignet ist eine Mischung aus Lauberde, Kompost, Torf, Gartenerde mit wenig Lehm und Sand bzw. Einheitserde; *p*H-Wert um 6,5. Das Verpflanzen erfolgt jährlich, bei älteren Exemplaren nach 2 bis 3 Jahren zwischen Februar und September. Gedüngt wird in Abständen von 1 bis 3 Wochen, im Winter einmal im Monat. Die Hydrokultur ist in 0,1%iger Nährlösung möglich.
Vermehrung erfolgt durch Stecklinge von Februar bis Mai oder durch Aussaat bei Bodentemperaturen von 28 bis 30 °C. Auch Abmoosen ist möglich.

Codiáeum A. Juss.
WUNDERSTRAUCH, KROTON
Euphorbiáceae

⌂ bis ⌂ ○ ✹ (◐) ⊡ ♀ ♁

Der französische Botaniker A. H. L. de Jussieu (1797 bis 1853) benannte die Gattung nach dem auf den Molukkeninseln gebräuchlichen Pflanzennamen Kodiko, latinisiert zu Codiaeum.
Die 15 Arten sind von Malaysia bis Nordaustralien und auf den pazifischen Inseln als Sträucher oder Bäume verbreitet. Sie haben wechselständige, lederige Blätter und sind einhäusig. Die unscheinbaren eingeschlechtigen (monözischen) Blüten stehen in verlängerten Trauben in den Achseln der oberen Blätter.
– *variegátum* (L.) A. Juss.
variegátus = bunt (Blätter). Indien bis Sulawesi (Indonesien).
In allen tropischen Ländern als Zierstrauch angepflanzt.
– – var. *píctum* (Lodd.) Muell. Arg.
pictus = gezeichnet (Blätter). Eingeführt 1804.

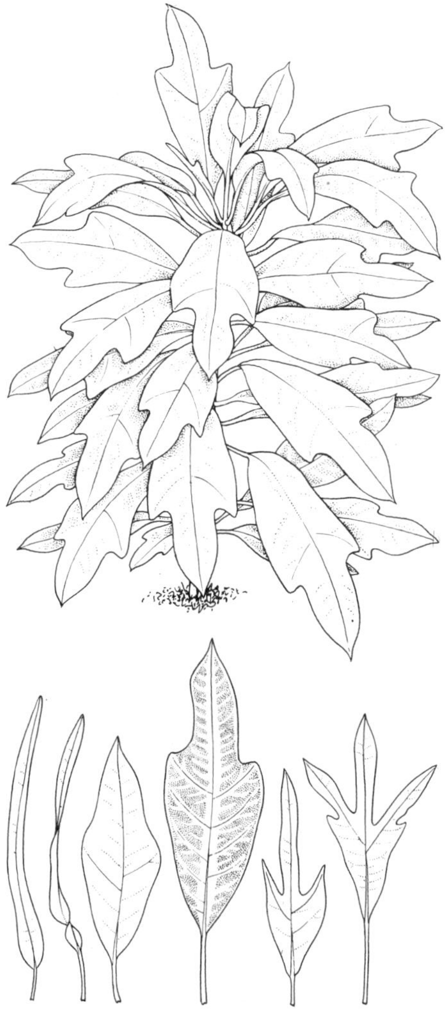

Codiaeum variegatum var. *pictum*

Sproßachse aufrecht, holzig. Blätter länglich-elliptisch bis linealisch, etwa 25 bis 30 cm lang, ganzrandig oder unterschiedlich tief eingeschnitten, auch um die eigene Achse gedreht, grün, braunrot, rot, karmin, orange, gelb, cremeweiß unterschiedlich gezeichnet, gefleckt und gepunktet.
Verwendung/Pflege/Vermehrung: Attraktive Blattpflanze. Schmalblättrige Sorten wirken eintriebig eleganter, breitblättrige kann man mehrtriebig pflegen. Die Pflanzen benötigen zum guten Aus-

färben der Blätter viel Licht. Günstig sind Temperaturen von 18 bis 24 °C, die bei abgehärteten Exemplaren kurzfristig bis auf 12 °C absinken dürfen. Gegossen wird regelmäßig, ohne daß Staunässe auftritt. Bei trockener Luft ist öfters zu sprühen. Die relative Luftfeuchte sollte nicht für längere Zeit unter 60 % absinken. Das Substrat muß nährstoffreich und humos sein, aber mit Lehm und Sand gemischt werden, oder es wird Einheitserde verwendet; *p*H-Wert 5,5 bis 6,5. Verpflanzt wird jährlich zwischen März und August. In der Wachstumszeit düngt man alle 1 bis 2 Wochen, im Winter alle 4 bis 6 Wochen. Durch zu stickstoffreichen Dünger vergrünen die Blätter leicht. Hydrokultur ist in 0,1%iger Nährlösung möglich.

Die Eingewöhnung der Pflanzen in die Wohnräume sollte im Sommer oder Herbst erfolgen. Bei zu trockener Luft werden die Pflanzen leicht von Spinnmilben, Thrips, Woll- und Schildläusen befallen. Ballentrockenheit bewirkt Blattfall. Vermehrung durch Stecklinge bei 26 bis 30 °C Bodenwärme. Auch Abmoosen ist möglich.

Coelógyne Lindl.
HOHLNARBE
Orchidáceae

bis

Lindley bezog sich bei der Bildung des Gattungsnamens auf die wie in einer Höhlung liegende Narbe und leitete ihn deshalb von gr. koílos = hohl und gyné = Frau ab.

Die knapp 200 Arten umfassende Gattung ist von Sri Lanka und den Südabhängen des Himalaya bis Neuguinea und die Pazifischen Inseln verbreitet. Sie wachsen epiphytisch, seltener terrestrisch oder lithophytisch. Die Pflanzen bilden Sproßknollen (Pseudobulben) aus, die terminal 1 oder 2 immergrüne Blätter und den Blütenstand tragen. Ihre Blüten sind meist weiß, gelblich oder

Coelogyne cristata

grünlich. Die Lippe hat kammartig zerschlitzte Kiele, die oft intensiver gefärbt sind.

– *cristáta* Lindl.

cristátus = kammförmig (Kiele auf der Lippe). Sikkim, Bhutan; eingeführt 1837. Pseudobulben elliptisch, zweiblättrig. Blätter schmal, länglich-lanzettlich. Blüten aus dem Neutrieb, etwa 8 cm groß, weiß, Lippen mit 5 kammförmigen, gelben Kielen; I bis IV.

Während des Neutriebes darf nicht gesprüht werden. Das Wasser hält sich lange unter den schuppenartigen Tragblättern, wodurch die Knospen leicht faulen.

– *massangeána* Rchb. f.

massangeána = nach M. O. Massange (2. Hälfte des 19. Jh.), französischer Pflanzenfreund. Thailand bis Jawa und Kalimantan; eingeführt 1879.

Pseudobulben schmal eiförmig, bis 10 cm lang, 2blättrig. Blätter 30 bis 50 cm lang. Blütenstand bis 70 cm lang, schlaff hängend, Blüte bis 7 cm groß, cremegelb, Lippe braun gezeichnet, Kallus 3kielig, vorn stark verzweigt; III bis VI, (I bis XII).

Coelogyne massangeana

Verwendung/Pflege/Vermehrung:
Auffällige Blütenpflanzen, bei denen der Wuchsrhythmus genau beachtet werden muß. Die hier genannten Arten können auch auf der Fensterbank gepflegt werden. *Coel. cristata* steht im Sommer geschützt auf dem Balkon oder im Freien. Gießen nicht vergessen! Günstig ist ein absonniger bis halbschattiger Standort. Geeignet sind Zimmertemperaturen, doch benötigt *Coel. cristata* im Winter nur 10 bis 18 °C, während *Coel. massangeana* besser bei 15 bis 18 °C und mehr Wärme steht. *Coel. cristata* braucht im Sommer viel Wasser, hat aber ab Oktober bis zum Triebbeginn eine Ruheperiode und benötigt wenig Feuchtigkeit. Danach ist der Wasserbedarf wieder größer. *Coel. massangeana* wird ganzjährig gleichmäßig feucht gehalten. Als Substrat eignet sich eine Mischung aus Rindenstükken oder Farnwurzeln, Moos oder Torffasern, Holzkohlestücken und halbverrottete Lauberde oder besser trockenes Buchenlaub. Verpflanzt wird mit Beginn der Wurzelbildung nach jeweils 3 bis 4 Jahren, wenn der alte Pflanzstoff verrottet ist. Besser ist es, man entfernt das alte Substrat und stopft neues nach. Gedüngt wird während der Vegetationsperiode wöchentlich 0,05%ig oder alle 14 Tage 0,1%ig. Vermehrung durch Teilung beim Verpflanzen.

Cóffea L.
KAFFEE
Rubiáceae

⌂ bis Ⓦ ☼ bis ◐ ♁ ♣

Der Gattungsname wurde wahrscheinlich von der Landschaft, aus der die Pflanze stammt, von Kaffa in Äthiopien, abgeleitet und ist eine Anlehnung an arab. gahwa = Wein, wegen der anregenden Wirkung. Aus dem türk. kahve entstand das Wort Kaffee. Angebaut wurde er vermutlich zuerst im Gebiet des heutigen Jemen.
Der Kaffee war um 875 u. Z. im damaligen Persien bereits als Getränk beliebt. Er kam 1517 nach Konstantinopel (Istanbul). In Mitteleuropa war der Kaffee seit 1591 als Arzneimittel bekannt. Im Jahre 1672 wurde das erste Kaffeehaus in Paris eröffnet, 1683 in Wien, 1686 in Nürnberg. Erstmals kam 1694 ungebrannter Kaffee auf die Messe nach Leipzig. Bald danach schrieb Johann Sebastian Bach seine »Kaffeekantate« (BWV 211).
Heute trinkt ein Drittel der Erdbevölkerung Kaffee. Als wirksamer Bestandteil

wurde 1820 von Runge das Alkaloid Koffein entdeckt. Es ist zu 1 bis 2,5 % in den Kaffeebohnen enthalten. Angebaut wird der Kaffee hauptsächlich in Brasilien (seit 1727), Kolumbien, Mexiko, El Salvador, Guatemala, Indonesien, Uganda u. a. Das Rösten der grünen »Bohnen« erfolgt erst in den Verbraucherländern bei 200 bis 250 °C.

Über 60 Arten der Gattung sind vom tropischen Afrika bis Asien verbreitet. Es sind Sträucher oder kleine Bäume mit gegenständigen, selten zu 3 quirlständigen, immergrünen Blättern. In den Blattachseln stehen zahlreiche weiße duftende Blüten. Die Frucht ist trocken oder fleischig, rund oder elliptisch und enthält 2 Samen.

Coffea arabica

– *arábica* L.

arábicus = arabisch. Äthiopien, (Ostafrika?); eingeführt 1696.

Wuchs strauchig, Sproßachse holzig. Blätter gegenständig, elliptisch, spitz, glänzend dunkelgrün, Rand gewellt.

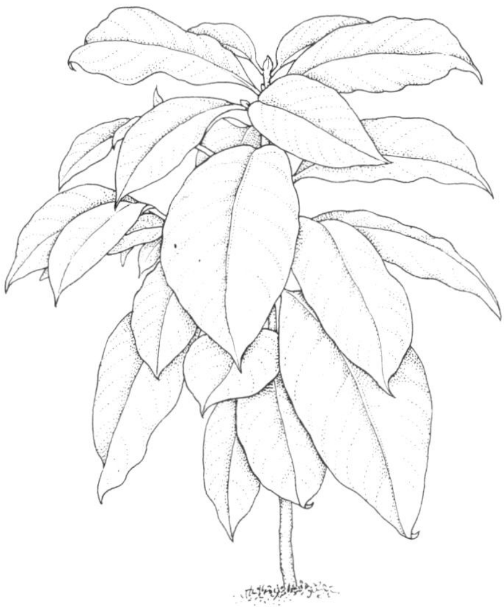

Coffea arabica

Blüte weiß; V bis VII. Frucht bei verschiedenen Formen rot oder orangegelb, zweisamig (s. Abb. S. 12).

– – 'Nana'

Kultivar mit gedrungenem Wuchs.

Verwendung/Pflege/Vermehrung:
Kaffee ist als Blattpflanze für nicht zu trockene Zimmer gut geeignet. Die Pflanzen lieben einen absonnigen bis halbschattigen Standort bei 18 bis 25 °C, im Winter nicht für längere Zeit unter 12 °C. Es ist ganzjährig gleichmäßig zu gießen. Als Pflanzsubstrat wird eine humose Gartenerde mit Sand, Lauberde, Torf, Kompost oder Lehm und Sand bzw. Einheitserde benötigt; *p*H-Wert 5,5 bis 6,5. Verpflanzen muß man jährlich zwischen März und August, ältere Exemplare nach jeweils 2 bis 3 Jahren. Während der Vegetationsperiode wird in Abständen von 1 bis 2, im Winter von jeweils 5 bis 6 Wochen gedüngt. Auf einen Befall durch Spinnmilben sowie Woll- und Schildläuse ist zu achten. Er deutet auf ungünstige Standortbedingungen hin.

Vermehrung durch Samen, möglichst sofort nach der Ernte, da sie bald ihre Keimfähigkeit verlieren. Die Aussaat erfolgt nach Entfernen des Fruchtfleisches bei Temperaturen um 24 °C. Kopfstecklinge werden im Juni/Juli bei 21 bis 26 °C Bodentemperatur und hoher Luftfeuchtigkeit gesteckt. Seitentriebe ergeben einseitig wachsende Pflanzen.

Cóleus Lour.

ZIERNESSEL, BUNTNESSEL

Lamiáceae

(K) bis (W)

Der portugiesische Missionar und Botaniker J. de Loureiro (1710 bis 1796) benannte die Gattung nach gr. koleós = Scheide, weil die Staubfäden zu einer Röhre vereinigt sind und den Griffel scheidenartig umgeben. Der deutsche Name bezieht sich auf die farbigen, nesselförmigen Blätter.

Die 150 Arten der Gattung kommen im tropischen und subtropischen Afrika und Asien vor. Es sind Stauden oder Halbsträucher. Ihre Blätter stehen an der 4kantigen Sproßachse gegenständig. Einige Arten bilden stärkehaltige Knollen, die wie Kartoffeln verwendet werden.

– *blúmei* Benth. ⟶ Cóleus-Blumei-Hybriden

– Blumei-Hybriden syn. *Cóleus blúmei* Benth.

blúmei = nach C. L. Blume (1796 bis 1862), deutscher Botaniker in Holland, Forschungsreisender. Tropisches Südostasien; 1851 offensichtlich als Hybride eingeführt.

Erste Kreuzungen wurden auch unter Verwendung anderer Arten um 1866 von dem deutschen Gärtner Bause in England bekannt.

Sproßachse aufrecht, verzweigt, an der Basis verholzend. Blätter eiförmig, spitz, weichhaarig, Rand gesägt oder unterschiedlich tief eingeschnitten, grün, rot, rotbraun, orange, gelb und in diesen Farben gezeichnet. Blütentrauben endständig, Oberlippe der Krone weiß, Unterlippe blau; VIII bis X (s. Abb. S. 52).
– *púmilus* Blanco syn. *C. rehneltiánus* A. Berger
púmilus = zwergig (Wuchs). Philippinen, Nordkalimantan; eingeführt 1914. Sproßachse aufrecht-niederliegend, bis 20 cm hoch. Blätter herzförmig-rundlich bis rhombisch, etwa 3 cm groß, rotbraun, Rand grob gesägt, grün. Blüte hellblau; X bis I.

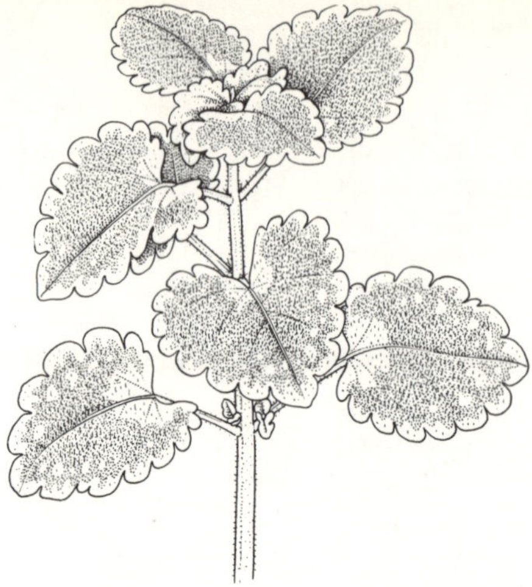

Coleus pumilus 'Superbus'

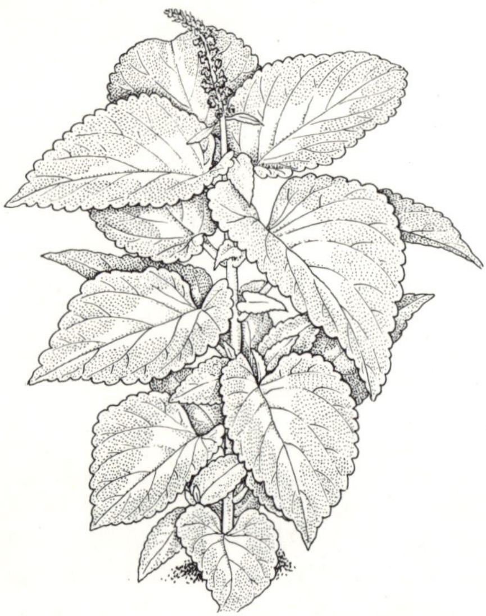

Coleus-Blumei-Hybride

– – 'Superbus'
Blätter größer, karminrotbraun, Rand gelb und grün.
– *rehneltiánus* A. Berger ——→ *Cóleus púmilus*

Verwendung/Pflege/Vermehrung:
Farbintensive Blattpflanze, die im Sommer auch auf dem Balkon und im Freien stehen kann. *C. pumilus* ist schön als Ampelpflanze. Zum guten Ausfärben der Blätter wird viel Licht bzw. volle Sonne benötigt. Temperaturen im Winter über 15 °C werden nur an einem hellen Standort vertragen, weniger als 8 °C führen zu Fäulnis. Während der Wachstumszeit ist reichlich zu wässern. Als Substrat eignet sich jede humose Gartenerde, evtl. mit Torf und Sand vermischt; *p*H-Wert um 6. Es sollte öfters flüssig, im Sommer alle 1 bis 2 Wochen, nachgedüngt werden.

Coleus pumilus 'Superbus'

Verpflanzt wird im Frühjahr. Besser ist es jedoch, wenn jährlich Jungpflanzen neu herangezogen werden.
Untertemperaturen, zu nasse Erde sowie dunkle Standorte sind im Winter zu vermeiden und führen zum Verlust der Pflanzen.
Vermehrung durch Kopfstecklinge bei leichter Bodenwärme oder in Wasser.

Cordylíne Comm. ex Juss.
KEULENLILIE
Agaváceae

bis … *bis*

Der Name der Gattung geht auf gr. kordýle = Kolben, Keule zurück und nimmt Bezug auf den an der Basis verdickten Stamm. Auch der deutsche Name weist auf dieses Merkmal hin.
Das Areal der 20 Arten umfassenden Gattung erstreckt sich von Afrika und dem subtropischen Asien bis Australien, Neuseeland und Hawaii. Es sind Halbsträucher und Sträucher, deren Blätter an der Spitze der Sproßachse schopfartig angeordnet sind. Der Wurzelstock ist rhizomartig-knollig und kann Adventivsprosse entwickeln, im Gegensatz zur nahe verwandten Gattung ⟶ *Dracaena*. Die Wurzeln sind weißlich.
– *fruticósa* (L.) A. Chev. syn. *C. terminális* (L.) Kunth.
fruticósus = strauchig. Von Indien bis Nordostaustralien, Neuseeland und Hawaii; eingeführt vor 1840.
Sproßachse aufrecht, meist einfach. Blätter länglich-lanzettlich, 30 bis 50 cm lang, grün, in Wuchsgröße und Blattfarbe sehr variabel. Ausleseformen haben rotbraun, karmin, rosa, cremegelb oder weiß, auch grün längsgestreifte Blätter. Es gibt zahlreiche Sorten.
– – 'Tricolor'
Kultivar mit mehrfarbig längsgestreiften Blättern.
– – 'König Albert'
Blätter rotbraun, karminrot längsgestreift.
– – 'Red Edge'
Kleinwüchsig, Blätter grün mit rotbraun und breitem karminrotem Rand.
– *indivísa* (G. Forst.) Steud. syn. *Dracaena indivísa* (G. Forst.) hort.
indivísus = ungeteilt (Sproßachse). Neuseeland; eingeführt vor 1865.
Sproßachse einfach, auch nach der Blüte, im Alter mehrere Meter lang. Blätter linealisch mit lang ausgezogener Spitze, grün bis olivgrün, lederig.

Cordyline fruticosa

– *terminális* (L.) Kunth ⟶ *Cordylíne fruticósa*

Verwendung/Pflege/Vermehrung:
Keulenlilien sind dekorative Blattpflanzen. *C. fruticósa* ist für warme, *C. indivísa* für kühle Räume, Treppenhäuser und im Sommer zur Pflege auf dem Balkon oder im Garten geeignet.
C. fruticósa braucht einen hellen bis halbschattigen Platz, während *C. indivísa* volle Sonne verträgt. Die Temperaturansprüche liegen bei *C. fruticósa* ganzjährig bei 18 °C und mehr, während *C. indivísa* luftig bei 5 bis 10 (15) °C stehen muß. Gegossen wird gleichmäßig. Besonders die buntblättrigen Sorten von *C. fruticósa* sollten bei Lufttrockenheit öfters übersprüht werden. Demgegenüber benötigt *C. indivísa* bei kühlem Stand im Winter

wenig Wasser. Auch die Pflanzsubstrate sind unterschiedlich. *C. fruticósa* liebt ein humoses Substrat aus Lauberde, Torf, wenig Lehm oder Kompost und Sand bzw. Einheitserde, während die derbblättrige *C. indivísa* einen Anteil von 1/4 bis 1/3 Lehm oder schwere Gartenerde wünscht. Für beide Arten sollte der *p*H-Wert um 6 betragen. Verpflanzt wird in der Regel in Abständen von 1 bis 2 Jahren, *C. indivísa* als alte Pflanze im Kübel nach 3 bis 4 Jahren. Düngung erfolgt bei *C. fruticósa* in der Vegetationsperiode alle 1 bis 2 Wochen, im Winter jeweils nach 5 bis 6 Wochen. *C. indivísa* wird im Winter nicht gedüngt. Die Hydrokultur kann in einer 0,1%igen (im Winter 0,05%igen) Nährlösung erfolgen, die von *C. indivísa* bei nur geringem Anstau.

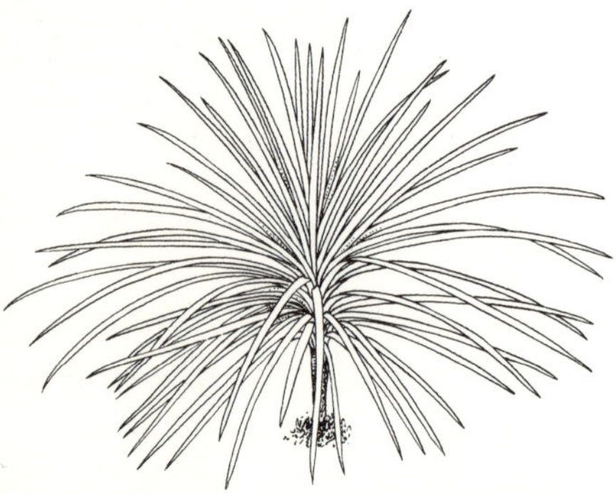

Cordyline indivisa

Vermehrung durch Kopf- oder Stammstecklinge mit ruhenden Knospen. Auch der ganze Stamm kann in ein Torf-Sand-Gemisch eingelegt werden. Die sich bildenden Triebe werden wie Kopfstecklinge behandelt. Die Bodentemperaturen sollen 18 bis 24 °C, bei *C. fruticósa* 28 bis 35 °C betragen. Auch das Stecken ganzer Stammstücke und das Abmoosen ist wie bei ⟶ *Dracaena* und ⟶ *Yucca* möglich.

Cotylédon arboréscens Mill. ⟶ *Crássula*

Crássula L.
DICKBLATT
Crassuláceae

Ⓚ bis ⌂ ⌐ ⇉ ○ ☼ Ⓗ ♁

Der Gattungsname leitet sich von lat. crássus = dick ab. Crassulus ist die Verkleinerungsform davon.

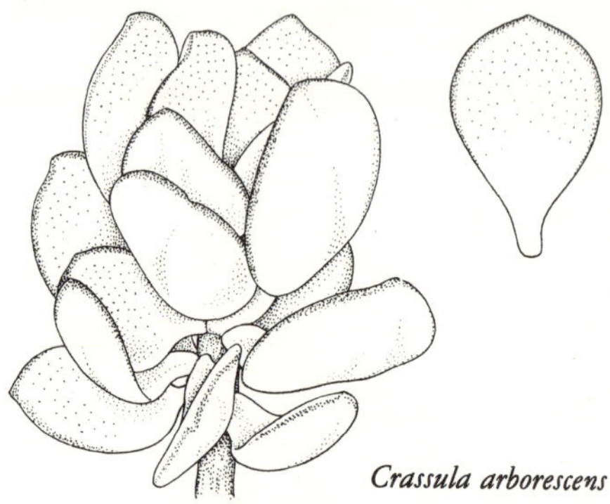

Crassula arborescens

Die Gattung kommt mit etwa 300 Arten weltweit, sukkulente Formen vorwiegend im tropischen und südlichen Afrika sowie auf Madagaskar, vor. Einjährige Pflanzen, Stauden oder Sträucher, einige Arten sind Wasserpflanzen.

– *arboréscens* (Mill.) Willd. syn. *Cotylédon arboréscens*

arboréscens = baumförmig. Südafrika (Kap bis Natal); eingeführt um 1780.

Wuchs aufrecht, baumförmig, Sproßachse dick, fleischig, verzweigt. Blätter fleischig, rundlich-verkehrt-eiförmig, blaugrau, oberseits gepunktet, Rand rot.

– *falcáta* (DC.) H. Wendl. syn. Rochea falcata DC.

falcátus = sichelförmig (Blatt). Südafrika (Kap bis Natal); eingeführt um 1800. Die Art wird neuerdings auch als Varietät zu *C. perfoliáta* L. gestellt. (s. Abb. S. 18)

Sproßachse aufrecht, wenig verzweigt. Blätter spiralig angeordnet, länglich, schwach sichelförmig, graugrün, bis 15 × 4 cm. Blütenstand groß, reichblütig, Blüten leuchtend rot; VII bis IX.

Pflanzen, Steine und Gefäße – ihre Kombinationen sind unerschöpflich

– *ováta* (Mill.) Druce syn. *C. portulácea* Lam. (fälschlich »Affenbrotbaum« genannt)
ovátus = eiförmig (Blatt). Südafrika (Kap bis Transvaal); eingeführt vor 1818.
Wuchs aufrecht, baumförmig, Sproßachse dick, fleischig, verzweigt. Blätter verkehrt-eiförmig, fleischig, dunkelgrün, Rand oft rötlich, Blüte weißlich.
– *portulácea* Lam. ⟶ *Crássula ováta*

Verwendung/Pflege/Vermehrung:
Leicht zu pflegende Pflanzen, die trokkene Luft gut vertragen. Während des Sommers können sie auch auf dem Balkon oder im Freien stehen.
Das Dickblatt liebt möglichst vollsonnige Standorte. Im Winter sollten die Temperaturen 5 bis 10 °C betragen, können aber auch etwas darüber liegen, doch blüht *Crassula* bei Wintertemperaturen über 12 bis 14 °C nicht oder wenig. Gegossen wird im Sommer nach jeweils oberflächlichem Abtrocknen reichlich, im Winter in größeren Abständen, bei niedrigen Temperaturen weniger, bei höheren mehr. Als Substrat ist Gartenerde oder Kompost mit Sand oder Einheitserde bis zu ⅓ mit Lehm und Sand vermischt, zu verwenden; *p*H-Wert 6 bis 7. Verpflanzt wird nach 2 bis 3 Jahren oder wenn der Topf zu klein geworden ist. Die Düngung erfolgt stickstoffarm von April bis September. Hydrokultur ist in einer Nährlösung von 0,05 % und flachem Anstau möglich. Im Winter wird das Substrat nur mäßig feucht gehalten, es wird aber nicht angestaut.
Vermehrung von Frühjahr bis Herbst durch Kopf- oder Blattstecklinge, die in sandigem Erdgemisch bei mäßiger Feuchtigkeit willig wurzeln.
Vor dem Stecken sollen die Schnittflächen gut abgetrocknet sein, oder sie werden gegen Fäulnis mit Holzkohlepuder behandelt.

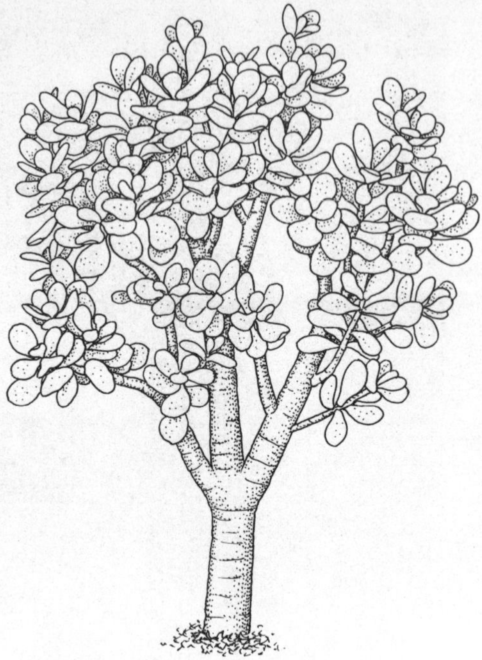

Crassula ovata

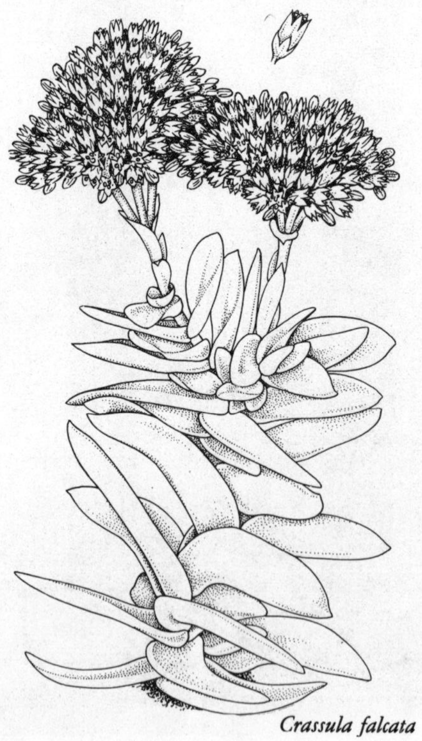

Crassula falcata

x Cryptbérgia hort.
Bromeliáceae

⌂ bis Ⓦ ⥲ ○ ✺ bis ◐ Ⓗ ♀ ♂

Der Name des Gattungsbastardes wurde aus denen der verwendeten Gattungen *Cryptánthus* und *Billbérgia* gebildet.
Die Hybridgattung entstand in den USA um 1950. Der Wuchs ist ähnlich der *Billbergia.* Die Blätter sind meist lederig hart. Ihre Blüten werden oft unvollkommen ausgebildet und sind überwiegend steril.
– 'Rubra'
Bastard von *Cryptánthus bahiánus* L.B.Sm. x *Billbérgia nútans* H.Wendl.
Die Pflanze wächst aufrecht rosettig. Blätter linealisch lederig, olivbraun, bei hellem Standort kräftig braunrot, unterseits dicht silbergrau beschuppt, Rand bedornt, Spitze ausgezogen. Blüte grün, Rand blau, steril.

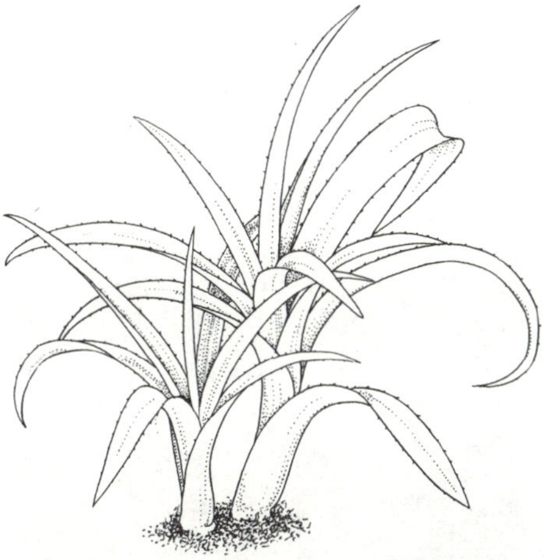

x *Cryptbergia* 'Rubra'

Verwendung/Pflege/Vermehrung:
Dankbare Zimmerpflanze, die sonnige bis halbschattige Standorte und trockene Luft gut verträgt. Bei viel Licht färben sich die Blätter intensiv rotbraun. Die Pflege erfolgt wie bei ⟶ *Billbergia.*
Vermehrung durch Teilung beim Verpflanzen zwischen den Monaten Februar und September.

Cýclamen L.
ALPENVEILCHEN
Primuláceae

Ⓚ bis ⌂ ⌐ ⥲ ✺

Der Name wurde aus gr. kýklos = Kreis abgeleitet. Die Pflanzen haben kreisrunde Knollen. Theokrit (um 310/05 bis um 260/50 v.u.Z.) nennt sie gr. kyklaminos bzw. kyklaminon = Saubrot, eine Pflanze mit runden Knollen, deren Blüten zu Kränzen geflochten werden.
Etwa 15 Arten wachsen in den Gebirgen des südlichen Europa, im Mittelmeergebiet, im Kaukasus und in Kleinasien. Es sind knollenbildende Stauden. Ihre Blätter sind herz-, ei- oder nierenförmig, ganzrandig oder buchtig mit gezähnt-gesägtem Rand. Der Blütenstiel trägt eine nickende Blüte mit nach oben zurückgeschlagenen Blütenblättern. Die vielsamige Fruchtkapsel hat einen geraden oder spiralig gedrehten Stiel.
– *pérsicum* Mill. · Alpenveilchen
pérsicus = persisch. Ägäis, Südwestasien; eingeführt um 1625.
Die züchterische Bearbeitung begann im vorigen Jahrhundert in England. 1873

Cyclamen persicum

Cyclamen persicum

gab R. Müller in Dresden-Striesen seine erste Züchtung 'Splendens', Blüte weiß mit rotem Zentrum, heraus. Miniaturcyclamen erzielte man seit Mitte der 50er Jahre des 20. Jahrhunderts durch Kreuzung von *C. persicum* mit diploiden Sorten. Sie sind kleinwüchsig, kleinblütig, aber sehr reichblütig.

Knolle rund, abgeflacht, nur auf der Unterseite bewurzelt. Blätter herzförmig, dunkelgrün, unterschiedlich intensiv silbrig gezeichnet, unterseits meist rotkarmin, Rand knorpelig-gezähnt. Blüten groß, in vielen Zuchtformen, weiß, rosa, lachs, rot, dunkelrot, auch mit dunkler Basis, gestreift, mit gefransten oder gewellten Blütenblatträndern, auch gefüllt, z. T. duftend.

Verwendung/Pflege/Vermehrung:
Alpenveilchen sind dankbare und lange blühende Zimmerpflanzen. Besonders geeignet für Doppelfenster oder nicht bzw. wenig beheizte Räume. Ein Standort auf dem Fensterbrett über Heizkörpern ist ungeeignet. Alpenveilchen lieben einen hellen, kühlen und luftigen Standort. Die Temperaturen sollen zwischen 10 und 15 °C liegen und möglichst nicht für längere Zeit über 18 °C ansteigen. Gegossen wird so, daß die Erde stets gleichmäßig feucht ist. Stauende Nässe wird, ebenso wie starkes Austrocknen, nicht vertragen. Im Winter darf bei kühlem Stand nicht in die Knolle gegossen werden, da sonst Knospen und Blatt- bzw. Blütenstiele faulen. Stehendes Wasser im Untersatz führt zu Wurzelfäule. Als Substrat ist Lauberde mit Torf, Kompost oder etwas Lehm bzw. Gartenerde und Sand, auch Einheitserde, geeignet; *p*H-Wert um 6. Verpflanzt wird jährlich im August. Dabei wird die verbrauchte Erde ausgeschüttelt. Beim Einpflanzen ist darauf zu achten, daß die Knolle etwa ⅓ aus der Erde herausragt, nur bei Sämlingen wird sie mit Erde bedeckt.

Alpenveilchen werden in der Regel blühend gekauft. Sie sind aber viele Jahre hindurch immer wieder leicht zur Blüte zu bringen. Während des Sommers werden sie weiterhin gegossen. Bei wö-

Cyperus alternifolius

chentlicher Düngung behalten sie die Blätter. Die Pflanzen können aber auch im Sommer eine Ruheperiode durchmachen, stehen während dieser Zeit nur mäßig feucht und verlieren meist ihre Blätter. Sie können auch halbschattig auf dem Balkon übersommern oder im Garten mit dem Topf eingesenkt werden. Mit dem Verpflanzen im August beginnt die neue Wachstumszeit. Mehrjährige Alpenveilchen blühen später, d. h. meist erst zu Beginn des neuen Jahres, aber wesentlich reicher. In der Wachstumszeit ab September/Oktober sollte nach guter Durchwurzelung wöchentlich gedüngt werden.

Cypérus L.
ZYPERGRAS
Cyperáceae

C. v. Linné verwendete bei der Benennung der Gattung den griechischen Pflanzennamen kyperios, auch kýperos, mit dem von Theophrast (um 372 bis 287 v. u. Z.) und Dioskurides (1. Jh. u. Z.) eine Wasser- oder Wiesenpflanze mit würziger Wurzel bezeichnet wurde. Plinius d. Ä. (23/24 bis 79 u. Z.) verwendet die Namen cyperos, cyperon, pyperum und ciperum.
Mit etwa 600 Arten ist die Gattung in den gemäßigten, subtropischen und tropischen Gebieten der Erde, vorwiegend an feuchten Standorten, verbreitet. Die Stengel sind oft 3kantig.
– *alternifólius* L.
alternifólius = mit wechselständigen Blättern. Madagaskar, Maskarenen; eingeführt 1781.
Stengel dreikantig-rund, 40 bis 120 cm lang mit schopfartiger, wechselständiger Blattkrone. Blätter linealisch, spitz, 10 bis 24 cm lang, flach ausgebreitet.
– – ssp. *flabellifórmis* (Rottb.) Kükenth.
flabellifórmis = fächerförmig. Mittelafrika.
Wohl hauptsächlich in Kultur. Wuchs robuster, Stengel gefurcht, sonst wie die Art.

Cyperus alternifolius

– – 'Variegatus'
Kultivar mit cremeweiß gezeichneten Blättern und Stengeln, selten.
– *diffúsus* Vahl syn. *C. láxus* hort.
diffúsus = ausgebreitet (Blätter). Tropen; eingeführt 1874.
Pflanzen mit Blättern an der Stengelbasis. Blattkrone meist 6 bis 12blättrig, waagrecht ausgebreitet, Spitze überhängend, Blätter etwa 20 × 0,8 cm.

Cyperus diffusus

– *grácilis* R. Br.
grácilis = zierlich (Wuchs). Australien, Neukaledonien; eingeführt 1850.
Ähnlich *C. alternifolius*. Wuchs kleiner. Stengel etwa 45 cm lang. Blätter linealisch, 10 × 0,4 cm, grün, mehr aufrecht.
– *láxus* hort. ⟶ *Cypérus diffúsus*

Verwendung/Pflege/Vermehrung:
Dankbare Blattpflanze, die im Sommer geschützt im Freien stehen kann. Gepflegt wird sie an einem hellen bis sonnigen und luftigen Standort bei Zimmertemperaturen, die auf 25 °C ansteigen und im Winter bis 8 °C absinken dürfen. Wichtig ist ein ständig feuchtes bis nasses Substrat. Das wird am einfachsten erreicht, wenn der Topf in einem ständig mit Wasser gefüllten Untersetzer steht. Der Topf (Wurzelballen) kann auch ganz unter Wasser stehen. Damit die Erde das Wasser nicht verschmutzt, deckt man sie mit Sand ab. Geeignet sind Garten oder Einheitserde; *p*H-Wert 6 bis 6,5. Verpflanzt wird jährlich zwischen Februar und September. Auch Hydrokultur ist in einer Nährlösung von 0,05 % möglich.
Vermehrung erfolgt durch Teilung beim Verpflanzen, oder Blattschöpfe werden mit einem Stück Stengel von einigen Zentimetern Länge abgeschnitten und so in Wasser gesteckt, daß sich die Basis der Blätter unter Wasser befindet. An deren Basis entwickeln sich Wurzeln und neue Triebe. Auch Aussaat ist möglich. Der Samen wird nicht bedeckt und gleichmäßig feucht gehalten.

Cyperus gracilis

Dickähre ⟶ *Pachýstachys*
Dickblatt ⟶ *Crássula*

Dieffenbáchia Schott
Aráceae

⌂ bis ⌂(W) ✹ bis ◐ (H) ♤ ♡

H. W. Schott benannte die Gattung nach J. F. Dieffenbach (1792 bis 1847), deutscher Arzt und Wegbereiter der Transplantationstechnik sowie der plastischen Chirurgie, jedoch nicht nach dem österreichischem Gärtner J. Dieffenbach (1796 bis 1863).
Die Gattung umfaßt etwa 30 Arten und ist im tropischen Amerika verbreitet. Der Sproß wächst aufrecht, ist fleischig und trägt eiförmig-elliptische Blätter. Er und die oben rinnigen, lang scheidigen Blattstiele der meisten Arten enthalten ein Alkaloid, das besonders Entzündungen und Schwellungen der Schleimhäute verursachen kann. Der Blütenkolben

Dieffenbachia bowmannii 'Exotica'

wird von einem grünlichweißen Hochblatt umgeben, hat aber kaum eine Schmuckwirkung.

– x baúsei hort. Chiswick

baúsei = nach Bause (2. Hälfte des 19. Jh.), deutscher Gärtner in England. Züchtung von Bause aus *Dieffenbáchia maculáta* (Lodd.). G. Don x *D.* x *weirii* Berkel; entstanden um 1870.

Blattstiel bis 20 cm lang, Blätter eiförmig, spitz, 30 × 15 cm, gelbgrün, mit grünen und weißen Flecken, Rand dunkelgrün.

– *bowmánnii* Carr. syn. *D. regínae* hort.

Dieffenbachia x *bausei*

bowmánnii = nach Bowmann (2. Hälfte des 19. Jh.), Forschungsreisender in Südamerika, Kolumbien; eingeführt 1871.

Sproßachse an der Basis teilweise mit Seitentrieben. Blätter eiförmig-elliptisch, spitz, bis 70 × 30 cm, dunkelgrün, Nerven weißlich, gelbgrün gefleckt.

– – 'Camilla'

Sport von 'Exotica'. Blattspreite breit, cremeweiß, zum Rand zu gelbgrün gefleckt, Rand dunkelgrün.

Dieffenbachia bowmannii

– – 'Exotica'

Ist wahrscheinlich ein Kultivar der Art, Blätter schmal-eiförmig, spitz, 25 × 10 cm, grün, dicht weiß gefleckt.

– *maculáta* (Lodd.) G. Don syn. *D. pícta* Schott

maculátus = gefleckt (Blätter). Brasilien; eingeführt vor 1871.

Blätter elliptisch-eiförmig, spitz, bis 40 × 18 cm, grün, zum grünen Mittelnerv verstärkt weiß gefleckt und gepunktet.

– – 'Jenmanni'

Mehrtriebiger Kultivar. Blätter schmal elliptisch-eiförmig, spitz, zwischen den Nerven streifenartig cremeweiß gezeichnet (s. Abb. S. 45).

– – 'Magnifica'

Wuchs sehr groß, robust. Blätter etwa

Dieffenbachia maculata

50 × 30 cm dunkelgrün, cremeweiß gefleckt, Rand grün.

– – 'Rudolf Roehrs'

Blätter hellgelbgrün, zum Rand zu wenig grün gefleckt, Mittelnerv und Rand grün.

– *picta* Schott ⟶ *Dieffenbáchia maculáta*

– *regínae* hort. ⟶ *Dieffenbáchia bowmánnii*

Verwendung/Pflege/Vermehrung:

Wüchsige, dekorative Blattpflanze für warme Zimmer. Der Standort soll hell, aber vor heißer Mittagssonne geschützt, bis halbschattig sein. Günstig sind Temperaturen von 20 °C und mehr. Das Substrat ist stets gleichmäßig feucht zu halten. Bei kühlerem Standort wird im Winter mäßig, sonst reichlich gegossen. Bei trockener Luft sollte öfters gesprüht werden. Als Substrat ist eine Mischung aus Lauberde, Torf, Kompost wenig Lehm und Sand oder Einheitserde geeignet; *p*H-Wert 5,5 bis 6. Verpflanzen sollte man jährlich zwischen Februar und September, nur ältere Exemplare alle 2 Jahre. Gedüngt wird wöchentlich oder in 14tägigem Abstand, im Winter jeweils nach 4 bis 6 Wochen. Hydrokultur ist in einer Nährlösung von 0,1 % (im Winter schwächer) möglich.

Vermehrung durch Kopf- oder Teilstecklinge bei 21 (24) bis 28 °C Bodentemperatur. Bewurzelung von Kopfstecklingen ist auch im Wasser möglich. Große Pflanzen können abgemoost werden.

Dizygothéca N. E. Br.

FINGERARALIE

Araliáceae

⌂ bis ⓦ ☀ bis ◐ Ⓗ ♀ ⚲

N. E. Brown, englischer Botaniker und Sukkulentenspezialist, stellte den Namen der Gattung aus den gr. Wörtern dis = zwei, zýgos = Paar und théke = Staubbeutel zusammen. Der deutsche Name bezieht sich auf die Blattform.

Die 17 Arten kommen auf Neukaledonien und in Polynesien vor. Es sind immergrüne Sträucher oder kleine Bäume mit gefingerten Blättern. In Kultur befinden sich nur Pflanzen der Jugendform, weshalb eine genaue Artzuordnung oft schwierig ist.

Dizygotheca elegantissima

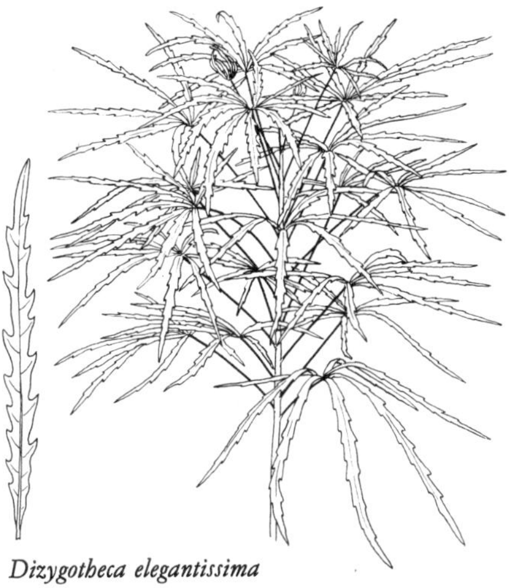

Dizygotheca elegantissima

– *elegantíssima* (Veitch) Vig. et Guill. syn. *Arália elegantíssima* Veitch elegantissímus = sehr zierlich. Neukaledonien; eingeführt 1873.
Sproßachse aufrecht, einfach, holzig. Blätter 7- bis 11zählig, gefingert, Einzelblättchen bis 20 × 1 cm, olivgrün, Rand entfernt tief gesägt, Mittelnerv rötlich, Blattstiel braun, weißlich gefleckt.
Verwendung/Pflege/Vermehrung: Blattpflanzen, deren elegante Form eintriebig gezogen am besten zum Ausdruck kommt. Die Fingeraralie liebt einen hellen bis halbschattigen, möglichst luftfeuchten Standort ohne direkte Sonnenbestrahlung. Die optimalen Temperaturen von 18 bis 24 °C sollen nicht längere Zeit unter 12 °C absinken. Die Pflanzen benötigen eine gleichmäßige Feuchtigkeit. Starkes Austrocknen und Staunässe werden nicht vertragen. Als Substrat ist Lauberde mit Kompost oder Lehm und Sand bzw. Einheitserde geeignet; *p*H-Wert um 6. Verpflanzt wird zwischen Februar und August/September jährlich oder jedes 2. Jahr. Die Düngung erfolgt im Sommer in 14tägigem Abstand, im Winter nach jeweils 4 bis 6 Wochen. Eine Pflege in Hydro ist bei nicht zu hohem Anstau der Nährlösung bis 0,1 %, im Winter von 0,05 % möglich. Bei ungünstigem Standort ist auf einen Befall von Spinnmilben, Schild- und Wolläusen zu achten.
Vermehrung durch Stecklinge bei Bodentemperaturen von 24 bis 28 °C oder durch Aussaat importierten frischen Samens oder durch Abmoosen.

x *Doritaenópsis* hort.
Orchidáceae

⌂ bis Ⓦ ☼ bis ◐ Ⓓ Ⓗ

Der Name wurde aus *Doritis* und *Phalaenopsis*, den beiden Ausgangsgattungen, gebildet.
T. Iwasake in Tokio (Japan) züchtete den Gattungsbastard aus *Dorítis pulchérrima* Lindl. x *Phalaenópsis lindéni* Loher. Er wurde 1923 bekannt.

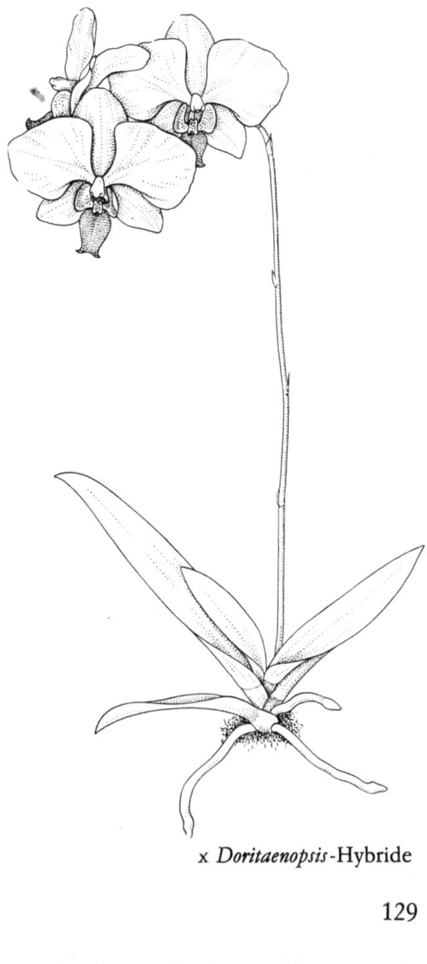

x *Doritaenopsis*-Hybride

Doritaenopsis 'Renate Freese'

Der Wuchs ist ähnlich *Phalaenopsis*. Sproßachse gestaucht, gelegentlich mit Seitensprossen. Die Pflanzen haben schmal-eiförmige Blätter und meist straff aufrecht wachsende Blütenstände mit vielfach kräftig rosa bis rosakarmin gefärbten, lange haltbaren Blüten; Primärhybriden blühen vorwiegend im Spätsommer, Herbst oder Winter. VII bis XII (I bis XII).

Verwendung/Pflege/Vermehrung:
Dankbare Blütenpflanze zur Pflege auf dem Fensterbrett warmer Zimmer. Ihre Blüten sind auch abgeschnitten lange haltbar. Die Pflanzen benötigen einen absonnigen bis halbschattigen Standort bei Temperaturen zwischen 16 und 24 °C. Es wird gleichmäßig, nicht mit kaltem Wasser gegossen. Als Pflanzsubstrat ist eine Mischung aus halbverrotteter Lauberde, Torf oder Moos, Rinden- und Holzkohlestücken geeignet. Zur guten Durchlüftung werden Schaumpolystyrol bzw. Styromull oder Styropur vermischt mit Rindenstücken und Moos bzw. Torf zugesetzt. Wichtig ist, daß sich die Struktur lange hält und stets genügend Luft an die Wurzeln kommt. Verpflanzt wird alle 2 bis 3 Jahre, sobald sich neue Wurzeln bilden. Dabei entfernt man den alten Pflanzstoff. Die Düngung erfolgt während der Wachstumszeit zwischen März und August etwa alle 3 bis 4 Wochen 0,1%ig oder öfters in schwächerer Konzentration. Eine Hydrokultur ist in 0,75%iger Nährlösung, im Winter bei geringerem Anstau, möglich.
Pflanzen, deren Blüten geschnitten wurden, bilden aus ruhenden Knospen am verbliebenen Rest des Blütenstandes meist willig neue Triebe und entwickeln bald Knospen.
Vermehrung durch Samen im Spezialbetrieb. Gelegentlich bilden sich Seitensprosse, die beim Verpflanzen abgetrennt werden können, wenn sie eigene Wurzeln haben.

Dracǽna Vand. ex L.
DRACHENLILIE
Agaváceae

(K) ⌂ bis (W) ○ ☼ ◐ (H) ♡

Der Name ist von gr. drákaina (lat. dracaena) = weiblicher Drache abgeleitet. Der blutrote Saft (Drachenblut) von *Dra-*

Dracaena fragrans

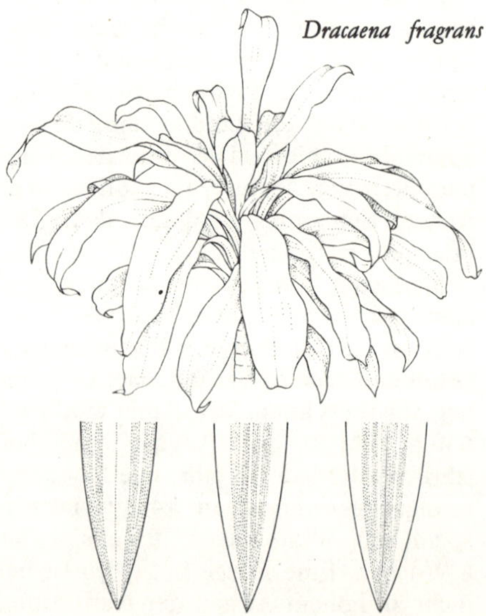

'Massangeana', 'Lindenii', 'Victoria'

Dracaena deremensis

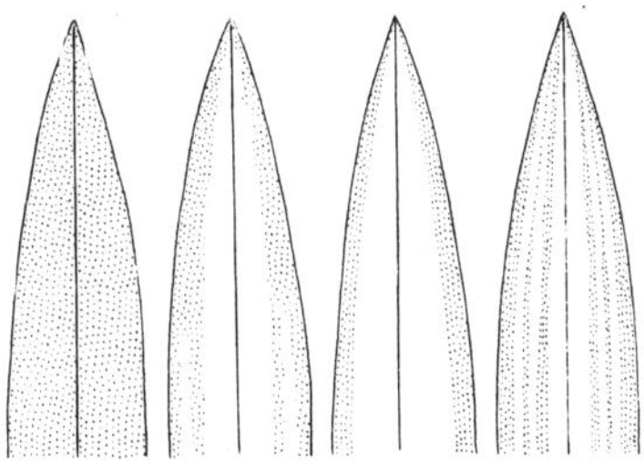

D. deremensis, *D.d.* 'Roehrs Gold'
D.d. 'Bausei', *D.d.* 'Warneckii'

caena draco wurde getrocknet, kam als Sanguis Draconis in den Handel und diente zum Lacken und für Polituren.

Etwa 80 Arten kommen in den Tropen und Subtropen von Afrika und Asien vor, eine auf den Kanarischen Inseln. Sie wachsen strauch- oder baumartig und entwickeln keine rhizomartigen Sprosse wie die nahe verwandte Gattung ——→ *Cordyline.* Die Wurzeln sind gelb oder orangefarben, oft duftend.

– *dereménsis* (N. E. Br.) Engl.
dereménsis = von Derema (Ort in Ostafrika). Tropisches Afrika.
Sproßachse einfach, aufrecht. Blätter länglich, schwach lanzettlich, Spitze ausgezogen, 50 × 5 cm, dunkelgrün, derb.

– – 'Bausei'
Kultivar mit oft hängenden, in der Mitte breit weiß gestreiften Blättern.

– – 'Roehrs Gold'
Blätter gelblichweiß, Rand grün.

– – 'Warneckii'
Blätter grün, in der Mitte mehrfach weiß und silbriggrün längsgestreift.

– *dráco* (L.) L. · Drachenbaum
dráco = Drache. Kanarische Inseln; eingeführt 1640.
Sproßachse stammartig, fleischig, einfach, im Alter verzweigt. Blätter dichtschopfig, etwa 60 × 4 cm, Spitze lang ausgezogen, abstehend bis überhängend, derb, dunkel- bis graugrün.

– frágrans (L.) Ker. Gawl. · Wunderholz
frágrans = duftend (Blüten). Tropisches Afrika; eingeführt 1768.
Sproßachse aufrecht, in der Heimat bis 6 m lang. Blätter länglich-schmal lanzettlich, spitz, grün, 50 bis 80 cm × 5 cm. Blüten weißlich, duftend, in Rispen mit knäueligen Nebenachsen.

– – 'Lindenii'
Wertvoller Kultivar. Blätter kräftig cremegelb, Mitte breit, Rand schmal grün.

Dracaena draco

– – 'Massangeana'
Blätter kräftig cremegelb, in der Mitte mit schwachen grünen Längsstreifen, Rand breit grün.
– – 'Rothiana'
Blätter dunkelgrün, Rand häutig.
– – 'Victoria'
Wertvollster Kultivar, Blätter am Mittelnerv grün, Rand breit kräftig cremegelb, nicht vergrünend.

Dracaena marginata

– *godseffiána* hort. ex Bak. ⟶ *Dracaena surculósa*
– *indivísa* (G. Forst.) hort. ⟶ *Cordyline indivísa*
– *margináta* Lam.
marginátus = gerändert (Blätter). Madagaskar; eingeführt 1880.
Sproßachse aufrecht, fingerdick mit würfelartigen (trapezförmigen) Blattnarben. Blätter schmal linealisch-lanzettlich, spitz, meist steif, dunkelgrün, Rand karminrotbraun.
– *surculósa* Lindl. syn. *Dracaena godseffiána*

Dracaena marginata

surculósus = verzweigt. Tropisches Westafrika; eingeführt 1880.
Sproßachse aufrecht, verzweigt, holzig. Blätter schmal elliptisch, bis 15 × 5 cm, Spitze ausgezogen, olivgrün, verwaschen gelblich gefleckt.
– – 'Florida Beauty'
Dekorativer Kultivar. Blätter dicht cremeweiß gefleckt.
– – 'Punctulata'
Blätter cremeweiß gefleckt.

Verwendung/Pflege/Vermehrung: Dekorative, große, zimmerharte Blattpflanzen, die auch trockene Luft relativ gut vertragen. *D. draco* liebt viel frische Luft, steht im Sommer besser auf dem Balkon oder im Freien und benötigt eine kühle Überwinterung. Drachenlilien brauchen einen absonnigen bis halbschattigen Standort mit 18 °C und mehr. Im Winter darf die Temperatur nicht für längere Zeit unter 15 °C absinken. Gegossen wird gleichmäßig. Staunässe und Feuchtigkeit bei niedrigen Temperaturen führen zu Wurzelkrankheiten. Als Substrat ist Lauberde mit Torf und Kompost, Gartenerde oder Lehm bzw. Einheitserde geeignet; *p*H-Wert um 6. Ver-

pflanzt wird jährlich (ältere Exemplare alle 2 Jahre) zwischen Februar und August/September. Alle 2 bis 3 Wochen, im Winter jeweils nach etwa 6 Wochen, kann zusätzlich gedüngt werden. Bei Hydrokultur soll die Konzentration der Nährlösung 0,1 %, im Winter etwa 0,75 % betragen.
Vermehrung durch Kopf- oder Stammstecklinge mit einem oder mehreren ruhenden Knospen bei 25 bis 30 °C Bodentemperatur wie ⟶ *Yucca.*

Dracaena surculosa

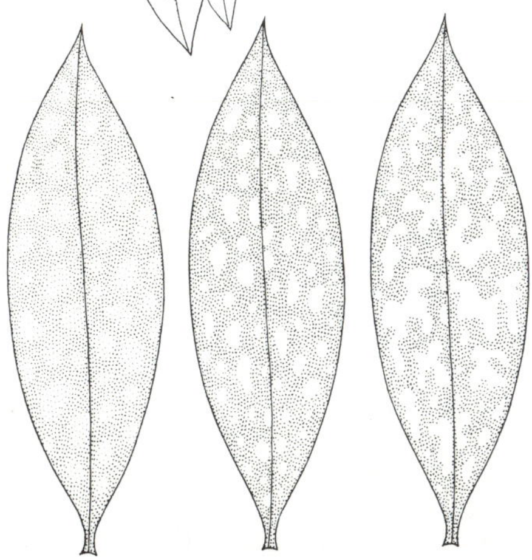

D. surculosa 'Punctulata' 'Florida Beauty'

Drachenbaum ⟶ *Dracáena*
Drachenlilie ⟶ *Dracáena*
Drehfrucht ⟶ *Streptocárpus*
Dreimasterblume ⟶ *Tradescántia*

Echevéria DC.
Crassuláceae

⌂ ⌂ ⌐ ≈ ○ bis ☀ ♡

Der Schweizer Botaniker A. P. de Condolle (1778 bis 1841) benannte die Gattung zu Ehren des mexikanischen Pflanzenmalers M. Echeverria (vor 1840).
Die Gattung ist mit etwa 125 Arten von Texas und Kalifornien bis Peru verbreitet. Es sind stammlose oder kurzstämmige Stauden, Halbsträucher oder Sträucher mit kahlen oder behaarten fleischigen, oft dicht rosettig angeordneten Blättern. Ihre folgernden Blüten stehen in Ähren, Trauben oder in trugdolden- bzw. rispenartigen, an der Spitze wickelförmigen Blütenständen. Die 5 Blütenblätter sind bis zur Basis frei oder unterschiedlich weit verwachsen und an der Spitze meist zurückgekrümmt, weiß, grün oder gelb bis rot.

Echeveria pulvinata

Echeveria derenbergii

– *derenbérgii* J. A. Purpus
derenbérgii = nach J. Derenberg (19./20. Jahrh.), deutscher Pflanzenfreund. Mexiko; eingeführt um 1908.
Blattrosette bis 6 cm groß, Blätter breit spatelig, silbergrau, Spitze rundlich mit Stachelspitze, Rand rötlich. Blütenstand etwa 6 cm lang, meist fünfblütig, Blüte glockig, 1,5 cm groß, kräftig gelb, außen rotgelb bis zinnoberrot; IV bis VI.
– *pulvináta* Rose
pulvinátus = polsterartig (Wuchs). Mexiko; eingeführt um 1905.
Wuchs halbstrauchartig, bis 20 cm hoch, Rosette locker, alle Teile dicht weiß behaart. Blätter verkehrt-eiförmig, stachelspitz, 4,5 × 2,5 cm, fleischig. Blütenschaft locker beblättert, Blüten 2 cm groß, orangerot; III bis IV.
Verwendung/Pflege/Vermehrung:
Früher häufig im Sommerhalbjahr zur ornamentalen Bepflanzung von Teppichbeeten oder als Einfassung von Rabatten verwendet. Als Zimmerpflanzen lange haltbar. Sie können im Sommer auch vor dem Fenster oder auf dem Balkon stehen. Die Pflanzen lieben viel Licht, möglichst volle Sonne bei guter Frischluftzufuhr. Im Winter reichen Temperaturen von 6 bis 10 (14) °C bei fast trockener Erde. Als Substrat dient eine sandige Kompost- oder Gartenerde evtl. mit etwas Lehm vermischt; *p*H-Wert 6 bis 7. Verpflanzt wird jährlich oder alle 2 Jahre zwischen Februar und Anfang Oktober. Düngung kann unterbleiben oder erfolgt im Sommer nach jeweils 2 bis 3 Wochen mit einem stickstoffarmen Volldünger. Stark bereifte und behaarte Arten dürfen nicht zu feucht gehalten und nicht in die Rosette gegossen werden. Fäulnis kommt in der Regel von zu nassem Stand.
Vermehrung durch Abtrennen der Seitensprosse. Auch Blattstecklinge, zwischen Februar und Juli gesteckt, bilden Jungpflanzen. Dazu werden Blätter abgebrochen und nach dem Abtrocknen der Wunden flach in sandige Erde gesteckt. Samenvermehrung ist möglich.

Echeveria pulvinata

Edelpelargonie ⟶ *Pelgargónium*
Efeu ⟶ *Hédera*
Efeuaralie ⟶ x *Fatshédera*
Efeutute ⟶ *Epiprémnum*
Eibisch ⟶ *Hibíscus*
Elefantenohr ⟶ *Haemánthus*
Englische Pelargonie ⟶ *Pelargónium*
Englischer Wein ⟶ *Císsus*
Epiphyllópsis gáertneri (Regel) Berg. ⟶ *Rhipsalidópsis*

Epiphyllum-Hybride

Epiphýllum Haw. non Pfeiff.
nec auct. eur. mult. (*Phyllocáctus* Link)

BLATTKAKTUS,
PFINGSTKAKTUS

Cactáceae

bis

Der Gattungsname setzt sich zusammen aus gr. epi = auf und phýllon = Blatt, weil die Blüten auf der blattartig verbreiterten Sproßachse stehen.

Die etwa 20 Arten der Gattung kommen von Mexiko bis Argentinien vor. Es sind epiphytisch wachsende Sträucher mit verholzender Basis und meist 2kantigen, blattartig geflügelten Sproßachsen, deren Ränder gekerbt sind. In den Kerben sitzen die beborsteten Areolen. Die Blüten sind groß und haben meist eine lange Röhre.

– Hybriden syn. *Phyllocáctus*-Hybriden
Züchterisch zuerst Anfang des 19.Jh. bearbeitet von Jenkinson, Smith und Pressly in England, später besonders in

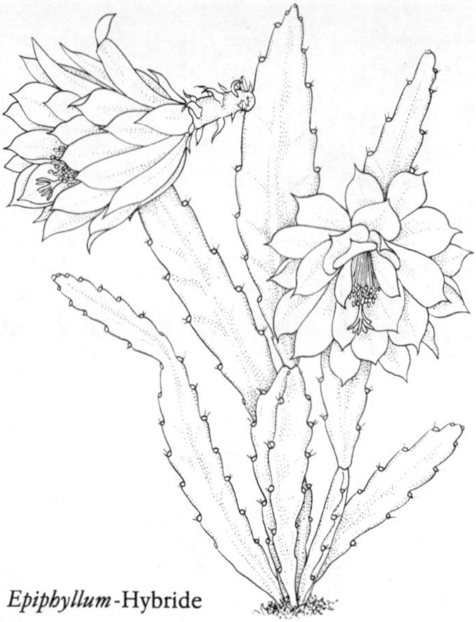

Epiphyllum-Hybride

Frankreich und seit etwa 1890 in Deutschland. Sie entstanden durch Kreuzung von Arten mehrerer Gattungen und aus Kreuzungen dieser Hybriden. Sie werden auch als Epiphyllum-Hybriden oder als Phyllocactus bezeichnet.

Wuchs aufrecht, langtriebige Formen auch übergeneigt. Sproßachse blattartig verbreitert, flach oder dreikantig, dunkelgrün, Rand gekerbt, zur Basis zu oft rundlich und verholzend. Blüten sehr groß, 12 bis 20 cm, auch bis 30 cm Durchmesser, weiß, rosa, rot, karmin bis violettrot, gelb und orangerot; V bis VI.

– *russelliánum* Hook. var. *gáertneri* Regel ——→ *Rhipsalidópsis gáertneri*

Verwendung/Pflege/Vermehrung:
Prächtig blühende Zimmerpflanzen, die während des Sommers halbschattig auf dem Balkon oder im Freien stehen können. Der Standort sei hell, aber im Sommerhalbjahr nicht vollsonnig. Im Winter genügen Temperaturen zwischen 10 und 15 (18) °C, einige können noch unter 10 °C stehen. Während der Ruhezeit von November bis Februar wird nur wenig gegossen. Mit beginnendem Neutrieb erhalten die Pflanzen reichlicher Wasser. Als Substrat ist Kompost mit Sand, auch Lauberde mit Kompost, Lehm oder Gartenerde, Torf und Sand bzw. Einheitserde geeignet; *p*H-Wert 5,5 bis 6,5. Verpflanzt wird alle 1 bis 2 Jahre nach der Blüte im Frühsommer. Die Düngung erfolgt von März bis September etwa jede 2. bis 3. Woche mit einem stickstoffarmen Volldünger. Hydrokultur ist in einer Nährlösung von 0,05 bis 0,1 % (im Winter von 0,05 %) im Wechsel mit reinem Wasser möglich.

Vermehrung durch Stecklinge gut ausgereifter vorjähriger Triebe im Februar/April oder im August. Es werden möglichst Flachsprosse verwendet, die etwa 12 cm lang und unten keilförmig geschnitten werden. Zum guten Abtrocknen stellt man sie für etwa 3 Wochen aufrecht in leere Töpfe und steckt dann in ein Torf-Sand-Gemisch.

Epiprémnum Schott
EFEUTUTE
Aráceae

(Ⓚ) ⌂ bis Ⓦ ☼ ◐ bis ● Ⓗ ♁

Der Name geht auf gr. prémnon = Stumpf, Baumstamm und epi = auf zurück (auf oder am Baumstamm wachsend).

Die Gattung umfaßt etwa 25 Arten, die im malayischen Gebiet und auf den pazifischen Inseln vorkommen. Es sind wurzelkletternde Lianen. Der kolbenartige Blütenstand wird von einer nur wenig größeren Spatha umgeben.

– *áureum* (Lind. et André) Bunting ——→ *Epiprémnum pinnátum* 'Aureum'

– – 'Marble Queen' ——→ *Epiprémnum pinnátum* 'Erich Gedalius'

– mirábile Schott ——→ *Epiprémnum pinnátum*

– *pinnátum* (L.) Engl. syn. *E. mirábile Schott, Póthos pinnáta* L.
pinnátus = gefiedert (Blatt der Altersform). Pazifische Inseln; eingeführt 1820.

Liane. Sproßachse wurzelkletternd oder hängend, rund, längsgefurcht. Blätter etwas asymmetrisch, eiförmig bis schmal herzförmig, Spitze ausgezogen, 15 × 10 cm, dunkelgrün, Altersform 50 × 30 cm und mehr, gefiedert.

– – 'Aureum' syn. *E. áureum* (Lind. et André) Bunting, *Póthos áureus* Lind. et André, *Raphidóphora áurea* (Lind. et André) Birdsey, *Scindápsus áureus* (Lind. et André) Engl.

Blätter unterschiedlich intensiv gelb gezeichnet.

– – 'Erich Gedalius' syn. *E. áureum* 'Marble Queen'

Blätter und Blattstiel dunkelgrün, reich weiß bis silberweiß gezeichnet, meist nur 10 × 6 cm groß, schwach wachsend.

Verwendung/Pflege/Vermehrung: Dankbare Blattpflanzen, die als Ampelpflanzen, am Moosstab oder aufgebunden gepflegt werden. Die Lichtansprüche sind gering. Deshalb ist auch ein Standort nicht direkt am Fenster geeignet. Günstig sind Temperaturen zwischen 16 und 24 °C, die kurzfristig bis 8 °C absinken können. Der Pflanzstoff soll stets gleichmäßig feucht gehalten werden, humos und nährstoffreich sein. Auch Einheitserde ist geeignet; *p*H-Wert um 6. Verpflanzt wird jährlich, evtl. jedes 2. Jahr im Frühjahr. Im Sommer wird regelmäßig alle 1 bis 3 Wochen, im Winter monatlich einmal flüssig gedüngt. Hydrokultur ist in einer 0,1%igen Nährlösung, nicht zu hoch angestaut, möglich.

Epipremnum pinnatum 'Aureum'

Vermehrung durch Kopf- oder Teilstecklinge zu mehreren in kleinen Töpfen bei einer Bodentemperatur möglichst über 20 °C. Eine Bewurzelung erfolgt auch im Wasser.

Eránthemum atropurpúreum Bull non Hook. f. ——→ *Pseuderánthemum*

Euónymus L. (*Evónymus* L.)

SPINDELSTRAUCH

Celastráceae

Ⓚ bis ⌂ ⌐ ⇉ ☼ ○ bis ◐ ♁

Linné übernahm den lat. Pflanzennamen euonymus von Plinius d. Ä. (23/24 bis 79 u. Z.); gr. eu, ev = gut und ónoma = Name, »in gutem Ruf stehend« (Das ist umgekehrt zu verstehen wegen der Giftigkeit und des üblen Geruchs.)

Die Gattung umfaßt mehr als 170 Arten und ist in Europa, Asien, Mittelamerika und auf Madagaskar verbreitet. Eine Art kommt in Australien vor. Es sind immer- oder sommergrüne Sträucher. Ihre Zweige sind meist vierkantig und tragen gegenständige, selten wechselständige Blätter. Die Blütenkrone ist vier- bis fünfzählig, die Frucht eine drei- bis fünffächrige Kapsel.

– *japónicus* L. f.

japónicus = japanisch. Südjapan, Korea; eingeführt 1804.

Sproßachse aufrecht, verzweigt, schwach vierkantig, grün, im Topf im Alter bis 2 m lang. Blätter variabel, verkehrt-eiförmig bis schmal elliptisch, bis 7 × 3 (4) cm, lederig, dunkelgrün, Rand entfernt grob gesägt-gekerbt.

– – 'Albomarginatus'

Blätter dunkelgrün, Rand schmal weiß.

– – 'Argenteovariegatus'

Dekorativer Kultivar, Blätter grün, silber-graugrün und breit weiß gezeichnet.

Euonymus japonicus

– – 'Aureomarginatus'
Blätter grün, Rand goldgelb.
– – 'Aureovariegatus'
Blätter dunkelgrün, in der Mitte goldgelb.
– – 'Mediopictus'
Blätter schmal elliptisch, dunkelgrün, in der Mitte goldgelb.

Verwendung/Pflege/Vermehrung:
Dekorative Blattpflanzen für sonnige bis halbschattige Standorte. Im Winter können sie in Räumen, hellen Treppenhäusern u.ä. bei 2 bis 8 °C, buntblättrige bei 6 bis 12 °C stehen und vertragen auch leichten Frost. Während des Sommers werden sie am besten auf dem Balkon oder im Freien kultiviert. Pflege erfolgt wie bei *Aucuba*, doch sollte zur Bildung einer besseren Wuchsform im Frühjahr etwas zurückgeschnitten werden. Sie vertragen auch einen sehr starken Rückschnitt.

Zur Vermehrung werden nicht zu stark verholzte Triebe im Februar/März oder zwischen August und Oktober gesteckt. Pflanzen, die in den Wintermonaten zu warm stehen und denen es an Frischluft mangelt, werden oft stark von Blattläusen befallen.

Euphórbia L.
WOLFSMILCH
Euphorbiáceae

bis

C. v. Linné gab der Gattung einen Namen, den schon Plinius verwendete. Geprägt wurde er von Juba II. (1. Jh. v. u. Z.), König von Mauretanien (heute Marokko), zu Ehren seines Leibarztes Euphorbos. Dieser hatte eine im Atlasgebirge wachsende Pflanze als Heilmittel empfohlen.

Die Gattung umfaßt 1600 bis 2000 Arten und ist auf allen Kontinenten verbreitet. Es sind einjährige Pflanzen, Stauden, Halbsträucher, Sträucher oder kleine Bäume, darunter auch Sukkulenten. Die Blüten stehen meist in zwittrigen Scheinblütenständen in einer becherförmigen Hülle. Die kron- und kelchblattlose weibliche Blüte entwickelt sich vor den männlichen Blüten. Das gesamte Gebilde wird Cyathium genannt.

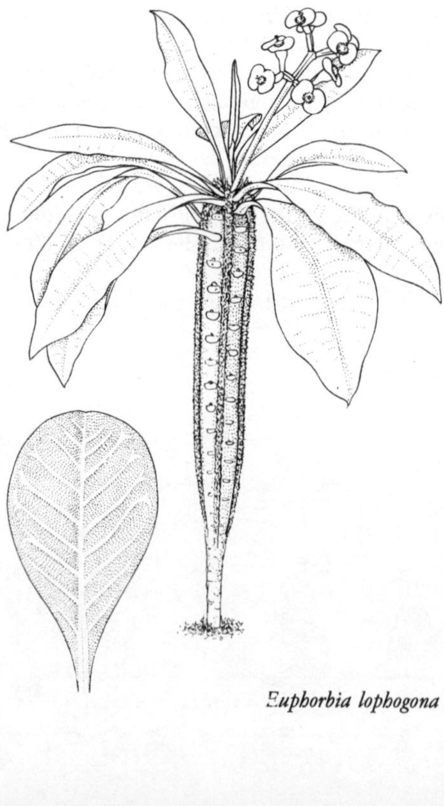

Euphorbia lophogona

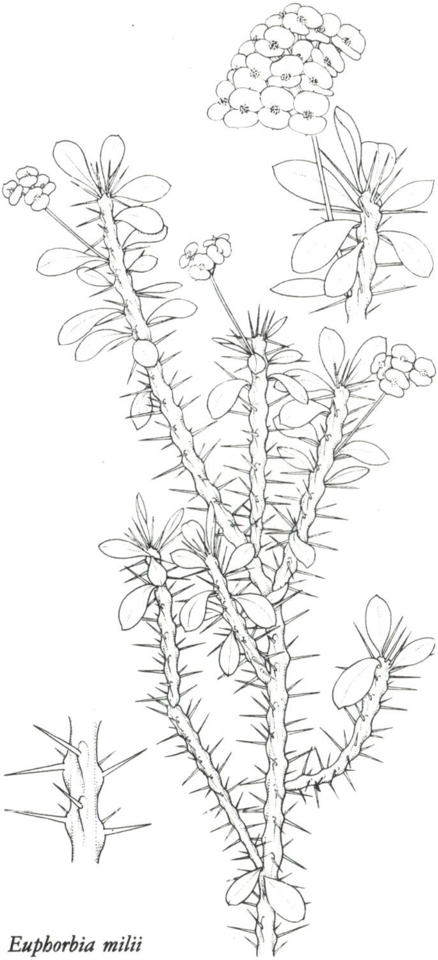

Euphorbia milii

Alle Arten enthalten einen giftigen Milchsaft, der Hautallergien hervorrufen kann. Im folgenden kann nur eine kleine Auswahl blatttragender Arten vorgestellt werden.

– *lophogóna* Lam.

lophogónus = mit kammartigen Rippen (sukkulente Sproßachse). Madagaskar; eingeführt vor 1900.

Sproßachse aufrecht, schwach keulenförmig, vier- bis sechskantig, Basis rund, verholzend, Rippen dicht mit kammartigen Nebenblättern besetzt. Blätter spatelförmig, dunkelgrün, in der Jugend Nerven weiß, Mittelnerv grünlichrot, nach dem Abfallen große Narben hinterlassend, Scheinblüten in gegabelten Blütenständen, mit weißen bis hellrosafarbigen Hochblättern.

– *mílii* Desmoul. syn. *Euphórbia spléndens* Boj. ex Hook. (auch als Varietät geführt)

mílii = nach Mil. Madagaskar; eingeführt 1821.

Formenreiche Art, Wuchs strauchig, wenig verzweigt, Sproßachse sukkulent, rotbraun-grau, bei Pflege im Topf bis etwa 1 m lang, jeweils beiderseits eines Blattansatzes stark bedornt, Dorn 1 bis 1,5 cm lang, schwarzbraun. Blätter eiförmig bis länglich elliptisch-spatelig, stumpf oder zugespitzt, 1,5 bis 7 cm lang, grün. Blütenstand gegabelt, mit leuchtend roten Hochblättern (var. *splendens*). Es gibt auch Varietäten mit gelben oder rosafarbigen Hochblättern; I bis XII.

– *pulchérrima* Willd. ex Klotzsch syn. *Poinséttia pulchérrima* (Willd. ex Klotzsch) Grah. · Weihnachtsstern

pulchérrimus = sehr schön. Mittelamerika; eingeführt 1834.

Sproßachse aufrecht, meist einfach. Blätter eiförmig, spitz, dunkelgrün, Rand oft

Euphorbia milii var. *splendens*

buchtig gelappt, die obersten unterhalb der Scheinblütenstände meist dicht gedrängt, elliptisch, rot, rosa oder weiß, oft mehrere Monate ausdauernd; XI bis I.

– *spléndens* Boj. ex Hook. ⟶ *Euphórbia mílii*

Verwendung/Pflege/Vermehrung: Dekorative Zimmerpflanze zur Pflege auf dem Fensterbrett. Der Weihnachtsstern wird meistens mit gut ausgebildeten Hochblättern gekauft und später durch andere Blütenpflanzen ersetzt. *E. lophagona* wächst absonnig bis halbschattig, *E. mílii* möglichst hell bis sonnig. Der Weihnachtsstern sollte in der Zeit, in der er als Zimmerschmuck dient, ebenfalls hell stehen. Als Temperatur sind 18 °C und mehr günstig, bei *E. pulchérrima* für längere Zeit nicht unter 15 °C, bei den anderen nicht unter 10 °C. Gegossen wird gleichmäßig, *E. mílii* kann während der winterlichen Ruhezeit gelegentlich etwas austrocknen. Geeignet ist ein Substrat aus Lauberde, Kompost oder humose Gartenerde, Torf und Sand bzw. Einheitserde; *p*H-Wert um 6. Das Verpflanzen erfolgt alle 1 bis 2 Jahre. Hydrokultur ist in einer Nährlösung von 0,1 % (im Winter 0,05 %) möglich. Auf

Euphorbia pulcherrima

Euphorbia pulcherrima

Weiße Fliege und Blattläuse ist zu achten. *E. pulchérrima* kann man auch mehrjährig ziehen. Dazu wird beim Verpflanzen um etwa ⅓ bis ⅔, je nach der Stärke der Pflanzen, zurückgeschnitten. Schwachwüchsige Pflanzen werden weniger als kräftige gekürzt.

Euphorbia pulchérrima sind Kurztagpflanzen, die für die Bildung ihrer Blütenanlage täglich 12 bis 14 Stunden Dunkelheit mindestens 30 Tage lang benötigen.

Vermehrung durch Stecklinge nach gutem Ausbluten der Schnittfläche in lauwarmem Wasser bei Bodentemperaturen von etwa 21 bis mehr als 24 °C, sowie hoher Luftfeuchtigkeit, *E. polychroma* auch durch Samen.

x *Fatshédera* Guillaum.

EFEUARALIE

Araliáceae

Ⓚ ⌂ (Ⓦ) ⌐ ⇉ (◯) ☀ ◐ bis ● ♁ ♀

Der Name wurde von dem französischen Botaniker A. Guillaumin (1885 bis 1952) aus den Gattungsnamen *Fátsia*

und *Hédera* gebildet. Auch der deutsche Name geht aus der Verbindung von Efeu *(Hedera)* und Aralie *(Fatsia)* hervor.
Der Gattungsbastard entstand im Jahre 1912 aus *Fatsia japonica* (Thunb.) Descne. et Planch. und *Hedera helix* L. bei Lizé Frère in Nantes (Frankreich) Die nicht verzweigte Sproßachse wächst aufrecht.
– *lízei* (hort. ex Cochet) Guillaum.
lízei = Vorname des Züchters Frère.
Sproßachse 1 bis 2, aber auch 5 m lang, nur bei niedrigen Pflanzen sich selber tragend. Neutrieb rotbraun flaumhaarig. Blätter (3) 5lappig, etwa 18 × 15 cm, glänzend grün. Blattstiel an der Basis mit 2 nebenblattartigen Anhängseln.

x *Fatshedera lizei*

– – 'Variegata'
Blätter weiß gezeichnet. Liebt höhere Temperaturen und wächst langsamer.
Verwendung/Pflege/Vermehrung: Harte Blattpflanzen, die wenig Platz benötigen. Sie eignen sich auch für Treppenhäuser und können im Sommer auf dem Balkon oder im Freien stehen. Besonders dekorativ sind Gruppen von 3 Pflanzen im Topf. Die Efeuaralie verträgt helle, aber auch schattige Standorte. Für ganzjährige Zimmerkultur ist nur ein luftiger Standort geeignet. Im Winter sollten die Temperaturen nicht über 16 bis 18 °C ansteigen, günstiger sind 8 bis 12 °C. Während des Sommers ist reichlich zu wässern, im Winter darf bei niedrigen Temperaturen nur mäßig gegossen werden. Man verwendet ein lehmig-humoses Substrat oder Einheitserde; *p*H-Wert 6. Verpflanzt wird jährlich, bei älteren Pflanzen jedes 2. Jahr.
Während der Vegetationsperiode ist in etwa 14tägigem Abstand zu düngen, im Winter etwa alle 5 bis 6 Wochen. Hydrokultur ist in einer Nährlösung von 0,1 % (im Winter etwa 0,05 %) möglich. Bei zu warmem Standort achte man auf Rote Spinne, Thrips, Schild- und Wollläuse. Zu lang gewordene Pflanzen werden etwa um ⅔ eingekürzt. Sie treiben willig aus und verzweigen sich.
Vermehrung durch Kopf- oder Teilstecklinge bei 18 bis 21 °C Bodentemperatur. Auch Abmoosen ist möglich.

Fátsia Decne. et Planch.
ARALIE
Araliáceae

Ⓚ bis ⌂ ⌐ ⇉ (○) ☀ bis ◐ (●) Ⓗ ♡ ♤

Der belgische Botaniker J. Decaisne (1807 bis 1882) und sein französischer Kollege J. E. Planchon (1823 bis 1888) benutzten für den Gattungsnamen die japanische Bezeichnung »hachi« für die Pflanze. Es hat die Bedeutung »acht«

Fatsia japonica

(wegen der achtlappigen Blätter?).

Die Gattung hat nur eine Art. In der Heimat, in Asien, wird der Strauch 5 m hoch. Seine Blüten sind fünf- bis sechsteilig, gelblichweiß und haben einen freistehenden Griffel. Die Frucht ist eine schwärzliche Beere.

– *japónica* (Thunb.) Decne. et Planch. syn. *Arália japónica* Thunb., *A. siebóldii* hort.

japónicus = japanisch. Japan, Riu-Kiu-Inseln, Südkorea; eingeführt 1838.

Ältere Exemplare werden in Kultur etwa 2 m hoch. Neutrieb braun behaart. Blätter handförmig sieben- bis neunlappig, 15 bis 30 cm groß, glänzend grün, glatt, lederig.

– – 'Moseri'

Gedrungen wachsend, Blätter größer als die der Art.

– – 'Aureomarginata'

Blätter vorwiegend am Rand weiß.

– – 'Reticulata'

Blätter cremegelb netzadrig.

Verwendung/Pflege/Vermehrung:

Wie ⟶ x *Fátshedera*. Hydrokultur ist ganzjährig in 0,05%iger Nährlösung möglich.

Vermehrung erfolgt durch frischen Samen bei 16 bis 18 °C in sandiger Erde bei gleichmäßiger Feuchtigkeit, sonst wie ⟶ x *Fatshédera*.

Faucária Schwant.

TIGERRACHEN

Aizoáceae

Ⓚ bis ⌂ (Ⓦ) ⌐ ⇉ ○ ✺

Der deutsche Archäologe und Botaniker G. Schwantes (1891 bis 1960) benannte die Gattung nach lat. faux (Gen. = faucis) = Rauchen, Schlund. Die Blattstellung ähnelt einem aufgerissenen Rachen.

Die Gattung umfaßt etwa 35 Arten und ist in den Trockengebieten von Südafrika verbreitet. Ihre fleischigen Blätter stehen kreuzgegenständig. Der Rand ist knorpelig, oft mit begrannten Zähnen. Die Blüten sind auffällig groß. Es gibt zahlreiche Hybriden.

– *bosscheána* (Berg.) Schwant.

bosscheána = nach L. van den Bossche (Belgien). Südafrika.

Blätter dick, fleischig, länglich-spitz, rhombisch, etwa 3 × 1 cm, grün, glatt, Rand weiß, knorpelig, unregelmäßig an jeder Seite mit 2 bis 3 Zähnen. Blüte bis 3,5 cm groß, gelb; IX bis XI.

– *tigrína* (Haw.) Schwant. · Tigermaul

tigrínus = tigerartig. Südafrika; eingeführt 1790.

Blätter dick, fleischig, oberseits eiförmig-rhombisch, graugrün, weiß gepunktet,

Faucaria bosscheana

und *Hédera* gebildet. Auch der deutsche Name geht aus der Verbindung von Efeu *(Hedera)* und Aralie *(Fatsia)* hervor.
Der Gattungsbastard entstand im Jahre 1912 aus *Fatsia japonica* (Thunb.) Descne. et Planch. und *Hedera helix* L. bei Lizé Frère in Nantes (Frankreich) Die nicht verzweigte Sproßachse wächst aufrecht.
– *lízei* (hort. ex Cochet) Guillaum.
lízei = Vorname des Züchters Frère.
Sproßachse 1 bis 2, aber auch 5 m lang, nur bei niedrigen Pflanzen sich selber tragend. Neutrieb rotbraun flaumhaarig. Blätter (3) 5lappig, etwa 18 × 15 cm,

x *Fatshedera lizei*

glänzend grün. Blattstiel an der Basis mit 2 nebenblattartigen Anhängseln.
– – 'Variegata'
Blätter weiß gezeichnet. Liebt höhere Temperaturen und wächst langsamer.
Verwendung/Pflege/Vermehrung: Harte Blattpflanzen, die wenig Platz benötigen. Sie eignen sich auch für Treppenhäuser und können im Sommer auf dem Balkon oder im Freien stehen. Besonders dekorativ sind Gruppen von 3 Pflanzen im Topf. Die Efeuaralie verträgt helle, aber auch schattige Standorte. Für ganzjährige Zimmerkultur ist nur ein luftiger Standort geeignet. Im Winter sollten die Temperaturen nicht über 16 bis 18 °C ansteigen, günstiger sind 8 bis 12 °C. Während des Sommers ist reichlich zu wässern, im Winter darf bei niedrigen Temperaturen nur mäßig gegossen werden. Man verwendet ein lehmig-humoses Substrat oder Einheitserde; *p*H-Wert 6. Verpflanzt wird jährlich, bei älteren Pflanzen jedes 2. Jahr.
Während der Vegetationsperiode ist in etwa 14tägigem Abstand zu düngen, im Winter etwa alle 5 bis 6 Wochen. Hydrokultur ist in einer Nährlösung von 0,1 % (im Winter etwa 0,05 %) möglich. Bei zu warmem Standort achte man auf Rote Spinne, Thrips, Schild- und Wollläuse. Zu lang gewordene Pflanzen werden etwa um ⅔ eingekürzt. Sie treiben willig aus und verzweigen sich.
Vermehrung durch Kopf- oder Teilstecklinge bei 18 bis 21 °C Bodentemperatur. Auch Abmoosen ist möglich.

Fátsia Decne. et Planch.
ARALIE
Araliáceae

Ⓚ bis ⌂ ⌐ ⇉ (○) ✹ bis ◐ (●) Ⓗ ♁ ♤

Der belgische Botaniker J. Decaisne (1807 bis 1882) und sein französischer Kollege J. E. Planchon (1823 bis 1888) benutzten für den Gattungsnamen die japanische Bezeichnung »hachi« für die Pflanze. Es hat die Bedeutung »acht«

Fatsia japonica

(wegen der achtlappigen Blätter?).
Die Gattung hat nur eine Art. In der Heimat, in Asien, wird der Strauch 5 m hoch. Seine Blüten sind fünf- bis sechsteilig, gelblichweiß und haben einen freistehenden Griffel. Die Frucht ist eine schwärzliche Beere.

– *japónica* (Thunb.) Decne. et Planch. syn. *Arália japónica* Thunb., *A. siebóldii* hort.
japónicus = japanisch. Japan, Riu-Kiu-Inseln, Südkorea; eingeführt 1838.
Ältere Exemplare werden in Kultur etwa 2 m hoch. Neutrieb braun behaart. Blätter handförmig sieben- bis neunlappig, 15 bis 30 cm groß, glänzend grün, glatt, lederig.

– – 'Moseri'
Gedrungen wachsend, Blätter größer als die der Art.

– – 'Aureomarginata'
Blätter vorwiegend am Rand weiß.

– – 'Reticulata'
Blätter cremegelb netzadrig.

Verwendung/Pflege/Vermehrung:
Wie ⟶ x *Fátshedera*. Hydrokultur ist ganzjährig in 0,05%iger Nährlösung möglich.
Vermehrung erfolgt durch frischen Samen bei 16 bis 18 °C in sandiger Erde bei gleichmäßiger Feuchtigkeit, sonst wie ⟶ x *Fatshédera*.

Faucária Schwant.
TIGERRACHEN
Aizoáceae

Ⓚ bis ⌂ (Ⓦ) ⌐ ⇉ ○ ✹

Der deutsche Archäologe und Botaniker G. Schwantes (1891 bis 1960) benannte die Gattung nach lat. faux (Gen. = faucis) = Rauchen, Schlund. Die Blattstellung ähnelt einem aufgerissenen Rachen.
Die Gattung umfaßt etwa 35 Arten und ist in den Trockengebieten von Südafrika verbreitet. Ihre fleischigen Blätter stehen kreuzgegenständig. Der Rand ist knorpelig, oft mit begrannten Zähnen. Die Blüten sind auffällig groß. Es gibt zahlreiche Hybriden.

– *bosscheána* (Berg.) Schwant.
bosscheána = nach L. van den Bossche (Belgien). Südafrika.
Blätter dick, fleischig, länglich-spitz, rhombisch, etwa 3 × 1 cm, grün, glatt, Rand weiß, knorpelig, unregelmäßig an jeder Seite mit 2 bis 3 Zähnen. Blüte bis 3,5 cm groß, gelb; IX bis XI.

– *tigrína* (Haw.) Schwant. · Tigermaul
tigrínus = tigerartig. Südafrika; eingeführt 1790.
Blätter dick, fleischig, oberseits eiförmig-rhombisch, graugrün, weiß gepunktet,

Faucaria bosscheana

Faucaria bosscheana

unterseits abgerundet, Spitze kurz, kinnartig vorgezogen, bis 5 × 2,5 cm, Ränder mit 9 bis 10 haarfein gespitzten Zähnen. Blüte bis 5 cm groß, gelb; IX bis X.

Verwendung/Pflege/Vermehrung:
Die hier behandelten *Faucaria*-Arten sind kleine dankbare Pflanzen für helle Fensterbänke, die im Spätsommer und Herbst reich und willig auffallend große gelbe Blüten entwickeln. Während des Sommers können sie auf dem Balkon oder im Freien, vor zuviel Nässe geschützt, stehen.

Tigerrachen wollen einen hellen, möglichst sonnigen Standort und viel frische Luft. Die Temperatur soll im Winter 5 bis 15 (18) °C betragen. Von April bis Oktober wird mäßig gegossen, im Winter bei warmem Standort alle 3 bis 4 Wochen, bei kühlem Standort erhalten sie von November bis Februar kaum Wasser. Als Substrat ist Komposterde mit

Lehm und bis zu 50% Sand geeignet; *p*H-Wert um 6. Man verpflanzt nach 2 bis 3 Jahren zwischen Februar und April (bis Juni). Gedüngt wird entweder nicht oder von Mai bis August nur wenig etwa alle 3 bis 4 Wochen.
Vermehrung durch Teilung beim Verpflanzen oder durch Aussaat.

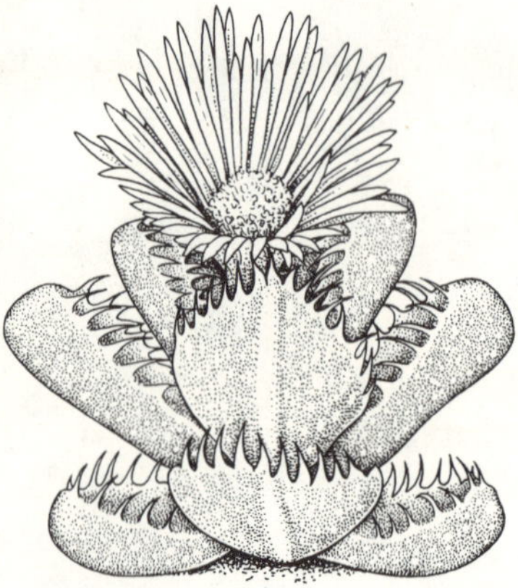

Faucaria tigrina

Feige ⟶ *Fícus*
Fensterblatt ⟶ *Mónstera*

Ficus benjamina 'Hawaii'

Ficus benjamina

Fícus L.
FEIGE
Moráceae

(Ⓚ) ⌂ bis Ⓦ ☼ bis ◐ Ⓗ ♁ ♀

Ficus ist der lat. Name für Feigenbaum, Feige, so bei Cato d. Ä. (234 bis 149 v. u. Z.) in »De agri cultura« (»Über den Landbau«) und bei Horaz (65 bis 8 v. u. Z.).
Die Gattung kommt mit fast 1000 Arten in den tropischen und subtropischen Gebieten der Erde vor. Es sind milchsaftführende Sträucher, Bäume, wurzelkletternde Lianen oder Epiphyten mit spiralig oder 2zeilig angeordneten Blättern. Im unentwickelten Zustand werden sie

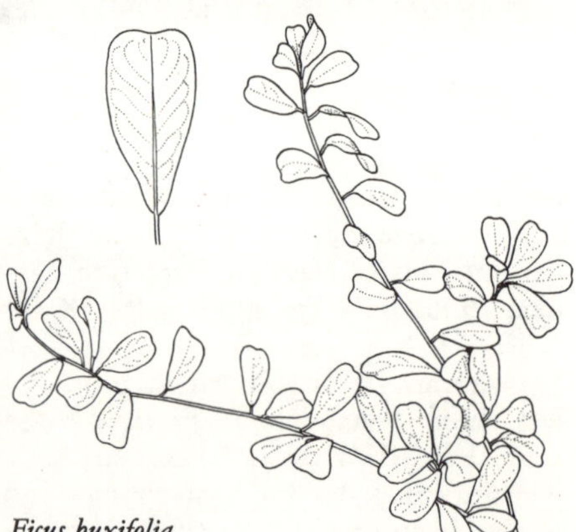

Ficus buxifolia

von abfallenden Nebenblättern eingehüllt. Ihre Blüten sind ein-, selten zweihäusig und entwickeln sich teilweise aus dem Holz der Sproßachse (Kauliflorie). Die weiblichen und männlichen Blüten liegen innerhalb eines krugförmig ausgehöhlten, fleischigen Blütenstandes, der ohne Veränderung seiner Gestalt zur Frucht, der Feige, heranwächst.

– *austrális* Willd. non hort. ⟶ *Fícus rubiginósa*

– *benjamína* L. · Birkenfeige, syn. *F. nítida* Thunb.
benjamín = engl. Benzoeharz. Indien; eingeführt 1757.
Wuchs aufrecht, strauchig, Zweige überhängend. Blätter elliptisch, Spitze fast aufgesetzt, etwa 12 × 5 cm, dünn-lederig, grün.

Ficus cyathistipula

– – 'Aureomarginata'
Kultivar mit schmalem, cremeweißem Blattrand

– – 'Exotica'
Blätter weidenartig, schmaler als bei der Art.

– – 'Hawaii'
Blätter am Rand weiß gezeichnet.

Ficus buxifolia

– *buxifólia* De Wild. · Buchsbaumfeige
buxifólia = buxbaumblättrig. Zaïre.
Wuchs aufrecht, strauchig, kurztriebig verzweigt. Blätter verkehrt eiförmig, etwa 5 × 2,5 cm, dunkelgrün, lederig.

Ficus deltoidea

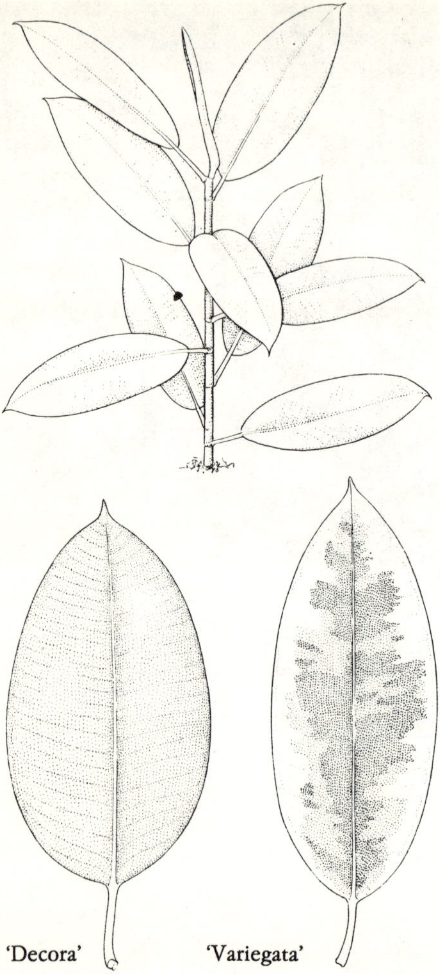

Ficus elastica

– *cyathistípula* Warb.
cyathistípulus = mit becherförmigen Nebenblättern. Tropisches Ostafrika.
Wuchs aufrecht, wenig verzweigt. Blätter schmal elliptisch-verkehrt-eiförmig, Spitze aufgesetzt, dunkelgrün, lederig, unterseits gelbgrün. Fruchtstände groß, rund, gestielt, hellgrün, mit einigen grau-hellgrünen eingesunkenen Punkten.
– *deltoídea* Jack syn. *Fícus diversifólia* Bl. Mistelfeige
deltoídea = dreieckig (Blätter). Malaiischer Archipel; eingeführt vor 1850.
Strauchig. Blätter verkehrt rundlich-eiförmig, grün. An holzigen Sproßachsen reich fruchtend. Frucht rund, bis haselnußgroß.
– *diversifólia* Bl. ⟶ *Fícus deltoídea*
– *elástica* Roxb. · Gummibaum
elásticus = elastisch, dehnbar (gummiartiger Milchsaft). Nepal bis Malaiischer Archipel; eingeführt 1815.
Wuchs aufrecht, baumartig. Blätter schmal elliptisch, mit kurzer aufgesetzter Spitze, lederig, glänzend dunkelgrün.
– – 'Belga Plant'
Stark wachsend, aus 'Decora' entstanden, Blätter grün, gelb getuscht, an den Rändern mit unregelmäßiger gelber Zeichnung.
– – 'Decora'
Eingeführt um 1945.
Stark wachsender Kultivar. Blätter breit elliptisch, dunkel- bis olivgrün, schräg aufrecht wachsend (s. Abb. S. 27).
– – 'Doescheri'
Blätter graugrün, cremegelb gezeichnet, Mittelnerv rosa.
– – 'Schrijveriana'

Ficus lyrata

Ficus pumila 'Serpyllifolia'

Hervorgegangen aus 'Moerenhout'. Wuchs gedrungen. Blätter cremefarbig gezeichnet, im Neutrieb chrom- bis orangegelb, später in strohgelb übergehend.

– – 'Variegata'

Blätter gelblichweiß und weißlichgrün gezeichnet.

– *lyráta* Warb. syn. *Fícus panduráta* hort. Sander non Hance

lyrátus = leierförmig (Blatt). Tropisches Westafrika; eingeführt 1903.

Wuchs aufrecht, baumartig, Blätter verkehrt eiförmig, fiederlappig-leierförmig ausgerandet, 60 × 40 cm, stumpf grün, lederig.

– *nitida* Thunb. ⟶ *Fícus benjamína*

– *panduráta* hort. Sander non Hance ⟶ *Fícus lyráta*

– *púmila*, L. syn. F. *répens* hort. non Rottl., *F. stipuláta* hort. non Thunb.

pumilus = zwergig (Wuchs). Von China und Japan bis Australien; eingeführt 1721.

Sproßachse dünn, wurzelkletternd, kriechend oder hängend. Blätter zweizeilig angeordnet, asymmetrisch-eiförmig, Basis herzförmig, etwa 4 × 2 cm, dünn-lederig, dunkelgrün. Blätter im Neutrieb rötlich-gelblich.

– – 'Minima'

Kultivar mit kleineren Blättern, etwa 1,5 cm lang, Rand glatt.

– – 'Serpyllifolia'

Blätter schief-herzförmig, etwa 1,2 cm lang, tief dunkelgrün, Rand buchtig, zwischen den Nerven aufgeblasen.

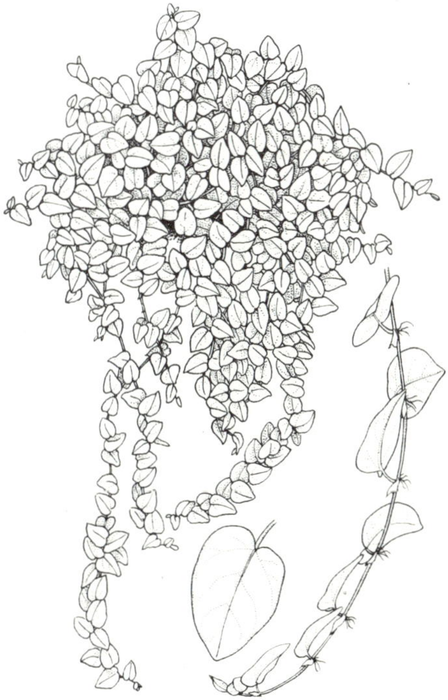

Ficus pumila

– – 'Variegata'

Blätter cremeweiß gezeichnet, etwa 1,5 cm lang, Wuchs langsam.

Als Ampelpflanze oder am Moosstab ziehen, stets feucht halten, Temperaturen von 1 bis 26 °C, bei 'Variegata' nicht längere Zeit unter 10 °C.

– *radícans* Desf. ⟶ *Fícus sagittáta*

– *répens* hort. non Rottl. ⟶ *Fícus púmila*

– *rubiginósa* Desf. syn. *F. austrális* Willd.

rubiginósus = braunrot (behaart). Südostaustralien; eingeführt 1789.
Wuchs strauchartig, Wachstum langsam. Blätter schmal elliptisch, lederig, grün, etwa 12 × 8 cm, Spitze stumpf, Neutrieb und Blattunterseite rotbraun behaart.
– – 'Variegata'
Wertvoller Kultivar. Blattrand unterschiedlich breit cremeweiß.
Geeignet für kühle Räume (8 bis 12 °C) bei nächtlicher Temperaturabsenkung. 'Variegata' bei etwa 16 bis 20 °C.

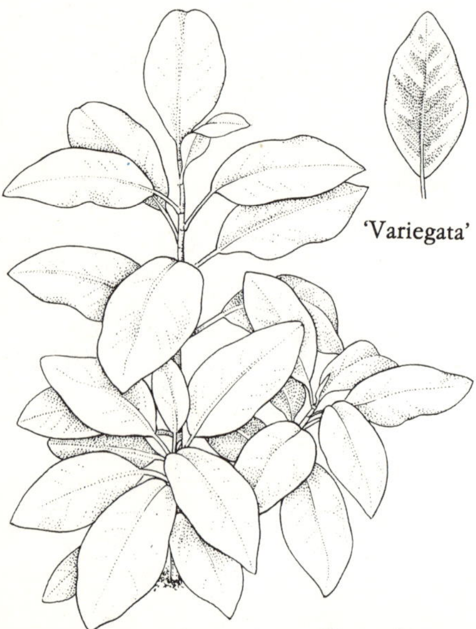
'Variegata'

Ficus rubiginosa

– *sagittáta* Vahl syn. *F. radícans* Desf.
sagittátus = pfeilförmig (Blatt). Osthimalaja bis zu den Philippinen, Mikronesien; eingeführt 1897.
Sproßachse kriechend bis hängend. Blätter länglich-lanzettlich, dunkelgrün, etwa 9 × 3 cm, Spitze ausgezogen.
– – 'Variegata'
Blätter etwa 7 × 2 cm, Blattrand unterschiedlich breit cremeweiß.
– *stipuláta* hort. non Thunb. ⟶ *Fícus púmila*
– *trianguláris* Warb.
trianguláris = dreikantig (Blätter). Tropisches Afrika.

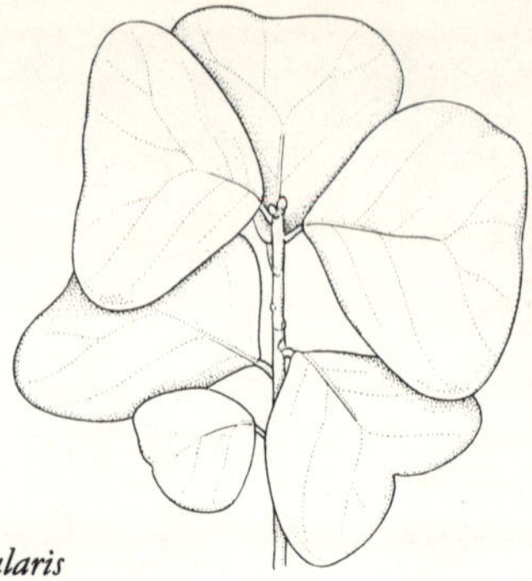
Ficus triangularis

Wuchs strauchig. Blätter dreieckig, Ecken rundlich, etwa 7 × 7 cm, dicklederig, dunkelgrün, Nerven heller, unterseits gelbgrün.

Verwendung/Pflege/Vermehrung:
Gummibaum-Arten sind dankbare dekorative Blattpflanzen fürs Heim, einige Arten für Ampeln *(F. pumila, F. sagittata)*. Sie lieben einen hellen bis halbschattigen Standort, vertragen teilweise auch Sonne, aber nicht direkt hinter der Glas-

Ficus sagittata

'Variegata'

Ficus triangularis

scheibe des Fensters. Die Temperatur kann 24 °C und mehr betragen, aber in der Regel nicht für längere Zeit unter 12 °C absinken. Zuviel Feuchtigkeit ist wurzelschädigend; deshalb sollte zwar gleichmäßig gegossen werden, aber erst nach einem oberflächlichen Abtrocknen der Erde erfolgt die nächste Wassergabe. Als Substrat ist eine nährstoffreiche humose Erde, auch Einheitserde oder Kompost mit Sand, geeignet; *p*H-Wert um 6. Verpflanzt wird jährlich, bei älteren Pflanzen nach 2 bis 3 Jahren zwischen Februar und August. Nach dem Durchwurzeln düngt man alle 2 bis 3 Wochen, im Winter nur in großen Abständen. Hydrokultur erfolgt in einer Nährlösung von 1 bis 2 %, im Winter schwächer.
Vermehrung durch Kopf- und halbreife Teilstecklinge mit einem Blatt (Bewurzelung erfolgt auch im Wasser) bei Temperaturen von 25 bis 32 °C bzw. durch Abmoosen.

Fingeraralie ——→ *Dizygothéca*
Flamingoblume ——→ *Anthúrium*
Flammendes Kätchen ——→ *Kalánchoe*

Fleischerpalme ——→ *Aucúba*
Fleißiges Lieschen ——→ *Impátiens*
Fliederprimel ——→ *Prímula*

Gastéria Duval
Liliáceae

K bis ⌂ ⥲ ☀ bis ◐ H ♁

H. A. Duval (1777 bis 1814), französischer Botaniker und Sukkulentenkenner, verwendete für den Gattungsnamen das gr. Wort gaster = Bauch, Wölbung. Die Blüten sind in der Mitte blasig aufgetrieben.
Die Gattung ist mit etwa 75 Arten in Südafrika verbreitet. Es sind ausläuferbildende Stauden mit zweizeilig oder rosettig angeordneten sukkulenten Blättern. Die hängenden Blüten stehen in lockeren Trauben oder Rispen. Sie sind rötlich mit oft grünlichen Spitzen.
– *púlchra* (Ait.) Haw. syn. *Áloë púlchra* Jacq.
púlchra = schön. Südafrika; eingeführt Anfang des 18. Jh.
Sproßachse aufrecht, an der Basis sprossend. Blätter fleischig, fast zweizeilig, linealisch-schwertförmig, ungleich drei-

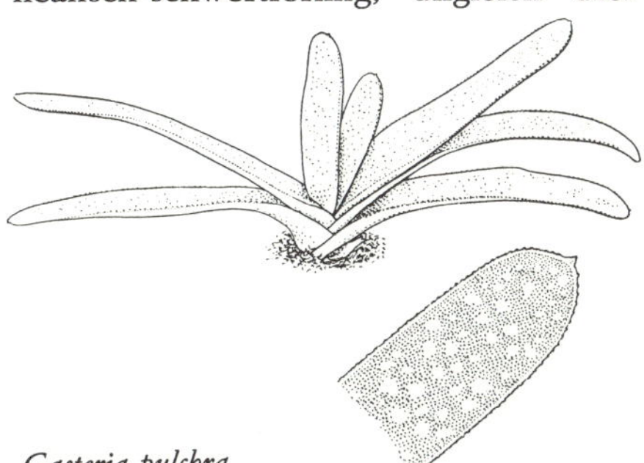

Gasteria pulchra

kantig, lang zugespitzt, etwa 25 cm lang, glänzend grün mit weißen, oft zusammenlaufenden Flecken, Rand knorpelig.
– *verrucósa* (Mill.) Duval syn. *Áloë verrucósa* Mill.
verrucósus = warzig. Südafrika; eingeführt (Ende des 16. Jh.?) 1731.
Wuchs sprossend. Blätter zweizeilig, länglich schmal schwertförmig, lang zu-

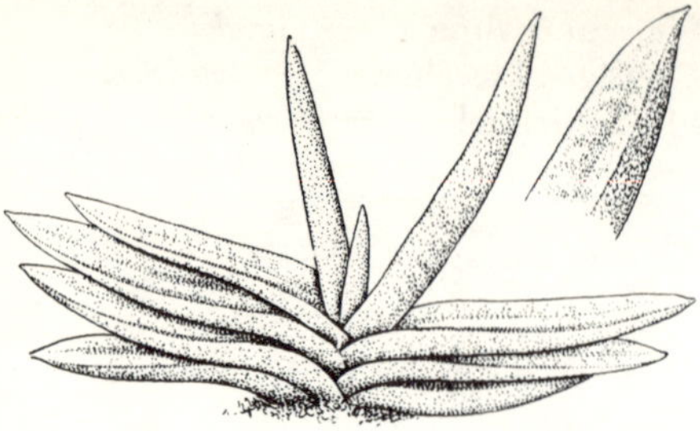

Gasteria verrucosa

gespitzt, bis 15 cm lang, oben rinnig, graugrün, dicht mit weißen Warzen bedeckt, Rand warzig, an der Spitze knorpelig.

Verwendung/Pflege/Vermehrung: Dankbare Zimmerpflanzen für Ost-, West- und Nordfenster. Sie lieben einen hellen, aber nicht vollsonnigen Standort. Die Temperatur soll im Winter nicht über 10 bis 12 (16) °C ansteigen. Es besteht ein geringer Wasserbedarf, doch während der Wachstumszeit von Ende März bis August muß reichlich gegossen werden. Als Substrat ist gut verrottete Kompost- oder Gartenerde mit Lehm und Sand oder sandige Rasenerde mit Lauberde vermischt, geeignet; *p*H-Wert 6 bis 7. Große Pflanzgefäße sind zu vermeiden. Verpflanzt wird jeweils nach 1 bis 3 Jahren zwischen Februar und Anfang August. Gedüngt werden nur gut eingewurzelte Pflanzen (stickstoffarm) etwa alle 3 bis 4 Wochen. Hydrokultur ist in einer Nährlösung von 0,05 bis 0,1 % und geringer Anstauhöhe möglich, im Winter ohne Anstau. Das Substrat wird jedoch mäßig feucht gehalten.

Vermehrung durch Samen, Abtrennen von Seitensprossen oder Blattstecklingen nach gutem Abtrocknen der Schnittfläche.

Gelber Hopfen ⟶ *Pachýstachys*
Geranie ⟶ *Pelargónium*
Geweihfarn ⟶ *Platycérium*
Glanzkölbchen ⟶ *Aphelándra*
Glockenblume ⟶ *Campánula*
Gloxinie ⟶ *Sinníngia*
Goldene Dickähre ⟶ *Pachýstachys*
Granatapfelbaum ⟶ *Púnica*
Greiskraut ⟶ *Senécio*
Grünlilie ⟶ *Chloróphytum*
Gummibaum ⟶ *Fícus*

Guzmánia Ruiz et Pav.
Bromeliáceae

⌂ bis Ⓦ ✹ bis ◐ Ⓓ Ⓗ

Mit dem Namen wurde 1802 der spanische Apotheker und Naturforscher A. Guzman geehrt.

Guzmania angustifolia

Das Areal der 130 Arten umfassenden Gattung erstreckt sich von Florida und der Karibik bis Südostbrasilien und Bolivien. Die Pflanzen mit in dichter Rosette stehenden Blättern wachsen vorwiegend epiphytisch. Ihre Blütenstände bilden eine gestauchte oder verlängerte Ähre mit meist farbigen Hochblättern. Die Blütenblätter sind röhrig verwachsen. Der Same besitzt Flughaare.

– *angustifólia* (Bak.) Wittm.
angustifólius = schmalblättrig. Kostarika bis Ekuador; eingeführt vor 1855.

Blattkakteen *(Epiphyllum)* sind anspruchslos. Die Pracht ihrer Blüten wird nur von wenigen anderen Zimmerpflanzen erreicht.

Guzmania angustifolia

Pflanzen mehrtriebig, Stämmchen 10 bis 15 cm lang, dicht beblättert. Blätter bis 15 cm lang, schmal lanzettlich, spitz, grün. Blütenstand mit roten Hochblättern, Blüten gelborange.

– *cardinális* Mez ——› *Guzmánia lingu-láta*

– Hybriden

Wahrscheinlich zuerst züchterisch um 1940 von Duthrie (Belgien) bearbeitet. Wichtigster Kreuzungspartner der Züchtungen ist *Guzmánia lingulata* (L.) Mez. Wuchs rosettig. Blätter länglich, grün, seltener rötlich. Blütenstand aufrecht, mit meist auffallend roten, aber auch kupfer-, orangefarbenen oder gelben Hochblättern, Blüte weiß oder gelb.

– *linguláta* (L.) Mez syn. *G. cardinális* Mez

lingulátus – zungenförmig (Blätter). Antillen, Mittelamerika bis Brasilien und Bolivien; eingeführt 1776.

Rosette etwa 35 cm hoch. Blätter länglich, grün. Schaft des Blütenstandes 35 cm lang, mit roten Hochblättern besetzt, am kopfförmigen Blütenstand besonders dicht und groß, Blüten weiß.

Guzmania-Hybride

Guzmania lingulata

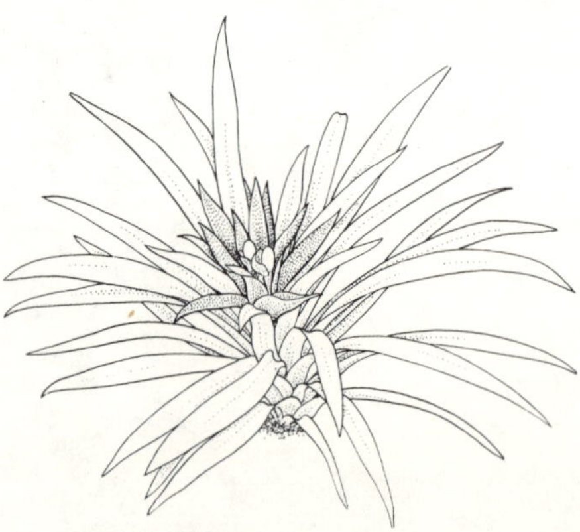

Guzmania minor

– *minor* Mez
minor = klein. Kostarika bis Ekuador, Brasilien; eingeführt nach 1900.
Rosette etwa 30 cm groß. Blätter länglich, Spitze ausgezogen, hellgrün. Blütenstandschaft nicht länger als die Blätter, Blütenstand kopfförmig, Hochblätter leuchtend rot, orange oder gelb, Blüten gelb, Spitze weiß.
– – 'Citrina'
Auffälliger Kultivar, Hochblätter zitronengelb.
– – 'Décosse'
Hochblätter rot, Spitzen grün.
– – 'Orange'
Hochblätter orangefarbig.
– – 'Volchaert's Rote'
Hochblätter leuchtend kardinalrot.
– *monostáchya* (L.) Rusby syn. *G. trícolor* Ruiz et Pav.
monostáchyus = mit einer Ähre. Von Florida und der Karibik bis Peru und Bolivien; eingeführt 1820.
Rosette bis 35 cm Durchmesser. Blätter länglich, spitz, hellgrün. Blütenstandschaft aufrecht, länger als die Blätter, Brakteen anliegend, elliptisch, spitz, untere gelbgrün, schwarzbraun längsge-

Guzmania lingulata

Guzmania sanguinea

Guzmania monostachya

streift, obere leuchtend rot, Blüte weiß.

– *sanguínea* (André) André

sanguíneus = blutrot. Kostarika bis Ekuador, Trinidad; eingeführt 1885.

Rosette flach ausgebreitet. Blätter 4 bis 5 (bis 8) cm breit, länglich, abgerundet bis kurz zugespitzt, braungrün. Es gibt Formen, die zur Blütezeit unterschiedlich intensiv gefärbt sind, zu dieser Zeit ist das Zentrum der Rosette gelb, nach außen leuchtend rot und dann grün. Der Blütenstand ist in die Rosette eingesenkt, Blüte gelb.

– *trícolor* Ruiz et Pav. ⟶ *Guzmánia monostáchya*

– *záhnii* (Hook. f.) Mez

záhnii = nach K. H. Zahn (1865 bis 1940), deutscher Botaniker. Kostarika; eingeführt 1870.

Rosette locker. Blätter schmal-länglich, spitz, 3,5 cm breit, olivgrün, Längsnerven rot. Blütenstand aufrecht, verzweigt, Hochblätter rot, Blüten gelb.

– – 'Variegata'

Dekorativer Kultivar mit olivgrünen, weiß längsgestreiften rotnervigen und oft rosa überlaufenen Blättern.

Verwendung/Pflege/Vermehrung: Prächtige Blütenpflanzen für nicht zu lufttrockene Räume. Pflege und Vermehrung wie ⟶ *Nidularium.*

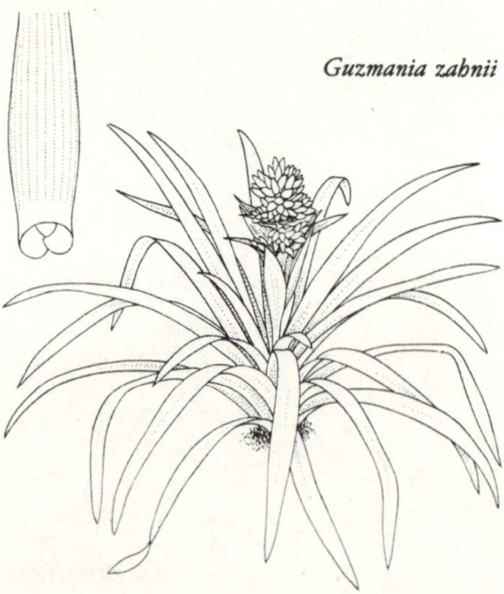

Guzmania zahnii

Guzmania sanguinea

Gynúra Cass.
Asteráceae

⌂ bis ⌂ ⌐ ≈ ○ ☼ bis ◐ 🗍 ♤ ♡

Comte A. H. G. de Cassini (1781 bis 1832), Spezialist der Asterngewächse, benannte die Gattung nach gr. gyné = Frau und oura = Schwanz. Die Narben der Blüten laufen in einen langen, rauhen, schwanzartigen Anhang aus.

Die Gattung umfaßt etwa 100 Arten, die im wärmeren Afrika und Asien verbreitet sind. Sie wachsen als Stauden oder Halbsträucher mit wechselständig angeordneten, oft stark behaarten Blättern. Die Blüten sind alle röhrig, zwittrig und fruchtbar.

– *scándens* O. Hoffm.

scándens = kletternd. Tropisches Ostafrika.

Sproßachse kaum verzweigt, aufrecht, ohne Stütze hängend, etwa 1,5 m lang. Blätter elliptisch, tief eingeschnitten und entfernt grob gezähnt, 12 cm × 6 cm, zur Spitze zu kleiner, grün. Ganze Pflanze dicht violett samtartig behaart. Blüte unbedeutend, ohne Zungenblüten, orange, stark nach Käse riechend; IV bis IX.

Verwendung/Pflege/Vermehrung: Willig wachsende Ampelpflanzen, die auch aufgebunden dekorativ wirken. Auffällig sind die violett behaarten Blätter, die sich bei hellem Standort intensiver färben. Die Kultur ist im Sommer auf dem Balkon oder im Freien möglich.
Der Standort soll hell sein. Nur direkt hinter der Fensterscheibe ist die heiße Mittagssonne zu vermeiden. Günstig sind Temperaturen um 20 °C. Während des Wachstums im Sommer wird reichlich, im Winter mäßig gegossen, doch sollen die Pflanzen nie vollkommen trokken stehen. Als Substrat ist Laub- oder humose Komposterde mit Lehm und Sand, auch Einheitserde, geeignet; *p*H-Wert 6. Verpflanzt wird jährlich zwischen Februar und September. In der Wachstumszeit kann etwa alle 14 Tage gedüngt werden, im Winter in Abständen von 6 Wochen. Hydrokultur ist in 0,1%iger Nährlösung möglich. Gelegentlich tritt ein Befall von Wolläusen, bei Neutrieben von Blattläusen, auf.
Vermehrung durch Stecklinge bei etwa 21 °C Bodenwärme von Februar/März bis August. Eine Bewurzelung erfolgt auch

Gynura scandens

Gynura scandens

im Wasser. Es ist günstig, wenn im Juli/August Jungpflanzen zum Überwintern herangezogen werden.

Haemánthus L.
BLUTBLUME
Amaryllidáceae

(Ⓚ) ⌂ bis Ⓦ ○ ☼ bis ◐ Ⓗ

Der Name bezieht sich auf die rote Blütenfarbe vieler Arten und wurde aus gr. haímatos = Blut und ánthos = Blume gebildet.
Die etwa 50 Arten der Gattung sind im tropischen und südlichen Afrika verbreitet, deshalb haben die Arten einen unterschiedlichen Vegetationsrhythmus. Es sind Zwiebelpflanzen mit wenigen oder 2 Laubblättern. Der Blütenschaft ist oft abgeflacht, nicht hohl und trägt in dichter Dolde weiße, orangefarbene oder rote Blüten.
– *álbiflos* Jacq. · Elefantenohr
álbiflos = weißblütig. Südafrika; eingeführt 1791.
Zwiebel abgeflacht, mit 2 bis 4 Blättern, die sich mit dem Blütenstand bilden oder immergrün sind. Blätter länglich, etwa 15 × 7 cm, grün, Spitze abgerundet, Rand bewimpert. Schaft des Blütenstandes aufrecht, Dolde reichblütig, mit großen grünen Hüllblättern, Staubfäden auf-

fällig, weiß, Staubbeutel gelb; VII bis XI.

– Hybride 'König Albert'
Züchtung aus *H. puniceus* x *H. katharinae* Bak., von Nicolai (Coswig bei Dresden); im Handel seit 1900.
Zwiebel grün, braun gepunktet. Scheinstamm hellgrün, braun gefleckt.
Blätter schopfförmig, gestielt, elliptisch-eiförmig, etwa 35 × 12 cm, grün, Rand gewellt. Blütenschaft hellgrün, braun gefleckt, Blütenständhüllblätter sind groß, grün, Blüten in bis 25 cm großer dichter Dolde, lachsscharlach; V bis VII.

Haemanthus-Hybride 'König Albert'

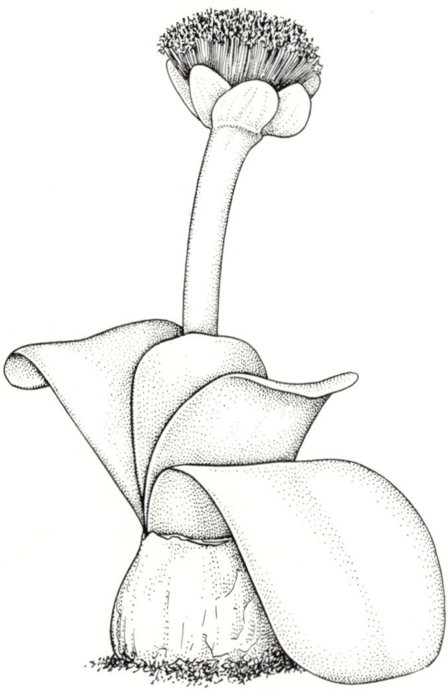

Haemanthus albiflos

Verwendung/Pflege/Vermehrung:
Anspruchslose Zimmerpflanzen mit eindrucksvollen Blütenständen. Sie benötigen einen hellen bis halbschattigen Standort. *H. albiflos* verträgt viel Sonne. Die Temperatur soll 18 bis 24 °C betragen, nach dem Abstoßen der Blätter 12 bis 14 °C. *H. albiflos* benötigt im Winter 8 bis 14 °C und wenig Wasser. Bei den blattabwerfenden Arten darf die Zwiebel nicht schrumpfen. Als Substrat ist Lauberde mit Lehm und Sand, humoser Kompost mit Sand oder Einheitserde geeignet, *H. albiflos* liebt einen größeren Lehmanteil; *p*H-Wert um 6. Verpflanzt

Haemanthus-Hybride 'König Albert'

wird in Abständen von 2 bis 3 Jahren im Frühjahr zwischen Februar und Mai. Zwischenzeitlich entfernt man nur das obere Substrat des Topfes und ersetzt es durch neues. Gedüngt wird während der Vegetationsperiode alle 2 bis 3 Wochen. Eine Pflege in Hydro erfolgt in einer Nährlösung von 0,1 % (im Winter schwächer), bei flachem Anstau.
Die Vermehrung nimmt man beim Verpflanzen durch Abtrennen bewurzelter Nebenzwiebeln vor. Eine Aussaat ist ebenfalls möglich.

Hawórthia Duval
Liliáceae

Ⓚ bis ⌂ (Ⓦ) ⇉ ✹ bis ◐ ♂ ♀

Der französische Botaniker und Sukkulentenkenner H. D. Duval (1777 bis 1814) benannte die Gattung nach dem englischen Gärtner, Botaniker und Sukkulentenforscher A. H. Haworth (1768 bis 1833).
Der Genus umfaßt etwa 150 Arten. Die niedrigen, rosettenförmigen Stauden haben fleischige, spiralig angeordnete Blätter, seltener stehen sie zweizeilig. Sie besitzen perlartige, weiße Warzen oder sind glatt, grün und fast durchscheinend. Andere entwickeln in der dunkelgrünen Blattfläche hellgrüne, glasklare Fensterflecken, durch die für das Leben der Pflanzen notwendiges Licht in das Innere der Blätter fällt. Die Blütenstände stehen aufrecht und tragen in lockeren Trauben weißliche Blüten.
– *fasciáta* (Willd.) Haw.
fasciátus = gebändert. Südafrika; eingeführt um 1800.
Blätter in einer Rosette stehend, fleischig, dreieckig-lanzettlich, Spitze lang ausgezogen, bis 5 cm lang, an der Basis bis 1,5 cm breit, schwarzgrün mit weißen, zusammenfließenden Warzen quergebändert. Art mit vielen Varietäten. In Kultur wird oft *H. attenuata* Haw. und deren Varietät *caespitosa* (Berger) Farden als *H. fasciata* hort. geführt.

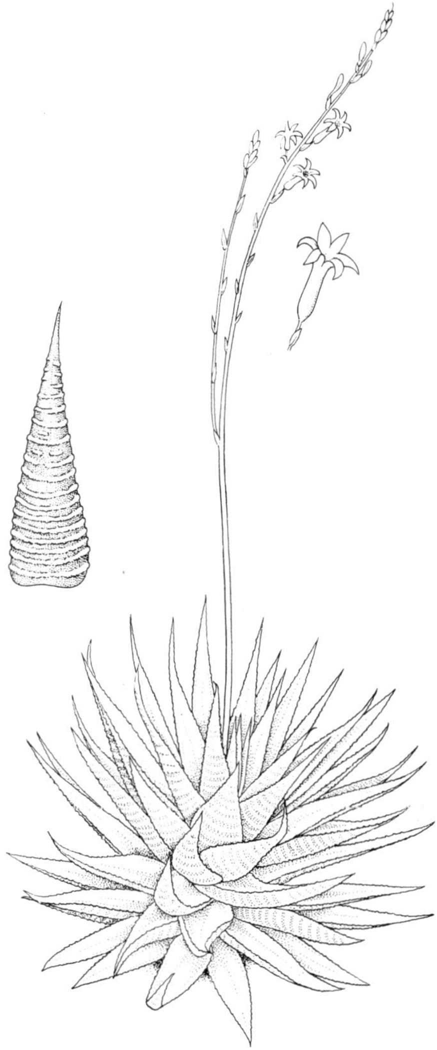

Haworthia fasciata

Verwendung/Pflege/Vermehrung:
Kleine dankbare Topfpflanzen für Ost-, West- und Nordfenster. Sie lieben viel Licht, aber keine volle Sonne. Die Pflanzen können im Winter kühl bei 5 bis 10 °C oder warm um 20 °C gepflegt werden. Gegossen wird bei ausgeprägter Ruhe und kühlem Stand nur sporadisch, während der Wachstumszeit von Ende März bis August nach gelegentlichem

Haworthia fasciata

Austrocknen reichlich. Als Substrat ist Garten- oder Komposterde mit Sand oder Einheitserde geeignet; *p*H-Wert 6 bis 7. Verpflanzt wird jährlich, ältere Pflanzen nach 2 bis 3 Jahren zwischen März und August in nicht zu große Töpfe. Im 1. Jahr wird nach dem Verpflanzen nicht gedüngt, sonst von April bis September einmal im Monat, stickstoffarm.

Vermehrung durch Teilung beim Verpflanzen oder Abtrennen der Seitensprosse. Zahlreiche Arten lassen sich durch Blattstecklinge (Schnittflächen gut abtrocknen lassen) in Torf und Sand heranziehen. Auch Samenvermehrung ist möglich.

Hédera L.
EFEU
Araliáceae

Ⓚ ⌂ (Ⓦ) ⌐ ⇉ ☼ ◐ bis ● Ⓗ ♁ ♀

Der Name *Hedera* entspricht dem lateinischen Namen für Efeu.

Die etwa 7 Arten der Gattung kommen in Europa und Asien vor. Es sind immergrüne, wurzelkletternde Lianen mit wechselständig angeordneten, lederigen Blättern. Ihre Blüten sind unscheinbar. Die Frucht ist eine drei- bis fünfsamige Beere.

– *canariénsis* Willd. ⟶ *Hédera hélix* ssp. *canariénsis*

– *hélix* L.

hélix = windend. Europa.

Blätter drei- bis fünflappig, 4 bis 10 cm groß, dunkelgrün, glänzend, an den Blütentrieben eiförmig bis rhombisch, ganzrandig. Blüten in zusammengesetzten Dolden, grünlichgelb; IX bis X. Früchte im folgenden Jahr, blauschwarz. Von den vielen Formen werden besonders die klein- und buntblättrigen als Topfpflanze gepflegt.

– – 'Argenteo-Variegata'

Kultivar mit weißbunten Blättern.

– – 'Aureo-Variegata'

Blätter gelb gezeichnet.

Hedera helix 'Argenteo-Variegata'

Hedera helix ssp. *canariensis*

'Gloire de Marengo'

– – 'Chrysophylla'
Blätter grün, grüngelb und gelb gefleckt.
– – 'Glacier'
Blätter graugrün, Rand weiß.
– – 'Goldheart' syn. *H. helix* 'Golden Jubilee', *H. helix* 'Goldherz', *H. helix* 'Ore del Bogliasco' Blätter klein, dunkelgrün, in der Mitte unregelmäßig goldgelb.
– – 'Golden Jubilee' ⟶ *Hedera helix* 'Goldheart'
– – 'Goldherz' ⟶ *Hedera helix* 'Goldheart'
– – 'Harald' syn. *H. hélix* 'Herald', *H. hélix* 'Herold'
Blätter mittelgroß, grün, weiß gezeichnet.
– – 'Herald' ⟶ *Hédera hélix* 'Harald'
– – 'Herold' ⟶ *Hédera hélix* 'Harald'
– – 'Ore del Bogliasco' ⟶ *Hédera helix* 'Goldheart'
– – 'Parsley Crested'
Blätter rundlich, grün, Rand stark gekraust.
– – 'Pittsburg'
Selbstverzweigend. Blätter 5lappig, Einbuchtungen flach.
– – 'Sagittifolia'
Blätter klein, schmal pfeilförmig, grün.
– – ssp. *canariénsis* (Willd.) Coutinho syn. *H. canariénsis* Willd.
canariénsis = von den Kanaren. Kanarische Inseln, Madeira, Azoren, Portugal, Nordwestafrika.
Blätter 12 bis 18 cm groß, drei- bis fünflappig, Basis herzförmig.
– – – 'Gloire de Marengo'
Kultivar mit großen, dekorativen, breit cremeweiß gezeichneten Blättern.

Verwendung/Pflege/Vermehrung:
Hedera kann in vielfältiger Weise gepflegt werden. Es sind schöne Ampelpflanzen, die aber auch am Moosstab oder an einer Leiter aufgebunden gut wirken. Einige Sorten sind fast winterhart.
Efeu ist mit seinen Kulturformen eine wertvolle und attraktive Blattpflanze und für fast alle Standorte im Zimmer geeignet. Die buntblättrigen Sorten benötigen etwas mehr Wärme. Efeu braucht nur

Hedera helix 'Gloire de Marengo'

Hibiscus rosa-sinensis

wenig Licht und kann absonnig bis schattig stehen, aber nicht in der vollen Sonne direkt hinter einer Fensterscheibe. Die Erde muß stets gleichmäßig feucht sein. Bei trockener Luft sollte öfters übersprüht werden. Als Substrat ist humose Gartenerde oder Kompost mit Sand, aber auch Einheitserde geeignet; *p*H-Wert um 6 bis 6,5. Verpflanzt wird jährlich zwischen Februar und Herbst. Die Düngung erfolgt etwa alle 2 bis 4, im Winter im Abstand von 6 bis 7 Wochen. Hydrokultur ist in einer Nährlösung von 0,05% möglich. An warmen lufttrockenen Standorten muß auf einen Befall durch Rote Spinne und Schildläuse geachtet werden.

Vermehrung durch Kopf- und Teilstecklinge mit 3 bis 6 Blättern, gleich zu mehreren in einem Topf bei erhöhter Luftfeuchtigkeit, z. B. unter einem Einweckglas. Eine Bewurzelung findet auch im Wasser statt.

Hibiscus L.
EIBISCH
Malváceae

⌂ bis ⌂W ⌐ ⇉ ○ ✹ ⊞

Die Bezeichnung der Gattung geht auf einen römischen Pflanzennamen zurück. Die 300 Arten umfassende Gattung ist in den tropischen und subtropischen Gebieten der Erde verbreitet. Einige kommen auch in der gemäßigten Zone vor. Es sind einjährige Pflanzen, Stauden, Halbsträucher und Sträucher. Sie entwikkeln große Blüten, die meist einzeln in den Blattachseln stehen. Der Außenkelch ist fünf- bis vielteilig.

– *rósa-sinénsis* L. · Chinesischer Roseneibisch

rósa-sinénsis = chinesische Rose. Südchina(?); eingeführt 1730 oder früher.

Wuchs strauchig, Sproßachse verholzend. Blätter eiförmig, dunkelgrün, Rand zur Spitze zu grob und unregelmäßig gezähnt bis gelappt. Blüten 6 bis 12(15) cm groß, meist nur einen Tag haltbar, einfach, halb gefüllt oder gefüllt, rosa, rot, weiß, gelb, orange oder gefleckt; III bis XI (s. Abb. S. 2).

Verwendung/Pflege/Vermehrung: Reich blühende Topfpflanze, aber auch als dekorative Kübelpflanze geeignet, die im Sommer geschützt im Freien stehen kann. Wichtig ist ein heller, möglichst sonniger Standort mit Temperaturen um 20 °C, im Winter nicht für längere Zeit unter 12 °C. Während der Vegetationsperiode benötigen die Pflanzen viel Wasser. Als Substrat ist humose Gartenerde mit Torf und Sand unter Verwendung von Lauberde oder Einheitserde geeignet; *p*H-Wert 6 bis 6,5. Verpflanzt werden junge Exemplare jährlich zwischen Februar und Mai, auch noch im September. Ältere Pflanzen werden alle 2 bis 3 Jahre umgetopft. Während der Vegetationsperiode wird wöchentlich oder alle 14 Tage gedüngt, im Winter nach 4 bis 6 Wochen. Hydrokultur erfolgt in einer Nährlösung von 0,1 bis 0,2 %, im Winter 0,05 bis 0,1 %.

Hibiscus rosa-sinensis

Bei zu trockener Luft tritt leicht ein Befall durch Spinnmilben, Thrips und Wollläuse auf. Das starke Wachstum der Pflanzen erfordert öfters einen Rückschnitt. Damit wird gleichzeitig die Blütenbildung aktiviert. Bei Ballentrockenheit werden die Knospen abgestoßen. Vermehrung durch noch nicht vollkommen verholzte Stecklinge bei 20 bis 24 °C Bodentemperatur. Bewurzelung erfolgt auch in Wasser.

Hippeástrum Herb.
RITTERSTERN, AMARYLLIS
Amaryllidáceae

⌂ bis ⌂W ⇉ ○ bis ✹ ⊞

Der Name steht in bezug zu gr. hippeús = Reiter, Ritter, und ástron = Stern. Die Blüte ist sternförmig, die Blätter sind ungestielt, zweizeilig »auf der Zwiebel reitend« angeordnet. Für die Gattung ist vielfach noch der Name *Amaryllis* gebräuchlich. Von ihr wurde aber die Gattung *Hippeastrum* schon vor langer Zeit abgetrennt.

Die etwa 75 Arten der Gattung sind in

zeitweilig trockenen Savannen und Waldgebieten des tropischen und subtropischen Südafrika verbreitet. Es sind Zwiebelpflanzen mit aufrechtem hohlem Schaft mit 2 oder mehr Blüten in einer verarmten Dolde.
– *hortórum* Maatsch ⟶ *Hippeástrum*-Hybriden
– Hybriden syn. *H. hortórum* Maatsch
Gezüchtet zuerst um 1800 von Johnson in England aus *H. regínae* (L.) Herb., x *H. vittátum* (L'Hérit.) Herb., *H. leopóldii* Dombr. u. a.
Zwiebel rundlich, mit Brutzwiebelbildung. Blätter länglich bis schmal-länglich, dunkelgrün. Blütenschaft steif aufrecht, hellgrün, oft bereift. Blüten zu 2 bis 6, sternförmig, oder Blütenblätter sich vollkommen deckend, Blüte rot,

Hippeastrum-Hybride

Hippeastrum-Hybriden

rosa, weiß oder in diesen Farben gestreift; I bis V (s. Abb. S. 57).
Verwendung/Pflege/Vermehrung:
Rittersterne sind auffällig blühende Zwiebelpflanzen, deren Blütenstände sich auch als Schnittblumen eignen. Die Pflanzen lieben einen hellen bis sonnigen Standort und Temperaturen von etwa 18 bis 25 °C. Ruhende Zwiebeln sollen nicht unter 15 °C gelagert werden. Ab Mitte August wird das Gießen eingeschränkt. Im September beginnen die Blätter zu welken. Etwa ab Oktober sollen die Pflanzen vollkommen trocken und dunkel stehen. Mit beginnendem Neutrieb, Anfang des Jahres, müssen sie einen hellen Platz bekommen. Der obere Teil der Erde wird, sobald die Knospen aus der Zwiebel herausgewachsen sind, etwa zu ⅓ entfernt und durch neue ersetzt, oder es ist zu verpflanzen. Als Substrat ist eine nährstoffreiche humose Mischung mit Lehm und Sand, auch Kompost mit Lehm und Sand oder Einheitserde geeignet; *p*H-Wert um 6. Beim Verpflanzen achte man darauf, daß die Zwiebel ⅓ aus dem Substrat herausragt. Während des Wachstums wird bis An-

fang August wöchentlich gedüngt, zuletzt phosphorbetont. Hydrokultur kann von April bis Juli in einer Nährlösung bis zu 0,15 % erfolgen. Im Winter stehen die Zwiebeln vollkommen trocken. Auf Befall durch den Rostpilz »Roter Brenner« ist zu achten. Zu hohe Temperaturen und Nässe bei geringer Frischluftzufuhr sind zu vermeiden. Bekämpfung erfolgt vorwiegend mit Kupfermitteln.
Für eine sichere Blüte ist der beschriebene Wuchsrhythmus Bedingung.
Vermehrung durch Samen und Zwiebelteilung. Einfacher und schneller gelangt man zu blühfähigen Pflanzen durch Abtrennen von Brutzwiebeln.

Hohlnarbe ⟶ *Coelógyne*
Hortensie ⟶ *Hydrangéa*

Hóya R. Br.
WACHSBLUME
Asclepiadáceae

Ⓚ ⌂ bis Ⓦ ⥲ ☼ bis ◐ Ⓓ ♁ ♤

R. Brown (1773 bis 1858), englischer Botaniker und Forschungsreisender, benannte die Gattung nach dem englischen Gärtner T. Hoy (Ende des 18. Jh.).
Sie umfaßt etwa 200 Arten, deren Areal sich von Indien bis Ostaustralien erstreckt. Es sind meist wurzelkletternde Lianen, kleine Sträucher oder Halbsträucher. Die immergrünen, vielfach fleischigen oder lederigen Blätter sind gegenständig. Die Blüten, in achselständigen Trugdolden, sind 5spaltig, meist papillös, mit oft farbiger 5teiliger Nebenkrone.

– *bélla* Hook.
béllus = schön. Südburma; eingeführt 1847.
Wuchs aufrecht, verzweigt, etwa 30 cm hoch. Blätter eilanzettlich, spitz, 3,5 × 2 cm, fleischig, olivgrün, unterseits heller. Blütenstand hängend, doldig, Blüte spitz fünfeckig, weiß, papillös, Nebenkrone rot; VI bis IX.

Hoya bella

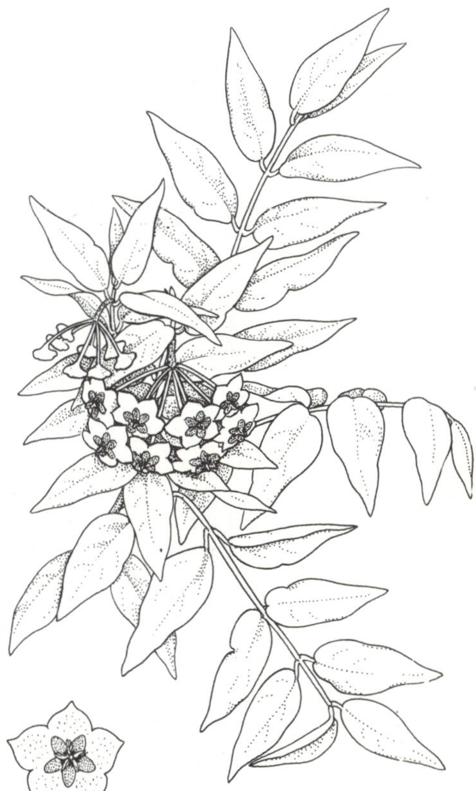

Hoya bella

Hoya carnosa

– *cárnosa* (L. f.) R. Br. · Porzellanblume, Wachsblume

carnósus = fleischig. China bis Ostaustralien; eingeführt 1802.

Sproßachse windend und wurzelkletternd. Blätter elliptisch, etwa 10 × 5 cm, dunkelgrün, silbrig gefleckt, fleischig. Blütenstand doldig, Blüte bis 1,5 cm groß, weiß bis zartrosa, papillös, duftend, Spitzen der Kronabschnitte und Rand zurückgekrümmt, Nebenkrone gelblich, Basis rot; V bis IX.

– – 'Exotica'

Kultivar mit etwas kleineren Blättern, am Mittelnerv unregelmäßig breit cremegelb.

– – 'Variegata'

Blattrand unregelmäßig cremeweiß, bei hellem Stand rosa überlaufen.

Verwendung/Pflege/Vermehrung:

H. bella ist eine kleine, schön blühende Pflanze, die auch gut für Ampeln geeignet ist. *H. carnosa* wird besser aufgebunden gepflegt. Nur jüngere Exemplare sind immer wieder zu stutzen. Sie eignet sich ebenfalls als groß werdende Hängepflanze.

Der Standort soll hell, ohne direkte Sonnenbestrahlung bis halbschattig sein. Während *H. bella* nicht längere Zeit unter 12 bis 15 °C stehen möchte, reichen für die Porzellanblume 8 bis 12 °C. Nur die buntblättrigen Formen lieben mehr Wärme. Sie soll nach einer kühleren Periode und mäßiger Ballenfeuchtigkeit williger blühen. Während des Wachstums im Sommer ist gut zu wässern. Für *H. bella* ist eine durchlässige, humose Erde, ähnlich wie für Epiphyten, für *H. carnosa* Lauberde, Kompost mit etwas Lehm und Sand bzw. Einheitserde zu wählen; *p*H-Wert 5,5 bis 7. Verpflanzt wird alle 1 bis 2 Jahre (ältere Exemplare in größeren Abständen) ab Ende Februar bis Mai (Anfang September). Die Düngung erfolgt während der Vegetationsperiode etwa alle 2 bis 3 Wochen. Hydrokultur ist bei der Porzellanblume

Hoya carnosa

in einer Nährlösung von 0,1 %, im Winter 0,05 % und bei geringerem Anstau, möglich. Auf Befall durch Woll- und Schildläuse ist zu achten.
Bei *H. carnosa* entwickeln sich am Blütenstand immer wieder neue Blüten, deshalb darf er nicht abgeschnitten werden. Bei *H. bella* wird der Blütenstand nach der Blüte abgestoßen. Zu dunkler Standort verringert den Blütenansatz. Sehr große Pflanzen kann man zurückschneiden. Ruhende Knospen an alten Sprossen treiben willig aus.
Vermehrung durch Kopf- oder Teilstecklinge mit 1 bis 2 Blattpaaren, vorwiegend im Frühjahr, bei Bodentemperaturen von 20 bis 24 °C. Bewurzelung findet auch in Wasser statt.

Hüllenklaue ⟶ *Hypoéstes*

Hyacínthus L.
HYAZINTHE
Liliáceae

Ⓚ bis ⌂ ⌐ ⇉ ○ bis ☼

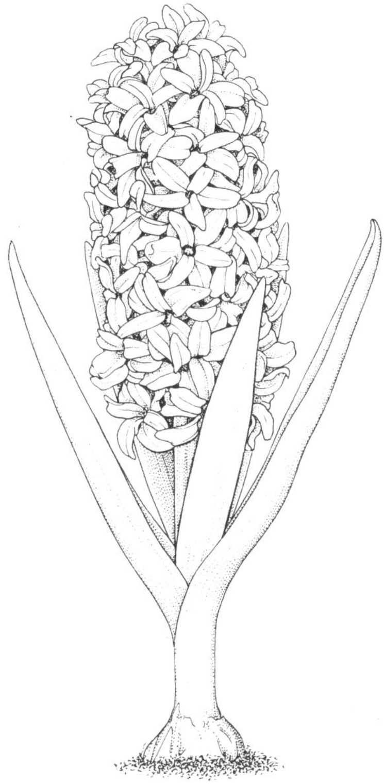
Hyazinthus orientalis

Die Gattung trägt den Namen des schönen Jünglings Hyákinthos, dem Liebling des Apoll aus der griechischen Mythologie.
Die einzige Art der Gattung ist im Mittelmeergebiet verbreitet. Ihre Blüten stehen in einer vielblütigen Traube.
– *orientalis* L. · Hyazinthe
orientalis = orientalisch. Östliches Mittelmeergebiet bis Südfrankreich; eingeführt nach 1453 bzw. um 1543.
Importiert wahrscheinlich in mehreren Kulturformen zuerst nach Padua (Italien), nach Dodonaeus 1568 nach Holland, nach Sweet 1596 nach England. Wichtigste Anbaugebiete waren Holland und bis zum Ende des 19. Jahrhunderts der Raum von Berlin. Viele der heutigen Zuchtformen entstanden bereits im 19. Jh.
Zwiebel rundlich, weißlich, purpurviolett oder bläulich. Blätter länglich bis länglich-lanzettlich, 20 bis 35 × 8 bis 15 cm, oft rinnenförmig, fleischig, grün. Blütenschaft aufrecht, einfach, Blüten mit kurzem Stiel in einer meist dichten Traube, einfach oder gefüllt, weiß, rosa, purpurfarben, blau, gelblich, auch mehrfarbig; IV bis V (XII bis III).
Verwendung/Pflege/Vermehrung: Hyazinthen werden als Zwiebel gekauft und im Zimmer zur Blüte gebracht oder blühend im Raum aufgestellt. Ein zweites Treiben lohnt nicht, doch können sie nach der Blüte im Frühjahr bei frostfreiem Wetter im Garten ausgepflanzt werden und bringen dort noch viele Jahre schöne Blütenstände hervor. Die Pflanzen sollten möglichst hell im mäßig geheizten Zimmer stehen. In Erde gezogene Hyazinthen sind stets mäßig feucht zu halten. Als Substrat ist Gartenerde oder Kompost geeignet. Eingepflanzt werden die Zwiebeln ab September bis

Oktober (November bis Dezember) einzeln in 9- bis 10-cm-Töpfe oder zu mehreren in tiefe Schalen. Eine Düngung ist nicht erforderlich, da die Knospen bereits ausgebildet und Reservenährstoffe in der Zwiebel gespeichert sind. Sollen die Pflanzen in den Garten gesetzt werden, empfiehlt es sich, nach der Blüte einen wöchentlichen Dungguß bis zum Auspflanzen zu geben.
Hyazinthen kann man in Erd- und Wasserkultur treiben. Wichtig ist bei beiden Pflegearten, daß die Zwiebeln vor Treibbeginn im Dunkeln (bei Erdkultur auch im Garten oder in einer Kiste mit Erde auf dem Balkon eingegraben) den Topf gut durchwurzeln oder das Glas weitgehend mit Wurzeln ausfüllen. Beim Topfen sollten möglichst tiefe Töpfe Verwendung finden, wenn nicht mehrere Zwiebeln zuammengepflanzt werden. Bei der Wasserkultur muß der Zwiebelboden mit den sich bildenden Wurzelansätzen wenig über dem Wasser hängen. Geeignet ist ein kühler und dunkler Standort unter 12 °C (Gläser und Töpfe mit Tüten bedecken). Auch die aus dem Einschlag genommenen Töpfe mit Zwiebeln der Erdkultur benötigen anfangs diese Temperatur. Ist der knospige Blütenstand aus der Zwiebel und den sich bildenden Blättern herausgewachsen, wird abgedeckt und den Hyazinthen ein heller Standort gegeben. – Zur frühen Blüte ab Dezember müssen die Hyazinthenzwiebeln bei speziellen Lagertemperaturen vorbehandelt werden.
Vermehrung durch Brutzwiebeln.

Hyazinthe ——→ *Hyacínthus*

Hydrangéa L.
HORTENSIE
Saxifragáceae

(K) ⌂ ⌐ ⇄ ○ bis ☼

Benannt nach griech. hýdor = Wasser und aggeion = Gefäß. Die Pflanze wächst am Wasser und benötigt viel Feuchtigkeit, bzw. die Fruchtkapsel ist gefäßartig.

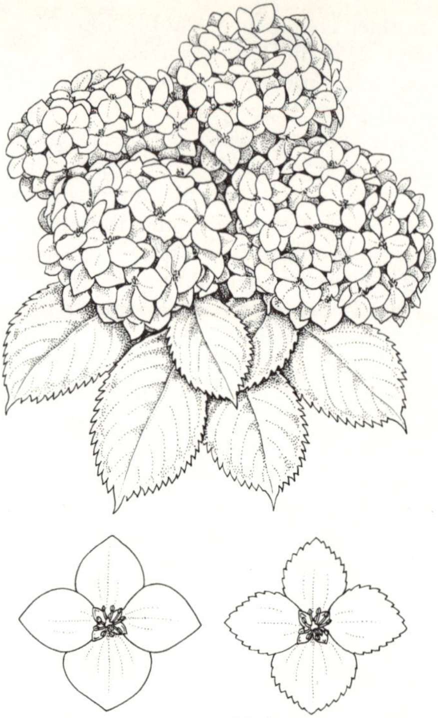

Hydrangea macrophylla

Die Gattung ist mit etwa 90 Arten in Ost- und Südostasien sowie in Nord- und Südamerika verbreitet. Es sind Halbsträucher, Sträucher oder selten kleine Bäume. Ihre sommer- oder immergrünen Blätter stehen am Sproß gegenständig und haben einen ganzrandigen, gesägten oder gelappten Rand. Die Blüten der endständigen Doldentrauben sind fruchtbar und zwittrig, oder ein Teil, besonders die meist größeren randständigen, ist unfruchtbar und dient zur optischen Vergrößerung des Blütenstandes. Bei ihnen ist der Kelch vergrößert und kronblattartig gefärbt.
– *macrophýlla* (Thunb. ex. Murr.) Ser. macrophýllus = großblättrig. China, Japan; eingeführt 1788.
Importiert wurden bereits Gartenformen. In Europa nahmen zuerst die Gärtner Lemoine und Mollière in Frankreich,

Hydrangea macrophylla 'Mousseline'

wenig später Gärtner in Belgien, Deutschland, der Schweiz und Holland die Züchtung auf. Das heutige Sortiment unserer Gärten wird von *H. macrophylla* f. *otaksa* (Sieb. et Zucc.) Wils. f. u. a. abgeleitet.

Wuchs strauchig, Sproßachsen an der Basis verholzend. Blätter eiförmig bis breiteiförmig, bis 15 × 8 cm, spitz, Rand grob gesägt. Hochblätter der Blüten zu 4, groß, mit glattem oder unterschiedlich grob gesägtem Rand, Blüte weiß, klein, Blütenstand etwa 20 cm groß, bei den Gartenformen kugelig, rosa, rot, seltener weiß; (III bis VI) VII bis VIII.

Verwendung/Pflege/Vermehrung: Dekorative Blütenpflanzen, die einen luftigen Standort lieben. Sie benötigen viel Licht, aber keine heiße Mittagssonne. Günstig sind Temperaturen möglichst unter 20 °C. Im Herbst nach dem Blattfall sollen die Pflanzen bei 3 bis 8 °C dunkel und nur mäßig feucht stehen. Etwa ab Februar sind Temperaturen von

12 bis 18 (20) °C günstig. Während dieser Zeit ist die Erde feucht zu halten, und es wird öfters übersprüht. Die Pflanzen beenden ihre Winterruhe. Leichte Dunggüsse fördern die Entwicklung großer Blütenstände. Blütenlose Triebe werden ausgeschnitten. Als Erde ist Einheitserde, aber auch Nadelerde mit Torf, Kompost oder Lehm und Sand geeignet; *p*H-Wert etwa 5,5, für blaublühende Sorten *p*H-Wert 4 bis 4,5. Verpflanzt wird vor oder nach der Blüte. Im Sommer stehen Hortensien am besten auf dem Balkon oder werden mit dem Topf im Freien an sonniger Stelle eingesenkt – gießen nicht vergessen! Ältere Pflanzen werden nach der Blüte etwa ⅔ zurückgeschnitten. Wöchentlich wird flüssig gedüngt. Ab August gibt man keinen stickstoffhaltigen Volldünger mehr und gießt weniger, weil die Pflanzen im August die Knospen ansetzen (breite, dicke Knospen sind Blüten-, schmale, spitze sind Blatttriebe).

Blaue Blüten bzw. kronblattartige Kelchblätter erzielt man durch saures Substrat. Heute wird Ammoniak bzw. Kali-Alaun zur Erde gegeben oder 5 g je Liter dem Gießwasser zugesetzt. Man kann bei mehrtriebigen Pflanzen auch einen Eßlöffel, bei einstieligen einen Teelöffel voll auf das gut durchfeuchtete Substrat geben. Mit dem Gießwasser sickert es in den Boden ein. Das Umschlagen der Farbe in Blau erfolgt durch Veränderung des Säuregrades des Zellsaftes. Rosablühende Sorten sind am besten geeignet. Weißblühende Sorten haben keinen Farbstoff im Zellsaft der Hochblätter und lassen sich deshalb nicht färben, rotblühende ergeben meist ein unschönes Graublau.

Hortensien lieben kein kalkhaltiges Wasser. Bei geringem Kalkgehalt kann durch Abkochen des Wassers ein Teil des Kalkes ausgefällt werden. Pflanzen, bei denen Blattpartien gelbgrün bis weißlich werden (Chlorose) kann man mit Eisenchelat besprühen oder mit Eisenvitriol (1 g je Liter Wasser) gießen.

Auf Spinnmilben und Blattläuse ist zu achten. Bei zu dumpfem Standort im Winter können die Knospen von Grauschimmel befallen werden.

Meist werden Pflanzen zu Beginn der Blüte gekauft. Viele Sorten sind nicht winterhart. Trotzdem kann ein Versuch mit dem Auspflanzen im Garten gemacht werden. Wichtig ist ein geschützter Standort. Blühen die Pflanzen nach einigen Jahren noch nicht, erfrieren die Knospen im Winter, und die Pflanzen eignen sich nicht für das Freiland.

Vermehrung durch Stecklinge im Frühjahr und Frühsommer. Bewurzelung erfolgt auch im Wasser.

Hypocýrta Mart.
KUSSMÄULCHEN
Gesneriáceae

⌂ bis Ⓦ ☼ bis ◐ Ⓗ

Der deutsche Botaniker und Forschungsreisende in Brasilien, C.F.P. von Martius (1794 bis 1868), benannte die Gattung wegen ihrer Blütenform nach gr. hypókyrtos = etwas auswärts gekrümmt, et-

Hypocyrta glabra

Hypocyrta glabra

was buckelig. Auch der deutsche Name bezieht sich auf die Blütenform.
17 Arten der Gattung sind in Brasilien, eine ist in Mexiko verbreitet. Es sind kleine Halbsträucher oder Sträucher, die vorwiegend epiphytisch wachsen. Die Blüten stehen in den Blattachseln, haben eine einseitig aufgeblasene, an der Spitze zusammengezogene Kronröhre und einen kurzen fünfteiligen Kronsaum.
– *glábra* Hook.
glábra = kahl. Brasilien; eingeführt 1846. Sproßachse aufrecht-überhängend, Basis verholzend. Blätter breit elliptisch, stumpf, etwa 4 cm groß, fleischig, glänzend dunkelgrün, unterseits heller, Mittelnerv deutlich. Blüten fleischig, 2 cm lang, Kronröhre ungleich aufgeblasen, orange bis rotorange, Kronlappen klein, orange, Rand braun; VII bis XI.
Verwendung/Pflege/Vermehrung: Schönblühende Zimmerpflanzen, die sich für Ampeln eignen. Sie lieben einen absonnigen bis halbschattigen Standort. Bei trockener Luft ist öfters mit Wasser zu besprühen. Temperaturen um 18 bis 24 °C sind optimal. Für einen guten Blütenansatz sollen die Temperaturen von Dezember bis Februar nicht mehr als 14 °C betragen. Verpflanzt wird jährlich zwischen Februar und April, notfalls bis September. Als Substrat ist Lauberde mit Torf, wenig Lehm, Holzkohle und Sand oder Einheitserde geeignet; *p*H-Wert um 6. Flüssig nachgedüngt wird im Sommer (bis September) alle 14 Tage. Hydrokultur ist in 0,05- bis 0,1%iger Nährlösung und geringem Anstau im Winter möglich. Bei zu nassem Standort und niedrigen Temperaturen werden die Blätter abgestoßen oder faulen.
Vermehrung durch Kopf- und Teilstecklinge zu 5 bis 7 in kleinen Töpfen bei 21 bis 24 °C Bodentemperatur.

Hypoéstes Soland. ex. R. Br.
HÜLLENKLAUE
Acanthácea

⌂ bis Ⓦ ☼ bis ◐ ♀ ♂

Vermutlich geht der Gattungsname auf gr. hypó = unter und hestía = Herd, Haus zurück, weil je eine oder drei Blüten eine eigene Hülle (Behausung) aufweisen.
Die 150 Arten der Gattung sind in den Tropen der Alten Welt, vorwiegend in Südafrika und auf Madagaskar, verbreitet. Es sind Stauden, Halbsträucher oder Sträucher mit ganzrandigen oder gezähn-

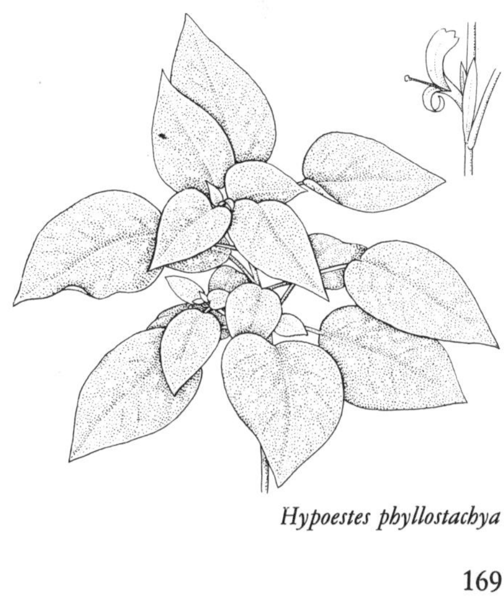

Hypoestes phyllostachya

Hypoestes phyllostachya

ten, teilweise farbig gefleckten oder geaderten Blättern. Die unscheinbaren Blüten stehen in kopfförmigen oder einseitwendigen Blütenständen.

– *phyllostáchya* Bak. syn. *H. sanguinolénta* hort. non (Van Houtte) Hook. f., *H. sanguinolénta* ›Polka Dot‹ · Sommersprossengesicht
phyllostáchys = mit beblätterten Ähren. Madagaskar; eingeführt 1887.
Sproßachse aufrecht, bis 1 m, meist bis 40 cm lang, längsgefurcht. Blätter ei- bis herzeiförmig, dunkelgrün, hell- bis kräftig karminrosa, unterschiedlich groß gefleckt, unterseits hellgrün, Flecken weißlich. Blüten violett, unscheinbar.

– *sanguinolénta* hort. non (Van Houtte) Hook f. ⟶ *Hypoéstes phyllostáchya*

– *sanguinolénta* ›Polka Dot‹ ⟶ *Hypoéstes phyllostáchya*

Verwendung/Pflege/Vermehrung:
Auffällige Blattpflanze, die im Zimmer gut haltbar ist. Gepflegt werden die Pflanzen absonnig bis halbschattig bei Temperaturen von 16 bis 24 °C. Wichtig sind gleichmäßige Wassergaben. Das Pflanzsubstrat soll humos und durchlässig sein. Es besteht aus sandigem Kompost, Lauberde, Torf mit Lehm und Sand bzw. aus Einheitserde; *p*H-Wert 5,5 bis 6,5. Verpflanzt wird jährlich zwischen Februar und September. Eine Zusatzdüngung findet etwa alle 14 Tage, im Winter jeden Monat einmal statt.
Es ist zu beachten, daß die Temperaturen im Winter bei feuchtem Stand nicht für längere Zeit unter 10 bis 12 °C liegen, sonst ist mit dem Verlust der Pflanzen zu rechnen.
Vermehrung durch Kopf- oder Teilstecklinge bzw. Samen bei etwa 20 °C Bodentemperatur.

Impátiens L.
SPRINGKRAUT
Balsamináceae

⌂ bis ⌂ ⌐ ⇉ ☀ bis ◐

Der Name wurde dem lat. Wort impátiens = ungeduldig entlehnt, weil bei einigen Arten die Samen schon bei leichter Berührung der reifen Frucht fortgeschleudert werden.

Impatiens-Hawaii-Hybride

Verbreitet sind die etwa 550 Arten der Gattung im tropischen und subtropischen Afrika und Asien, einschließlich der ostafrikanischen Inseln, 8 Arten kommen in den gemäßigten Gebieten von Europa, Asien und Amerika vor. Es sind einjährige Pflanzen, Stauden oder Halbsträucher. Die Blütenkronblätter

sind teilweise verwachsen. Werden reife Früchte berührt, springen sie auf.
– Hawaii-Hybriden syn. I.-Neuguinea-Hybriden
Entstanden aus *I. hawkeri* W. Bull x *I. linearifólium* Pers.
Blätter schmal eiförmig, kurz gestielt, cremegelb oder weißlich mit breitem grünem Rand, auch grün und rot gezeichnet bzw. mit roten Nerven. Blütenblätter nicht oder kaum verwachsen, rosa bis rot, gestreift oder am Rand und im Zentrum dunkler, sortenreich.
– *hólstii* Engl. ⟶ *Impátiens walleràna*
– Neuguinea-Hybriden ⟶ Impátiens-Hawaii-Hybriden

Impatiens wallerana

– *petersiàna* (Rehd.) Maatsch ⟶ *Impátiens walleràna* var. *petersiàna*
– *sultàni* Hook f. ⟶ *Impátiens walleràna*
– *walleràna* Hook f. syn. *I. hólstii* Engl., *I. sultàni* Hook f. · Fleißiges Lieschen
Tropisches Afrika, Sambia; eingeführt um 1880.
– – var. *petersiàna* (Rehd.) Maatsch syn. *I. petersiana* Rehd.
Blätter braunoliv, Blüte karminrot.
Ausleseformen der Art wurden untereinander und mit der Varietät gekreuzt. Von dieser erhielten die Sorten ihre braunfarbigen Blätter. Züchtungen bleiben niedrig.

Impatiens wallerana

Sproßachse aufrecht, verzweigt, fleischig. Blätter eiförmig bis breit-elliptisch, spitz, etwa 7 × 4 cm, Rand gekerbt. Blütenstände in den Blattachseln ein- bis mehrblütig, Blüten flach ausgebreitet, Segmente verwachsen, einfach, halbgefüllt oder gefüllt und einfarbig, von weiß über rosa, lachs, scharlachkarmin bis violett, auch mit dunklerem Zentrum oder rotweiß gefärbt.
Verwendung/Pflege/Vermehrung:
Leicht zu pflegende schöne Blatt- und Blütenpflanzen, die an einem hellen, luftigen Standort fast während des ganzen Jahres willig und reich blühen. Pflege und Vermehrung wie bei ⟶ *Coleus.*

Iresíne P. Br.
Amaranthàceae

⌂ bis ⌂W ⌐ ⇉ ○ bis ☼ ♤ ♡

Der Name ist abgeleitet von gr. eiresiáne = »Erntekranz« (mit Wolle umwickelter Ölzweig). Die Blüten sind mit Flaum bedeckt, und die Samen sind wollig.
Die etwa 80 Arten der Gattung kommen in Amerika, auf den Antillen, den Gala-

Iresine herbstii

pagosinseln und in Australien vor. Sie wachsen als Stauden, Halbsträucher, Sträucher oder baumartig, aufrecht, niederliegend oder kletternd. Ihre Blätter sind gegenständig, die Blüten stehen in Scheinähren kopfig oder in verlängerten einfachen oder rispenartigen Infloreszenzen.

Iresine herbstii

– *hérbstii* Hook. syn. *I. verschaffeltii* (Hook.) Lem.
herbstii = nach M. Herbst (Mitte des 19. Jh.), Gärtner in England. Brasilien; eingeführt 1864.
Sproßachse aufrecht, zuerst grün, später rotbraun. Blätter gegenständig, rundlich bis verkehrt herzförmig, bis 7 cm groß, an den Nerven breit hellkarmin.
– – 'Aureoreticulata'
Dekorativer Kultivar. Sproßachse, Blattstiel und Mittelnerv karminrot, Nerven und Teile der Blattspreite cremegelb, sonst grün.
– *verschaffeltii* (Hook.) Lem. ——→ *Iresíne hérbstii*

Verwendung/Pflege/Vermehrung:
Unempfindliche Blattpflanzen, die im Sommer auch auf dem Balkon oder ausgepflanzt im Freien stehen können. Sie lieben viel Licht und vertragen im Winter für längere Zeit keine Temperaturen unter 12 °C. Als Substrat kann jede Blumenerde verwendet werden. Verpflanzt wird im Frühjahr ab Februar. Es sollte im Spätsommer (bis September) noch einmal erfolgen. Gleichzeitig werden zu lange Triebe zurückgeschnitten evtl. bis auf 2 Blattpaare. Gedüngt wird in Abständen von 8 bis 14 Tagen, im Winter etwa jeden Monat einmal. An Neutrieben ist auf Blattläuse zu achten.
Die Pflanzen sind gegen Ballentrockenheit, stauende Nässe sowie länger andauernde Untertemperaturen empfindlich. Günstig ist, jährlich von den Abschnitten beim Rückschnitt im Frühjahr oder August junge Pflanzen heranzuziehen.
Zur Vermehrung dienen Kopf- und Teilstecklinge, die bei Zimmertemperatur von 18 bis 21 °C oder mehr auch im Wasser leicht wurzeln.

Jacobínia Nees ex Moric.
Acanthàceae

bis bis

Die etwa 50 Arten der Gattung kommen im tropischen und subtropischen Ame-

Jacobinia carnea

rika vor. Es sind Stauden, Halbsträucher oder Sträucher mit immergrünen Blättern. Die Blüten haben eine meist verlängerte, oben wenig erweiterte Kronröhre. Ihre Oberlippe ist schmal, oft gekrümmt, ganzrandig oder kurz zweilappig, die Unterlippe ist kurz oder bis zur Mitte dreispaltig.

Jacobinia carnea

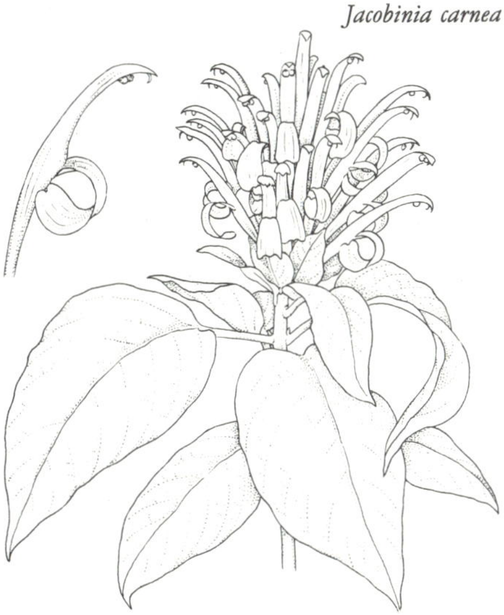

– *cárnea* (Lindl.) Nichols. syn. *J. magnífica* (Nees) Lindau, *J. pohliána* (Nees) Lindau, Justícia cárnea Lindl.
cárneus = fleischfarbig (Blüten). Brasilien; eingeführt 1827.
Sproßachse aufrecht, verzweigt, 40 bis 60 cm, im Alter bis 140 cm lang, schwach vierkantig. Blätter eiförmig bis schmal eiförmig mit langer Spitze, Rand meist gekerbt. Ganze Pflanze weichhaarig bis fast kahl. Blüten rosa bis fleischfarbig in bis 12 cm langen Köpfen, zweilippig, bis 5 cm lang; V bis VIII.
– *magnífica* (Nees) Lindau ⟶ *Jacobínia cárnea*
– *pohliána* (Nees) Lindau ⟶ *Jacobínia cárnea*

Verwendung/Pflege/Vermehrung:
Relativ großwüchsige Blütenpflanzen mit dekorativen Blättern. Sie lieben einen hellen, luftigen Standort. Bei gleichmäßiger Wasserzufuhr können die Temperaturen bis auf 25 °C ansteigen, doch genügen im Winter 14 bis 18 °C. Als Substrat ist eine humose Garten- oder Komposterde mit Lehm, Torf und Sand oder Einheitserde geeignet; *p*H-Wert 5,5 bis 6,5. Verpflanzt wird jährlich im Februar/März, notfalls bis August, ältere Pflanzen alle 2 Jahre. Zusätzliche Dunggüsse von April bis August/September sind vorteilhaft. Hydrokultur ist in einer 0,07- bis 0,1%igen Nährlösung möglich.
Ältere Pflanzen werden oft zu groß oder verlieren an der Basis ihre Blätter und wirken dann unschön. Sie sind durch Jungpflanzen zu ergänzen.
Vermehrung durch Stecklinge im Februar/März oder im August bei 21 bis 24 °C Bodentemperatur. Öfteres Stutzen fördert die Verzweigung. Bewurzelung erfolgt auch im Wasser.

Justícia brandegeána Wasserhausen et L. B. Sm. ⟶ *Belopérone*
– *cárnea* Lindl. ⟶ *Jacobínia*
– *calycótricha* Link et Otto ⟶ *Schauéria*
Känguruhklimme ⟶ *Císsus*
Kaffee ⟶ *Cóffea*

Kalánchoe Adans.
Crassuláceae

Kalanchoe-Blossfeldiana-Hybride

Ⓚ bis ⌂ ⌐ ⇉ ○ bis ☼ Ⓓ

Der französische Botaniker, Forschungsreisende und Zoologe M. Adanson (1727 bis 1806) benannte die Gattung nach dem chinesischen Namen »calankoe«.

Verbreitet ist die Gattung mit etwa 200 Arten im tropischen und subtropischen Afrika und Asien, eine Art in Amerika. Es sind einjährige und zweijährige Pflanzen, Halbsträucher oder Sträucher, teilweise mit lianenartigem Wuchs. Die Blätter stehen an der Sproßachse gegenständig, sind sitzend oder gestielt. Viele Arten sind sukkulent. Die Blüten stehen in Trugdolden, haben eine verwachsene Kronröhre und 4 Kronzipfel.

– *blossfeldiana* v. Poelln.

blossfeldiana = nach R. Blossfeld (Anf. 20. Jh.). Madagaskar; eingeführt etwa 1927.

Staude. Sproßachse aufrecht, wenig verzweigt, fleischig, glatt, bis 30 cm lang. Blätter eiförmig, dunkelgrün, etwa 7 × 4 cm, Rand buchtig gekerbt. Reichblütig, Blüten etwa 1 cm groß, scharlachrot; I bis IV.

– Blossfeldiana-Hybriden · Flammendes Kätchen

Durch Selektion von *K. blossfeldiana* v. Poelln. und Kreuzung mit *K. flammea* Stapf, *K. teretifolia* Haw. u. a. entstanden. Es gibt hochwüchsige Sorten mit größeren Blüten und niedrige mit kleineren. Mehrjährig. Blätter eiförmig, dunkelgrün, Rand buchtig eingeschnitten bis gekerbt. Blütenstände kurz oder verlängert, Blüten 1 bis 2 cm groß, gelb, orange, lachsrot, scharlach, karminrot; II bis V, bei Kurztagbehandlung auch zu anderen Zeiten.

– *daigremontiána* R. Hamet et Perr. de la Bathie syn. *Bryophýllum daigremontiánum* (R. Hamet et Perr. de la Bathie) Berger

daigremontiána = nach dem Franzosen de Gremont. Madagaskar; eingeführt Anfang des 20. Jh.

Kalanchoe blossfeldiana

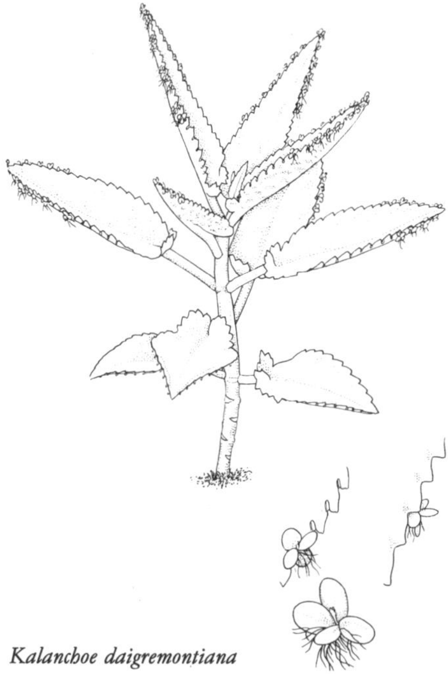

Kalanchoe daigremontiana

Staude. Sproßachse aufrecht, bis 1 m lang. Blätter schmal dreieckig, bis 20 × 7 cm, sukkulent, bereift, oben dunkelgrün, besonders unterseits graugrün, rotbraun streifig gefleckt, Rand grob gesägt mit auf kleinen Zähnen sitzenden Brutpflanzen. Blütenstand verzweigt, Blüten glockig, hängend, bis 1,9 cm lang, grauviolett.

– *marmoráta* Bak.

marmorátus = marmoriert. Somalia bis Sudan und Kongo; eingeführt um 1920.

Staude. Sproßachse aufrecht, verzweigt. Blätter verkehrt eiförmig, bis 10 × 7 cm, grünlichgrau, rotbraun gefleckt, bereift, Rand vorn buchtig gekerbt. Blüte weiß, selten blühend.

– *tomentósa* Bak.

tomentósus = filzig. Madagaskar; eingeführt Anfang des 20. Jh.

Mehrjährig. Sproßachse aufrecht, etwa 50 cm lang. Blätter sitzend, schmal-elliptisch, dick-sukkulent, dicht weiß filzig behaart, Rand an der Spitze entfernt gezähnt und rostrot behaart.

– *tubiflóra* (Harv.) Hamet syn. *Bryophýllum tubiflórum* Harv.
tubiflórus = röhrenblütig. Madagaskar; eingeführt um 1860.
Mehrjährig. Sproßachse aufrecht, einfach, sukkulent, bis 1 m lang. Blätter stielrund, oben flach rinnig, bis 10 × 0,6 cm, grün bis violettgrau, schwarzgrün gefleckt, an der Spitze 2 bis 8 Zähne mit Brutpflanzen. Blütenstand endständig, Blüten glockig, bis 2,4 cm lang, rötlichviolett.

Verwendung/Pflege/Vermehrung: Unempfindliche Sukkulenten. Ein dankbarer Blüher ist das »Flammende Kätchen«. Die Pflanzen vertragen viel Licht. Im Winter genügen Temperaturen von 12 bis 18 °C, aber auch 8 °C werden noch vertragen. Gegossen wird mäßig, besonders bei kühlerem Stand. Nur *K. bloss-*

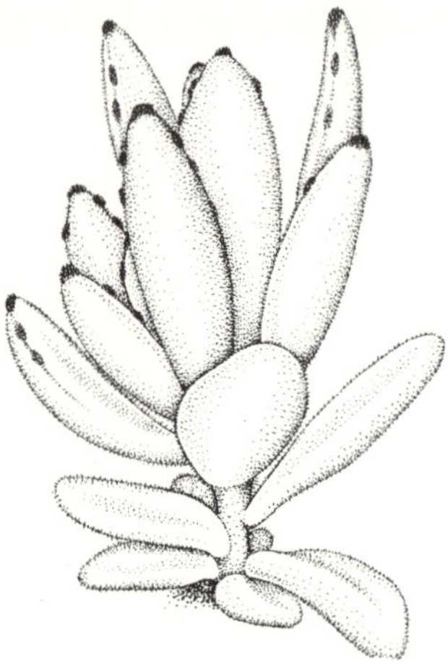

Kalanchoe tomentosa

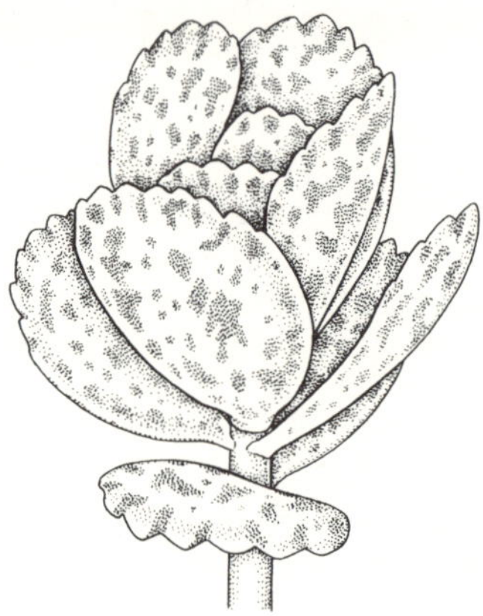

Kalanchoe marmorata

Kalanchoe daigremontiana

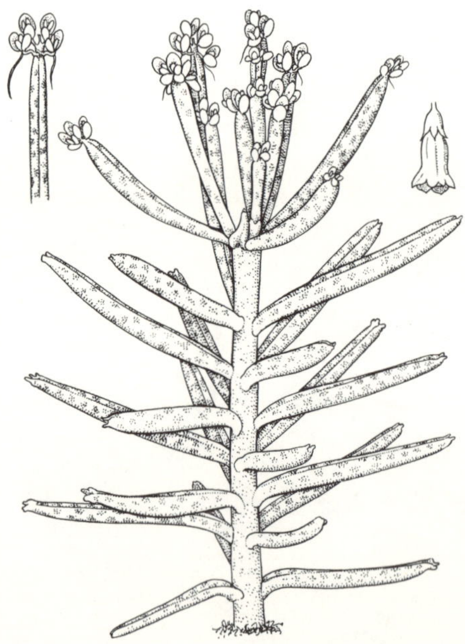

Kalanchoe tubiflora

feldiana und ihre Hybriden sind gleichmäßig zu gießen. Als Substrat ist sandige Garten- oder Komposterde geeignet, auch Einheitserde mit reichlich Lehm und Sand kann Verwendung finden. Stark sukkulente Arten benötigen einen reichen Zusatz von Lehm und Sand bei guter Dränage; *p*H-Wert um 6. Verpflanzt wird jährlich zwischen Februar und August. *K. blossfeldiana* und ihre Hybriden werden jährlich neu herangezogen. Die Düngung erfolgt stickstoffarm in der Vegetationsperiode nach jeweils 2 bis 4 Wochen. Fast alle Arten sind Kurztagpflanzen, d.h., zur Blütenbildung darf die Tageslänge über einen Monat 10 oder besser 9 Stunden nicht übersteigen. Zuvor sollen lange Tage von 12 und mehr Stunden eingewirkt haben, erst danach wird verdunkelt. Bei den meisten spielt auch die Temperatur eine Rolle. Vermehrung durch Kopf- und Blattstecklinge bzw. durch die sich auf den Blättern bildenden Brutpflanzen. Bei Samenvermehrung, z. B. der Massenanzucht von K.-Blossfeldiana-Hybriden, wird der Samen nicht bedeckt. Günstig sind Temperaturen von 20 bis 24 °C.

Kalanchoe tomentosa

Kalla ⟶ *Zantedéschia*
Kamelie ⟶ *Caméllia*
Kanonierblume ⟶ *Pílea*
Kapwein ⟶ *Rhoicíssus*
Katzenschwanz ⟶ *Acalýpha*
Keulenlilie ⟶ *Cordylíne*
Klimme ⟶ *Císsus*
Klivie ⟶ *Clívia*
Kokospälmchen ⟶ *Microcōeleum*
Kolbenfaden ⟶ *Aglaonéma*
Korallenstrauch ⟶ *Solánum*
Kranzschlinge ⟶ *Stephanótis*
Kreuzkraut ⟶ *Senécio*
Kroton ⟶ *Codiǣum*
Kußmäulchen ⟶ *Hypocýrta*
Lanzenrosette ⟶ *Aechméa*
Lappenbeere ⟶ *Coccóloba*

Ledebouria Roth
Liliáceae

(⌂K) ⌂ bis ⌂W ✹ bis ◐ ♀ ♡

Der deutsche Arzt und Botaniker A. W. Roth (1757 bis 1834) benannte die Gattung zu Ehren von C. F. Ledebour (1785 bis 1851), deutscher Botaniker und Forschungsreisender.
Die Gattung ist in Südafrika verbreitet. Es wird eine Zwiebel mit meist verlängertem Hals ausgebildet. Die kleinen Blüten stehen in Trauben.
– *sociális* (Bak.) Jessop syn. *Scílla sociális* Bak., *S. violácea* Hutchins.
sociális = gesellig. Südafrika; eingeführt vor 1876.
Zwiebel schmal eiförmig, stark sprossend, oberirdisch wachsend, hellgrün, bei viel Licht purpurviolett. Blätter immergrün, silbergrau, unregelmäßig dunkel- bis schwarzgrün quergefleckt, unterseits purpurviolett. Blütenstand terminal, Blüten zu 15 bis 25 in Trauben, hellgrün, Staubfäden violett; V bis VII.
Verwendung/Pflege/Vermehrung:
Dankbare Pflanzen mit auffällig gezeichneten Blättern, die auf der Fensterbank willig wachsen. Je heller der Standort ist, um so intensiver sind die Blätter gezeichnet. Die Pflanzen wachsen aber

auch bei geringerem Lichteinfall. Günstig sind Temperaturen von 12 bis mehr als 20 °C. Während des ganzen Jahres wird nur mäßig gegossen. Als Substrat ist Kompost- oder Gartenerde mit Sand, bei guter Dränage, geeignet; *p*H-Wert um 6,5. Verpflanzt wird etwa alle 2 Jahre zwischen Februar und Anfang August in nicht zu große Töpfe. Gedüngt wird nicht oder während der Vegetationsperiode alle 3 bis 4 Wochen stickstoffarm. Vermehrung durch Teilung oder Abtrennen von Brutzwiebeln.

Ledebouria socialis

Ledebouria socialis

Leuchterblume ⟶ *Ceropégia*
Losbaum ⟶ *Clerodéndron*
Malaienblume ⟶ *Phalaenópsis*

Maránta L.
PFEILWURZ
Marantáceae

⌂ bis ⌂ ✹ bis ◐ ♁ ♀ ♁

Die Gattung wurde nach dem italienischen Arzt, Botaniker und Schriftsteller Bartolomeo Maranta (16. Jh.) benannt. Die Gattung ist mit etwa 25 Arten im tropischen Amerika verbreitet. Es sind Stauden, die an den Wurzeln Knollen ausbilden. Nach der Ruheperiode (bei uns im Winter) wachsen aus dem Wurzelstock zahlreiche neue Blatttriebe. Der Blütenstand ist terminal angeordnet.
– *leuconéura* E. Morr.
leuconéurus = weißnervig (Blätter). Brasilien; eingeführt 1875.
Sproßachse aufrecht-niederliegend. Blattstiel breit scheidig, Blätter breit elliptisch, bis 15 × 9 cm, Spitze kurz, beiderseits des weißen Mittelnervs mit großen dunkelgrünen Flecken. Blüte weißlich, violett gezeichnet.
– – 'Erythroneura'
Blätter grünoliv, am Mittelnerv unregelmäßig hellgrün, daran anschließend eine dunkelgrüne Zone, Nerven karminrot, Unterseite hellgrün und karminbraun.
– – 'Kerchoviana'
Blätter grün, beiderseits des Mittelnervs braun gefleckt, Flecken unterseits hellpurpurfarben.
– – 'Massangeana'

Maranta leuconeura 'Kerchoviana'

Blätter olivgrün, am Mittelnerv smaragdgrün, in eine schokoladenbraune Zone übergehend, Nerven silbrig, Basis verbreitert, unterseits purpurfarben.

Verwendung/Pflege/Vermehrung:
Attraktiv gefärbte Blattpflanzen, die für die Zimmerpflege gut geeignet sind. Der Standort soll hell, aber vor Sonne geschützt sein, Halbschatten wird noch vertragen. Günstig ist eine Temperatur von 18 bis 24 °C, die kurzfristig bis auf 12 °C absinken kann. Als Substrat eignet sich eine Mischung aus Lauberde, Torf, wenig Lehm, Kompost- oder Gartenerde und Sand sowie Einheitserde; *p*H-Wert 5 bis 6. Verpflanzt wird im März/April oder bis August. Düngung erfolgt etwa alle 14 Tage, im Winter in geringen Gaben alle 6 Wochen. Hydrokultur ist in einer Nährlösung von 0,075 %, im Winter bei niedrigem Anstau und 0,05 % möglich.

Vermehrung durch Teilung beim Verpflanzen oder durch Stecklinge bei 21 bis 24 °C. Stecklinge wurzeln auch im Wasser.

Maranta leuconeura

Microcoelum Burret et Potzt.
KOKOSPÄLMCHEN
Arecáceae

(⌂) ⌂ ☼ bis ◐ ⊔ ⊔ ♁

Der Gattungsname wurde aus gr. mikrós = klein und koilia = Bauch, Höhlung, gebildet.

Die 2 Arten der Gattung wachsen in tropischen Regenwäldern Südamerikas. Sie haben unpaarig gefiederte Blätter.

– *martiánum* (Glaz. ex Drude) Burret et Potzt. ⟶ *Microcoelum weddeliánum*

– *weddeliánum* (H. Wendl.) H. E. Moore syn. *M. martiánum* (Glaz. ex Drude) Burret et Potzt., *Cócos weddeliána* H. Wendl. · Kokospälmchen

weddeliana = nach M. A. Weddel (1819 bis 1877), englischer Botaniker. Tropisches Brasilien; eingeführt um 1870.

Sproßachse einfach, aufrecht, in Kultur bis etwa 1,5 m lang, mit braunen Fasern bedeckt. Blätter 50 bis 70 cm, an alten Exemplaren bis 120 cm lang, gefiedert, Fiederblätter schmal länglich-lanzettlich, spitz, grün, unterseits graugrün.

Verwendung/Pflege/Vermehrung:
Schöne Blattpflanzen mit zierlich überhängenden Fiederblättern.

Sie lieben einen hellen, aber nicht voll-

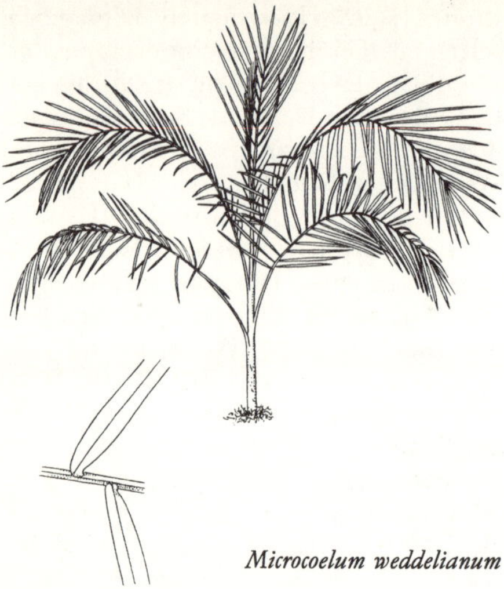

Microcoelum weddelianum

sonnigen Standort mit Temperaturen von 16 bis 26 °C und hoher Luftfeuchtigkeit. Öfteres Übersprühen ist deshalb erforderlich. Günstig ist ein Standort über einem Substrat, das viel Feuchtigkeit abgibt. Das Einstellen in mit Wasser gefüllte Schalen sollte nur dann erfolgen, wenn sich im Blumentopf eine gute Dränage befindet. Jungpflanzen werden

Microcoelum weddelianum

jährlich, ältere Pflanzen alle 2 bis 3 Jahre ab Februar bis Anfang August in ein humoses Substrat; *p*H-Wert 5 bis 6, verpflanzt. Nach erfolgter Durchwurzelung kann alle 3 bis 4 Wochen, im Winter nach etwa 8 Wochen gedüngt werden. Hydrokultur ist in 0,1- bis 0,2%iger Nährlösung (im Winter unter 0,1 %) möglich.
Vermehrung durch Aussaat frischer Samen nach 48stündigem Einweichen in Wasser von 30 bis 35 °C bei Bodentemperaturen von 25 bis 30 °C.

Mistelfeige ⟶ *Fícus*

Mónstera Adans.
FENSTERBLATT
Aráceae

⌂ bis Ⓦ ☼ bis ◐ Ⓗ ♁

Die Entstehung des Namens ist unbekannt. Der französische Botaniker M. Adanson (1727 bis 1806) wählte ihn möglicherweise wegen des riesigen Wuchses unter Verwendung des franz. Wortes monstre = Ungeheuer.
Die Gattung kommt mit 50 Arten in den Tropen und Subtropen Amerikas vor. Es sind wurzelkletternde Lianen oder Epiphyten, deren Blütenkolben von einer meist gleichlangen, später abfallenden Spatha umgeben wird.
– *deliciósa* Liebm. syn. *Philodéndron pertúsum* Kunth et Bouché
deliciósus = köstlich (Duft der Früchte).
Mexiko, Mittelamerika; eingeführt um 1848.
Pflanze sehr groß, Sproßachse aufsteigend, wurzelkletternde Liane mit langen, braunen Luftwurzeln, die sich in der Erde verzweigen. Blätter 60 bis 90 cm lang, dunkelgrün, lederig, mehrfach gelöchert, Rand tief zerschlitzt.
– – 'Borsigiana'
Kultivar kleinwüchsig. Sproßachse aufsteigend. Blätter bis 50 × 35 cm, dunkelgrün, am Mittelnerv gelöchert, Rand unsymmetrisch tief zerschlitzt.

Monstera deliciosa

Verwendung/Pflege/Vermehrung: Dekorative Blattpflanzen ohne besondere Ansprüche. Eine Stütze durch einen Stab ist günstig. Die Ansprüche an Licht sind gering, doch ist das Wachstum an einem hellen, absonnigen Standort besser. Gepflegt wird bei Zimmertemperatur, die kurzfristig bis 10 °C absinken kann, ohne daß die Pflanze Schaden nimmt. Eine hohe relative Luftfeuchtigkeit ist vorteilhaft. Gute Frischluftzufuhr (keine Kaltluft direkt auf die Pflanze) fördert die Gesunderhaltung. Gegossen wird reichlich. Als Substrat sind Einheitserde oder Lauberde mit Torf, Lehm bzw. Garten- oder Komposterde mit Sand geeignet, *p*H-Wert um 6. Verpflanzt wird jährlich zwischen Februar und September, ältere Exemplare alle 2 Jahre. Gedüngt wird nach jeweils 2 bis 3 Wochen, im Winterhalbjahr etwa alle 6 Wochen. Zur Pflege in Hydro (in 0,1- bis 0,2%iger Nährlösung) ist der Kultivar 'Borsigiana' wegen seiner geringeren Größe vorzuziehen.
Luftwurzeln werden in das Substrat geleitet. Braune Blattspitzen bilden sich bei zu großer Lufttrockenheit (es ist öfter zu sprühen) und bei stauender Nässe infolge faulender Wurzeln. Bei Wurzelschäden ist weniger zu gießen und bald zu verpflanzen.
Vermehrung durch Kopf- oder Teilstecklinge mit einem Blatt möglichst mit Luftwurzelansatz bei Bodenwärme von 21 bis 28 °C und hoher Luftfeuchtigkeit. Eine Bewurzelung findet auch im Wasser statt, wenn die Sproßachse nicht zu weich ist. Importierter Samen verliert bald die Keimfähigkeit.

Mýrtus L.
MYRTE
Myrtáceae

Ⓚ bis ⌂ ⌐ ⇶ ○ ☼ ♁

Der Name wurde nach lat. murtus, myrtus = wohlriechender Saft, Öl gegeben.
Eine alte Legende der Araber besagt, daß die Myrte wegen ihres Duftes aus dem Paradies stammt. Bei den Griechen war sie der Göttin der Schönheit und Liebe, Aphrodite, geweiht. Schon die Griechen und Römer schmückten die jungfräuliche Braut mit einem Kranz aus Myrte.
Die Gattung ist mit etwa 100 Arten in Südamerika, Australien und auf Neuseeland verbreitet. Eine Art kommt im Mittelmeergebiet vor. Es sind immergrüne Sträucher oder kleine Bäume mit lederigen und durchscheinend punktierten, gegen-, selten quirlständig angeordneten Blättern. Die Blüten stehen einzeln oder in kurzen Trauben.
– *commúnis* L. · Brautmyrte
commúnis = gewöhnlich, gemein. Mittelmeergebiet; eingeführt Ende des 16. Jh.
Strauch, reich verzweigt, bis 1 m, im Alter bis 3 m hoch. Blätter schmal eilanzettlich, spitz, dunkelgrün, lederig. Reichblühend, Blüten weiß, rosa angehaucht; VI bis X.

Myrtus communis

Verwendung/Pflege/Vermehrung:
Dankbare Grünpflanze. Wichtig ist die Pflege an einem kühlen, hellen Standort, im Sommer auch auf dem Balkon oder im Freien.

Die Pflanzen vertragen volle Sonne, wachsen auch absonnig und benötigen eine gute Frischluftzufuhr. Günstig sind Wintertemperaturen von 2 bis 6 °C, die bei Sonne bis etwa 15 °C ansteigen dürfen. Während des Wachstums ist reichlich zu wässern. Auch im Winter sollte man mäßig gießen. Stauende Nässe wird nicht vertragen. Als Substrat ist jede humose Gartenerde oder Kompost mit Sand, aber auch Einheitserde geeignet; *p*H-Wert 6 bis 6,5. Ältere Exemplare werden nach 2 bis 3 Jahren, jüngere zwischen Februar und April, aber auch noch bis September verpflanzt. Nach dem Durchwurzeln kann in den Sommermonaten wöchentlich oder in 14tägigem Abstand flüssig gedüngt werden. Bei zu warmem und lufttrockenem Standort tritt leicht ein Befall durch Schild- und Wolläuse oder auch durch Weiße Fliege auf. Außer Standortwechsel und chemischer Schädlingsbekämpfung ist ein starker Rückschnitt der befallenen Pflanzenteile zu empfehlen. Die Exemplare erreichen rasch ihre ursprüngliche Größe.

Kronenbäumchen lassen sich leicht ziehen. Junge Pflanzen läßt man so lange wachsen, bis die gewünschte Höhe erreicht ist. Danach wird gestutzt. Die oberen Seitentriebe ergeben durch öfteres Kürzen eine reiche Verzweigung. Die unteren Seitentriebe sind rechtzeitig zu entfernen.

Vermehrung durch nicht zu stark verholzte Triebe bei 12 bis 16 °C. Bewurzelung erfolgt auch im Wasser.

Myrte ⟶ *Mýrthus*

Neoregélia L. B. Sm.
Bromeliáceae

⌂ bis Ⓦ ○ ☼ bis ◐ Ⓓ Ⓗ ♁

Der amerikanische Botaniker L. B. Smith (geb. 1904) benannte die Gattung nach gr. néos = neu und E. von Regel (1815 bis 1892), Direktor des Botanischen Gartens in Petersburg (heute Leningrad). Der Name *Regelia* war schon für eine Gattung der Myrtengewächse vergeben.

Die Gattung umfaßt etwa 80 Arten, die vorwiegend im mittleren Südamerika

Neoregelia atroviridifolia

Neoregelia carolinae

verbreitet sind. Die meisten Arten wachsen epiphytisch. Blätter am Rand meist stark bedornt, mit kurzer Stachelspitze. Blütenstand im Blatttrichter eingesenkt, in dem ständig Wasser steht. Die Rosette zahlreicher Arten hat zur Blütezeit ein auffällig gefärbtes Zentrum. Die Frucht ist eine Beere.

– *atroviridifólia* Weber et Roeth
atroviridifólius = Blätter schwärzlichgrün.

Brasilien; eingeführt 1978.
Rosette etwa 30 cm groß, Blätter länglich, etwa 25 × 4 cm, dunkelgrün, Rand schwarz bedornt, Spitze rundlich, stachelspitz, Zentrum zur Blüte rotbraun. Blüte bläulichweiß.

– *carolínae* (Beer) L. B. Sm.
Brasilien; eingeführt vor 1856.
Rosette etwa 45 cm groß, Blätter länglich, etwa 35 × 4 cm, olivgrün, Rand bedornt, Spitze abgerundet, stachelspitz, Zentrum zur Blütezeit karminrot. Blüte blau.

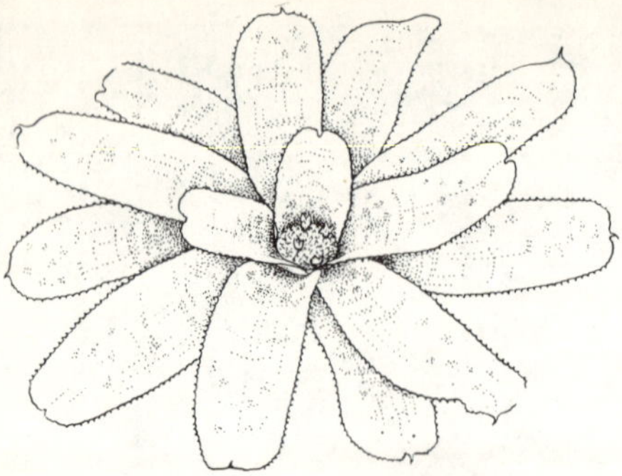

Neoregelia concentrica

Neoregelia-Hybride

Neoregelia-Hybride

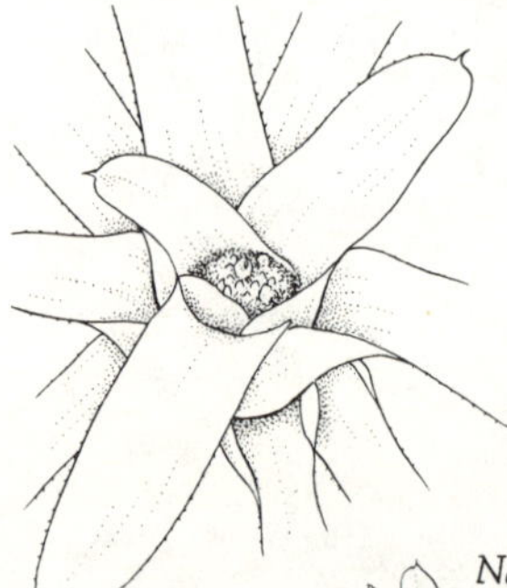

Neoregelia carolinae

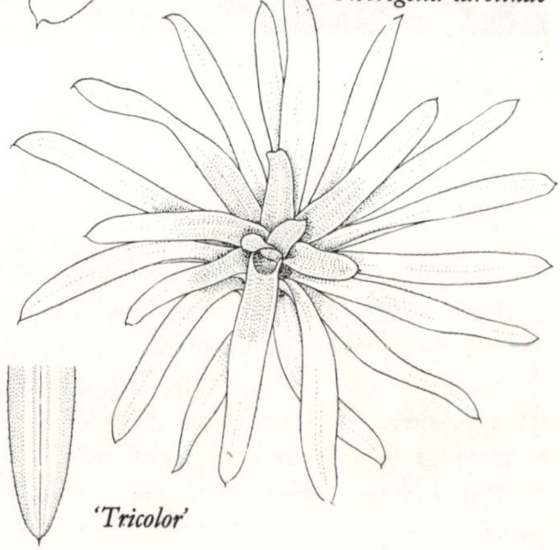

'Tricolor'

– – 'Tricolor'
Wie die Art, Blätter olivgrün, cremeweiß längsgestreift.

– *concéntrica* (Vell.) L. B. Sm.
concéntricus = konzentrisch. Brasilien; eingeführt vor 1857.
Rosette 45 bis 60 cm groß, Blätter breit länglich, etwa 30 × 8 cm, dunkelgrün, Spitze rundlich, stachelspitz, Rand grob bedornt, Zentrum zur Blütezeit blauviolett.

– Hybriden
Erste Kreuzung von M. L. Dutrie (Belgien) gezüchtet um 1925.
Rosette meist mittelgroß, Blätter grün, Zentrum zur Blütezeit vorwiegend rot, karmin bis hellviolett, auch braunrot.

– *marmoráta* (Baker) L. B. Sm.
marmorátus = marmoriert. Brasilien; eingeführt etwa 1885.

Rosette etwa 45 cm groß, Blätter 30 × 6 cm, länglich, grün, rotbraun marmoriert, Spitze abgerundet, stachelspitz. Blüte weißlich.

– *ólens* (Hook. f.) L. B. Sm.
ólens = riechend. Ostbrasilien (?); eingeführt etwa 1865.
Rosette 40 bis 60 cm groß, Blätter schmal-länglich, 35 × 3 cm, spitz, grün, Rand bedornt, Zentrum zur Blüte leuchtend rot.

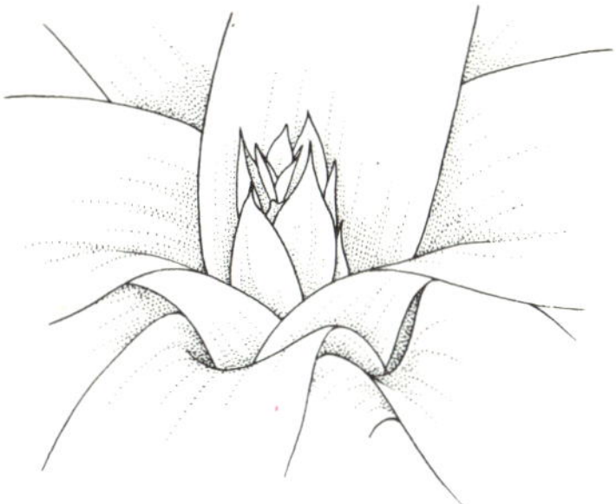

Neoregelia schubertii

Neoregelia marmorata

Neoregelia smithii

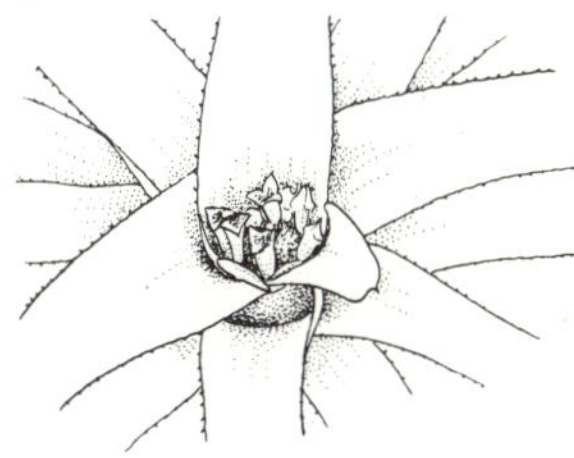

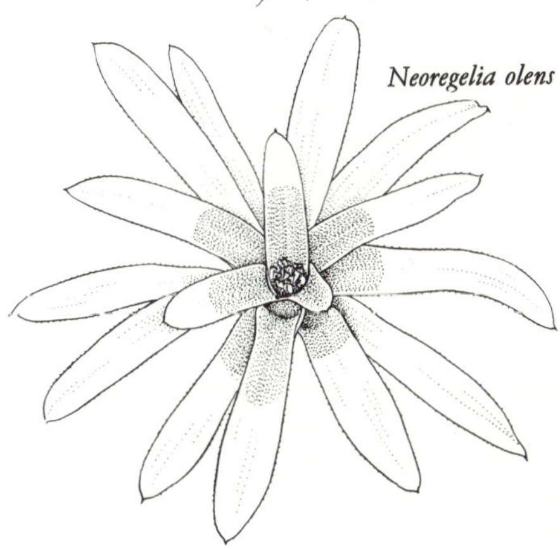

Neoregelia olens

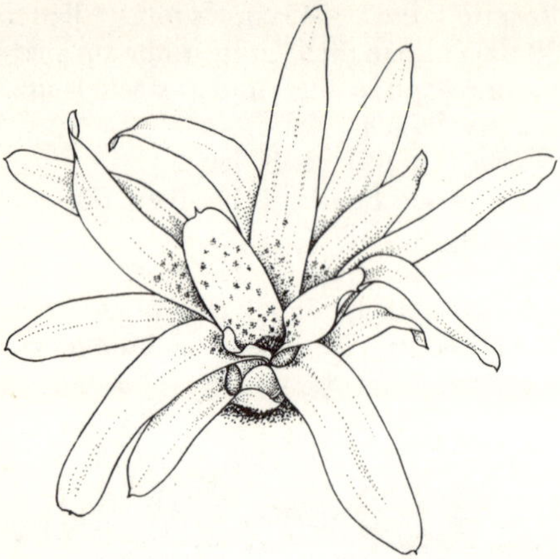

Neoregelia smithii

– *schúbertii* Roeth
schúbertii = nach Prof. Dr. R. Schubert (geb. 1927), Direktor des Botanischen Gartens Halle (S.). Ostbrasilien; eingeführt 1971.
Neutrieb rhizomartig, mit großen Niederblättern, bis 20 cm lang. Rosette etwa 40 cm groß, Blätter länglich, Spitze abgerundet, stachelspitz, hellgrün, Zentrum zur Blütezeit hellrot.
– *smithii* Weber
smithii = nach L. B. Smith (geb. 1904). Brasilien; eingeführt 1977.
Rosette etwa 30 cm groß, Blätter länglich, etwa 15 bis 20 × 4 cm, gelbgrün, oben unregelmäßig hellpurpurbraun gefleckt, Rand entfernt braun bedornt, Zentrum zur Blütezeit hell purpurviolett, Blüte hellviolett.
Verwendung/Pflege/Vermehrung:
Dankbare Zimmerpflanzen, von denen die meisten während der Blütezeit und oft lange davor sowie danach intensiv gefärbte Rosettenzentren haben. Sie vertragen gut trockene Luft. Jede Rosette blüht nur einmal.
Die Pflanzen benötigen einen hellen Standort, da sie sich nur bei viel Licht gut ausfärben, jedoch wird notfalls noch Halbschatten vertragen. Geeignet sind Temperaturen von 18 °C und mehr, kurzfristig dürfen sie bis auf 12 °C absinken. Es wird gleichmäßig gegossen, Staunässe vertragen die Pflanzen nicht. Das Substrat soll mäßig feucht, die Blatttrichter müssen aber immer mit Wasser gefüllt sein. Als Substrat eignet sich grobe Lauberde, Torf, Sand und Moos vermischt mit Rindenstücken oder Einheitserde; *p*H-Wert 5 bis 5,5. Wichtig ist eine möglichst lange haltbare lockere Struktur. Verpflanzt wird in Abständen von 1 bis 2 Jahren zwischen Februar und August. Die Düngung erfolgt in schwacher Konzentration und stickstoffarm in Abständen von 2 bis 3 Wochen, im Winter alle 6 bis 7 Wochen. Hydrokultur kann in einer Nährlösung von 0,05 % (im Winter fast ohne Nährstoffe) durchgeführt werden. Auf Schildläuse ist zu achten.
Vermehrung durch Abtrennen bewurzelter Seitensprosse beim Verpflanzen oder durch Samen.

Nephrólepis Schott
SCHWERTFARN
Nephrolepidáceae

⌂ ☼ bis ◐ Ⓓ Ⓗ ♁

Der Name ist zusammengesetzt aus nephrós = Niere und lepis = Schuppe und bezieht sich auf die Form des Indusiums (Schleierchen, das die Sporenhäufchen umgibt).

Nephrolepis cordifolia

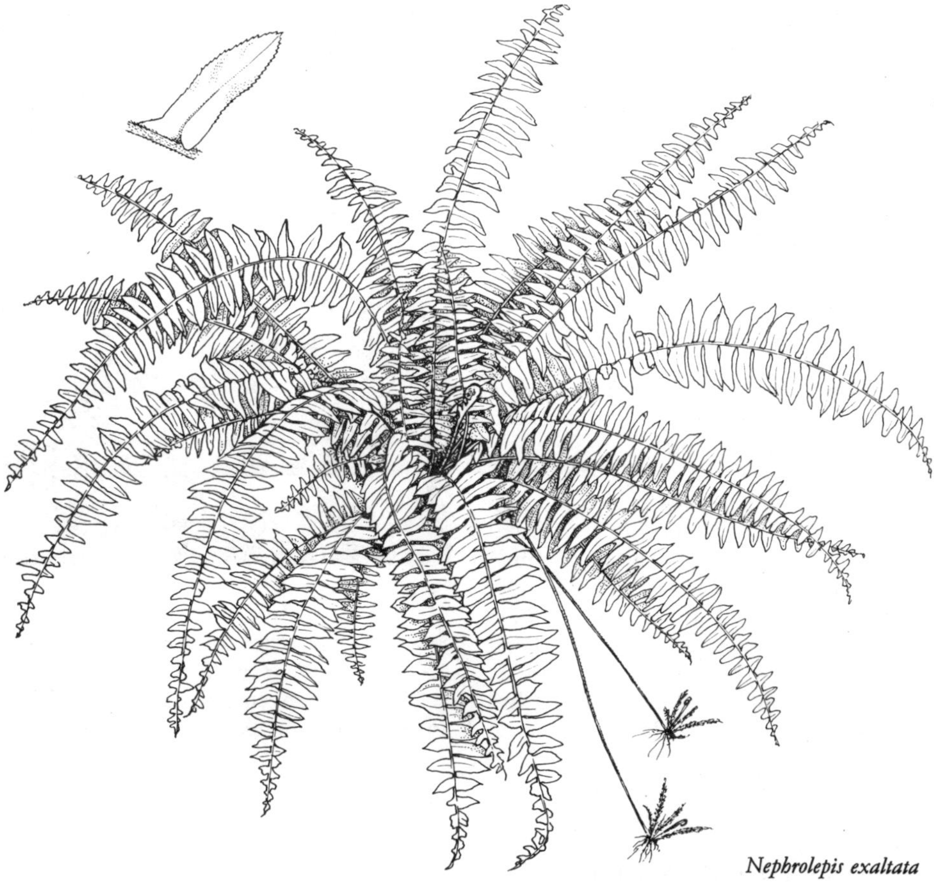

Nephrolepis exaltata

Die Gattung umfaßt etwa 30 Arten, die in den ganzen Tropen verbreitet sind. Die Pflanzen wachsen epiphytisch oder terrestrisch und entwickeln Ausläufer mit Adventivpflanzen. Ihre Blätter sind einfach gefiedert und bilden auf Adern oder am Rand der Fiedern rundliche oder längliche Sporenhäufchen.

– *cordifólia* (L.) K. B. Presl

cordifólius = herzblättrig. Tropisches Asien bis Neuseeland; eingeführt 1841. Ausläufer lang. Wurzeln oft mit schuppigen, knolligen Speicherorganen. Blätter etwa 60 cm lang, schmal, dunkelgrün, Fiederblätter länglich, 3 cm lang.

– – 'Plumosa'

Dekorativer Kultivar. Blattfiedern vorn fiederartig eingeschnitten.

– *exaltáta* (L.) Schott.

exaltátus = hochgewachsen. Tropen; eingeführt 1793.

Reiche Ausläuferbildung. Wurzeln ohne Knollen. Blätter grün, etwa 80 cm lang, Fiederblätter bis 9 cm lang, sehr variabel.

– – 'Bornstedt'

Wertvoller Kultivar. Blattfieder mehrfach fein gefiedert (s. Abb. S. 31).

– – 'Boston Zwerg' syn. *N. exaltáta* 'Dwarf Boston'

Wuchs gedrungen, Blattfieder länglich-lanzettlich, spitz, breiter als bei der Art, dunkelgrün.

– – 'Hillii'

Blätter leicht überhängend, Blattfieder doppelt gefiedert.

– – 'Teddy Junior'
Blattfieder einfach, breit, Rand gewellt.
– – 'Dwarf Boston' ⟶ Nephrólepis exaltáta 'Boston Zwerg'
Verwendung/Pflege/Vermehrung: Schwertfarne sind dekorative Blattpflanzen, die relativ gut trockene Zimmerluft vertragen. Der Standort soll absonnig bis halbschattig sein. Günstig sind Temperaturen um 18 °C, die nicht für längere Zeit unter 12 °C absinken sollen. Es ist so zu gießen, daß der Pflanzstoff stets mäßig feucht bleibt. Staunässe wird nicht vertragen. Bei warmem, lufttrockenem Stand ist ein öfteres Übersprühen vorteilhaft. Als Pflanzstoff dient eine Mischung aus Lauberde, Torf, Komposterde, etwas Lehm und Sand oder Einheitserde; *p*H-Wert um 5,5. Verpflanzt wird ab Februar bis August/September, besser mehrmals in wenig größere Töpfe als gleich in zu große Gefäße. Verfilzte Topfballen werden aufgelockert. Düngung erfolgt während des Sommers in Abständen von 1 bis 2 Wochen. Hydrokultur ist in einer Nährlösung von 0,05 %, im Sommer etwas stärker, möglich. Bei ungünstigem Stand achte man auf Schildläuse, an Neutrieben auf Blattläuse.
Vermehrung durch Abtrennen von bewurzelten Adventivpflanzen, die sich an den dünnen Ausläufern entwickeln. Junge Pflanzen werden einzeln eingepflanzt. Auch Aussaat von Sporen ist möglich.

Nérium L.
OLEANDER
Apocynáceae

Ⓚ bis ⌂ ⌐ ⇄ ○ ☼

Der Name ist von gr. nérion = naß abgeleitet und bezieht sich auf das Vorkommen der Gehölze an feuchten Standorten in ihrer Heimat.
Die Gattung umfaßt 3 Arten und ist vom Mittelmeergebiet bis ins subtropische Asien verbreitet. Es sind immergrüne

Nerium oleander

Sträucher mit schmalen, lederigen, quirlig zu 3, seltener zu 4 oder sehr selten gegenständig angeordneten Blättern. Die ansehnlichen Blüten stehen in endständigen Trugdolden.
– *oleánder* L.

Nerium oleander

oleánder = Ölbaumrose. Mittelmeergebiet; eingeführt vor 1550.

Wuchs strauchartig, Sproßachse verholzend. Blätter gegen- oder zu 3 quirlständig, schmal lanzettlich, 17 × 3 cm, spitz, dunkelgrün, lederig, Blüte 3,5 cm, bei Kulturformen bis 8 cm groß, einfach oder gefüllt, rosa, rot, weiß, gelb, auch gestreift, nachts duftend; VI bis IX.

– – 'Variegatum'

Kultivar mit am Rand breit unregelmäßig cremeweiß gezeichneten Blättern, auch nichtblühend dekorativ.

Verwendung/Pflege/Vermehrung:
Reichblühender Strauch für helle, luftige Treppenhäuser u. ä. Während der Sommermonate ist ein Standort auf Terrasse und Balkon günstig. Oleander liebt viel Licht, ständig frische Luft und im Sommer möglichst volle Sonne an einem warmen, geschützten Ort. Im Winter reichen bei möglichst viel Licht 2 bis 12 °C und mäßige Ballenfeuchtigkeit. Besonders während des Wachstums im Sommer ist reichlich zu wässern, dabei schadet zeitweilig Wasser im Untersatz nicht. Das Substrat besteht aus nährstoffreicher Garten- oder Einheitserde mit reichlich Lehm und Sand; *p*H-Wert um 6. Es sind relativ große Pflanzgefäße erforderlich. Verpflanzt werden junge Exemplare jährlich, ältere jeweils nach 3 bis 4 Jahren. Vorratsdünger in der Erde und flüssige Düngergaben im Sommer sind günstig. Alle Pflanzenteile sind giftig!
Vermehrung durch Stecklinge, die im Wasser bei Zimmertemperaturen sicher wurzeln. Oleander ist ein sehr kräftig wachsendes Gehölz. Wenn die Pflanzen zu groß geworden sind, werden sie im Frühjahr stark zurückgeschnitten. Für einen reichlichen Blütenansatz ist es notwendig, daß die Triebe im Herbst gut ausreifen.

Nesselschön ⟶ *Acalýpha*
Nestfarn ⟶ *Asplénium*
Odontoglóssum gránde Lindl. ⟶ *Rossioglóssum*
Oleander ⟶ *Nérium*

Nidulárium Lem.
Bromeliáceae

⌂ bis (W) ☀ bis ◐ (D) (H)

C. A. Lemaire benannte die Gattung 1854 nach der Anordnung des Blütenstandes vieler Arten in der Blattrosette nach lat. nídus = Nest.

Die Gattung umfaßt etwa 30 Arten und kommt vorwiegend in Ostbrasilien in Regenwäldern vor. Der Blütenstand ist in die Blattrosette eingesenkt oder verlängert mit gestauchter Infloreszenz. Die Hochblätter haben meist eine auffällige Färbung. Die Früchte sind Beeren.

– *billbergioídes* (Schult. f.) L. B. Sm. syn. *N. cítrinum* (Burch.) Mez

billbergioídes = billbergiaähnlich. Ostbrasilien; eingeführt 1793.

Rosette bis 35 cm groß, Blätter etwa 4 cm breit, schmallanzettlich, spitz, Rand bedornt. Schaft des Blütenstandes aufrecht, Blütenstand gestaucht, Brakteen gelb oder rot, Blüte weiß.

– *crínitum* (Burch.) Mez ⟶ *Nidulárium billbergioídes*

– *fúlgens* Lem.

fúlgens = leuchtend (Hochblätter).

Nidularium billbergioides, Farbvarianten

Nidularium billbergioides

Ostbrasilien; eingeführt vor 1855.
Rosette dicht, Blätter 35 × 4,5 cm, grun, dunkler gefleckt, Rand bedornt. Blütenstand in der Rosette sitzend, Tragblätter rot, Rand bedornt. Blüte weiß, Kronzipfel violettkarmin.

– Hybriden
Von Chantrier wurde als erste Sorte 'Chantrieri' aus *N. fulgens* Lem. x *N. innocentii* Lem. vor 1895 gezüchtet.
Blattrosette meist flach. Blätter grün, seltener gezeichnet. Blütenstand oft mit farbigen Hochblättern in der Rosette.

Nidularium fulgens

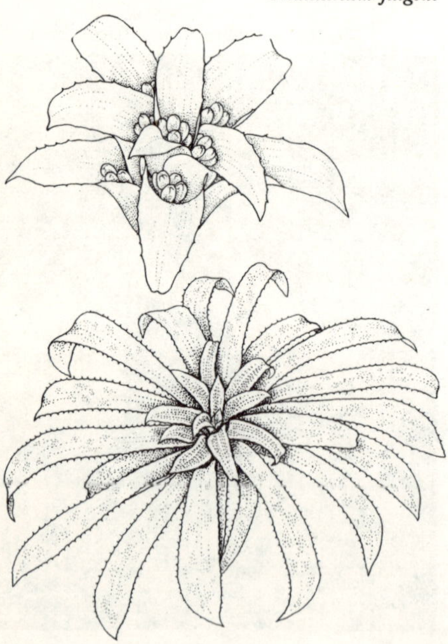

– *innocéntii* Lem.
innocéntii = nach Marquis de St. Innocent, Pflanzenfreund in Frankreich. Ostbrasilien; eingeführt vor 1862.
Rosette 40 cm groß, Blätter länglich, über der Scheide 3 cm, in der Mitte 5 cm breit, dunkelgrün, zur Basis zu violett, Rand bedornt, unterseits violettpurpur. Hochblätter rot, braun beschuppt, Blüte weiß. Mehrere Varietäten sind in Kultur.

Nidularium innocentii

– *scheremetiéwii* Regel
scheremetiéwii = nach von Scheremetieff (19. Jh.), russischer Pflanzenfreund. Ostbrasilien; eingeführt vor 1858.
Rosette etwa 35 cm groß, Blätter schmal länglich, spitz, grün, Rand bedornt. Hochblätter schmal eilanzettlich, rötlich bis rosarot, Blütenblätter blauviolett, Rand heller, Basis weiß, (s. Abb. S. 24).

Verwendung/Pflege/Vermehrung:
Dekorative Blütenpflanzen, deren Hochblätter ihre Farbe lange behalten.
Der Standort soll hell bis halbschattig sein. Zimmertemperatur reicht aus, die Temperatur sollte aber nicht für längere Zeit unter 12 °C absinken. Als Substrat

Nidularium innocentii

ist ein grobes, durchlässiges Material erforderlich. Halbverrottete Lauberde, Torf, Moos mit Sand und Rinde bzw. Borke sind als Mischung geeignet; *p*H-Wert um 5,5. Es wird gleichmäßig feucht gehalten. Im Blatttrichter soll immer Wasser stehen. Verpflanzt wird jährlich oder jedes 2. Jahr zwischen Februar und April (bis September). Hydrokultur kann in einer Nährlösung von 0,1 % im Wechsel mit reinem Wasser erfolgen.

Nidularium-Hybride

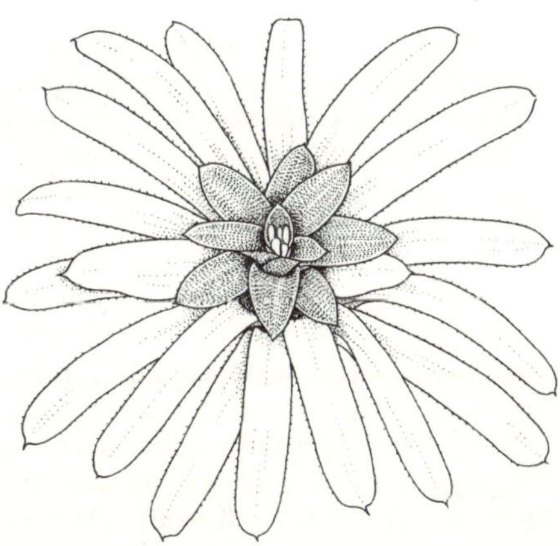

Nidularium scheremetiewii

Vermehrung durch Abtrennen bewurzelter Seitensprosse beim Verpflanzen oder durch Aussaat.

Oplísmenus P. Beauv.

STACHELSPELZE

Poáceae

⌂ bis Ⓦ ⇉ ☼ bis ◐ ♂

Der französische Botaniker und Forschungsreisende A. M. F. J. Palisot de Beauvois (1752 bis 1820) benutzte für den Namen das gr. Wort hoplismenós = bewaffnet, weil das Gras Stachelgrannen ausbildet. Darauf bezieht sich auch der deutsche Name.

Die Gattung umfaßt 15 Arten, die in den Tropen und Subtropen verbreitet sind. Ihre Halme sind locker wechselständig beblättert. Die Blüten stehen in einseitwendigen Rispen.

– *hirtéllus* (L.) P. Beauv. syn. *O. imbecíllis* hort. non (R. Br.) Reiss. et Seem., *Panícum hirtéllum* L.

hirtéllus = struppig, kurzborstig. Tropisches Amerika, Afrika, Polynesien; eingeführt vor 1821.

Oplismenus hirtellus

'Variegatus'

Staude. Halme aufrecht-niederliegend bis hängend, rund. Blätter schmal eilanzettlich, Spitze ausgezogen, grün, oft rotbraun überlaufen.

– – 'Variegatus'

Wertvoller Kultivar. Blätter grün, weiß längsgestreift, bei viel Licht rosakarmin überlaufen.

– *imbecíllis* hort. non (R. Br.) Reiss. et Seem. ——→ *Oplísmenus hirtéllus*

Verwendung/Pflege/Vermehrung:

Schöne Ampelpflanzen, deren Blüten aber ohne Bedeutung sind. Nur der

Oplismenus hirtellus 'Variegatus'

Kultivar ist in Kultur. Pflege und Vermehrung wie bei ——→ *Tradescantia.* Stecklinge bewurzeln sich rasch in Wasser.

•

Osterkaktus ——→ *Rhipsalidópsis*

Pachýstachys Nees

DICKÄHRE

*Acanthácea*e

⌂ bis ⌂ ✹ bis ◐ ⊞

Benannt ist die Gattung nach gr. pachýs = dick und stáchys = Ähre.

Die Gattung umfaßt 7 Arten, die in Amerika verbreitet sind und einen halbstrauchigen oder strauchigen Wuchs haben. Ihre Blütenstände stehen terminal und entwickeln meist auffällig große und haltbare Hochblätter.

– *lútea* Nees syn. *Belopérone* 'Super Goldy' · Goldene Dickähre, Gelber Hopfen

lúteus = gelb (Hochblätter). Mexiko; eingeführt um 1900.

Sproßachse aufrecht, vierkantig. Blätter gegenständig, elliptisch, spitz, grün, Blattstiel geflügelt. Hochblätter kreuzgegenständig, eiförmig, spitz, Basis geöhrt, lange haltbar, gelb. Blüten gekrümmt, mit dreiteiliger Lippe, bis 5 cm lang, weiß; II bis X.

Verwendung/Pflege/Vermehrung:

Eine auffallende Blütenpflanze von langer Haltbarkeit.

Der Standort soll hell, kann aber auch noch halbschattig sein. Volle Sonne ist zu vermeiden. Günstig sind Temperaturen von 18 bis mehr als 22 °C. Sie können kurzfristig auf 10 bis 12 °C absinken. Gleichmäßiges Gießen ist erforderlich. Das Substrat besteht aus Lauberde, Torf, Lehm und Sand oder Einheitserde; *p*H-Wert 5,5 bis 6,5. Verpflanzt wird jährlich zwischen Februar und Anfang September, wenn die Pflanzen nicht blühen. Während der Vegetationsperiode ist in 14tägigem Abstand flüssig zu düngen. Hydrokultur kann in 0,1%iger Nährlö-

Nidularium innocentii

ist ein grobes, durchlässiges Material erforderlich. Halbverrottete Lauberde, Torf, Moos mit Sand und Rinde bzw. Borke sind als Mischung geeignet; *p*H-Wert um 5,5. Es wird gleichmäßig feucht gehalten. Im Blatttrichter soll immer Wasser stehen. Verpflanzt wird jährlich oder jedes 2. Jahr zwischen Februar und April (bis September). Hydrokultur kann in einer Nährlösung von 0,1 % im Wechsel mit reinem Wasser erfolgen.

Nidularium-Hybride

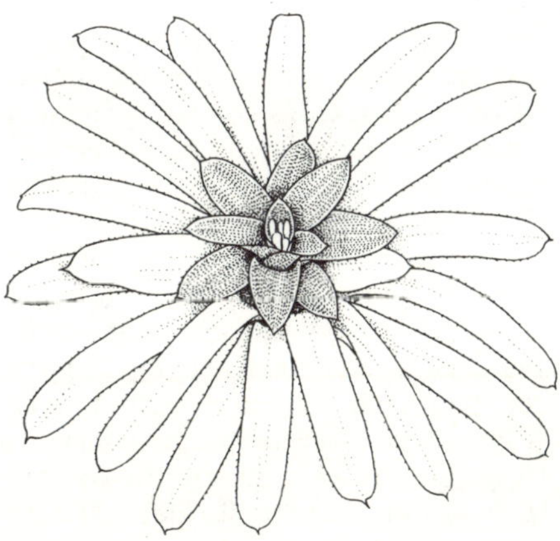

Nidularium scheremetiewii

Vermehrung durch Abtrennen bewurzelter Seitensprosse beim Verpflanzen oder durch Aussaat.

Oplísmenus P. Beauv.
STACHELSPELZE
Poáceae

⌂ bis Ⓦ ≈ ☀ bis ◐ ♁

Der französische Botaniker und Forschungsreisende A. M. F. J. Palisot de Beauvois (1752 bis 1820) benutzte für den Namen das gr. Wort hoplismenós = bewaffnet, weil das Gras Stachelgrannen ausbildet. Darauf bezieht sich auch der deutsche Name.
Die Gattung umfaßt 15 Arten, die in den Tropen und Subtropen verbreitet sind. Ihre Halme sind locker wechselständig beblättert. Die Blüten stehen in einseitwendigen Rispen.
– *hirtéllus* (L.) P. Beauv. syn. *O. imbecíllis* hort. non (R. Br.) Reiss. et Seem., *Panicum hirtéllum* L.
hirtéllus = struppig, kurzborstig. Tropisches Amerika, Afrika, Polynesien; eingeführt vor 1821.

Oplismenus hirtellus 'Variegatus'

Staude. Halme aufrecht-niederliegend bis hängend, rund. Blätter schmal eilanzettlich, Spitze ausgezogen, grün, oft rotbraun überlaufen.

– – 'Variegatus'

Wertvoller Kultivar. Blätter grün, weiß längsgestreift, bei viel Licht rosakarmin überlaufen.

– *imbecíllis* hort. non (R. Br.) Reiss. et Seem. ⟶ *Oplísmenus hirtéllus*

Verwendung/Pflege/Vermehrung:
Schöne Ampelpflanzen, deren Blüten aber ohne Bedeutung sind. Nur der

Oplismenus hirtellus 'Variegatus'

Kultivar ist in Kultur. Pflege und Vermehrung wie bei ⟶ *Tradescantia.* Stecklinge bewurzeln sich rasch in Wasser.

Osterkaktus ⟶ *Rhipsalidópsis*

Pachýstachys Nees
DICKÄHRE
Acanthàceae

⌂ bis Ⓦ ☀ bis ◐ Ⓗ

Benannt ist die Gattung nach gr. pachýs = dick und stáchys = Ähre.

Die Gattung umfaßt 7 Arten, die in Amerika verbreitet sind und einen halbstrauchigen oder strauchigen Wuchs haben. Ihre Blütenstände stehen terminal und entwickeln meist auffällig große und haltbare Hochblätter.

– *lútea* Nees syn. *Belopérone* 'Super Goldy' · Goldene Dickähre, Gelber Hopfen

lúteus = gelb (Hochblätter). Mexiko; eingeführt um 1900.

Sproßachse aufrecht, vierkantig. Blätter gegenständig, elliptisch, spitz, grün, Blattstiel geflügelt. Hochblätter kreuzgegenständig, eiförmig, spitz, Basis geöhrt, lange haltbar, gelb. Blüten gekrümmt, mit dreiteiliger Lippe, bis 5 cm lang, weiß; II bis X.

Verwendung/Pflege/Vermehrung:
Eine auffallende Blütenpflanze von langer Haltbarkeit.

Der Standort soll hell, kann aber auch noch halbschattig sein. Volle Sonne ist zu vermeiden. Günstig sind Temperaturen von 18 bis mehr als 22 °C. Sie können kurzfristig auf 10 bis 12 °C absinken. Gleichmäßiges Gießen ist erforderlich. Das Substrat besteht aus Lauberde, Torf, Lehm und Sand oder Einheitserde; *p*H-Wert 5,5 bis 6,5. Verpflanzt wird jährlich zwischen Februar und Anfang September, wenn die Pflanzen nicht blühen. Während der Vegetationsperiode ist in 14tägigem Abstand flüssig zu düngen. Hydrokultur kann in 0,1%iger Nährlö-

Pachystachys lutea

sung erfolgen. Auf Weiße Fliege und Spinnmilben muß geachtet werden. Ballentrockenheit und stauende Nässe führen zu Blattfall. Zu lang gewordene Triebe können bis auf etwa ⅓ ihrer Länge gekürzt werden.

Pachystachys lutea

Vermehrung durch Kopf- und Teilstecklinge bei einer Bodentemperatur von 21 bis 24 °C. In einen Topf kommen 1 bis 3 Stecklinge. Durch mehrfaches Stutzen erzielt man buschige Pflanzen.

Palmlilie ——→ *Yúcca*

Pandánus Soland. ex Parkins.
SCHRAUBENBAUM
Pandanáceae

⌂ bis ⌂W ✹ bis ◐ Ⓗ ⛉ ♤ ♡

Der Name wurde nach dem malaiischen Wort pandang gebildet, das ansehnlich bedeutet. Der deutsche Name leitet sich von der Anordnung der Blätter ab.
Die Gattung umfaßt etwa 600 Arten. Das Areal erstreckt sich von Afrika ostwärts bis zum Malaiischen Archipel bzw. den Pazifischen Inseln. Einige Arten bilden Wälder, andere wachsen in Mangrove-Formationen. Es sind zweihäusige Sträucher oder Bäume, deren Stämme im Alter oft auf dicken Stelzwurzeln stehen. Die an der Basis stengelumfassenden Blätter sind an der Sproßachse vielfach schraubenartig angeordnet.
– *baptistii* Warb.
baptistii = nach H. Baptist (2. Hälfte des 19. Jh.) Pflanzensammler in Australien. New-Britain-Insel (Papua-Neuguinea); eingeführt 1892.
Stamm kurz. Blätter bei älteren Exemplaren etwa 1,5 m lang, 5 cm breit, blaugrün, blau bereift, Rand glatt.
– – 'Variegata'
Besonders wertvoller Kultivar. Blätter in der Mitte mehrfach cremegelb längsgestreift.
– *sánderi* Mast.
sánderi = nach F. Sander (1847 bis 1925), deutscher Gärtner in England. Malaysia; eingeführt 1898.
Stamm kurz, Blätter bei älteren Exemplaren etwa 1,5 m lang, etwa bis 5 cm breit, grün, Neutrieb orangegelb, Blätter grün bis orangegelb längsgestreift, Rand fein bedornt.

– *veitchii* hort. Veitch ex Mast. et T. Moore
veitchii = nach Veitch & Sons (1808 bis 1914), Großgärtnerei in England. Polynesien(?); eingeführt 1868.
Stamm kurz. Blätter bei älteren Exemplaren etwa 1,5 m lang, etwa 6 cm breit, grün, vorwiegend am Rand mehrfach cremeweiß längsgestreift, Rand scharf bedornt.
– – 'Compacta'
Schwachwüchsiger Kultivar.

P. baptistii *P. sanderi* *P. veitchii*

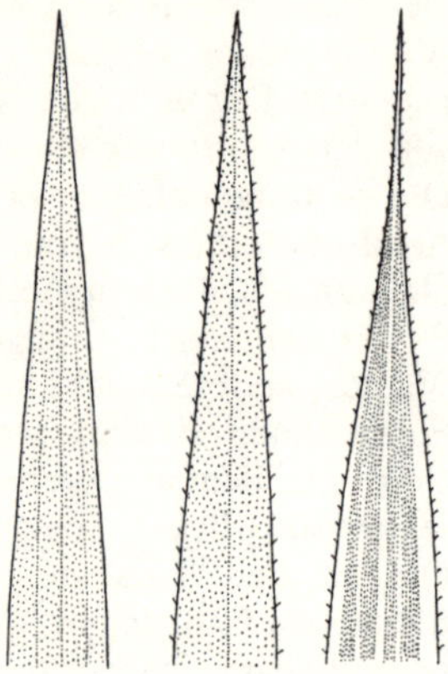

Pandanus veitchii

Verwendung/Pflege/Vermehrung: Dekorative Pflanzen, die trockene Luft vertragen. Sie können auch in Aquarien stehen bzw. mit ihren Wurzeln in das Wasser hineinreichen. Pandanus benötigen viel Licht, sind aber vor direkter Sonne zu schützen. Bei guter Pflege wachsen die Pflanzen auch noch halbschattig. Sie lieben Temperaturen von 20 °C und mehr, nur kurzfristig vertragen sie Temperaturen unter 12 °C. Bei zu trockener Pflege können trockene Blattspitzen auftreten. Als Substrat ist eine sandig-humose Gartenerde, eine Mischung aus Lauberde, Torf, Kompost, Lehm und Sand sowie Einheitserde geeignet; *p*H-Wert um 6. Verpflanzt wird jährlich zwischen Februar und August/September, ältere Exemplare alle 2 bis 3 Jahre. Düngung in wöchentlichem Abstand, im Winter etwa jeweils nach 6 Wochen, fördert das Wachstum. Hydrokultur ist in 0,2%iger Nährlösung (im Winter 0,1 % oder schwächer) möglich.
Vermehrung durch Abtrennen der sich an der Stammbasis bildenden Seitensprosse, wenn sie Wurzeln entwickelt haben. Sie wachsen bei 20 bis 25 °C Bodentemperatur schnell heran. Die Schnittfläche ist zuvor gegen Fäulnis mit Holzkohle einzupudern.

Panícum hirtéllum L. ⟶ *Oplísmenus*
Pantoffelblume ⟶ *Calceolária*
Paprika ⟶ *Cápsicum*

Passiflóra L.
PASSIONSBLUME
Passifloráceae

Ⓚ bis Ⓦ ○ ✹ (◐) Ⓗ ⌐ ⇉

Der Name wurde aus lat. pássio = Leiden und flos = Blume gebildet. Zuerst verwendete ihn Monardes (gest. 1578). Nach diesem symbolisieren die Blütenteile die Leiden Christi.

Vielfältig sind die Formen der Blattpflanzen.

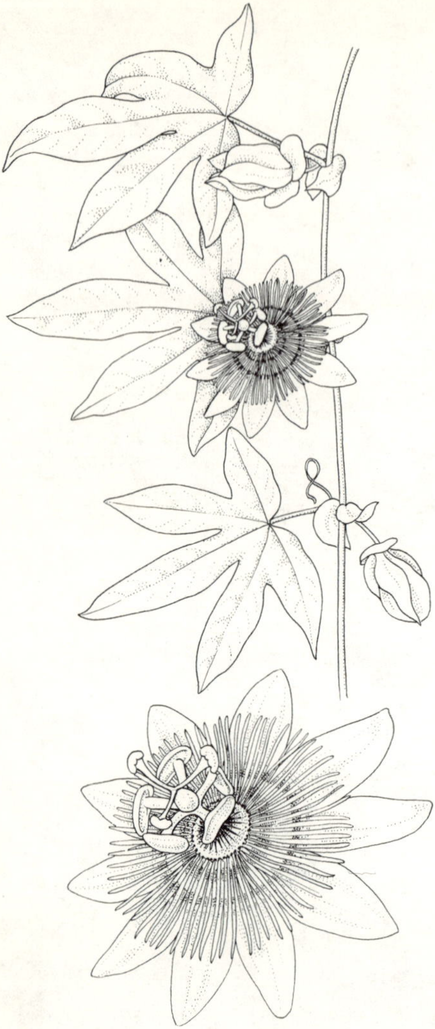

Passiflora caerulea

Die Gattung ist mit 500 Arten im tropischen Amerika, in Asien, Mikronesien und Australien verbreitet. Nur wenige Arten kommen im subtropischen Amerika vor. Es sind lianenartig wachsende Sträucher, seltener Stauden. Sie haben grüne, einige Arten auch farbige Blätter. Die meist großen Blüten besitzen einen fünfteiligen Kelch und 5, nur selten fehlende, Kronblätter. Zwischen den Kronblättern und 5 Staubblättern befindet sich eine unterschiedlich gestaltete strah-

Passiflora-Hybride

lenkranzartige Nebenkrone. Die Frucht ist meist eine saftige Beere und dient in der Heimat der Pflanzen als Obst.

– *caerúlea* L.

caerúleus = dunkelblau. Südbrasilien, Paraguay, Argentinien; eingeführt 1699. Wuchs lianenartig. Sproßachsen verholzend, mit Wickelranken. Nebenblätter nierenförmig, Blattstiel mit 2 bis 4 gestielten Drüsen, Blätter breit herzförmig, tief fünf- bis siebenlappig, dunkelgrün, oft blau bereift. Blüten etwa 9 cm groß, grünlichweiß, Kelchblätter kahnförmig, strahlenkranzartige Nebenkrone blau, Griffel purpurviolett; VI bis IX.

– – 'Constance Elliot'

Widerstandsfähiger Kultivar. Blüten cremeweiß.

– Hybriden

Züchterisch bearbeitet vorwiegend in England und Frankreich, erste Kreuzungen entstanden vor 1847.

Wuchs kräftig, Blätter oft ähnlich *P. caerulea,* meist weniger tief gelappt, grün, die großen Blüten werden bereits an kleinen Pflanzen entwickelt.

– – 'Imperatrice Eugenia' syn. *Passiflora* 'Kaiserin Eugenie'

Wahrscheinlich Hybride mit *P. caerula;* entstanden vor 1873. Blüte violettrosa.

– – 'Kaiserin Eugenie' ⟶ Passiflóra-Hybride 'Imperatrice Eugenia'

Passiflora racemosa

– *prínceps* Lodd. ⟶ *Passiflóra racemósa*

– *racemósa* Brot. syn. *P. prínceps* Lodd. racemósus = traubig (Blütenstand). Brasilien; eingeführt 1815.

Wuchs lianenartig. Sproßachse verholzend, mit Wickelranken. Nebenblätter breit eiförmig mit kurzer Spitze, Blattstiel rund, mit 4 (2) Drüsen, Blätter 12 × 14 cm, dunkelgrün, tief dreilappig, lederig, Blüten etwa 10 cm groß, leuch-

Passiflora racemosa

tend rot, Kelchblätter dreikantig-geflügelt, strahlenkranzartige Nebenkrone dunkelblau, auch weiß, Griffel grünlichweiß.

Verwendung/Pflege/Vermehrung:
Pflanzen mit auffallend schönen Blüten, die zur Berankung von Spalieren und Gittern verwendet werden. Der Standort soll möglichst luftig und hell sein, da bei verringerter Lichtmenge die Blühwilligkeit nachläßt. *P. caerulea* kann im Winter bei 6 °C bzw. frostfrei, *P. racemosa* nicht für längere Zeit unter 12 °C stehen. Im Sommer wird reichlich gegossen, im Winter bei kühlem Stand nur mäßig feucht gehalten. Als Substrat sind humose Gartenerde mit Sand, Lauberde, Kompost mit Lehm und Sand sowie Einheitserde geeignet; *p*H-Wert etwa 6 bis 7. Verpflanzt wird jährlich vorwiegend mit Beginn des Neutriebes im Frühjahr zwischen Februar und Ende April. Vorteilhaft sind im Sommer Düngergaben in 14tägigem Abstand, Hvdrokultur ist in einer Konzentration der Nährlösung von 0,1 bis 0,2 % (im Winter 0,5 bis 0,1 % und bei niedrigem Anstau) möglich. Auf Thrips und Spinnmilben ist zu achten.
Passionsblumen werden mit beginnendem Neutrieb im Frühjahr um etwa ⅓ oder etwas mehr zurückgeschnitten. An den sich entwickelnden kürzeren Seitentrieben bilden sich willig die Blüten. Die Winterruhe sollte nicht zu ausgeprägt sein, da sonst alle Blätter abgestoßen werden und der Austrieb spät erfolgt. *P. racemosa* ist von den hier vorgestellten Arten und Formen die am stärksten wachsende.
Vermehrung im Frühjahr durch nicht zu weiche Stecklinge mit 2 bis 3 Nodien bei Temperaturen von 18 bis 24 °C. Auch Wurzelschnittlinge sind möglich.

Passionsblume ⟶ *Passiflóra*

Pavónia Cav.
Malváceae

⌂ bis Ⓦ ☼ bis ◐ Ⓗ

Der spanische Botaniker und Direktor des Botanischen Gartens Madrid, A. J. Cavanilles (1745 bis 1804) ehrte mit dem

Pavonia multiflora

Gattungsnamen den spanischen Botaniker und Forschungsreisenden J. A. Pavon (1750 bis 1844), der vor allem die Pflanzenwelt Chiles und Perus erforschte.
Die etwa 200 Arten der Gattung kommen in den tropischen Gebieten der Erde, vorwiegend in Amerika, vor. Es sind Stauden oder Sträucher. Der Außenhüllkelch ist fünf- oder mehrspaltig, an der Basis mit dem Kelch verwachsen.
– *multiflóra* Juss. syn. *P. wiótii* E. Morr., *Triplóchlamys multiflóra* (Juss.) Ulbr. multiflórus = vielblütig. Brasilien; eingeführt 1874.
Wuchs strauchförmig, wenig verzweigt, aufrecht, Basis verholzend. Blätter länglich-lanzettlich, dunkelgrün, Rand gekerbt. Blüten in den Blattachseln, Außenhüllkelch schmal-eilanzettlich, purpurrot, Krone röhrenartig, violett-schwarz, Griffel und Staubfäden purpurrot, Pollen, blauviolett; IX bis V (V bis VIII).
– *wiótii* E. Morr. ⟶ *Pavónia multiflóra*
Verwendung/Pflege/Vermehrung:
Interessante, schönblühende Topfpflanzen für warme Räume. Sie lieben einen hellen bis halbschattigen, während der Mittagssonne vor direkter Sonnenbestrahlung geschützten Standort mit Temperaturen von 18 bis mehr als 25 °C, nicht für längere Zeit unter 12 °C. Es wird gleichmäßig gegossen und bei trok-

Pavonia multiflora

kener Zimmerluft öfters gesprüht. Geeignet ist eine Mischung aus Lauberde, Kompost, Torf, etwas Lehm und Sand oder Einheitserde; *p*H-Wert 6 bis 6,5. Verpflanzt wird jährlich zwischen März und August/September. Während der Wachstumszeit wird wöchentlich gedüngt, sonst nach jeweils 6 bis 7 Wochen. Hydrokultur ist in einer Nährlösung von 0,1 % möglich.

Im Gartenbau werden die Pflanzen mit Stauchemitteln behandelt, um niedrige Topfpflanzen zu erzielen. Bei mehrjähriger Pflege ohne wiederholte Anwendung erreichen die Sproßachsen wieder ihre natürliche Länge.

Vermehrung durch Kopfstecklinge bei Bodentemperaturen von 24 °C und mehr. Um gut bewachsene Töpfe zu bekommen, werden 3 Pflanzen zusammengesetzt. Gleich nach dem Austrieb ist zu stutzen, damit sich die Pflanzen verzweigen.

Pedilánthus Poit.
Euphorbiáceae

((K)) ⌂ bis (W) ○ ✹ bis ◐ (H) ♁

Der französische Gärtner, Botaniker, Forschungsreisende und Pflanzensammler P. A. Poiteau (1766 bis 1854) setzte den Gattungsnamen aus den gr. Wörtern pédilon = Schuh und ánthos = Blüte zusammen. Die Arten der Gattung haben 3 rote Hochblätter, ein Cyathium.

Die Gattung ist mit etwa 30 Arten im tropischen Amerika verbreitet. Es sind giftige, milchsaftführende sukkulente Sträucher. Ihre Blätter stehen wechselständig, an der Spitze der Sprosse auch gegenständig. Das unregelmäßige Cyathium hat ein spornähnliches Anhängsel.

– *carinátus* Spreng. ⟶ *Pedilánthus tithymaloídes*

– *tithymaloídes* (L.) Poit. syn. *Pedilánthus carinátus* Spreng.

tithymaloídes = wolfsmilchartig. Mexiko bis Südkolumbien; eingeführt 1817.

Variabel. Sproßachse aufrecht, im Topf etwa bis 80 cm lang, zickzackartig wachsend. Blätter elliptisch-eiförmig, spitz.

Pedilanthus tithymaloides 'Silver Slipper'

Pedilanthus tithymaloides

Blütenstand endständig, Hochblätter rot, bis 1,2 (1,5) cm lang und 0,5 mm breit.

– – 'Nanus'

Kultivar mit gedrungenem Wuchs.

– – 'Silver Slipper' syn. *P. tithymaloídes* 'Variegatus'

Blätter am Rand weiß, bei hellem Stand rosa gezeichnet.

– – 'Variegatus' ⟶ *Pedilánthus tithymaloídes* 'Silver Slipper'

Verwendung/Pflege/Vermehrung:
Dekorative Zimmerpflanzen für Südfenster, sie vertragen trockene Luft. Bei kühler, trockener Pflege verlieren sie im Winter die Blätter. Die Pflanzen lieben volle Sonne, wachsen aber auch noch im Halbschatten. Geeignet sind Temperaturen von 8 bis mehr als 21 °C. Es wird gleichmäßig gegossen, bei kühlem Stand im Winter werden die Pflanzen aber fast ganz trocken gehalten. Als Substrat ist eine sandige Kompost- oder Gartenerde, auch vermischt mit Lauberde oder Torf, geeignet; *p*H-Wert um 6,5. Verpflanzt wird alle 1 bis 2 Jahre ab Februar bis August in nicht zu große Töpfe. Alle 3 bis 4 Wochen ist in der Wachstumsperiode eine Düngung in schwacher Konzentration von Vorteil. Hydrokultur

ist in einer Nährlösung von 0,75 %, im Winter 0,05 % und flachem Anstau, möglich. Der Milchsaft ist giftig!
Vermehrung durch Stecklinge bei Bodenwärme. Nach dem Schnitt soll die Wunde in lauwarmem Wasser ausbluten. Auch Samenvermehrung ist möglich.

Peitschenkaktus ——→ *Aporocáctus*

Pelargónium L'Hérit.
PELARGONIE
(fälschlich **GERANIE** genannt)
Geraniáceae

⌂ ⌐ ⇉ ○ ☼ bis ◐ ⊞ ♁

Der Gattungsname wurde von C. L. L'Héritier de Brutelle (1746 bis 1800), Jurist und Botaniker, wegen der storchschnabelartigen Früchte nach gr. pelargós = Storch gebildet.
Die Gattung kommt mit etwa 250 Arten vorwiegend in Südafrika vor, je 1 Art ist in Kleinasien und in Afghanistan, 3 Arten sind in Australien und auf Neuseeland verbreitet. Sie wachsen als Stauden, Halbsträucher oder selten als Sträucher. Einige Arten sind sukkulent. Die Blüten

Pelargonium denticulatum

Pelargonium-Grandiflorum-Hybride

stehen in Dolden und haben eine zweiseitig symmetrische Form (zygomorph).
– *denticulátum* Jacq. Zitronenpelargonie
denticulátus = fein gezähnt, Südafrika. Sproßachse verzweigt, an der Basis verholzend. Blätter handförmig gelappt, Lappen tief eingeschnitten und am Rand gezähnt, grün, drüsig behaart. Blüten klein, weißlich mit purpurviolett, wenigblütig; VI bis VIII.
– x *doméstícum* L. H. Bailey ——→ Pelargónium-Grandiflorum-Hybriden
– Grandiflorum-Hybriden syn. *P. x doméstícum* L.H. Bailey · Edelpelargonie, Englische Pelargonie
In England gezüchtet aus *P. cordifólium* (Cav.) Curt., *P. cucullátum (L.) L'Hérit.*, *P. grandiflórum* Willd. u. a.; entstanden in der ersten Hälfte des 19. Jh. Züchterisch weiterentwickelt wurden sie von Odier (Frankreich), mit der nach ihm benannten »Odier-Klasse«. Deren Blütenblätter haben einen dunklen Fleck. Der Wuchs ist hoch, wie bei den ersten englischen Sorten. Bürger (Halberstadt), Faiss (Stuttgart) u. a. entwickelten um 1900 gedrungen wachsende Sorten.
Sproßachse aufrecht, wenig verzweigt,

Basis verholzend. Blätter eirund, gelappt, meist grob gesägt, einfarbig grün, derblederig, Blüten in Dolden, oft über 5 cm groß, rosa, rot, hellviolett, weiß, oft dunkler gezeichnet; IV bis VI (VII).

– *gravéolens* L'Hérit. ex Ait. · Rosenpelargonie

gravéolens = stark duftend. Süd- und Südwestafrika; eingeführt 1774.

Sproßachse aufrecht, an der Basis verholzend. Blätter handförmig gelappt, Lappen tief eingeschnitten, bläulichgrün, drüsig behaart. Blüten klein, purpurrosa; VI bis VIII.

Verwendung/Pflege/Vermehrung:
Dankbare Blatt- und Blütenpflanzen, die willig auf der Fensterbank wachsen. Der Standort soll möglichst hell sein. Geeignet sind Zimmertemperaturen, doch ist im Winter ein relativ kühler Standort am Fenster bei 10 bis 15 (18) °C zu wählen. Gegossen wird gleichmäßig. Im Winter ist bei kühlem Standort der Bedarf an Wasser geringer. Als Substrat eignet sich humose Garten- oder Komposterde mit Sand, auch mit Torf oder Lauberde vermischt sowie Einheitserde; *p*H-Wert um

Pelargonium-Grandiflorum-Hybride

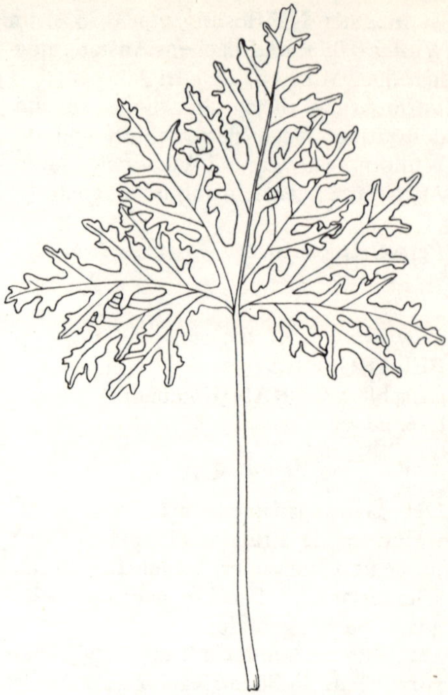

Pelargonium graveolens

6 bis 6,5. Verpflanzt wird nach 1 oder 2 Jahren zwischen Februar und April, die Duftpelargonien auch bis Anfang September. Die Düngung erfolgt alle 1 bis 2, im Winter alle 6 bis 7 Wochen. Hydrokultur ist in einer Nährlösung von 0,1 % (im Winter bei niedrigem Anstau 0,05 %) möglich. Besonders bei Pelargonium-Grandiflorum-Hybriden ist auf einen Befall von Weißer Fliege zu achten. Vermehrung durch Stecklinge, die bei P.-Grandiflorum-Hybriden im Juli, bei den Duftpelargonien von Februar bis Anfang August gesteckt werden. Sie wurzeln auch in Wasser.

Peperómia Ruiz et Pav.
PFEFFERGESICHT
Piperáceae

⌂ bis Ⓦ ☀ bis ◐ Ⓗ ♡

Der Name leitet sich ab von gr. péperi = Pfeffer und homós = ähnlich. Die Gattung wurde früher zu *Piper* (= Pfeffer) gestellt.

Sie kommt mit 1000 Arten im tropischen und subtropischen Amerika, in Afrika und auf Madagaskar vor. Es sind Stauden, seltener einjährige oder strauchige Pflanzen. Sie wachsen epiphytisch oder terrestrisch. Am Sproß stehen die oft etwas sukkulenten Blätter gegenständig oder in Wirteln, die zwittrigen Blüten in dichten walzenförmigen Ähren.

– *argyrḗia* (Miq.) E. Morr. syn. *P. arifólia* Miq. var. *argyrḗia* (Miq.) Hook.f., *P. sandersii* C.DC.

argyrḗius = silbrig. Südbrasilien; eingeführt vor 1866.

Peperomia caperata

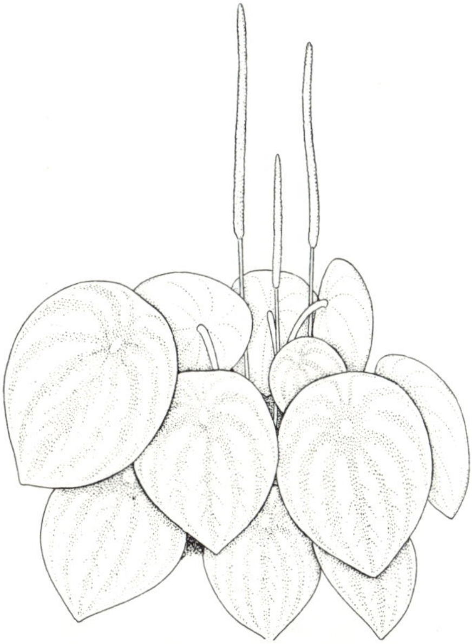

Peperomia argyreia

Sproßachse gestaucht, fleischig. Blattrosette dicht. Blattstiel braunpurpur, gelb gefleckt, Blätter rund-schild-eiförmig, bis 10 × 8 cm, silbrig, an den Nerven breit dunkelgrün.

– *arifólia* Miq. var. *argyrḗia* (Miq.) Hook.f. ⟶ *Peperómia argyrḗia*

– *caperáta* Yuncker

caperátus = gerunzelt (Blatt). Brasilien; eingeführt vor 1854.

Peperomia caperata

Peperomia glabella

Sproßachse gestaucht, fleischig. Blätter smaragd- bis olivgrün, zwischen den Nerven faltig aufgeblasen, an diesen schwarzgrün. Blütenschaft rötlich, Blütenähren dicht, weiß.
– – 'Little Fantasy'
Schwachwüchsig, zur Bepflanzung von Flaschengärten geeignet.
– – 'Tricolor' syn. *P. caperáta* 'Variegata'
Blätter am Rand cremeweiß.
– – 'Variegata' ⟶ *Peperómia caperáta* 'Tricolor'
– *glabélla* (Sw.) A. Dietr.
glabellus = kahl (Pflanze). Mittelamerika.
Sproßachse fleischig, aufrecht-niederliegend und überhängend, rotbraun. Blätter breit verkehrt-eiförmig bis rundlich, dunkelgrün, unterseits hellgrün.
– – 'Variegata'
Blätter cremeweiß, grün gezeichnet.
– *griseoargéntea* Yuncker syn. *P. hederifólia* hort., *P. pulchella* hort. non A. Dietr.
griseoargénteus = grausilbrig. Brasilien; eingeführt 1778 (?).
Sproß gestaucht, fleischig, Blattrosette dicht. Blätter breit herzförmig, bis 6 cm groß, grausilbriggrün, Nerven grün.
– *hederifólia* hort. ⟶ *Peperómia griseoargéntea*
– *magnoliifólia* (Jacq.) A. Dietr. ⟶ *Peperómia obtusifólia*
– *obtusifólia* (L.) A. Dietr. syn. *P. magnoliifólia* (Jacq.) A. Dietr., *P. tithymaloídes* (Vahl) A. Dietr.
obtusifólius = stumpfblättrig. Tropisches Südamerika; eingeführt 1739.
Sproßachse fleischig, aufrecht, teilweise liegend. Blätter verkehrt eirund, bis 12 × 6 cm, sukkulent, glänzend, dunkelgrün.
– – 'Alba'
Auffälliger Kultivar, Neutrieb cremegelb.
– – 'Albomarginata'
Blattrand cremegelb.
– – 'Minima'

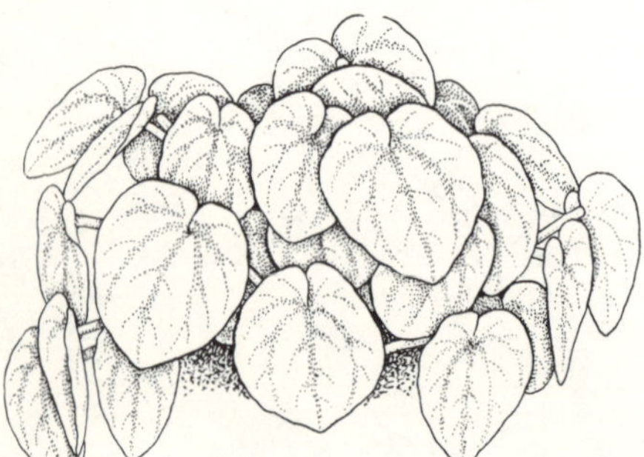

Peperomia griseoargentea

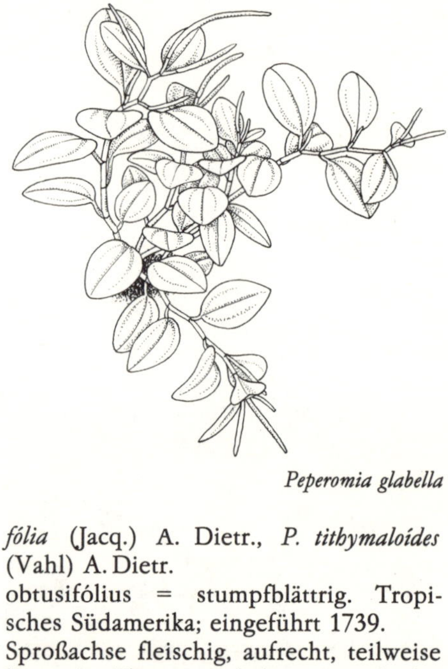

Peperomia glabella

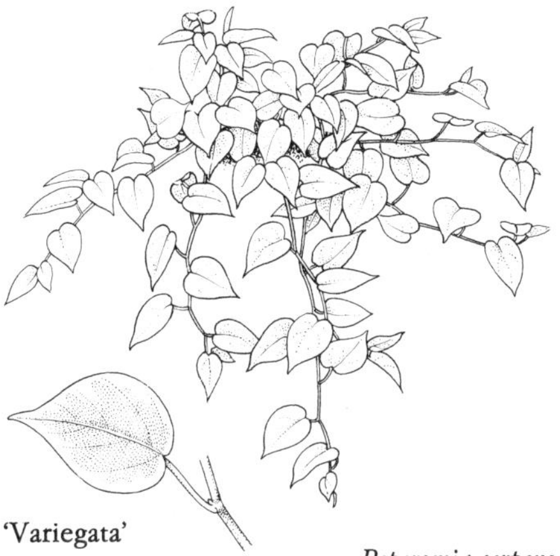

'Variegata'

Peperomia serpens

Kleinwüchsig, Blätter nur 3 cm lang, geeignet für Flaschengärten.
– – 'Variegata' (s. Abb. S. 55).
Blattrand und -teile unterschiedlich cremegelb und silbergrau gezeichnet.
– *pulchélla* hort. non A. Dietr. ⟶ *Peperómia griseoargéntea*

Peperomia obtusifolia

'Variegata'

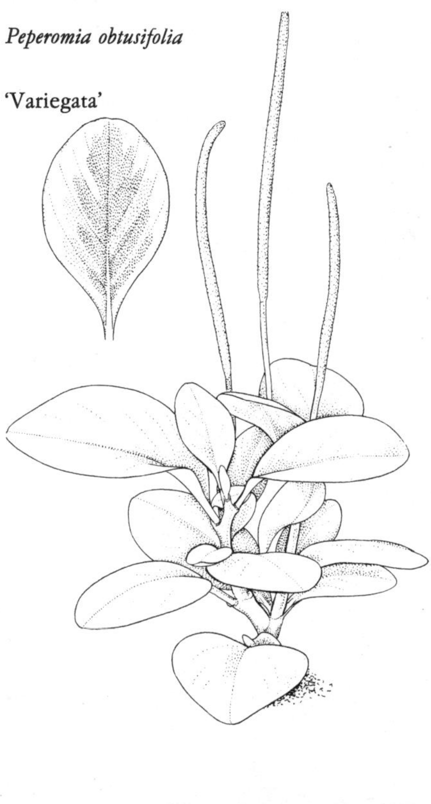

– *sandérsii* C.DC. ⟶ *Peperómia argyréia*
– *scandens* Ruiz et Pav. ⟶ *Peperomia sérpens*
– *sérpens* (Sw.) Loud. syn. *P. scandens* Ruiz et Pav.
sérpens = Schlange (Wuchs kriechend). Peru; eingeführt vor 1830.
Sproßachse fleischig, aufrecht-niederliegend und überhängend, grün, an den Nodien rot. Blätter hellgrün, breit-eiförmig, Spitze verlängert.
– – 'Variegata'
Kultivar mit cremegelb gezeichneten Blatträndern.
– *tithymaloídes* (Vahl) A. Dietr. ⟶ *Peperómia obtusifólia* (L.) A. Dietr.

Verwendung/Pflege/Vermehrung:
Dankbare Blattpflanzen. Arten mit kriechenden oder hängenden Sproßachsen eignen sich für Ampeln. Kleinwüchsige Arten können auch zusammen mit anderen Epiphyten gepflegt werden.
Der Standort soll hell, aber nicht vollsonnig sein. Halbschatten wird von vielen Arten vertragen. Die optimalen Temperaturen zwischen 16 und 24 °C dürfen nur kurzfristig stärker absinken. Die Pflanzen sollen gleichmäßig feucht stehen. Zu viel Wasser schadet aber meist mehr als gelegentliches Austrocknen. Das Substrat soll humos und durchlässig sein, auch Einheitserde ist geeignet; *p*H-Wert um 6. Verpflanzt wird zwischen Ende Februar und August. Großwüchsige Arten können in 0,05- bis 0,1%iger Nährlösung in Hydrokultur gepflegt werden. Vorsicht beim Auswaschen der Wurzeln!
Vermehrung durch Kopf- oder Teilstecklinge, bei den rosettig wachsenden Arten auch durch Blatt- oder Blatteilstecklinge bei Bodentemperaturen von 21 bis 25 °C.

Pfeffergesicht ⟶ *Peperómia*
Pfeilwurz ⟶ *Maránta*
Pfingstkaktus ⟶ *Epiphýllum*

Phalaenópsis Bl.
LIEBLICHE MALAIENBLUME
Orchidáceae

⌂ Ⓦ ⇉ ☼ bis ◐ Ⓓ Ⓗ

C. L. Blume (1796 bis 1862), deutscher Botaniker in Holland und Forschungsreisender in Südostasien, gab der Gattung den Namen nach den gr. Wörtern phálaina = Nachtfalter und opsis = Aussehen. Der Name bezieht sich auf die falterähnlichen Blüten.
Die Gattung umfaßt etwa 40 vorwiegend epiphytisch wachsende Arten, die vom Osthimalaja bis Nordostaustralien verbreitet sind. Ihr Sproß ist stark gestaucht und entwickelt meist 4 bis 8 Blätter. Am Blütenstand bilden einige Arten Adventivpflanzen. Die Tepalen sind einander ähnlich, oder die inneren sind wesentlich größer. Das Labellum (die Lippe) ist mehrgliedrig, spitz oder zweispaltig und vorn mit zwei langen grannenartigen Fortsätzen versehen.
– Hybriden
Die erste Kreuzung zwischen *Phal. aphrodite* Rchb.f. x *Phal. equestris* (Schauer) Rchb.f. nahm Veitch (England) 1886 vor.

Phalaenopsis-Hybride

Phalaenopsis-Hybride

Sproß gestaucht. Blätter elliptisch-eiförmig, grün bis rötlich-oliv, unterseits grün oder violettkarmin. Blütenstand aufrecht übergeneigt, selten an der Spitze mit Adventivpflanzen, Blütenform rund oder sternförmig, groß, weiß, rosa, karminrot, auch gelb, einfarbig, gefleckt oder dunkel geadert. Es gibt auch Kreuzungen mit kurzen Blütenständen und folgernden kleinen Blüten; I bis XII.

Verwendung/Pflege/Vermehrung:
Dankbare Blütenpflanzen für warme Zimmer. Der Blütenstand und Einzelblüten können auch als Schnittblume Verwendung finden. Die Pflanzen lieben einen absonnigen bis halbschattigen Standort bei Temperaturen von 18 bis 24 °C. Zur Blütenbildung ist eine kühle Periode von 13 bis 17 °C über 3 bis 4 Wochen, zumindest nachts, erforderlich. Am besten ist dafür die Zeit vor der Heizperiode geeignet. Gegossen wird während des ganzen Jahres. Bei trockener Luft sind die Pflanzen öfters zu übersprühen. Als Substrat ist gehacktes

Buchenlaub, grober Torf oder Moos, Rindenstücke (Borke) und grobe Holzkohle ebenso wie grober Torf mit Polystyrol- bzw. Styropurstücken geeignet. Wichtig ist, daß es seine Struktur lange hält und gut durchlüftet ist. Verpflanzt wird mit beginnender Wurzelneubildung nach 2 bis 3 Jahren. Düngung erfolgt in der Vegetationsperiode von Ende Februar bis September wöchentlich 0,05%ig oder 14tägig 0,1%ig. Hydrokultur ist in 0,05%iger, während der Wachstumszeit in 0,75%iger Nährlösung, möglich.
Man beachte, daß sich abgeblühte Blütenstände durch ruhende Knospen regenerieren und bald wieder blühen können. Beim Schnitt ist deshalb ein Stück Schaft stehenzulassen.
Vermehrung durch Samen in Spezialgärtnereien oder durch gelegentliche Jungpflanzenbildung (häufiger bei Züchtungen mit *Phal. lueddemanniana).*

Phalángium bichétii S. Karrer ⟶ *Chloróphytum*
– comósum Poir. ⟶ *Chlorópbytum*

Philodéndron Schott corr. Schott
BAUMFREUND
Aráceae

⌂ bis Ⓦ ☼ bis ◐ (●) Ⓗ ♁

Der Name beruht auf der Wortverbindung gr. phílos = Freund und déndron = Baum. Die wurzelkletternden Lianen benötigen Bäume als Stütze.
Die mehr als 200 Arten der Gattung sind im tropischen Amerika beheimatet. Es sind strauch- oder baumartige Pflanzen, selten Stauden ohne verlängerten Sproß, meist wurzelkletternde Lianen. Die Blütenstände stehen vorwiegend in den Blattachseln, selten terminal. Ihre Hochblätter sind so lang oder kürzer als der Blütenkolben, oft dickfleischig, weiß, gelb oder rot.
– bipennifólium Schott syn. *P. panduriforme* hort. non (H.B.K.) Kunth

Philodendron bipennifolium

bipennifólius = Blätter doppelt fiederförmig. Südbrasilien; eingeführt vor 1879. Sproßachse aufrecht-kletternd. Blätter pfeilförmig drei- bis fünflappig, graugrün, lederig.
– élegans Krause
élegans = zierlich. Tropisches Südamerika; eingeführt 1881.

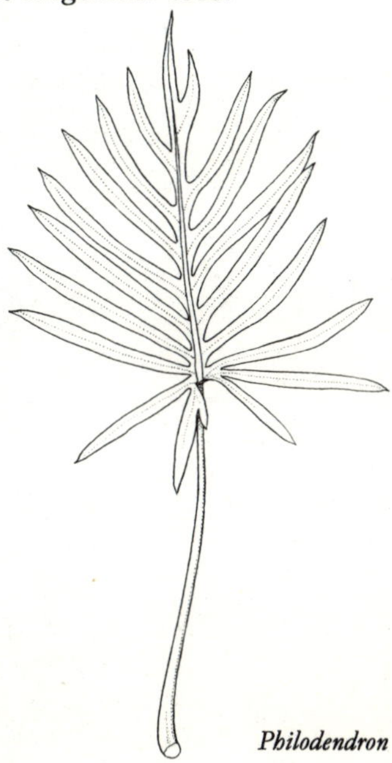

Philodendron elegans

Sproßachse aufrecht. Blätter bis 70 × 50 cm, oft nur 40 × 30 cm, grün, tief fiederspaltig, Blattfieder länglich-linealisch, sichelförmig gebogen, spitz.

– *erubéscens* K. Koch et Aug.
erubéscens = rot werdend (Blätter). Kolumbien; eingeführt vor 1854.
Sproßachse aufrecht-kletternd. Luftwurzeln rötlich, Blätter eilanzettlich, bis 35 × 18 cm, olivgrün, Neutrieb und Blätter bei hellem Stand olivbraun.

– – 'Burgundy'
Kultivar mit gedrungenem Wuchs. Blätter olivrotbraun, unterseits dunkelweinrot.

– *laciniátum* (Vell.) Engl. syn. *P. pedátum* (Hook.) Kunth
laciniátus = zerteilt (Blatt). Nördliches Südamerika; eingeführt vor 1894.
Sproßachse aufrecht-kletternd. Blattstiel rotviolett, Blätter dreiteilig, grob gefiedert, lederig, dunkelgrün, unterseits heller, Nerven rötlich-braunviolett.

– *panduriförme* hort. non (H.B.K.) Kunth ⟶ *Philodéndron bipennifólium*

– *pedátum* (Hook.) Kunth ⟶ *Philodéndron laciniátum*

Philodendron erubescens

– *pertúsum* Kunth et Bouché ⟶ *Mónstera deliciósa*

– *sanguíneum* Regel
sangúineus = blutrot (Farbe der Blattunterseite).
Mexiko; eingeführt vor 1869.

Philodendron erubescens

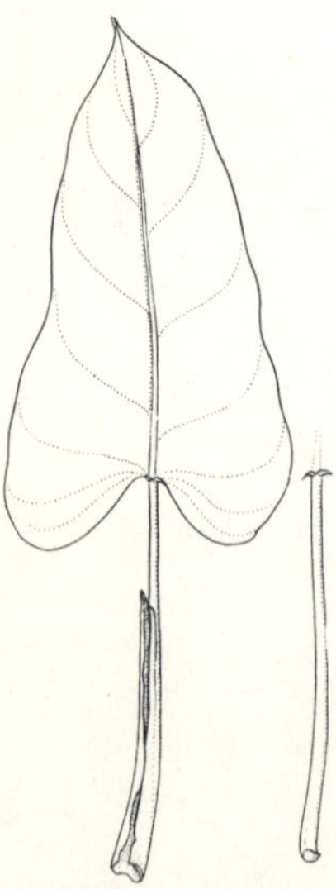

Philodendron laciniatum

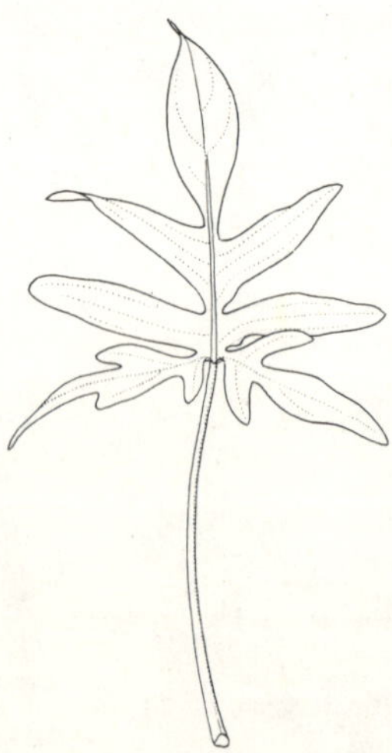

Philodendron sanguineum

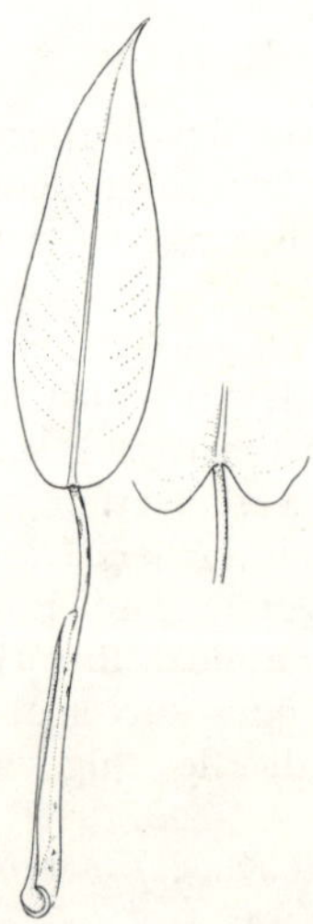

Philodendron squamiferum

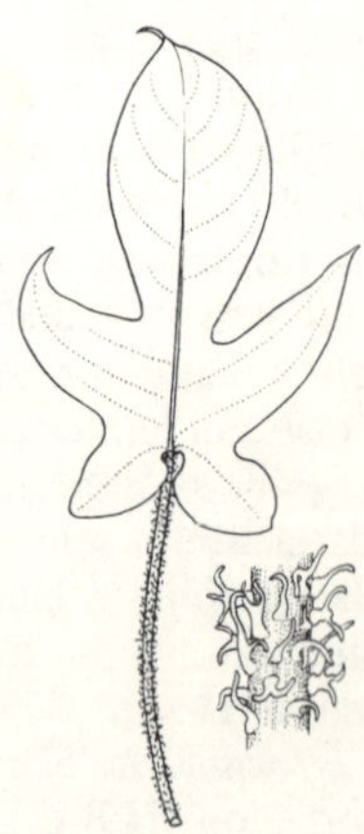

Philodendron scandens

Sproßachse aufrecht, kletternd. Blätter länglich, spitz, grün, kleinere an der Basis abgerundet, größere herzförmig, Unterseite leuchtend rotbraun, Mittelnerv ausgeprägt.

– *scándens* K. Koch et Sello

Philodendron squamiferum

scándens = kletternd (Sproßachse). Ostmexiko; eingeführt 1793.

Sproßachse dünn, rund, kletternd, kriechend oder hängend. Blätter herzförmig, bis 14 × 9 cm, dunkelgrün, lederig, Spitze ausgezogen, Altersform etwa 30 × 20 cm.

– *squamíferum* Poepp.

squamíferum = Schuppen tragend (Blattstiel). Östliches tropisches Südamerika; eingeführt um 1840.

Sproßachse aufrecht, kletternd. Blattstiel rund, rot oder grünlich, dicht mit bis 5 mm langen, fleischigen Schuppenhaaren besetzt, Blatt fünfteilig, grün.

– *surinaménse* Engl.

surinaménsis = aus Surinam (= Guayana). Guyana; eingeführt vor 1874.

Sproß dünn, kletternd, kriechend oder hängend. Blätter schmal herzförmig, Spitze lang ausgezogen, bis 12 × 6 cm, olivbraun, Nerven smaragdgrün. Nur als Jugendform in Kultur.

Verwendung/Pflege/Vermehrung: Dankbare und dekorative Blattpflanzen für warme Räume. Arten mit dünner Sproßachse werden als Ampelpflanzen oder am Moosstab gepflegt.

Philodendron surinamense

Sie lieben einen hellen, aber absonnigen bis halbschattigen Standort. Optimal sind Temperaturen von 18 bis 24 °C, die im Winter kurzzeitig bis auf 12 °C absinken können. Es ist gleichmäßig zu gießen. Staunässe wird nicht vertragen. Bei trockener Zimmerluft sollte öfters übersprüht werden. Als Substrat ist Einheitserde oder eine Mischung aus Lauberde, Torf, Kompost, Lehm oder Gartenerde und Sand geeignet; *p*H-Wert 5,5 bis 6,5. Verpflanzt wird jährlich oder jedes 2. Jahr zwischen Februar und August/September. Düngung erfolgt im Sommer alle 2 bis 3, im Winter alle 5 bis 6 Wochen. Hydrokultur kann in einer Nährlösung von 0,2 % (im Winter 0,1 %) erfolgen. Alle Arten, die eine Stütze benötigen, wachsen gut am Moosstab, man kann sie auch an Spalieren aufbinden. Vermehrung durch Kopf- und Stammstecklinge bei 22 bis 26 (30) °C, auch in Wasser. Abmoosen ist möglich.

Phoenix roebelenii

Phoenix L.
PHOENIX-PALME
Arecáceae

Ⓚ ⌂ Ⓦ ⌐ ⇉ ○ ✺ (◐) ♁

C. v. Linné gab der Gattung den griechischen Namen der Dattelpalme. Die Griechen lernten den Baum und die Früchte durch die Phöniker kennen.
Die 12 Arten der Gattung sind im tropischen und subtropischen Afrika und Asien verbreitet. Es sind Pflanzen mit oder ohne Stamm. Alle Arten haben Fiederblätter. Die Blüten sind zweihäusig.
– *canariénsis* hort. ex Chabaud
canariénsis = kanarisch. Kanarische Inseln; eingeführt vor 1874.
Im Alter mit dickem Stamm, Blätter lang,

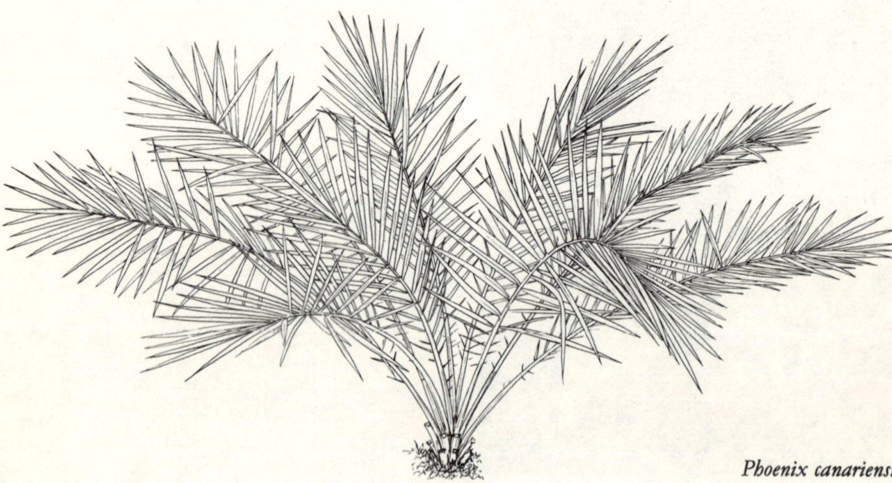

Phoenix canariensis

an der Spitze überhängend, oliv-dunkelgrün, gefiedert, lederig, hart.
– *roebelénii* O'Brien
roebelénii = nach Roebelen (2. Hälfte 19. Jh.), Forschungsreisender. Laos; eingeführt 1889.
Wuchs buschig oder mit kurzem Stamm, Blätter stark überhängend, gefiedert, dunkelgrün, weich, Neutrieb mehlig bestäubt.

Verwendung/Pflege/Vermehrung:
Die genannten Arten sind dekorativ und können als junge Exemplare gut in der Wohnung gepflegt werden. Während des Sommers ist ein Standort im Freien günstig.
Wichtig ist ein möglichst heller und luftiger Standort. Geeignet sind Zimmertemperaturen, im Winter Temperaturen von 18 °C und mehr. Für *P. canariensis* sollten die Temperaturen nicht so hoch ansteigen, günstiger sind 10 bis 12 °C und selbst ein gelegentliches Absinken auf 5 bis 8 °C wird vertragen. Man gießt gleichmäßig. Besonders bei einem Standort im Freien benötigen die Pflanzen viel Wasser. Als Substrat ist Lauberde, Torf, Lehm, Kompost und Sand, auch Gartenerde mit Lehm, Torf und Sand oder Einheitserde mit einem Zusatz von ¼ bis ⅓ Lehm geeignet; *p*-H-Wert um 6. Bei *P. roebelenii* soll der Humusanteil größer sein. Jüngere Exemplare werden nach 1 bis 3 Jahren umgesetzt, ältere wenn das Pflanzgefäß zu klein wird. Als Zeitpunkt sind das Frühjahr oder der Frühsommer günstig, damit der Ballen bis zum Herbst gut durchwurzelt ist. Die Pflanzgefäße sollten höher als breit sein. Gedüngt wird in Abständen von 2 Wochen, im Winter bei Zimmerpflege etwa nach 1 Monat. Bei zu großer Lufttrokkenheit kann Befall von Spinnmilben, Wolläusen und Schildläusen auftreten.
Bei großen Pflanzen von *Ph. canariensis*, die kühl überwintert werden sollen und für die nicht ausreichend Platz vorhanden ist, kann man die Blätter nach oben biegen und zusammenbinden. Wichtig ist, daß die Pflanzen nicht weiterwachsen. Das verhindert man durch niedrige Temperaturen (nur wenige Grade über Null) und geringe Wassergaben. *Ph. roebelenii* ist stets wärmer zu pflegen als *Ph. canariensis.*
Die als Obst im Handel befindlichen Datteln stammen von *Phoenix dactylifera.* Die Samen ergeben meist weniger schön wachsende Pflanzen.
Vermehrt wird durch Samen.

Pilea spruceana

Phyllocáctus ⟶ *Epiphýllum*

Pílea Lindl.
KANONIERBLUME
Urticáceae

⌂ bis ⌂(W) ☀ bis ◐ ♁ ♀

Der Name wurde dem lat. pílos = Kappe, Mütze entlehnt, weil einer der 3 Kelchlappen der weiblichen Blüten größer und kappenartig gestaltet ist.
Die etwa 200 Arten umfassende Gattung kommt in den tropischen und subtropischen Gebieten der Erde, außer auf Australien vor. Es sind einjährige Pflanzen oder Stauden, selten Halbsträucher. Die

an der Basis oft ungleichen Blätter stehen an der Sproßachse gegenständig.

– *cadiéri* Gagnep. et Guill.

cadiéri = nach Cadier. Nordvietnam; eingeführt 1948.

Sproßachse aufrecht, bis 30 cm. Blätter elliptisch bis verkehrt-eiförmig, spitz, grün, zwischen den Nerven silbrig.

– *spruceána* Wedd.

spruceána = nach R. Spruce (19. Jh.), englischer Forschungsreisender. Peru, Bolivien; eingeführt 1895.

Sproß aufrecht-niederliegend, bis 20 cm hoch. Blätter elliptisch bis verkehrt-eiförmig, bis 8 cm lang, braunoliv bis olivgrün, Spitze abgerundet, Rand gekerbt, zwischen den Nerven aufgewölbt, beiderseits entfernt behaart.

– – 'Alumi'

Blätter olivbraun, zwischen den Nerven silbrig.

Verwendung/Pflege/Vermehrung:
Kleine, dekorative Blattpflanzen mit interessanten, aber unscheinbaren Blüten für temperierte bis warme Räume.

Ein absonniger bis halbschattiger Standort ist am günstigsten. Bei zu trockener Luft ist ein öfteres Übersprühen mit Wasser vorteilhaft. Geeignet sind Temperaturen von 18 °C und mehr. Im Winter dürfen die Temperaturen nicht für längere Zeit unter 12 °C, bei *P. cadieri*

Pilea cadieri

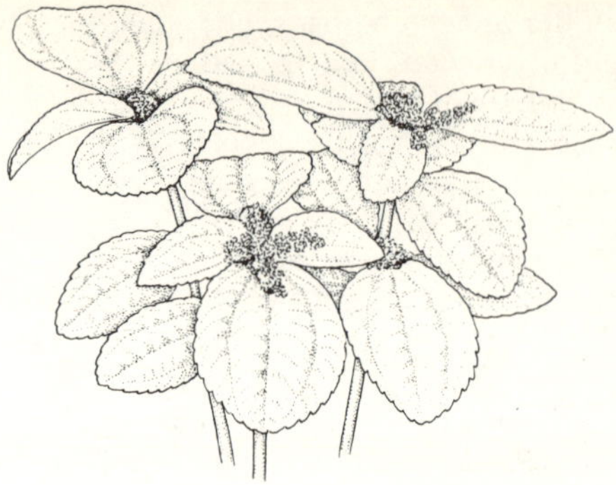

Pilea spruceana

nicht unter 8 °C absinken. An das Substrat werden keine besonderen Ansprüche gestellt. Kompost vermischt mit Torf und Sand oder Einheitserde sind geeignet; *p*H-Wert 5,5 bis 6,5. Verpflanzt wird jährlich zwischen Februar und Ende August. Die Düngung erfolgt in Abständen von 2 bis 3 Wochen, im Winter nach jeweils 5 bis 6 Wochen. Zu niedrige Temperaturen im Winter und Nässe führen zu Fäulnis. Junge Pflanzen sind schöner, deshalb sollte jährlich im Frühjahr vermehrt werden. Die Pflanzen wachsen rasch.

Vermehrung durch Stecklinge bei hoher Luftfeuchtigkeit und Temperaturen von 18 bis 22 °C. Bewurzelung erfolgt auch in Wasser. Beim Verpflanzen kann geteilt werden, ebenso ist Aussaat möglich.

Platycérium Desv.
GEWEIHFARN
Polypodiáceae

⌂ bis Ⓦ ☼ bis ◐ ⛉ ♁

A. N. Desvaux (1784–1856), französischer Botaniker und Direktor des Botanischen Gartens Angers, benannte die Gattung nach der Form der fertilen Blätter, gr. platýs = breit und kéras = Horn. Auch der deutsche Name bezieht sich auf die Blattform.

Die Gattung kommt mit 17 Arten von Afrika bis Indien und Australien und mit 1 Art in Südamerika, vorwiegend in war-

Platycerium willinckii

men Regenwäldern, vor. 2 Blattformen sind zu unterscheiden. Die sterilen Blätter (oft Nischenblätter genannt) liegen der Unterlage direkt an. Ältere werden von den jüngeren überdeckt, sterben ab und verrotten. Dabei werden Nährstoffe frei und stehen den Pflanzen zur Verfügung. Es gibt auch Arten, bei denen sie sich trichterförmig nach oben öffnen und Laub auffangen. Dieses verrottet, die Nährstoffe werden von den Pflanzen aufgenommen. Die fertilen Blätter sind meist gabelartig eingeschnitten und oft dicht mit filzigen, sternförmigen Haaren besetzt. An bestimmten Stellen der Blattunterseite stehen oft flächig die Sporenhäufchen.

– *alcicórne* hort. non (Sw.) Desv. nec (Willem.) Tard. ⟶ *Platycérium bifurcátum*

– *bifurcátum* (Cav.) C. Chr. syn. *P. alcicórne* hort. non (Sw.) Desv. nec (Willem.) Tard.

bifurcátus = gegabelt, zweiteilig (Blät-

Platycerium bifurcatum

ter). Tropisches Australien, Neuguinea; eingeführt 1808.
Sterile Blätter rundlich-elliptisch, der Unterlage anliegend, fertile graugrün, keilförmig, fiederartig eingeschnitten. Sporenhäufchen flächig an den Spitzen der Fiederlappen.

– – 'Majus'
Schnellwachsender Kultivar, fertile Blätter mehr aufrecht, grün.

– sumbawénse C. Chr. ——→ *Platycérium willínckii* T. Moore

– *willínckii* T. Moore syn. *P. sumbawénse* C. Chr.

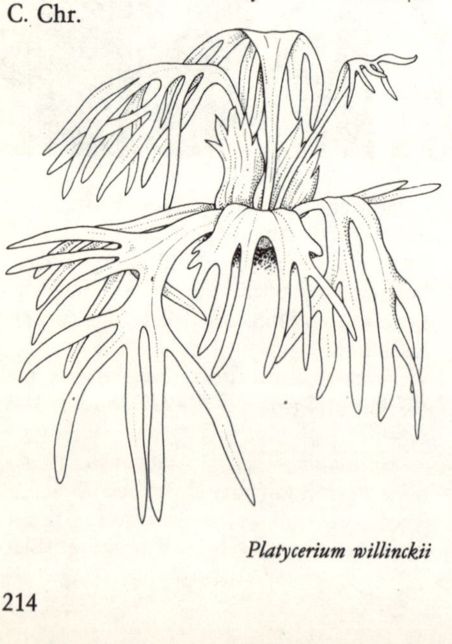

Platycerium willinckii

willínckii = nach Willinck. Indonesien bis (Australien ?); eingeführt 1875.
Sterile Blätter nach oben gerichtet, Rand gelappt, hellgrün, später trockenhäutig und hellbraun, fertile Blätter tief gelappt, grün, weißfilzig, Sporenhäufchen an den Spitzen der Fiedern.

– – 'Pygmaeum'
Kleinwüchsiger Kultivar.

Verwendung/Pflege/Vermehrung:
Blattpflanzen, die besonders als Ampelpflanzen sehr dekorativ wirken. Sie lieben einen hellen bis halbschattigen, aber keinen sonnigen Standort mit Temperaturen zwischen 15 bis 25 °C, nicht längere Zeit unter 12 °C. Für ein gesundes Wachstum ist ein gleichmäßig feuchtes, nicht nasses Substrat erforderlich. Als Erde kann man groben Torfmull mit halbverrotteter Lauberde, vermischt mit Rinde (Borke) oder Farnwurzeln verwenden; *p*H-Wert um 5. Zur Auflockerung ist eine Beimischung von Polystyrolstücken bzw. Styromull möglich. Große Pflanzen werden etwa nach 2 bis 3 Jahren zwischen Februar und August umgepflanzt, bei epiphytischer Pflege erst dann, wenn die Unterlage verrottet ist. Gedüngt wird in der Vegetationsperiode etwa alle 3 bis 4 Wochen mit einer 0,5%igen Volldüngerlösung. Hydrokultur ist in einer Nährlösung von 0,5 % (im Winter schwächer) möglich.
Epiphytisch gepflegte Exemplare sind schwer zu gießen und werden besser wöchentlich einmal so lange in Wasser getaucht, bis der Pflanzstoff sich vollgesaugt hat. Vor dem Aufhängen abtropfen lassen. Ein Befall durch Schildläuse ist möglich.
Vermehrung durch Abtrennen von Adventivpflanzen von Februar bis August. Sie zieht man wie andere Jungpflanzen in kleinen Gefäßen auf. Sporenaussaaten überläßt man dem Fachmann.

Poinséttia pulchérrima (Willd. ex Klotzsch) Grah. ——→ *Euphórbia*

Porzellanblume ——→ *Hóya*

Póthos argyrǣus hort. ex Engl. ⟶ *Scindápsus*
– *ǣureus* Lind. et André ⟶ *Epiprémnum*
– *pinnáta* L. ⟶ *Epiprémnum*

Prímula L.
PRIMEL
Primuláceae

Ⓚ ⌂ ⇉ ☀ bis ◐

Den Namen erhielt die Gattung nach lat. príma = die erste, wegen der jahreszeitlich frühen Blüte vieler Arten.

Die Gattung umfaßt etwa 550 Arten, die in Europa, Asien und Nordamerika vorkommen. Die meisten wachsen in Gebirgen. Es sind vorwiegend Stauden, seltener einjährige Pflanzen. Sie haben verwachsene röhrige, glocken- oder trichterförmige Kelchblätter. Die Blütenkrone ist trichter- bis tellerförmig mit unterschiedlich tief eingeschnittenen Kronlappen.

– *chinensis* hort. ⟶ *Prímula prǣnitens*
– *malacoídes* Franch. · Fliederprimel

Primula malacoides

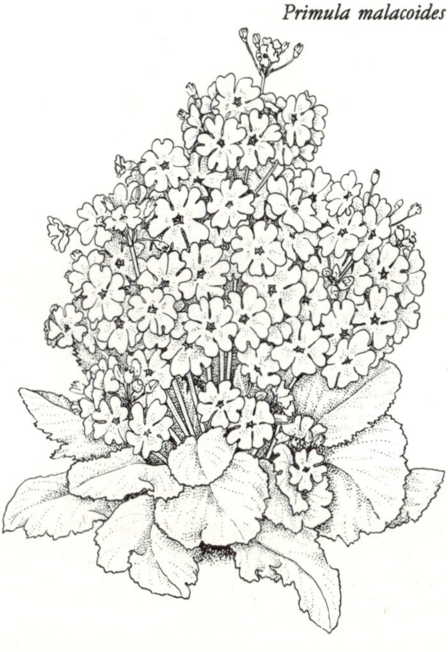

Primula obconica

malacoídes = malvenähnlich. China (Yünnan); eingeführt 1906.

Die Züchtung begann in England und wurde bald, besonders in Deutschland und der Schweiz, fortgeführt. Erste Kreuzung 1911.

Einjährig. Blätter rosettig, gestielt, breiteiförmig bis elliptisch, frischgrün, Rand gekerbt-gelappt. Blütenschäfte bemehlt, neben dem Mittelschaft noch 6 bis 10 und mehr, 25 bis 30 cm hoch, mit 3 bis 6 übereinander stehenden 5 bis 20 oder mehrblütigen Quirlen. Blütenrand glatt oder gewellt, Blüten rosa, auch karmin, dunkelrot und weiß, Zentrum gelb; I bis III.

– *obcónica* Hance · Becherprimel

obcónicus = verkehrt kegelförmig. China; eingeführt 1879.

Die Züchtung begann in den 80er Jahren des 19. Jh. in England, bald auch in Frankreich und besonders in Deutschland; erste Hybriden nach 1880.

Die kurzen Haare der Pflanze enthalten ein priminhaltiges Sekret, das bei allergisch reagierenden Personen Hautentzündungen verursachen kann. Durch Einkreuzung von *P. sinolisteri* Balf. f. wurden priminarme bzw. -freie Sorten gezüchtet.

Staude. Blätter gestielt, breit eiförmig-rundlich, Spitze abgerundet, Rand gelappt, gekerbt-gezähnt bis ganzrandig, Blütenschaft etwa 25 cm lang, Dolde bis 15blütig, Blüten am Rand glatt, gewellt oder gefranst, auch gefüllt, oft zum Zentrum zu dunkler, Zentrum gelblich; I bis XII.

– *prǽnitens* Ker. Gawl. syn. *P. sinénsis* Sabine ex Lindl. non Lour., *P. chinensis* hort · Chinesenprimel
prǽnitens = stark glänzend. China; eingeführt in zahlreichen Gartenformen 1820 (1819 ?).
Offensichtlich hybriden Ursprungs. Die züchterische Bearbeitung begann bald nach der Einführung in England, wenig später in Frankreich und Deutschland. Um 1840 kannte man schon violettrosa, weiß, rot, gestreifte und (vor 1839) gefüllt blühende Sorten.
Mehrjährig, meist einjährig kultiviert. Ganze Pflanze behaart, Blätter lang gestielt, im Umriß breit eiförmig bis rundlich, etwa 15 cm groß, sieben- bis neunlappig, Rand gezähnt. Blütenschaft etwa 15 bis 20 cm lang, Dolde bis 15blütig, auch mit 2 bis 3 übereinanderstehenden Blütenquirlen, Kronsaum der Blüte bis 4 cm breit, Rand gekerbt, glatt oder gewellt, rosa, lachsrot, rot, dunkelrot, dunkelkarmin und weiß, zum Zentrum zu dunkler, Zentrum gelb.

– *sinénsis* Sabine ex Lindl. non Lour. ⟶ *Prímula prǽnitens*

Verwendung/Pflege/Vermehrung:
Alle Primel sind dankbare Blütenpflanzen vorwiegend im Winter und Frühjahr, *P. obconica* auch im Herbst. Meist werden sie blühend gekauft und nach der Blüte durch andere Pflanzen ersetzt. Nur *P. obconica* kann auch im Zimmer mehrjährig gepflegt werden.

Primula praenitens

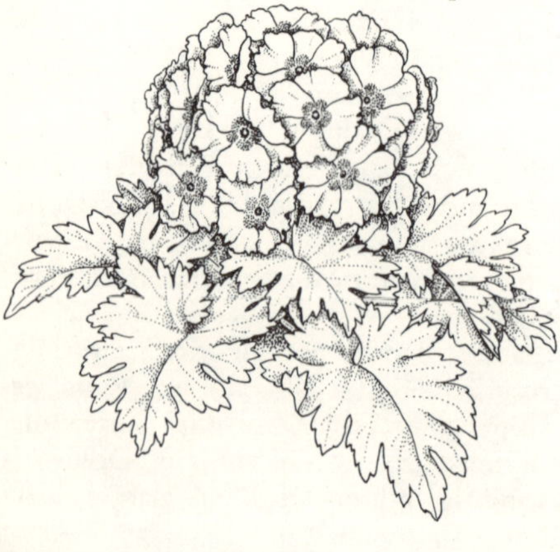

Primula malacoides

Primeln lieben einen absonnigen bis halbschattigen Standort. Die Temperaturen sollten nicht zu stark ansteigen. Günstig sind 10 bis 12 °C, für *P. obconica* bis 15 bzw. 18 °C. Gegossen wird regelmäßig. Besonders *P. malacoides* benötigt viel Wasser. *P. obconica* wächst gut in Einheitserde oder einer Mischung aus Gartenerde mit Lehm, Torf und Sand, evtl. vermischt mit alter Lauberde; *p*H-Wert um 6. Es wird jährlich, nach der Blüte im Frühjahr oder von Juli bis September, verpflanzt. Düngung erfolgt nach jeweils 3 bis 4 Wochen. Chlorose beruht auf zu hoher Feuchtigkeit und dadurch bedingten Wurzelschäden, Eisenmangel oder durch den Kalkgehalt des Gießwassers angestiegenen *p*H-Wert.
Vermehrung durch Samen. *P. obconica* kann beim Verpflanzen geteilt werden. *P. praenitens* wächst willig durch Stecklinge; das ist heute jedoch nicht mehr üblich, weil auch Samenvermehrung einheitliche Bestände ergibt.

Pseuderánthemum Radlk.
Acanthàceae

⌂ bis (W) ☀ bis ◐ (H) ♀ ♂

Der deutsche Botaniker L. Radlkofer (1829 bis 1927) bildete den Gattungsnamen durch Zusammenziehung von gr. pseud- = falsch, scheinbar und dem Gattungsnamen *Eránthemum* L., weil sie ähnlich wie *Eranthemum* aussieht.

Die etwa 70 Arten sind in den Tropen und Subtropen verbreitet. Es sind Halbsträucher oder Sträucher, seltener Stauden.

Die Blätter stehen gegenständig und haben meist einen glatten, seltener einen gezähnten Rand.

– *atropurpúreum* (Bull non Hook. f.) L. H. Bailey syn. *Eránthemum atropurpúreum* Bull non Hook. f.

atropurpúreus = dunkelpurpurrot (Blatt).

Polynesien; eingeführt vor 1886.

Sproßachse wenig verzweigt, 40 cm lang (im Alter bis 120 cm). Blätter breit eiförmig-elliptisch, bis 15 × 8 cm, purpurrot, Pflanze kahl.

– – 'Tricolor'

Blätter dunkelpurpurrot, weißlich bis rosarot und grünlich gezeichnet. Rand flach buchtig.

Verwendung/Pflege/Vermehrung:

Auffallend gefärbte Blattpflanzen für die Fensterbank. Der Standort soll absonnig bis halbschattig sein mit Temperaturen von 18 °C und mehr. Sie dürfen nur kurzfristig bis 12 °C absinken. Es wird gleichmäßig gegossen und bei trockener Luft öfters übersprüht. Als Substrat ist Lauberde mit Kompost, Torf und Sand mit wenig Lehm, humose Komposterde sowie Einheitserde geeignet; *p*H-Wert 5,5 bis 6,5.

Verpflanzt wird jährlich. Es ist aber besser, im Frühjahr, ab Februar, junge Pflanzen heranzuziehen und später nochmals umzutopfen. Die Gefäße sollen nicht zu groß sein. Gedüngt wird alle 2 Wochen, im Winter alle 4 bis 6 Wochen. Hydrokultur ist in einer Nährlösung von 0,1 % (im Winter von 0,05 %) möglich.

Pseudoranthemum atropurpureum 'Tricolor'

Vermehrung durch Stecklinge von Februar bis August. Um gedrungene Pflanzen zu erhalten, muß öfters gestutzt werden. Die Stecklinge wurzeln rasch bei Bodentemperaturen von 21 bis 22 °C, auch in Wasser.

Pseuderanthemum atropurpureum 'Tricolor'

Ptéris L.
SAUMFARN
Pteridáceae

Ⓚ ⌂ (Ⓦ) ☼ bis ◐ (●) Ⓗ ⊔ ♁ ♤

Der Name bedeutet gr. Farn.

Die etwa 280 Arten der Gattung kommen vorwiegend in den Tropen und Subtropen, einige auch in den gemäßigten Klimazonen vor. Das Rhizom ist lang, vielfach beschuppt, seltener behaart. Die Blätter haben einen rinnigen, drahtartigen Stiel und sind meist unpaarig gefiedert. Ihre Sporenhäufchen sind entlang dem Blattrand (Saum) angeordnet und werden von diesem trockenhautartig bedeckt.

– *crética* L.

crétius = auf Kreta. Altweltliche Tropen und Subtropen, Mittelmeergebiet, nördlich bis zur Südschweiz; eingeführt 1820.

Blattstiel braun, drahtartig, etwa 30 cm lang, Blätter etwa 35 × 25 cm, mit 2 bis 6 gegenständigen Blattfiedern, länglich-linealisch, wenig lanzettlich, hellgrün, lederig, sterile Blätter, am Rand gesägt und breiter als fruchtende.

– – 'Albo-Lineata'

Wertvoller Kultivar. Blattfieder breiter, am Mittelnerv breit silberweiß.

– – 'Alexandrae'

Blattfieder an der Spitze krausartig eingeschnitten, am Mittelnerv breit silberweiß.

– – 'Major'

Wuchs kräftig. Blattfieder breiter als bei der Art.

– – 'Parkeri'

Dekorativ. Blattfieder sehr breit.

– – 'Wimsettii'

Blätter hellgrün, Blattfieder eingeschnitten bis gefiedert.

Verwendung/Pflege/Vermehrung:
Wüchsige dekorative Blattpflanzen für nicht zu lufttrockene Räume. Die Pflanzen wollen hell, aber vor heißer Mittagssonne geschützt, bis halbschattig stehen. Günstig sind 8 bis 16 °C, bei höherer Luftfeuchtigkeit auch höhere Temperaturen. Buntblättrige Formen benötigen mehr Wärme. Wichtig ist eine gleichmäßige Ballenfeuchtigkeit. Als Substrat ist Einheits- oder Lauberde mit Torf, Lehm sowie Komposterde mit Sand geeignet, *p*H-Wert 5,5 bis 6. Verpflanzt wird jährlich zwischen Februar und August, bei stark wachsenden Pflanzen zweimal im Jahr. Es sollen nicht zu große Töpfe verwendet werden. Die Düngung erfolgt von April bis September alle 2 bis 3 Wochen in schwacher Konzentration, in der übrigen Zeit alle 6 Wochen. Hydrokultur ist in einer Nährlösung von 0,05 %, im Winter bei verringertem Anstau, möglich.

Der Gärtner vermehrt durch Sporen. Ältere Exemplare können beim Verpflanzen geteilt werden.

Pteris cretica

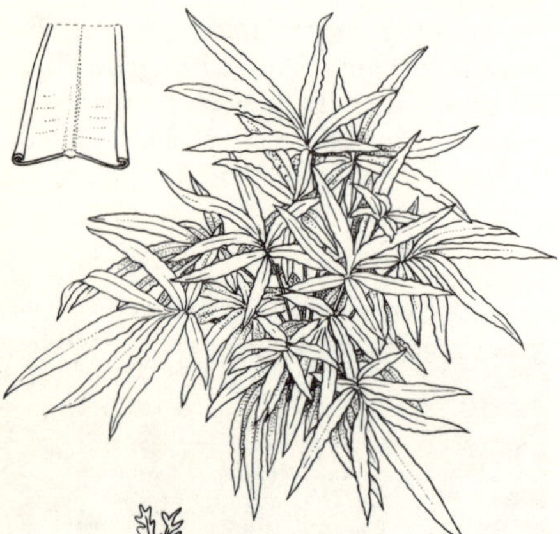

'Wimsettii'

Punica granatum 'Nanum'

Púnica L.
GRANATAPFELBAUM
Punicáceae

Ⓚ bis ⌂ ⌐ ⇉ ○ bis ☼

Der Gattungsname geht auf Punica malum = lat. Granatapfel (so bei M. T. Varro, 116 bis 27 v. u. Z.) zurück.
Die Pflanze stammt aus dem Orient und wurde dort schon früh wegen ihrer Frucht (genießbar sind die fleischigen Samenhüllen) angebaut.
Die Heimat der 2 Arten umfassenden Gattung erstreckt sich von Südosteuropa bis zum Himalaja, südlich bis Sokotra. Es sind dornige Bäume oder Sträucher mit dichter Verzweigung. Ihre Blätter sind sommergrün. Die Blüten stehen einzeln zu 2 oder 3 an den Seitenzweigen. Die Frucht ist eine bis 7 cm große kugelförmige Beere mit bleibendem Kelch. Ihre lederartige, dicke Schale bricht zur Reife auf.

Punica granatum 'Nanum'

– *granátum* L.
granátus = körnig, vielkernig (Beere). Südosteuropa bis Himalaja; eingeführt vor 1500.
Wuchs strauch- bis baumförmig, reich verzweigt. Blätter sommergrün, kurz gestielt, schmal-elliptisch bis lanzettlich. Blüte gefüllt oder einfach, rot, weiß, gelb oder gestreift. Wertvolle Kübelpflanze.
– – 'Nana'
Topfpflanze von 30 bis 50 cm Höhe. Blüte lachsrot; VI bis IX.
Verwendung/Pflege/Vermehrung:
Als schönblühende Kübel- oder Topfpflanzen für luftige kühle Zimmer, Terrassen und Balkone geeignet. Während der Vegetationsperiode erhalten die Pflanzen einen hellen, möglichst vollsonnigen Standort. Im Winter genügen Temperaturen von 4 bis 8° (bis 12°) C. Die Erde soll stets gleichmäßig feucht sein. An das Substrat stellen die Pflanzen keine besonderen Ansprüche. Humose Gartenerde, evtl. mit Lehm und Sand vermischt, ist ebenso wie Einheitserde geeignet; *p*H-Wert 6 bis 6,5. Verpflanzt werden Jungpflanzen jährlich, ältere nach jeweils 2 bis 4 Jahren. Zur besseren Entwicklung sollte mit Beginn des Neutriebes alle 1 bis 2 Wochen flüssig gedüngt werden.
Im Frühjahr wird nicht zurückgeschnitten, lediglich zu schwache Triebe werden entfernt.
Vermehrung durch Stecklinge und Steckholz von Februar bis April bei Bodentemperaturen um 21 °C. Auch Vermehrung durch Samen ist möglich.

Raphidóphora aúrea (Lind. et André) Birdsey ⟶ *Epiprémnum*

Rhápis Decne.
STECKENPALME, RUTENPALME
Arecáceae

(Ⓚ) ⌂ bis Ⓦ ☀ bis ◐ (●) Ⓗ ♁

Der Name wurde von gr. rhápis = Rute, Stab abgeleitet. Die Stämme sind rutenartig.
Die Gattung kommt mit 15 Arten in China und Japan vor. Es sind buschförmig wachsende, kleine bis mittelgroße Palmen mit rohrartigen Stämmen und kurzen Ausläufern.
– *excélsa* (Thunb.) Henry syn. R. flabellifórmis L'Herit. ex Ait.
excélsus = hervorragend. China (?); eingeführt 1774.

Rhapis excelsa

Rhapis excelsa

Sproßachse meist bis 1,4 m, im Alter bis 3 m lang. Blattstiel drahtartig, dünn, 25 cm lang, Blätter 2- bis 5(8-)fach fiederspaltig, lederig, dunkelgrün, bis 25 cm lang, Blattfieder länglich, 4 bis 6 cm breit, faltig, an der Spitze sägeartig eingeschnitten.

– *flabellifórmis* L'Herit. ex Ait. ——→ *Rhápis excélsa*

Verwendung/Pflege/Vermehrung:

Unempfindliche Palmen. Besondere Ansprüche an das Licht werden nicht gestellt, doch ist volle Sonne zu vermeiden. Die Temperatur soll etwa 12 °C betragen, kann aber auch bis 24 °C ansteigen. Bei relativ trockener Erde reichen 5 °C. Während der Vegetationsperiode ist reichlich zu wässern. Als Substrat eignet sich eine humose Gartenerde mit Lehm und Sand vermischt oder Einheitserde; *p*H-Wert um 6. Verpflanzt werden junge Exemplare jährlich, ältere nach 3 bis 4 Jahren. Nach dem Durchwurzeln des Erdballens sollte im Sommer etwa in 14tägigem Abstand gedüngt werden.
Auch eine Pflege in Hydro ist in einer Nährlösung von 0,1 bis 0,2 % (im Winter schwächer) möglich.
Vermehrung durch Teilung und Abtrennen von bewurzelten Seitensprossen beim Verpflanzen von Februar bis August.

Rhipsalidópsis Britt. et Rose
Cactáceae

(K) ⌂ bis (W) ⌐ ⇉ ☼ bis ◐ (D) (H)

N. Britton (1859 bis 1935) und J. N. Rose (1862 bis 1928), amerikanische Kakteenkenner, benannten die Gattung nach ihrer Ähnlichkeit mit der Gattung *Rhipsalis* und gr. ópsis = Aussehen.
Die 2 Arten der Gattung sind im südöstlichen Brasilien verbreitet. Sie wachsen epiphytisch bzw. lithophytisch und haben einen strauchartigen Wuchs mit abgeflachten oder kantigen Gliedern. Die Blüten sind regelmäßig geformt (aktinomorph).

Rhipsalidopsis gaertneri *Rh.* x *graeseri*

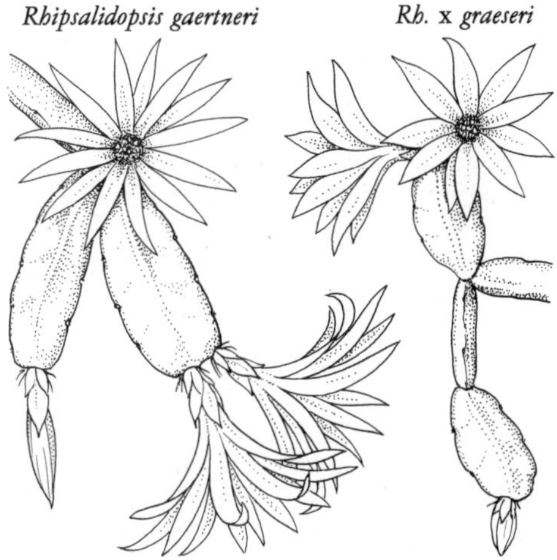

– *gáertneri* (Regel) Lindgr. syn. *Epiphýllum russelliánum* Hook. var. *gáertneri* Regel, *Schlumbérgia gáertneri* (Regel) Britt. et Rose, *Epiphyllópsis gáertneri* (Regel) Berg. · Osterkaktus

gáertneri = nach Gärtner (2. Hälfte des 19. Jh., nicht identisch mit K. F. Gaertner), der die Art einführte. Südbrasilien; eingeführt um 1883.

Wuchs strauchartig, Basis verholzend, Flachsprosse gliederartig, dunkelgrün, etwa 6 × 2 cm, vorn gestutzt, jeweils am Rand mit etwa 5 flachen Kerben. Areolen mit gelben Borsten. Mehrere Blüten an der abgestutzten Gliedspitze, Blüte strahlig-symmetrisch, etwa 5 cm groß, rot; III bis V.

– x *gráeseri* (Werderm.) Moran syn. *Rhípsalis* x *gráeseri* Werderm., x *Rhipsaphyllópsis gráeseri* (Werderm.) Kimn.

gráeseri = nach R. Gräser (20. Jh.), Kakteengärtner in Nürnberg. Kreuzung aus *Rhipsalidópsis gáertneri* (Regel) Lindgr. x *R. rosea* (Lagerh.) Britt. et Rose; gezüchtet um 1938.

Sprosse kantig, auch flach, fleischig, grün. Blütentragende Areolen mit großen Borsten. Reichblütig, Blüten radförmig, bis 4,5 cm Durchmesser, Blüte rosa, innen karminrosa, auch rosa, leuchtend rot bis karminrot; III bis V.

Verwendung/Pflege/Vermehrung:
Dankbar blühende Gliederkakteen zur Pflege auf dem Fensterbrett, im Sommer auch geschützt und halbschattig auf dem Balkon oder im Freien. Gießen nicht vergessen!

Der Osterkaktus liebt keine direkte Sonne und verträgt noch Halbschatten. Geeignet sind Zimmertemperaturen um 20 °C und mehr. Im Winter, von November bis Januar sollten die Temperaturen nur 10 bis 12 °C betragen. Bei zu warmem Standort werden schlecht Blüten angesetzt. Gegossen wird gleichmäßig, doch schadet gelegentliches leichtes Austrocknen nicht, Staunässe ist zu vermeiden. Als Substrat ist eine humose, durchlässige Mischung mit wenig Lehm und reichlich Sand oder Einheitserde ge-

Rhipsalidopsis gaertneri

eignet; *p*H-Wert 5 bis 6. Verpflanzt wird in Abständen von 1 bis 2 Jahren nach der Blüte, etwa ab Mai. Düngung erfolgt in Abständen von 3 bis 4 Wochen mit schwachen, stickstoffarmen Konzentrationen während des Sommerhalbjahres. Hydrokultur ist in 0,05%iger Nährlösung im Wechsel mit klarem Wasser und im Winter bei geringem Anstau möglich. Vermehrung durch Stecklinge. Erziehung von Kronenbäumchen wie bei ⟶ *Schlumbergia.*

Rhípsalix x *gráeseri* Werderm. ⟶ *Rhipsalidópsis*

Rhododéndron L.
Ericáceae

Ⓚ ⌂ ⌐ ⇉ ☼ (◐)

Der Name leitet sich von gr. rhódon = Rose und déndron = Baum her.

Die Gattung umfaßt etwa 800 Arten, die in Europa – vorwiegend in den Gebirgen und im hohen Norden – in Nordamerika und von Kleinasien bis Australien mit einem Verbreitungsschwerpunkt in China vorkommen. Es sind immer- oder sommergrüne Sträucher bzw. Bäume mit wechselständig angeordneten Blättern und meist an der Sproßspitze gehäuft stehenden Blüten. Die Blütenkrone ist glocken-, trichter- oder radförmig mit 5 bis 10 Kronabschnitten.

– Simsii-Hybriden · Azalee

Simsii = nach J. Sims (1792 bis 1838), englischer Arzt und Botaniker. China, Japan; eingeführt 1808.

Eingeführt wurden Ausleseformen von *R. simsii* Planch. oder bereits Hybriden, die mit der Art erzielt wurden. In Europa soll die Züchtung in England begonnen haben. 1825 wurden in Dresden bereits 6 Sorten kultiviert. Als erste Kreuzung entstand dort 1835 die Sorte 'Aurora' (von L. L. Liebig). Nach 1850 kreuzte man *R. simsii* var. *vittatum* und *R. obtusum* var. *amoenum* in das Sortiment ein.

Wuchs strauchig, reich verzweigt. Blätter elliptisch-eiförmig, dunkelgrün, besonders im Neutrieb braun behaart, 3 bis 4 × 1,5 bis 2 cm. Blüten zu 2 bis 5, groß, breit-trichterförmig, einfach, halb oder ganz gefüllt, weiß, rosa, rot bis karmin, auch zweifarbig; XII bis V.

Verwendung/Pflege/Vermehrung:

Dankbar winterblühende Zimmerpflanzen. Im Sommer sollten die Pflanzen halbschattig auf dem Balkon stehen oder mit dem Topf im Garten eingesenkt werden. Gießen nicht vergessen!

Der Standort soll luftig, hell, nicht vollsonnig sein. Nach dem Hereinnehmen vor dem ersten Frost ins Zimmer sollten sie nicht zu warm und zu lufttrocken gehalten werden. Am günstigsten sind Temperaturen von 5 bis 15 °C. Mit fortgeschrittener Knospenentwicklung kann ein wärmerer Standort gewählt werden. Können die Pflanzen nicht bei unterschiedlichen Temperaturen aufgestellt werden, so ist öfters zu übersprühen. Gegossen wird stets reichlich, Ballentrockenheit vertragen die Pflanzen nicht. Besonders während der Blütezeit ist der

Rhododendron-Simsii-Hybriden

Wasserbedarf sehr groß. Als Substrat eignet sich eine humose Mischung oder Torf mit Vorratsdüngung (je Liter Pflanzstoff 0,1 bis 1,0 g); *p*H-Wert 3,5 bis 4,5. Verpflanzt wird jährlich oder alle 2 Jahre. Während des Wachstums im Sommer erfolgt etwa alle 14 Tage bis 3 Wochen eine flüssige Nachdüngung. Neutriebe werden leicht von Blattläusen befallen.

Laubtriebe an den Blütenknospen sind zeitig zu entfernen, damit die Blüte nicht unterdrückt wird. Ein Rückschnitt erfolgt unmittelbar nach der Blüte bis Ende April. Azaleen vertragen einen starken Formschnitt, ohne ihre Blühwilligkeit einzubüßen. Blattfall tritt meist durch Ballentrockenheit oder zu geringe Luftfeuchte ein. Ballentrockene Pflanzen müssen für etwa 12 Stunden mit dem Topf ins Wasser gestellt werden, damit sich das Substrat vollsaugen kann.

Vermehrt wird durch gut ausgereifte Kopfstecklinge. Sie erfolgt in gärtnerischen Spezialbetrieben. Hochstämmchen werden auf eine Ausleseform von *R. concinnum* Hemsl. veredelt. Stecklinge wurzeln gut bei 20 °C Bodenwärme. Der Pflanzenfreund kauft R.-Simsii-Hybriden zu Blütenbeginn.

Rhododendron-Simsii-Hybride

Rhōeo Hance ex Walp.
Commelináceae

⌂ bis Ⓦ ☼ ◐ bis ● Ⓗ ♤ ♡

Der Name wurde der gr. Mythologie entlehnt. Rhoió war eine Tochter des Staphylos und der Chrysothemis.

Die einzige Art der Gattung stammt aus Mittelamerika. Sie ist eine Staude und wächst in lichten Wäldern. Rhoeo ist in den Tropen vielfach verwildert.

– *díscolor* (L'Herit.) Hance ex Walp. ⟶ *Rhōeo spathácea*

– *spathácea* (Sw.) Stearn syn. *R. díscolor* (L'Herit.) Hance ex Walp.
spatháceus = mit Blütenscheide. Mittelamerika; eingeführt vor 1788.
Sproßachse aufrecht, gestaucht, fleischig. Blätter rosettig angeordnet, stengelumfassend, länglich-lanzettlich, spitz, beiderseits kahl, 40 × 7 cm, dunkelgrün, unterseits violettrot. Blüte weiß, klein, in becherförmig angeordneten Hochblättern.

Rhoeo spathacea

– – 'Vittata' syn. *R. spathácea* var. *striáta* hort., *R. spathácea* var. *variegáta* hort. Wertvoller Kultivar. Blätter cremegelb längsgestreift.
– – var. *striáta* hort. ⟶ *Rhōeo spathácea* 'Vittata'
– – var. *variegáta* hort. ⟶ *Rhōeo spathácea* 'Vittata'

Verwendung/Pflege/Vermehrung:
Auffällig gefärbte Blattpflanzen, besonders wenn die violette Blattunterseite zur Geltung kommt. Die Art färbt sich bei hellem Standort intensiver. Besonders attraktiv ist der Kultivar.

Die Pflanzen wachsen absonnig bis halbschattig, gedeihen aber auch noch an schattigen Standorten. Zimmertemperatur über 18 °C reicht für die Pflege aus, darf aber auch ansteigen oder nachts bis auf etwa 10 °C absinken. An das Substrat werden keine besonderen Ansprüche gestellt. Es reicht eine humose Garten- oder Komposterde mit Sand, auch Einheitserde ist geeignet; *p*H-Wert 5,5 bis 6,5. Eine zusätzliche Düngung erfolgt wöchentlich oder alle 14 Tage, im Winter im Abstand von 4 Wochen. Verpflanzt wird jährlich zwischen Februar und September/Oktober. Ältere Exemplare werden durch jüngere ergänzt. Hydrokultur ist in einer Nährlösung von 0,05 bis 0,1 % möglich.

Vermehrung durch Abtrennen der Seitensprosse oder durch Kopfstecklinge gleich in kleine Töpfe. Eine Bewurzelung erfolgt auch in Wasser. Aussaat ist möglich.

Rhoeo spathacea

Rhoicíssus Planch.
KAPWEIN
Vitáceae

(K) ⌂ bis (W) ⇉ ☼ bis ◐ (●) (H) ♁

J. E. Planchon gab der Gattung den Namen nach lat. rhus, Genitiv rhois = Essigbaum und gr. kissos = Efeu. Der deutsche Name Kapwein deutet auf die Heimat hin.

Das Areal der 9 Arten umfassenden Gattung erstreckt sich von Südarabien und Ostafrika bis Südafrika. Es sind Lianen, die sich mit Wickelranken im Geäst verankern. Ihre Blätter sind einfach, drei- bis fünfzählig oder selten handförmig dreilappig.

– *capénsis* (Burm. f.) Planch. syn. *Císsus capénsis* (Burm. f.) Willd.
capénsis = vom Kap. Südafrika (Natal); eingeführt 1960.

Rhoicissus capensis

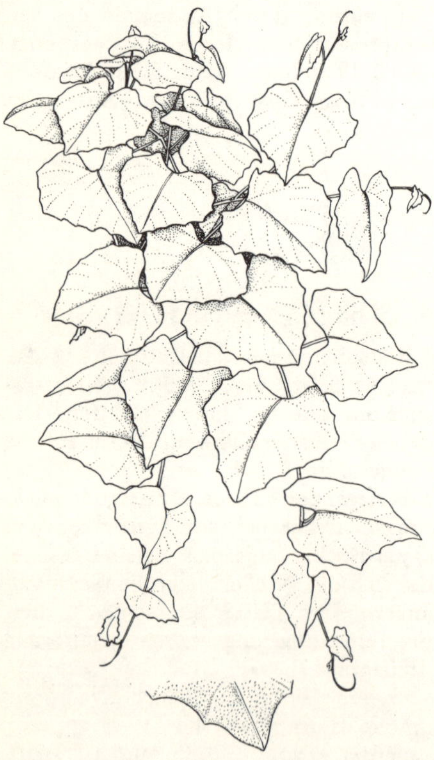

Rhoicissus capensis

Wurzeln mit Speicherknollen. Wuchs lianenartig, Sproßachse mit wickelartigen Ranken kletternd, braun behaart. Blätter rundlich, schwach buchtig gelappt, grün, besonders in der Jugend dicht behaart.

– *rhomboídea* (hort. non E. Mey. ex Harv.) Planch. ⟶ *Císsus rhombifólia*

Verwendung/Pflege/Vermehrung: Diese starkwüchsige Blattpflanze wird aufgebunden oder als Ampelpflanzen gepflegt. Sie sind überaus dekorativ und wachsen gut im Zimmer, im Sommer auch auf dem Balkon oder windgeschützt im Freien.

Pflege und Vermehrung erfolgen wie bei ⟶ *Cissus rhombifólia.*

Richárdia africána Kunth ⟶ *Zantedéschia*

– *elliottiána* W. Wats. ⟶ *Zantedéschia*

Riemenblatt ⟶ *Clívia*

Riesenpalmlilie ⟶ *Yúcca*

Ritterstern ⟶ *Hippeástrum*

Róchea falcáta DC. ⟶ *Crássula*

Roseneibisch ⟶ *Hibíscus*

Rosenpelargonie ⟶ *Pelargónium*

Rosmarin ⟶ *Rosmarínus*

Rosmarínus L.

ROSMARIN

Lamiáceae

Ⓚ bis ⌂ ⌐ ⇶ ○ bis ✹ Ⓓ ♁

Die Benennung erfolgte nach einem römischen Pflanzennamen, lat. ros marinus, rosmarinus, auch marinus ros, ros maris oder einfach ros (z. B. in der „Georgica«, 30 v. u. Z., des Vergil). Rosmarin war der Göttin Aphrodite geweiht. Jungfrauen wurden mit Rosmarinkränzen geschmückt.

Die eine Art der Gattung ist in den Macchien des Mittelmeergebietes verbreitet. Es sind sehr variable, kleine, immergrüne Sträucher mit Öldrüsen in den Blättern. Ihre unscheinbaren Blüten stehen in achselständigen, armblütigen

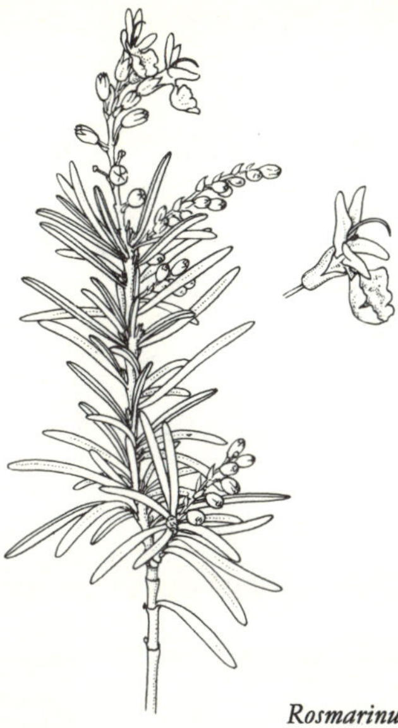

Rosmarinus officinalis

Trauben. Rosmarin diente früher zum Würzen von Speisen, Bier und Wein. Auch heute noch findet die Pflanze als Gewürz und als Heilpflanze Verwendung.

– *officinális* L.

officinális = offizinell (Arzneimittel). Mittelmeergebiet; eingeführt Anfang des 9. Jahrhunderts.

Wuchs strauchartig, bis 60 cm, im Alter bis 1,50 m hoch. Neutrieb kurz weißfilzig. Blätter kreuz-gegenständig, schmallänglich, etwa 3,5 × 0,4 cm, lederig, graugrün, Rand umgerollt, unterseits weißfilzig. Blüte weiß, violett angehaucht; IV bis V.

Verwendung/Pflege/Vermehrung:

Rosmarin kann im luftigen, kühlen Zimmer oder Treppenhaus, im Sommer auch auf dem Balkon kultiviert werden. Der Standort soll hell, möglichst sonnig sein. Im Winter dürfen die Temperaturen nur wenig über 15 °C ansteigen, es genügt auch ein frostfreier Standort. Dabei wird mäßig, während der Wachstumszeit im Sommer reichlich gewässert. Gelegentlich leichtes Austrocknen schadet nicht. Als Substrat ist humose sandige Gartenerde, Kompost oder Einheitserde mit reichlich Sand und Lehm geeignet; *p*H-Wert um 6. Verpflanzt wird nach jeweils 2 bis 3 Jahren zwischen März und September. Düngung erfolgt von März bis August einmal im Monat.

Zur Vermehrung verwendet man schwach verholzte Stecklinge bei Bodentemperaturen von 18 bis 21 °C und Ableger.

Rossioglóssum (Schlecht.) Garay et Kennedy

Orchidáceae

((K)) ⌂ ((W)) ⇉ ☀ bis ◐ [D] [H]

Garay und Kennedy erhoben den von R. Schlechter (1872 bis 1925) begründeten Namen der Section *Rossioglossum,* nach Ross (1. Hälfte des 19. Jh.), Forschungsreisender und gr. glóssa = Zunge (von *Odontoglossum*), zum Gattungsnamen.

Die 6 Arten kommen in Berglagen von Mexiko bis Panama vor. Sie entwickeln große Blüten, deren Lippe kurz vor der Basis der Säule rechtwinkelig abbiegt. An ihrer Spitze stehen 2 große, oft hakenförmige Öhrchen. Der Kallus ist dick und fleischig.

– *gránde* (Lindl.) Garay et Kennedy syn. *Odontoglóssum gránde* Lindl.

grándis = groß (Blüte). Mexiko, Guatemala; eingeführt 1839.

Pseudobulben bis 8 cm lang, eiförmig, abgeflacht, zweiblättrig. Blätter eiförmigelliptisch, lederig, bis 25 cm lang. Blütenstand seitlich der Pseudobulbe mit dem Neutrieb erscheinend, Blüten bis 12 cm groß, äußere Blütenblätter gelb, braunrot quergebändert, innere braunrot, vorn und am Rand gelb, Lippe weiß, am Rande hellrotbraun gezeichnet; IX bis XI, (II).

Verwendung/Pflege/Vermehrung:

Prächtig blühende Orchideen, die nur gut wachsen, wenn nachts eine Temperaturabsenkung erfolgt.

Der Standort soll luftig und hell, aber vor direkter Sonnenbestrahlung ge-

Rossioglossum grande

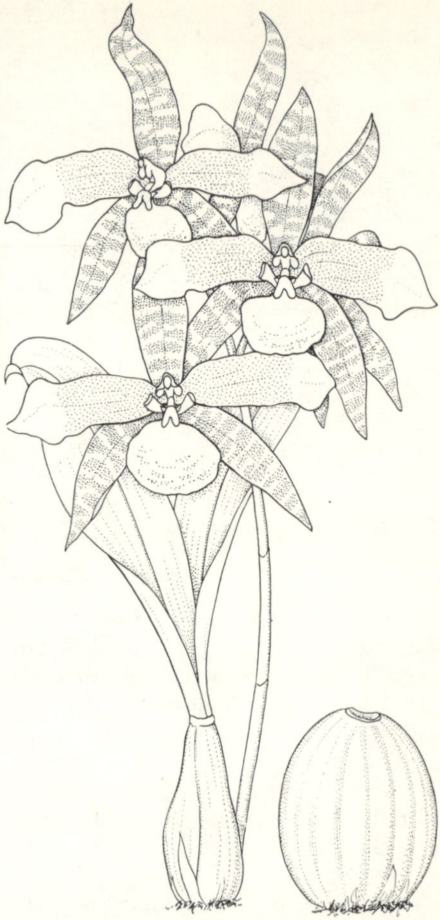

Rossioglossum grande

schützt sein. Günstig sind Temperaturen von etwa 20 °C, die nachts um 5 bis 8 °C absinken. Während des Wachstums verlangen die Pflanzen viel Wasser, im Winter soll der Wurzelballen nur mäßig feucht gehalten werden, damit die Pseudobulben nicht schrumpfen. Als Substrat ist eine Mischung aus halbverrottetem Laub, grobem Torf oder *Sphagnum*, Rinde bzw. Borke geeignet. Die Verpflanzung erfolgt mit beginnender Wurzelbildung. Gedüngt wird nur während der Vegetationsperiode 14tägig 0,1%ig oder wöchentlich 0,05%ig. Hydrokultur ist in einer Nährlösungskonzentration von 0,05 bis 0,1 % möglich, in der Ruheperiode nur mit reinem Wasser und niedrigem, kurzzeitig ohne Anstau.

Vermehrung durch Teilung beim Verpflanzen. Samenvermehrung erfolgt im Labor von Spezialgärtnereien.

Russischer Wein ⟶ *Císsus*
Rutenpalme ⟶ *Rhápis*

Saintpaulia H. Wendl.
USAMBARAVEILCHEN
Gesneriáceae

⌂ bis (W) ☼ bis ◐ (H)

Der deutsche Gärtner und Forschungsreisende H. Wendland (1825 bis 1903), Direktor der Gärten von Herrenhausen bei Hannover, benannte die Gattung zu Ehren des Entdeckers W. Freiherr von Saint-Paul Illaire (1860 bis 1910), Bezirkshauptmann von Usambara.

Das Verbreitungsgebiet der Gattung mit 12 Arten ist in Ostafrika das Tanganyikagebiet. Es sind Stauden mit rosettenartig

Saintpaulia ionantha

angeordneten Blättern, die im Waldhumus in Berglagen wachsen. Die Blüten haben eine ungleiche fünflappige Krone, sind an der Basis verwachsen und stehen in etwa achtblütigen Trugdolden. Der Pollen ist gelb, der Griffel steht nach einer Seite.

– *ionántha* H. Wendl.

ion = Veilchen, anthos = Blüte. Tansania; eingeführt 1893.

In Kultur wurde *Saintpaulia ionantha* von Benary/Erfurt verbreitet.

Sproßachse stark gestaucht. Blätter eiförmig, olivgrün, beidseits behaart, fleischig, Rand gekerbt. Blütenstand etwa 10 cm lang, Blüten bis 3,5 cm groß, einfach, mit gewelltem Rand, gefüllt, weiß, blau, violett, von rosa bis purpurfarben, auch zweifarbig viele Züchtungen; I bis XII.

Verwendung/Pflege/Vermehrung: Dankbare und lange blühende Pflanzen für warme Zimmer. Der Standort soll ab-

Saintpaulia ionantha

sonnig bis halbschattig sein bei Temperaturen zwischen 18 und 25 °C sowie gleichmäßiger Ballenfeuchtigkeit. Das Substrat muß humos und durchlässig sein. Einheitserde ist ebenso wie eine Mischung aus Lauberde, Kompost, Torf und Sand geeignet; *p*H 5 bis 6. Verpflanzt wird jährlich zwischen Februar und August, evtl. im Frühjahr und Herbst ein zweites Mal. Öftere Dunggüsse, etwa jede 2. Woche (im Winter jeweils nach 4 bis 6 Wochen), fördern das Wachstum und eine reiche Blütenbildung. Hydrokultur ist in 0,1%iger Nährlösung und kleinkörnigem Substrat möglich. Gutes Wachstum erzielt man in Torf, aber geringem Anstau der Nährlösung.

Pflanzen blühen nach einer kurzen Trokkenperiode williger. Es darf nicht mit kaltem Wasser gegossen werden, weil sich sonst auf den Blättern hellgrüne Flecken bilden. Dickfleischige Blätter im Zentrum der Rosette weisen auf Weichhautmilben hin. Davon befallene Pflanzen sind zu vernichten.

Vermehrung durch Teilung mehrrosettiger Pflanzen beim Umtopfen oder durch Blattstecklinge bei 20 bis 24 °C. Eine Bewurzelung erfolgt auch im Winter. Die sich gemeinsam entwickelnden Jungpflanzen werden auseinandergenommen und einzeln eingepflanzt. Dadurch entwickeln sich schönere Rosetten. Auch Aussaat ist möglich.

Saumfarn ⟶ *Ptéris*

Sansevièria Thunb.
BOGENHANF
Agaváceae

⌂ bis Ⓦ ☼ bis ◐ (●) Ⓗ ♀ ♂

Der schwedische Botaniker und Forschungsreisende C. P. Thunberg benannte die Gattung nach dem italienischen Gelehrten R. di Sangro (1710 bis 1771), Fürst von Sanseviero, in Neapel. Die Gattung ist mit etwa 60 Arten im tropischen Afrika bis Südafrika und von Madagaskar bis Indien verbreitet. Es sind Stauden mit unterirdisch oder flach über dem Boden kriechendem Sproß. Sie haben sukkulente flache bis stielrunde

Sansevieria trifasciata 'Golden Hahnii'

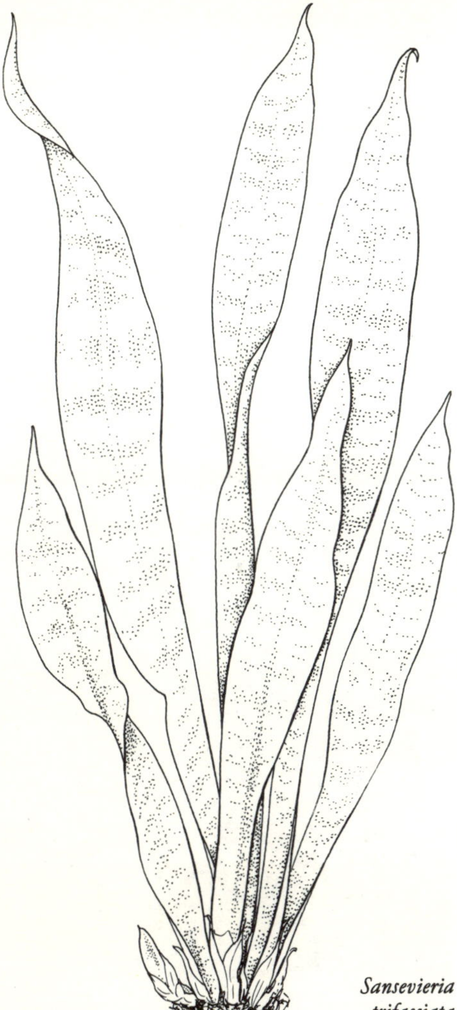

Sansevieria trifasciata

Blätter. Die meist weißlichen, duftenden Blüten stehen in langgestreckten bis kopfförmigen Trauben oder Rispen. Ihre Frucht ist eine Beere. In den Heimatländern sind einige Arten wertvolle Faserpflanzen.

– *guineénsis* Gér. et Labr. non (L.) Willd.
⟶ *Sanseviéria trifasciáta*

– *trifasciáta* Prain syn. *S. guineénsis* Gér. et Labr. non (L.) Willd.
trifasciátus = dreibänderig (Blätter). Tropisches Westafrika, Südzaïre; eingeführt um 1750.
Formenreich. Rhizom kriechend. Blätter etwa 70 × 7 cm, aufrecht, länglich-linealisch, wenig lanzettlich, Spitze ausgezogen, dunkelgrün, silbergrau quergebändert, Blütenstand kürzer als die Blätter.

– – 'Bundels Sensation'
Blätter grün, zahlreich, grauweiß längsgestreift.

– – 'Craigii'
Blätter schmaler, gelblich, vorwiegend in der Mitte mit grün verwaschenen Längsstreifen. Wuchs langsam.

– – 'Laurentii'
Wertvoll. Blätter mit breiten gelben Rändern.

– – 'Maler'
Wuchs mittelgroß. Blätter etwa 40 × 8 bis 9 cm.

– – 'Silver Cloud'
Junge Blätter silbrig, später silbrig-grün, schwach gezeichnet.

– – var. *hahnii* hort.
hahnii = nach Hahn. Entstanden um 1947.
Wuchs rosettig. Blätter schmal-eiförmig, etwa 20 cm lang, dunkelgrün, silbergrau quergebändert, Spitze ausgezogen.

– – – 'Golden Hahnii'
Blätter breit, gelb längsgestreift.

– – – 'Goldsaum'
Blattrand schmal goldgelb.

– – – 'Silver Hahnii' (s. Abb. S. 17)
Blätter silbergrau, grün gezeichnet.

Verwendung/Pflege/Vermehrung:
Der Bogenhanf ist mit seinen zahlreichen Formen eine pflegearme, dauerhafte Zimmerpflanze und gegen trokkene Luft unempfindlich.

Die hier beschriebene Art mit ihren Sorten benötigt einen hellen bis halbschattigen Standort. Sie können auch noch im Schatten stehen. Volle Sonne direkt hinter der Glasscheibe eines Südfensters wird nicht vertragen. Geeignet sind Temperaturen um 20 °C und mehr, nicht für längere Zeit unter 12 °C. Gießen soll man, wenn die Erde abgetrocknet ist. Als Substrat ist Lauberde mit Kompost, Torf, Lehm und Sand oder humose Gartenerde mit Sand bzw. Einheitserde mit Lehm und Sand geeignet; *p*H-Wert um 6. Verpflanzt wird nach 1 bis 2 Jahren zwischen Februar und August/September. Eine Düngung ist kaum nötig oder sollte nur schwach in Abständen von etwa 3 Wochen erfolgen. Hydrokultur ist in einer Nährlösung von 0,1% und bei niedrigem Anstau möglich.

Zu nasses Substrat führt zu Wurzelschäden, die bis zum Abfaulen der Pflanzen führen können. Bogenhanf verträgt längere Trockenperioden, wie z. B. in der Urlaubszeit an einem halbschattigen Ort aufgestellt, gut. Bei vollkommen trockener Erde stellt man die Pflanze in ein Gefäß mit Wasser, bis keine Luftblasen mehr aufsteigen. Kalte Zugluft und niedrige Temperaturen werden nicht vertragen. Vermehrung durch Teilung beim Verpflanzen oder durch Blatteilstecklinge von etwa 5 bis 7 cm Länge. Es ist zu beachten, daß der nach unten weisende Blatteil nach leichtem Antrocknen der Schnittfläche auch nach unten gesteckt wird. Stecklinge der buntblättrigen Formen ergeben grüne Jungpflanzen. Sie können deshalb nur durch Teilung oder Abtrennen von Seitentrieben vermehrt werden.

Saxífraga L.
STEINBRECH
Saxifragáceae

Ⓚ bis ⌂ ⌐ ⇉ ☼ ◐ bis ● Ⓗ ♤ ♡

Der Name bezieht sich auf lat. sáxum = Fels, Stein und frángere = brechen. Viele Arten wachsen auf Felsen und dringen mit ihren Wurzeln in Felsfugen ein.

Die 370 Arten kommen in den Gebirgen der nördlichen gemäßigten Zone, in arktischen Gebieten sowie in den Anden und mit einer Art im Hochland von Äthiopien vor. Es sind ein- und zweijährige Pflanzen, vorwiegend aber Stauden mit rosetten- oder rasenartigem Wuchs. Blütenblätter haben meist gleiche Gestalt und sind weiß, gelb oder rötlich.

– *sarmentósa* L. f. ⟶ *Saxífraga stolonífera*

– *stolonífera* Meerb. syn. *S. sarmentósa* L.f. stolonífera = Ausläufer treibend. China, Japan; eingeführt 1771.

Sproßachsen stark gestaucht. An langen, fadenförmigen Ausläufern erfolgt Jungpflanzenbildung. Blätter gestielt, rundlich, dunkelgrünoliv, an den Nerven silbrig gezeichnet, unterseits rosa, karminrot

Saxifraga stolonifera

'Tricolor'

FRANÇOIS VILLON
SACHSEN Ein Reiseverführer

Saxifraga stolonifera

gepunktet, Rand entfernt gekerbt, Blattstiel und Blattspreite beiderseits behaart. 5 Blütenblätter, ungleich groß, weiß, die 3 kleineren meist an der Basis gelb, an der Spitze rosa. V bis VIII.
– – 'Tricolor'
Wertvoller Kultivar mit am Blattrand unterschiedlich breiter weißer Zeichnung, bei viel Licht rosa überlaufen.
Verwendung/Pflege/Vermehrung:
Dankbare Ampelpflanzen für kühle, luftige Räume, auch zur Pflege auf dem Balkon. Halbschattige und relativ schattige Standorte sind gut geeignet. Bei zuviel Licht wird die Blattfarbe unansehnlich. Die Pflanzen benötigen einen Standort, der im Winter frostfrei ist; 'Tricolor' benötigt eine Temperatur von etwa 12 bis 15 °C. Während des Wachstums ist reichlich zu wässern, im Winter nur mäßig zu gießen. An die Erde werden keine Ansprüche gestellt, Kompost- oder Gartenerde, aber auch Einheitserde sind geeignet; *p*H-Wert um 6. Verpflanzt wird jährlich zwischen Februar und September/Oktober. Schwache Dunggüsse, im Winterhalbjahr nur in Abständen von 6 bis 8 Wochen, fördern Wachstum, Blattgröße und Ausläuferbildung und damit die Schmuckwirkung. Hydrokultur ist in 0,05%iger Nährlösung und im Winter bei geringerem Anstau möglich. Auf Blattlausbefall ist zu achten.
Vermehrung durch Abtrennen der Jungpflanzen, die sich reichlich an den Ausläufern entwickeln. Sie werden einzeln gleich in Erde eingepflanzt.

Schauéria Nees
Acantháceae

⌂ bis ⓦ ☀ bis ◐ Ⓗ

Bekannt wurde die Gattung nach dem deutschen Botaniker J. C. Schauer (1813 bis 1848), Professor in Eldena bei Greifswald.
Die 8 Arten sind als Stauden, Halbsträucher oder Sträucher in Brasilien verbreitet.
Ihre ganzrandigen Blätter sind gegenständig angeordnet. Die Blüten stehen in terminalen Rispen oder Ähren, haben eine dünne, oben wenig erweiterte Kronröhre und einen zweilippigen Kronsaum. Die Traube ist gelb, orangefarben oder rot.
– *calycótricha* (Link et Otto) Nees syn. *Justícia calycótricha* Link et Otto.
calycótrichus = mit behaartem Kelch. Brasilien; eingeführt 1824.
Sproßachse aufrecht, schwach vierkantig, Blätter schmal-eiförmig, grün, Spitze ausgezogen, Rand gekerbt, etwa 10 × 6 cm. Blüten langröhrig mit fünfspaltiger Kronröhre, zitronengelb, Kelchblätter lang, fadenförmig ausgezogen, gelblich; VII bis IX.
Verwendung/Pflege/Vermehrung:
Auffällig blühende Topfpflanzen für helle, aber nicht vollsonnige Standorte.
Pflege und Vermehrung wie bei ⟶ *Aphelándra.*

Schiefblatt ⟶ *Begónia*
Schiefteller ⟶ *Achímenes*
Schlangenkaktus ⟶ *Aporocáctus*

Schaueria calycotricha

Schlumbérgia Lem. (einschließlich *Zygocáctus* K. Schum.)
Cactáceae

⌂ bis ⌂W ☼ bis ◐ D H

C. A. Lemaire gab der Gattung den Namen zu Ehren des Gärtners und Kenners von Kakteen, Bromelien und Begonien F. M. Schlumberger (Mitte des 19. Jh.).

Die Gattung ist mit etwa 5 Arten vorwiegend in Südbrasilien verbreitet. Es sind Epiphyten, die in Höhenlagen von 400 bis 2800 m wachsen. Der Wuchs ist strauchförmig mit an der Basis verholzender Sproßachse. Ihre stark abgeflachten Sproßglieder werden etwa 5 cm lang und haben einen gekerbten Rand. Die großen Blüten haben eine meist 2seitig symmetrische (zygomorphe) Form.

– x *buckléyi (T. Moore) Tjaden* ⟶ *Schlumbérgia-Hybriden*

– *gáertneri* (Regel) Britt. et Rose ⟶ *Rhipsalidópsis gáertneri*

Schlumbergia-Hybride

– Hybriden syn. *Schlumbergia* x *buckleyi* (T.Moore) Tjaden · Weihnachtskaktus
Es sind selektierte Formen bzw. Sorten von *Schlumbergia truncáta* (Haw.) Moran, die aus Kreuzungen dieser Klone untereinander oder mit *S. russelliána* (Hook.) Britt. et Rose entstanden.
Wuchs aufrecht, verzweigt. Glieder flach, grün, Rand entfernt gekerbt oder gekerbt-gezähnt, vorn gestutzt, mit wenigen Borsten. Blüten bis 8 cm lang, rosa bis dunkelkarmin, scharlach, lachs, weiß oder gelb; X bis I.
– – 'Golden Charm'
Erster Kultivar mit gelber Blüte, Röhre cremeweiß.
– – 'Harrisonii'
Blüte scharlachrot.
– – 'Le Vésuve'
Weitverbreiteter Kultivar, entstanden um 1880. Flachsprosse am Rand gekerbt, nicht gezähnt, Blüte weinrot, Röhre weißlich.
– – 'Lilofee'
Blüte hellkarmin, Röhre weißlich.
– – 'Weihnachtsfreude'
Blüte lachsfarben, Röhre weiß.
– – 'Wintermärchen'
Blüte weiß, im Verblühen rosa.

Verwendung/Pflege/Vermehrung:
Reichblühende Zimmerpflanzen, die auf der Fensterbank gut gedeihen. Sie können als kleine Sträucher auf eigener Wurzel oder als Kronenbäumchen gezogen werden. Im Sommer stehen sie günstig auch halbschattig auf dem Balkon oder im Garten – gießen nicht vergessen!
Der Standort soll absonnig bis halbschattig, aber ab September sonnig sein. Die Temperaturen betragen 15 bis 20 (25) °C. Im September/Oktober hat sich eine Kurztagsbehandlung für einen reichlichen Knospenansatz als günstig erwiesen. Dazu erhalten die Pflanzen über 6 Wochen täglich etwa 8 bis 9 Stunden Licht und Temperaturen von 17 bis 20 °C, bei unter 12 und über 23 °C werden nur wenige Blüten angesetzt. Auch ohne Verdunklung blühen die *Schlumbergia*-Hybriden durch die verringerte Tageslänge im Herbst bei richtigen Temperaturen willig. Eine mäßige Trockenperiode bei optimalen Temperaturen fördert ebenfalls den Knospenansatz. Werden diese sichtbar, wird reichlicher gegossen. Nach der Blütezeit soll nochmals eine schwache Ruheperiode von etwa 4 Wochen eingehalten werden, damit die Pflanzen danach einen kräftigen Neutrieb entwickeln. Das Substrat muß durchlässig und humos sein. Es besteht aus Kompost und etwa ⅓ Sand oder aus Lauberde, Torf, wenig Lehm und Sand bzw. Einheitserde; *p*H-Wert 5 bis 6. Verpflanzt wird alle 1 bis 2 Jahre nach der leichten Ruheperiode im Frühjahr, etwa ab März bis Mai. Die Düngung erfolgt in Abständen von 2 bis 4 Wochen, vorwiegend in der Vegetationsperiode. Hydrokultur ist in einer Nährlösung von 0,05 % im Wechsel mit Wasser bei relativ geringem Anstau im Winter möglich.
Vermehrung durch Stecklinge (1 bis 2 Glieder) im Frühjahr bei 18 bis 21 °C. Kronenbäumchen werden durch Pfropfung von 2 Reisern auf *Peireskia aculeata, Selenicereus hamatus* oder *Hylocereus* im Dezember/Januar erzielt. Die Unterlage

soll eine Länge von 20 bis 30 cm haben. Es wird nur verbunden oder das Reis mit einem Dorn der Unterlage festgesteckt. Mit Baumwachs braucht nicht verstrichen zu werden. Pfröpfling und Unterlage verwachsen bei hoher Luftfeuchtigkeit und Temperaturen von 20 bis 24 °C.

Schönmalve ⟶ *Abutílon*
Schraubenbaum ⟶ *Pandánus*
Schusterpalme ⟶ *Aspidístra*
Schwanzblume ⟶ *Anthúrium*
Schwertfarn ⟶ *Nephrólepis*
Scílla sociális Bak. ⟶ *Ledebóuria*
– *violácea* Hutchins. ⟶ *Ledebóuria*

Scindápsus Schott
Aráceae

⌂ bis Ⓦ ☼ ◐ bis ● Ⓗ ♤ ♡

Der deutsche Botaniker J. C. Hasskarl (1811 bis 1894) benannte die Gattung nach einem griechischen Pflanzennamen.
Der Genus kommt mit etwa 20 Arten in Malaysia, Indonesien und Mikronesien vor. Es sind wurzelkletternde Lianen mit zwittrigen Blüten.
– *áureus* (Lind. et. André) Engl. ⟶ *Epiprémnum pinnátum* 'Aureum'
– *píctus* Hassk.
píctus = gefleckt, gezeichnet. Malaysia; eingeführt 1844.
Sproßachse abgeflacht, glatt, kletternd oder hängend. Blätter asymmetrisch-eiförmig, Spitze ausgezogen, bis 15 × 9 cm, derb, dunkelgrün, silbergrau gezeichnet, unterseits hellgrün.
– – 'Argyraeus' syn. *Póthos argyráeus* hort. ex Engl.
Kultivar mit kleineren, silbergrau gezeichneten Blättern und silbergrauem Rand.
Verwendung/Pflege/Vermehrung:
Schön gezeichnete Blattpflanzen für Ampeln, zur Pflege am Moosstab oder aufgebunden. Bei geringer Luftfeuchte im Zimmer muß öfters gesprüht werden.

Scindapsus pictus

Sie benötigen wenig Licht und können absonnig bis fast schattig stehen. Die Temperaturen sollten 18 bis 24 °C betragen und dürfen kurzzeitig bis 10 °C absinken. Wichtig ist ein gleichmäßig feuchter Pflanzstoff. Er soll humos und nährstoffreich sein. Gartenerde, Kompost, Lauberde, Torf, wenig Lehm und Sand oder Einheitserde kann man verwenden; *p*H-Wert um 6. Verpflanzt wird jährlich zwischen Februar und September. Eine zusätzliche Düngung erfolgt etwa jede 2. Woche, im Winter in größeren Abständen. Hydrokultur ist bei niedrigem Anstau in 0,1%iger Nährlösung möglich.
Vermehrung durch Kopf- oder Teilstecklinge mit 1 bis 3 Blättern bei Bodentemperaturen von 21 bis 24 °C, notfalls bei 18 °C. Bewurzelung erfolgt auch in Wasser.

Seetraube ⟶ *Coccóloba*

Senécio L.

KREUZKRAUT, GREISKRAUT

Asteráceae

(K) bis ⌂ ⇉ ☀

Benannt wurde die Gattung nach lat. senecio = Greis. Der Name bezieht sich auf die weiße Haarkrone des Samens bzw. die kahlen Blütenköpfe der meisten Arten.

Die Gattung ist mit etwa 1300 Arten auf der ganzen Erde verbreitet. Es sind einjährige und zweijährige Pflanzen, Stauden, Halbsträucher und Sträucher, die kahl, drüsig, zottig oder grauweiß-wollig behaart sein können. Die Blütenköpfchen stehen einzeln oder sind doldentraubig angeordnet. Sie enthalten weibliche Strahlenblüten und zwittrige röhrenartige Scheibenblüten oder nur röhrige zwittrige Scheibenblüten.

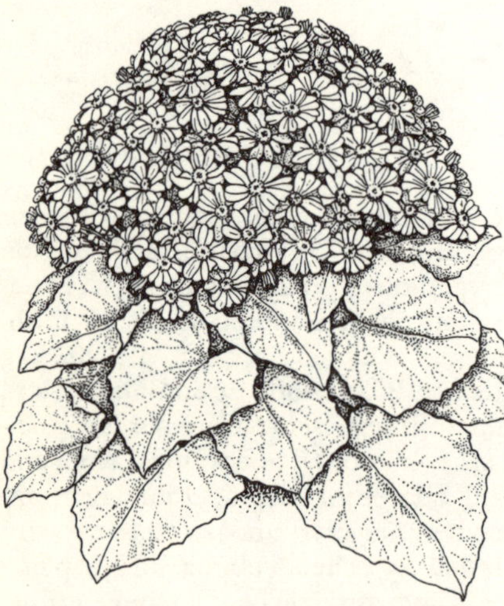

Senecio-Cruentus-Hybride

– Cruentus-Hybriden

syn. Senécio x hýbridus Hyl., *Cinerária hýbrida* Willd. non Bernh., Cinerarie, Aschenblume

cruéntus = blutrot. Kanarische Inseln (Wildform); eingeführt 1777.

Zu Beginn des 19. Jh. erfolgte zuerst in England und Frankreich, dann auch in Deutschland eine intensive züchterische Bearbeitung der Wildform *S. cruéntus* (L'Herit.) DC. Es wird angenommen, daß andere Arten eingekreuzt wurden. Es gibt mehrere Zuchtrichtungen, wobei Großblütigkeit mit wenigeren Einzelblüten oder kleinere Blüten bei größerem Blütenreichtum unterschieden werden. 1874 wurde aus Erfurt die erste gefülltblühende Sorte bekannt.

Sproßachse aufrecht. Blätter herzförmig-rundlich, gelappt. Blütenstand terminal, verzweigt, reichblütig, Blüte weiß, rosa, rot, karmin, blau, violett, cremegelb, auch zweifarbig und gefüllt.

Verwendung/Pflege/Vermehrung: Farbenfroh blühende Zimmerpflanzen, die mit beginnender Blüte gekauft und danach durch andere ersetzt werden. Sie lieben einen hellen Fensterplatz, frische Luft und Temperaturen von 12 bis 15 (20) °C, die zeitweise auch darüber ansteigen dürfen. Das wirkt sich aber nachteilig auf die Haltbarkeit aus. Die Pflanzen müssen reichlich gegossen werden. Zugluft ist wegen der Gefahr des Befalls durch Blattläuse und Weiße Fliege zu vermeiden.

Vermehrt wird im Sommer durch Aussaat.

Setcreásea K. Schum. et Sydow

Commelináceae

⌂ bis (W) ○ ☀ bis ◐ ♀ ♂

Die Ableitung des Gattungsnamens ist unsicher und beruht wahrscheinlich auf einem angelsächsischen Personennamen.

Die Gattung kommt mit 9 Arten in den USA (Texas) und in Mexiko vor. Es sind Stauden mit aufrechtem, später oft überhängendem Wuchs. Die Blüten haben 3 Kronblätter.

– *pállida* Rose 'Purple Heart' syn. *S. purpúrea* Boom

pállidus = bleich, blaß. Mexiko; eingeführt 1955.

Sproßachse fleischig, aufrecht, später überhängend, bis etwa 40 cm lang. Blätter länglich-lanzettlich, etwa 16 × 3 cm, purpurviolett, oberseits bläulich bereift,

Setcreasea pallida 'Purple Heart'

Rand weiß bewimpert. Blütenstand an der Basis mit 2 laubblattartigen Hochblättern, Blütenblätter etwa 1 cm lang, rosaviolett.

– púrpurea Boom ——→ *Setcreásea pállida* 'Purple Heart'

– striáta hort. ——→ *Callísia élegans*

Setcreassea pallida 'Purple Heart'

Verwendung/Pflege/Vermehrung:
Dankbare Blattpflanze, die auch als Ampelpflanze gut wächst. Damit sich die Blätter intensiv färben, ist viel Licht erforderlich. Sonne ist nur im Sommer direkt hinter der Glasscheibe eines Südfensters zu vermeiden.

Pflege und Vermehrung wie bei ——→ *Tradescantia.*

Sinníngia Nees

GLOXINIE

Gesneriáceae

⌂ bis Ⓦ ☀ bis ◐

Nees von Esenbeck benannte die Gattung zu Ehren des deutschen Universitätsgärtners S. Sinning (1792 bis 1874) in Bonn.

Die Gattung umfaßt 20 Arten aus Brasilien. Es sind niedrige Stauden mit einer Knolle und dicht behaarten Blättern. Die meist großen Blüten haben eine verlängerte Kronröhre, die vielfach glockenartig 5 Kronabschnitte aufweist.

– Hybriden · Gloxinie

In den 20er und 30er Jahren des 19. Jh. bearbeiteten zahlreiche Gärtner Europas züchterisch *Sinningia speciosa* (Lodd.) Hirn und ihre Varietäten. Alle Sorten hatten einseitswendige Blüten, bis 1845 bei J. Fyfe in Rothesay (England) eine Pflanze mit aufrecht stehenden, radiären Blüten entstand. Auf diese sind alle heutigen Züchtungen zurückzuführen. Später wurden *S. regina* Spargue u. a. eingekreuzt. Die Weiterentwicklung erfolgte durch Auslese und Kreuzung der Sorten untereinander.

Pflanze knollenbildend, Knolle mit mehreren Sprossen. Blätter eiförmig-elliptisch, grün, beiderseits behaart, Rand gekerbt. Blütenstand terminal, Blüten trichterförmig, radiär, Rand glatt oder gewellt, meist im Schlund heller, einfarbig, mit dunklem Rand oder gefleckt bzw. gepunktet, weiß, rosa, rot, karmin, blau, violett, auch gefüllt (weniger schön); IV bis VIII.

Verwendung/Pflege/Vermehrung: Gloxinien sind schöne Topfpflanzen mit auffallend großen, prächtigen Blüten. Sie wollen hell, aber vor direkter Sonne geschützt bei Temperaturen von 18 bis mehr als 22 °C stehen. Gleichmäßig gießen, Staunässe vermeiden. Als Substrat eignet sich Lauberde und Torf, wenig Kompost oder Lehm und Sand sowie Einheitserde; *p*H-Wert 5,5 bis 6,5.

Der Pflanzenfreund kauft in der Regel blühende Pflanzen. Günstig sind Dunggüsse im Abstand von 1 bis 2 Wochen. Wenn sich keine Blüten mehr entwikkeln, sollte mehrfach stickstoffarm nachgedüngt und mäßig feucht weitergepflegt werden, bis die Blätter eintrocknen. Die Knollen werden im Topf oder in fast trockenem Torf bzw. humoser Erde bei 12 bis 15 °C an einem dunklen Standort überwintert. Ab Februar, im Zimmer besser ab April, werden die Knollen so eingetopft, daß sie wenig mit Erde bedeckt sind, und bei etwa 21 bis 25 °C aufgestellt. Nach zuerst mäßigem Gießen wird nach Austrieb feuchter gehalten, nach Durchwurzeln des Topfballens wöchentlich gedüngt. Gegebenenfalls nochmals umzutopfen!

Sinningia-Hybride

Sinningia-Hybride

Vermehrung durch Samen bei Temperaturen um 24 °C. Auch Blattstecklinge ergeben Pflanzen. Diese Vermehrungsart findet aber kaum statt. Im Frühjahr kann man große Knollen durch Zerschneiden teilen. Die Schnittflächen sind mit Holzkohlepuder gegen Fäulnis zu bestreuen.

Solánum L.

NACHTSCHATTEN

Solanáceae

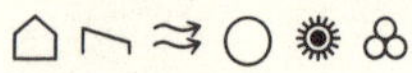

Der Name beruht auf lat. solanum = Nachtschatten, so bei Plinius d. Ä. (23/24 bis 79 u. Z.) und gehört zu lat. sol = Sonne. Er hat keinen Bezug zu lat. solamen = Trost, Linderung (wegen der schmerzstillenden Wirkung).

Die Gattung ist mit etwa 1500 Arten über die ganze Erde, vorwiegend in den Tropen, verbreitet. Es sind einjährige Pflanzen, Stauden, Halbsträucher, Sträucher oder niedrige Bäume bzw. Lianen.

Die Blüten einiger Arten werden groß, haben eine kurze Röhre mit breit glockigem oder radförmigem, gefaltetem, eckigem und vier-, fünf- oder sechsspaltigem Kronsaum. Die Frucht ist eine fleischige Beere. Bei vielen Arten enthält sie Gift, einige sind eßbar.

– *capsicástrum* Link ex Schau. · Korallenstrauch

capsicástrum = capsicum-ähnlich. Südbrasilien, Uruguay.

Kleiner Halbstrauch, stark verzweigt, Neutrieb behaart. Blätter meist zu zweit, ein größeres und ein kleineres, länglich-lanzettlich, Rand flach gekerbt. Blüten in Trauben, nur jeweils eine ist fruchtbar, cremeweiß. Frucht ist eine Beere, 1,5 cm groß, rund, orangescharlach.

– *pseudocápsicum* L. · Korallenstrauch

pseudocápsicum = falscher Cápsicum. Madeira; eingeführt 1596.

Kleiner Halbstrauch, verzweigt, ganze Pflanze kahl. Blätter lanzettlich, Rand entfernt flach gekerbt. Blüten einzeln oder zu 2 bis 3, fruchtbare 1 bis 1,5 cm, unfruchtbare kürzer gestielt. Die Frucht ist eine Beere, etwa 2,5 cm groß, glänzend orangerot. Verbreitet sind niedrig wachsende Kulturformen.

Verwendung/Pflege/Vermehrung:
Wie ⟶ *Capsicum ánnuum.*

Solanum pseudocapsicum

S. pseudocapsicum

S. capsicastrum

Soleirólia Gaudich
BUBIKÖPFCHEN
Urticáceae

Ⓚ ⌂ (Ⓦ) ☼ ◐ bis ● ♁

Der französische Botaniker, Apotheker und Forschungsreisende C. Gaudichaud-Beaupré (1789 bis 1854) gab der Gattung den Namen zu Ehren des Kapitäns Soleirol.

Die eine Art der Gattung kommt auf Korsika, Sardinien und Elba an schattigen, feuchten Standorten vor. Es sind Stauden mit niederliegenden Sprossen. Der deutsche Name beruht auf dem bubikopfartigen Aussehen der kleinen Topfpflanze.

– *soleirólii* (Req.) Dandy syn. *Helxíne soleirólii* Req. · Bubiköpfchen

soleirólii = nach Soleirol. Korsika, Sardinen und Elba; eingeführt 1914 (1903).

Sproßachse etwas über 1 mm dick, glasig durchscheinend, niederliegend-kriechend, verzweigt. Blätter wechselständig, schief herz-nierenförmig, etwa 6 × 8 mm, grün, mit wenigen pustelförmigen Erhebungen mit einem Haar.

– – 'Aurea'

Kultivar mit zitronengelben Blättern.

Verwendung/Pflege/Vermehrung:
Kleinwüchsiger Bodenbedecker für Flaschengärten oder als Topfpflanze für kühle Räume, auch für Doppelfenster bei Nordlage.

Sie wachsen am besten halbschattig. Die Pflege kann kühl oder warm erfolgen, von frostfrei bis über 20 °C. Eine gleichmäßige Feuchtigkeit ist stets einzuhalten. Auch im Untersatz kann gelegentlich, besonders im warmen Zimmer, Wasser stehen. Verpflanzt wird kaum. Günstiger ist es, wenn die Pflanzen geteilt werden. Als Substrat eignet sich jede Blumen- oder Komposterde; *p*H-

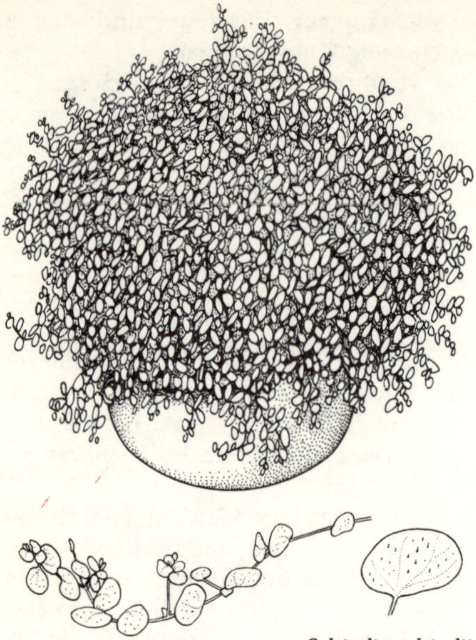

Soleirolia soleirolii

Wert 5 bis 7. Eine zusätzliche Düngung ist kaum erforderlich, kann aber in größeren Abständen gegeben werden. Zuviel Feuchtigkeit bei kühlem Standort kann zu Fäulnis führen.
Vermehrung durch Teilung zwischen Februar und etwa Ende August. Dabei werden Teilstücke in die frische, lockere Erde eingepflanzt oder leicht eingedrückt. Vorteilhaft ist in der ersten Zeit eine erhöhte Luftfeuchtigkeit.

Sommersprossengesicht ⟶ *Hypoéstes*
Spanischer Pfeffer ⟶ *Cápsicum*
Spargel ⟶ *Aspáragus*

Sparmánnia L. f.
Tiliáceae

Mit dem Gattungsnamen wurde der schwedische Naturforscher und Reisende in Südafrika, A. Sparmann (um 1747 bis 1787) geehrt.
Die 7 Arten der Gattung sind im tropischen und südlichen Afrika sowie auf Madagaskar verbreitet. Sie wachsen als Sträucher oder kleine Bäume. Die Kelch- und Blütenkrone ist vierspaltig. Neben den fruchtbaren gibt es auch unfruchtbare Staubblätter.
– *africána* L. f. · Zimmerlinde
africánus = afrikanisch. Südafrika; eingeführt 1790.
Wuchs strauchig-baumförmig. Blätter gestielt, herzförmig, etwa 20 × 15 cm, hellgrün, beiderseits weichhaarig, Rand schwach gelappt, gekerbt. Blüte weiß, Staubblätter zahlreich, gelb mit braun; I bis IV.
– – 'Plena'
Kultivar mit gefüllten Blüten.
Verwendung/Pflege/Vermehrung:
Die Zimmerlinde ist eine dekorative Blattpflanze mit schönen Blüten, die sich auch für Kübel eignet. Standorte sind nahe am Fenster, luftige, kühle Räume und Treppenhäuser im Winter. Auf der Terrasse oder dem Balkon kann die Art im Sommer gepflegt werden.
Wichtig ist viel Licht, auch volle Sonne,

Sparmannia africana

da sonst die Blüten ausbleiben und die Triebe vergeilen. Die Temperatur soll im Winter etwa 5 bis 10 (15) °C betragen. Während der Vegetationsperiode benötigen die Pflanzen viel Wasser, im Winter werden sie mäßig gegossen. Als Erde ist jede humose Garten- oder Komposterde, aber auch Einheitserde geeignet. Eine Beimischung von Lehm wirkt sich günstig aus; *p*H-Wert 6 bis 6,5. Verpflanzt wird jährlich, Kübelpflanzen etwa jedes 2. Jahr zwischen Februar und September. Für ein rasches Wachstum ist wöchentliches bis 14tägiges Düngen vorteilhaft. Im Winter erfolgt es höchstens einmal im Monat. Hydrokultur ist in einer Nährlösung bis 0,2 % (im Winter bis 0,1 %) möglich.
Es gibt willig blühende Pflanzen, die man zur Vermehrung bevorzugen sollte. Alte Pflanzen können etwa bis zur Hälfte oder auch um ⅔ zurückgeschnitten werden. Besser ist eine Vermehrung alle 2 bis 3 Jahre.
Vermehrt wird durch Stecklinge nicht zu stark verholzter Triebe bei Bodentemperaturen von 18 bis 24 °C. Sie wurzeln leicht in Wasser. Um buschige Pflanzen zu bekommen, wird öfters gestutzt.

Spindelstrauch ⟶ *Euónymus*
Springkraut ⟶ *Impátiens*
Stachelspelze ⟶ *Oplismenus*
Steckenpalme ⟶ *Rhápis*
Steinbrech ⟶ *Saxífraga*

Stephanótis Thou.
KRANZSCHLINGE
Asclepiadáceae

⌂ bis (W) ☀ bis ◐

Der französische Botaniker und Forschungsreisende L. M. A. Du Petit-Thouars (1758 bis 1831) benannte die Gattung nach gr. stéphanos = Kranz und otós = Ohr, nach den 5 ohrenartigen, an der Spitze meist freien, kranzartig angeordneten Schuppen am Rücken der Staubfäden. Sie bilden eine Nebenkrone.

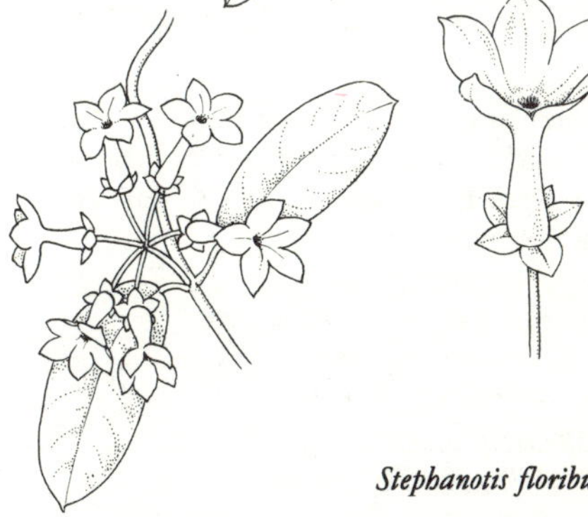

Stephanotis floribunda

Die Gattung ist mit 16 Arten auf Madagaskar und dem Malaiischen Archipel verbreitet. Es sind lianenartig wachsende Sträucher mit gegenständigen Blättern. Die Blüten stehen in den Blattachseln in Dolden, die auch am Grunde 2teilig sein können. Ihre Blütenkrone ist teller- bis trichterförmig.
– *floribúnda* Brongn.
floribúndus = reichblütig. Madagaskar; eingeführt 1839.
Sproßachse windend, grün. Blätter elliptisch, stachelspitz, etwa 9 × 5 cm, dunkelgrün, Mittelnerv heller, lederig. Blüten bis 4 cm lang, 5 cm breit, weiß, fleischig, duftend; V bis IX.
Verwendung/Pflege/Vermehrung: Dankbare Zimmerpflanzen mit auffälligen Blüten. Sie wollen hell, aber absonnig bei 18 °C und nächtlicher Tempera-

turabsenkung stehen. Für einen reichen Blütenansatz sind im Winter mäßige Feuchtigkeit und 10 bis 14 °C günstig. Gegossen wird in den Sommermonaten reichlich, Staunässe muß jedoch vermieden werden. Als Substrat ist Lauberde mit Torf, Lehm, Kompost und Sand oder Einheitserde geeignet; *p*H-Wert 5,5 bis 6,5. Jüngere Exemplare werden jährlich, ältere alle 2 Jahre zwischen Februar und Mai (August) verpflanzt. Gedüngt wird von April bis Anfang September in Abständen von 1 bis 2 Wochen. Die Kranzschlinge pflegt man am besten an Stäben aufgebunden, am Bogen oder an einer Leiter. Mit zunehmendem Wachstum sind die Triebe anzuheften. Junge Pflanzen wirken auch sehr schön in einer Ampel.
Vermehrung durch Stecklinge im Frühjahr und zeitigem Sommer bei Bodentemperaturen von etwa 25 °C im Torf- und Sandgemisch

Streifenfarn ——→ *Asplénium*

Streptocárpus Lindl.
DREHFRUCHT
Gesneriáceae

⌂ bis (W) ☼ bis ◐

Der Name bezieht sich auf gr. streptós = gedreht und karpós = Frucht. Die lange Kapsel ist spiralig gedreht.
Die etwa 60 Arten der Gattung kommen in Südafrika, im tropischen Ostafrika und auf Madagaskar vor. Man unterscheidet 3 Wuchsformen: Pflanzen mit aufrechtem Sproß und wechselständigen Blättern, solche mit rosettenartigem Wuchs und Arten, deren Laubblätter bis auf eins reduziert sind. Der Blütenstand entwickelt sich an der Basis der Blätter. Die Blüte ist schief trichterförmig mit 5teiliger Krone, die Fruchtkapsel spiralig um die eigene Achse gedreht.
– Hybriden
Gezüchtet zuerst um 1880 durch Watson in Kew Gardens/London aus *S. rexii* (Bowie ex Hook.) Lindl. x *S. dúnnii* Mast. ex Hook. f. (= *S.* x *kewensis*) und *S. parviflórus* E. Mey. x *S. dúnnii* Mast. ex Hook. f. (= *S.* x *watsoni*). Bei der Weiterzüchtung erlangte *S. rexii* die größte Bedeutung. Heute erfolgt eine Kreuzung von Sorten. Blätter rosettenartig angeordnet, länglich, unterschiedlich breit, behaart, Rand gekerbt, Mittelnerv dick, fleischig. Blütenstand etwa 30 cm lang, ein- bis mehrblütig. Blüten weiß, rosa, rot, hellblau bis dunkelviolettblau, meist mit dunkler

Streptocarpus-Hybride

Streptocarpus-Hybride

Zeichnung im Schlund, auch einfarbig, Blüte folgernd. IV bis X, (s. Abb. S. 29).

Verwendung/Pflege/Vermehrung: Dankbare Zimmerpflanzen mit langanhaltendem Flor durch folgernde Blüten. Die Pflanzen lieben einen hellen bis halbschattigen, in den Mittagsstunden vor voller Sonne geschützten Standort. Günstig sind Temperaturen um 23 °C und mehr, im Winter nicht für längere Zeit unter 12 °C. Das Substrat soll gleichmäßig feucht sein, im Winter bei niedrigen Temperaturen wird weniger gegossen, doch soll die Erde nie vollkommen austrocknen. Geeignet ist eine Mischung aus Lauberde, Torf mit Lehm oder Kompost und Sand bzw. Einheitserde; *p*H-Wert 5,5 bis 6,5. Verpflanzt wird jährlich zwischen Februar und Mai, bei kleinen Töpfen nochmals im Sommer. Die Düngung erfolgt in Abständen von 1 bis 2 Wochen während der Wachstumszeit, im Winter im Abstand von etwa 6 Wochen, oder sie entfällt. Hydrokultur ist in einer Nährlösung von 0,1 %, (im Winter schwächer und bei geringem Anstau) möglich.

Vermehrung durch Samen, ohne diesen zu bedecken, bei 18 bis 22 °C. Ältere, mehrtriebige Pflanzen können beim Umtopfen geteilt werden. Auch Blattstecklinge eignen sich zur Vermehrung. Das Blatt wird längs des Mittelnervs geschnitten und die Blatthälften gesteckt. Bei 18 bis 21 °C bilden sich am Mittel- bzw. den Seitennerven junge Pflanzen, die nach erfolgter Wurzel- und Blattbildung einzeln eingetopft werden. Auch Blatteilstecklinge können verwendet werden.

Syngónium Schott
Aráceae

⌂ bis ⌂(W) ☼ ◐ (●) ⊔(H) ♁

Der Name bezieht sich auf gr. syn = zusammen und gené = Same, weil die zahlreichen Beeren zusammengewachsen sind.

Syngonium auritum

Die Gattung ist mit etwa 20 Arten von Mexiko bis Brasilien verbreitet. Es sind wurzelkletternde Lianen, die in ihren Sproßachsen Milchsaft haben. Die Blätter sind im Jugendstadium pfeilförmig, später 3- bis 9fach fußförmig gefiedert. Spatha kürzer als der Blütenkolben.

– *aurítum* (L.) Schott
auritus = geöhrt (Blattgrund). Jamaika, Honduras; eingeführt 1739.
Blattstiel von der Basis ⅔ scheidig, Blattspreite ei-, pfeil- bzw. fußförmig drei- bis fünfteilig, derb, etwa 25 cm lang, an der Basis mit kurzen Segmenten, dunkelgrün, Nerven heller.

– *podophýllum* Schott
podophýllus = mit gestielten Blättern. Mexiko bis Kostarika; eingeführt ('Albolineatum') 1871.
Stiel von der Basis nur bis zur Hälfte

scheidig, Blattspreite pfeil- oder fußförmig, 3-, 5-, 7- oder 9teilig, etwa 20 cm lang, spitz, an der Basis mit kurzen Segmenten, grün, häutig.

– – 'Albolineatum'

Verbreiteter Kultivar mit weißer Nervatur der Blätter.

– – 'Butterfly'

Blätter grünlichweißgelb, Rand in der Jugend breit, später schmal grün.

– – 'Green Gold'

Blätter hell grünlichgelb, Rand dunkelgrün.

– – 'Imperial White'

Blätter an den Nerven breit cremeweiß.

Verwendung/Pflege/Vermehrung:

Dankbare Blattpflanzen für Ampeln, aufgebunden oder zur Pflege am Moosstab. Sie vertragen relativ gut trockene Zimmerluft.

Der Lichtanspruch ist gering. Volle Sonne wird nicht vertragen. Günstig sind Temperaturen zwischen 18 bis 24 °C, die auch am Tage ansteigen und kurzzeitig bis auf 10 °C absinken dürfen. Wichtig ist eine gleichmäßige Ballenfeuchtigkeit. Das Substrat soll locker, humos und nährstoffreich sein; *p*H-Wert um 6. Verpflanzt wird jährlich zwischen Februar und September, oder es werden junge Pflanzen durch Stecklinge herangezogen. Günstig sind wöchentliche Dunggüsse während der Vegetationsperiode, im Winter etwa in 6wöchentlichem Abstand. Die Pflege kann in Hydrokultur in einer Nährlösung von 0,1 % und bei niedrigem Anstau im Winter erfolgen.

Vermehrung durch Kopf- oder Teilstecklinge zu mehreren in einem Topf bei Temperaturen von 18 bis 24 °C. Bewurzelung findet auch in Wasser statt.

Syngonium podophyllum 'Albolineatum'

Syngonium podophyllum

Tigermaul ⟶ *Faucária*
Tigerrachen ⟶ *Faucária*

Tillándsia L.
Bromeliáceae

⌂ bis ⌂W ✹ bis ◐ D H

Nach E. Tillands (1640 bis 1693), schwedischer Botaniker und Arzt.
Die nahe mit *Vriesea* verwandte Gattung umfaßt etwa 450 Arten, die von Florida bzw. Mexiko und der Karibik bis Argentinien sowie Chile verbreitet sind. Die Pflanzen wachsen epiphytisch, lithophytisch, seltener terrestrisch und haben einen variablen Habitus. Ihre meist schmalen Blätter sind locker-rosettig bis trichterförmig angeordnet, grün oder unterschiedlich dicht mit kleinen schilfrigen, meist silbrigen Schuppen bedeckt.

Tillandsia cyanea

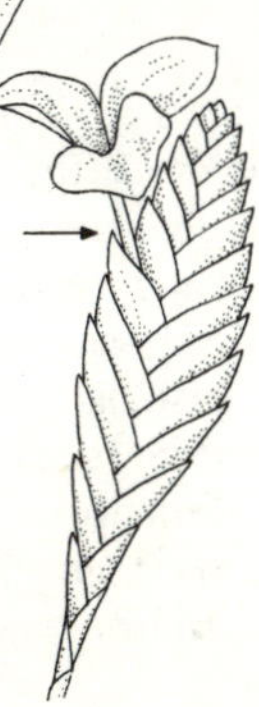

Tillandsia lindenii

Tillandsia leiboldiana

Die Blüten stehen in einer einfachen oder zusammengesetzten Ähre, haben bis zur Basis freie Blütenblätter ohne 2 Ligulae (Schuppen). Der Same besitzt eine Haarkrone.
– *cyánea* Lind. ex K. Koch
cyáneus = dunkelblau (Blüte). Ekuador; eingeführt 1867.
Blätter rosettig, Blattscheide 6 × 3 bis 4 cm, bräunlich, rot gestreift, Blattspreite pfriemlich, bis 30 cm lang, dunkelgrün, zur Basis zu rot längsgestreift, wenig beschuppt. Schaft des Blütenstandes bis 15 cm lang, Blütenstand 2zeilig, stark abgeflacht, etwa 16 × 7 cm, Hochblätter rosa bis rot, Blüte 4 bis 6 cm groß, einfarbig dunkelblau, Blütensegmente etwa 2 bis 3 × 2,3 cm.
– *leiboldiána* Schlechtend.
leiboldiána = nach F. Leibold (1804 bis 1864), deutscher Gärtner und Forschungsreisender. Mexiko bis Kostarika; eingeführt 1888.

Pflanze mit Blütenstand etwa 50 cm hoch. Blätter eine Trichterrosette bildend, Blattscheide länglich-elliptisch, 6 × 9 cm, Blattspreite länglich-lanzettlich, zugespitzt, weich, hellgrün. Blütenähre spiralig, Hochblätter schmal-länglich, spitz, rot, Blüte blauviolett.

– *lindénii* Regel

lindénii = nach J. Linden (1817 bis 1898), belgischer Gärtner aus Luxemburg, Forschungsreisender und Gartenbauschriftsteller. Ekuador, Nordperu; eingeführt 1868.

Tillandsia cyanea

Die Blätter sind rosettig, Blattscheide 4,5 × 2,5 cm, braun, rot längsgestreift, Blattspreite pfriemlich, etwa 30 cm lang, grün mit roten Längsstreifen. Schaft des Blütenstandes meist länger als 15 cm, Blütenstand 2zeilig, stark abgeflacht, etwa 15 × 5 cm, Hochblätter rosa oder grün, Blüte etwa 6 cm groß, dunkelblau, Schlund weiß, Blütensegmente etwa 3 × 3,5 cm.

Verwendung/Pflege/Vermehrung:
Attraktive Blütenpflanzen, die relativ gut trockene Zimmerluft vertragen. Ein öfteres Übersprühen ist für ein gutes Wachstum der Pflanzen günstig. In den Blattachseln sollte sich immer Wasser befinden.
Die hier behandelten Arten werden wie ⟶ *Nidularium* gepflegt und vermehrt.

Tradescántia L.
DREIMASTERBLUME
Commelináceae

(K) ⌂ (W) ☀ bis ◐ (●) ⊔ ♁ ♀

C. v. Línne ehrte mit dem Namen den englischen Gärtner und Naturforscher John Tradescant (17. Jh.), Hofgärtner Karls I.
Die etwa 30 Arten der Gattung sind im gemäßigten und tropischen Amerika verbreitet. Es sind aufrechte oder niederliegende Stauden, die oft an den Nodien wurzeln.

Tradescantia albiflora

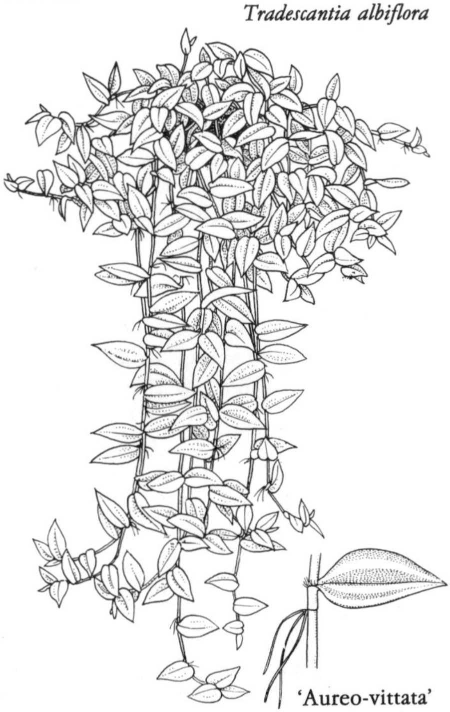

'Aureo-vittata'

Tradescantia blossfeldiana

– *albiflóra* Kunth em. Brückn. syn. *T. víridis* hort.
albiflórus = weißblütig. Tropisches Südamerika; eingeführt vor 1873.
Sproßachse niederliegend, Spitzen aufrecht, grün. Blätter schmal eiförmig-elliptisch, wenig asymmetrisch, zugespitzt, etwa 5 × 2,5 cm, grün. Zellsaft farblos.
– – 'Aureo-vittata'
Blätter cremegelb längsgestreift oder großflächig gefärbt.
– *blossfeldiána* Mildbr.
blossfeldiana = nach R. Bloßfeld (19./20. Jh.). Tropisches Südamerika; eingeführt 1938.
Sproßachse fleischig, steif aufrecht-niederliegend, rotbraun. Blätter schwach asymmetrisch, schmal elliptisch, spitz, etwa 11 × 4 cm, dunkelolivgrün, unterseits purpurviolett, Rand weiß bewimpert, unterseits und Sproß dicht weißhaarig. Blüten knaulartig, rosa-weiß.
– *fluminénsis* Vell. em. Brückn.
fluminénsis = Rio de Janeiro (Heimat). Tropisches Südamerika; eingeführt vor 1896.
Sproßachse aufrecht-niederliegend, olivgrün, karmin überlaufen. Blätter etwa 6 × 3 cm, grün, unterseits unterschiedlich intensiv purpurviolett. Zellsaft karminrot.

Tradescantia fluminensis

– – 'Albo-vittata'
Wüchsiger Kultivar, Blätter mit zahlreichen weißen Längsstreifen.
– *víridis* hort. ——→ *Tradescántia albiflóra*
– *zebrína* Loud. ——→ *Zebrína péndula*

Verwendung/Pflege/Vermehrung:
Dankbare und willig wachsende Ampelpflanzen, die auch in Wasser gepflegt werden können.
Sie lieben einen absonnigen bis halbschattigen Standort. Geeignet sind alle Zimmertemperaturen, doch sollten sie nicht für längere Zeit unter 8 °C betragen. Wichtig ist ein stets feuchter Pflanzstoff. Als Substrat eignet sich jede durchlässige Garten- oder Komposterde. Verpflanzt wird nicht, sondern zu groß gewordene Exemplare werden durch Stecklinge vermehrt. Eine Düngung ist nur bei nährstoffarmer Erde erforderlich. Dunggüsse können alle 2 bis 3, im Winter alle 4 Wochen gegeben werden.
Vermehrung durch Triebspitzen, die zu 8 bis 12, bei *T. blossfeldiána* zu 5 bis 8 in 10- bis 12-cm-Töpfe gesteckt werden.

Tradescantia albiflora 'Aureo-vittata'

Triplóchlamys multiflóra (Juss.) Ulbr. ——→ *Pavónia*

Vallóta Salisb. ex Herb.
Amaryllidáceae

Mit dem Gattungsnamen wurden der französische Botaniker P. Vallot, der 1623 eine Beschreibung der Gärten Ludwigs XIII. herausgab, bzw. der französische Botaniker J. N. Vallot, der 1828 über die Geschichte der Botanik in Burgund schrieb, geehrt.
Die eine Art der Gattung kommt in Südafrika vor. Es ist eine Zwiebelpflanze. Der hohle Blütenschaft trägt an der Spitze eine mehrblütige Dolde. Oft werden mehrere Blütenschäfte nacheinander entwickelt.
– *purpúrea* (Ait.) Herb. ——→ *Vallóta speciósa*
– *speciósa* (L. f.) Voss
speciósus = prächtig. Südafrika; eingeführt 1774.
Zwiebel rötlichbraun. Blätter linealischlänglich, dunkelgrün. Blütenschaft aufrecht, etwa 40 cm lang, 3–10blütig, Blüten scharlachrot, etwa 8 cm Durchmesser, aufrecht bis schräg aufrecht; VI bis IX.

Vallota speciosa

– – 'Alba'
Kultivar mit weißen Blüten, selten.
– – 'Delicata'
Blüte lachsrosa, selten.

Verwendung/Pflege/Vermehrung:
Leicht zu pflegende Blütenpflanze, die gelegentlich mit ⟶ *Hippeastrum* verwechselt wird. Ihr Standort ist die Fensterbank. *Vallota* liebt Licht, kann aber auch noch absonnig stehen. Sie wächst ohne besondere Ansprüche an die Temperatur im Wohnzimmer, liebt im Winter jedoch einen kühleren Standort von etwa 5 bis 10 (15) °C. Im Sommer soll die Erde ständig feucht sein. Während des Winters wird nur mäßig gegossen, doch dürfen die Pflanzen nicht so trocken stehen, daß die Blätter absterben. Geeignet ist humose Garten- oder Komposterde mit etwas Lehm und Sand oder Einheitserde; *p*H-Wert 6 bis 6,5. Verpflanzt wird selten und meist erst nach 3 bis 5 Jahren im Frühjahr, zwischen Februar und April oder nach der Blüte im Spätsommer. Die Pflanzen lieben kleine Gefäße, meist reichen 8- bis 10-cm-Töpfe aus. Die Zwiebel darf nicht zu tief stehen und soll zur Hälfte aus der Erde herausragen. Gedüngt wird während der Vegetationsperiode etwa jede 2. Woche. Hydrokultur erfolgt in einer Nährlösung von 0,05 bis 0,1 % (im Winter schwächer als 0,05 %) und geringem Anstau.
Vermehrung durch Abtrennen der Brutzwiebeln beim Verpflanzen.

Velthéimia Gled.
Liliáceae

(K) bis ⌂ ⇉ ○ ☼

Der deutsche Botaniker J. G. Gleditsch (1714 bis 1786) gab der Gattung den Namen zu Ehren des Botanikers Graf

Veltheimia viridifolia

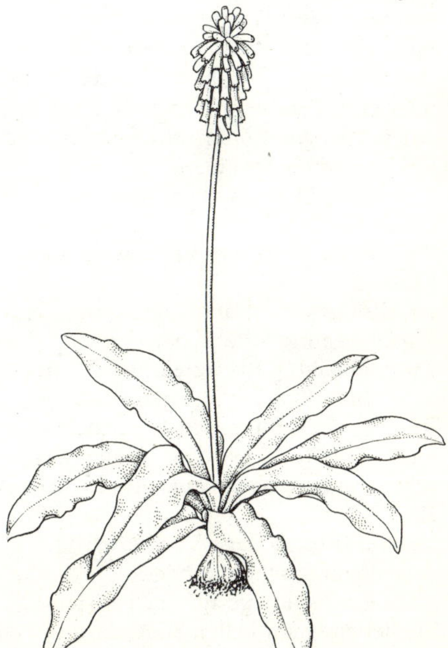

Veltheimia viridifolia

August Ferdinand von Veltheim (1741 bis 1801).

Sie ist mit 5 Arten in Südafrika verbreitet. Heute werden meist nur 2 Arten unterschieden. Es sind Zwiebelpflanzen mit mehreren länglichen bis schmal-elliptischen, am Rand gewellten Blättern. Der Blütenschaft steht steif aufrecht und trägt eine Traube großer hängender Blüten mit langer Röhre und 5 abgerundeten Kronsaumlappen.

– *unduláta* Moench ⟶ *Veltheimia viridifólia* Jacq.

– *viridifólia* Jacq. syn. *Veltheimia unduláta* Moench

viridifólius = grünblättrig. Südafrika, Kapland; eingeführt 1768.

Zwiebel häutig. Blätter elliptisch-lanzettlich, bis 30 × 13 cm, glänzend grün, Rand gewellt. Blütenschaft aufrecht, Blütentraube bis 15 cm lang, Blüten verwaschen rosarot, Kronsaum grünlich; I bis III.

Verwendung/Pflege/Vermehrung:
Auffallend schönblühende Zwiebelpflanzen zur Pflege auf der Fensterbank. Sie lieben einen hellen Standort und viel frische Luft. Die Temperatur sollte 10 bis 15 °C betragen und nur bei Sonne stärker ansteigen. Gegossen wird mäßig mit beginnendem Neutrieb, reichlich ab vollkommener Blattausbildung. Als Substrat kann humose Gartenerde oder Kompost mit Lehm und Sand oder Einheitserde mit $\frac{1}{4}$ Lehmzusatz und Sand verwendet werden; *p*H-Wert um 6. Verpflanzt wird vor dem Austrieb der Zwiebeln von Ende September bis November jährlich oder jedes 2. Jahr, wobei die alte Erde und abgestorbene Wurzeln zu entfernen sind. Die Zwiebeln müssen zu $\frac{2}{3}$ bis $\frac{3}{4}$ ihrer Größe in die Erde kommen. Düngung erfolgt nach Durchwurzelung des Erdballens in Abständen von 3 bis 4 Wochen. Mit dem Abwelken der Blätter wird weniger gegossen und das Gießen später ganz eingestellt. Während der Ruhe sollen die Zwiebeln warm und trocken stehen.

Die Vermehrung erfolgt durch Abtrennung größerer Brutzwiebeln beim Verpflanzen oder durch Aussaat.

Vriesea Lindl. corr. Beer
Bromeliáceae

bis W bis D H

Die Gattung wurde zu Ehren des holländischen Botanikers Willem Hugo de Vries (1807 bis 1862) benannt.

Vriesea bleheri

Vriesea heterostachys

Vriesea-Hybride

Die etwa 265 Arten der Gattung kommen in Mittel- und Südamerika vor. Ihre meist grünen Blätter sind rosettenartig angeordnet, verhältnismäßig weich, am Rand glatt und bilden im Zentrum einen mit Wasser gefüllten Trichter. Die Blüten stehen in einfachen Ähren, seltener in Rispen. Sie entwickeln keine verwachsenen Blütenblätter, die an der Basis 2 Häutchen, die Ligulae, tragen. Der Samen hat eine Haarkrone.

Vriesea splendens 'Mayers Favorit'

– *bleheri* Roeth et Weber
bleheri = nach A. und M. Bleher. Ostbrasilien; eingeführt 1975.
Rosette 30 cm groß, Blätter schmal länglich mit lang ausgezogener Spitze, olivgrün, unterseits oft violett überlaufen. Blütenstand aufrecht, zweizeilig, kurz schwertförmig, gelb, Blütenröhre länger als das Tragblatt, zitronengelb; XI bis IV.
– – 'Atroviolacifolia'

Vriesea carinata

Vriesea carinata

Kontrastreich zwischen violetten Blättern und gelbem Blütenstand.
– *carináta* Wawra
carinátus = gekielt (Blütentragblatt). Südostbrasilien; eingeführt 1866.
Rosette bis 20 cm groß, Blätter länglich, spitz, 15 × 20 × 2,5 cm, hellgrün. Blütenstand bis 15 cm lang, aufrecht, zweizeilig, kurz schwertförmig, Brakteen an der Basis rot, Spitzen grün, Blüten gelb.
– *heterostáchys* (Bak.) L. B. Sm.
heterostáchys = verschiedenährig. Ostbrasilien; eingeführt um 1881.
Rosette etwa 25 cm groß, Blätter schmal länglich, hellgrün, Spitze ausgezogen. Blütenstand aufrecht, breit-schwertförmig, Hochblätter lachsrot, Blüte gelb (s. Abb. S. 49).
– Hybriden
Erste Hybride *V.* x morreniana, gekreuzt von E. Morren aus *V. psittacina* (Hook.) Lindl. x *V. carinata* Wawra; vor 1880.
Wuchs rosettig, Blätter länglich bis breit-

Vriesea splendens

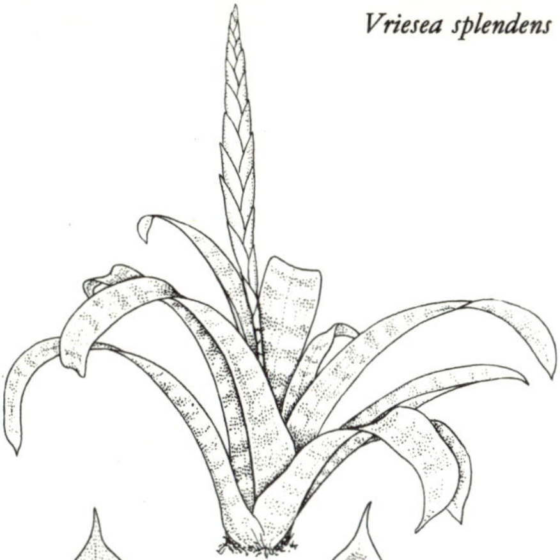

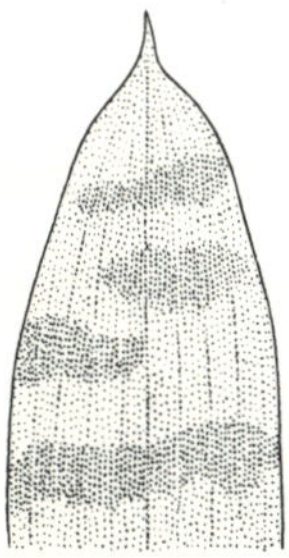

Vriesea splendens

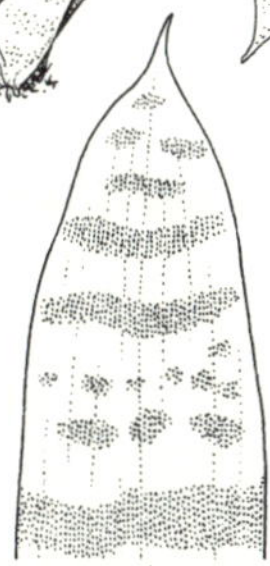

'Mayers Favorit'

länglich, grün oder auf grünem Grunde braun gezeichnet. Blütenstand meist aufrecht, schwertförmig bis walzig, einfach bzw. verzweigt, Hochblätter rot, rotbraun, orangebraun oder karmin.
– *spléndens* (Brongn.) Lem.
spléndens = glänzend. Guayana; eingeführt 1842.
Rosette etwa 40 cm, Blätter länglich, bis 50 × 6 cm, Spitze abgerundet, stachelspitz, auf olivgrünem Grunde schwarzbraun quergebändert. Blütenstand aufrecht, schmal schwertförmig, Hochblätter rot, Blüten gelb.
– – 'Mayers Favorit'
Blätter auf gelblichsilbergrünem Grunde schwarzbraun quergebändert.
Verwendung/Pflege/Vermehrung:
Dankbare Blütenpflanzen für absonnige bis halbschattige, nicht zu lufttrockene Standorte im Zimmer bei Temperaturen von 18 °C und mehr.
Pflege und Vermehrung wie ⟶ *Nidularium.*

Wachsblume ⟶ *Hóya*
Weihnachtskaktus ⟶ *Schlumbérgia*
Wein ⟶ *Císsus*
Wunderholz ⟶ *Dracǽna*
Wunderholz ⟶ *Yúcca*
Wunderstrauch ⟶ *Codiǽum*

Yúcca L.
PALMLILIE (auch Wunderholz)
Agaváceae

bis

Der Name der Gattung wurde aus dem Arawak (Haiti) entlehnt, und ist eigentlich der Name für Manihot esculenta = Maniok, einer Nutzpflanze der Tropen (wichtiger Stärkelieferant).
Die etwa 40 Arten kommen im südlichen Nordamerika und in Mittelamerika vor. Sie sind stammlos oder haben einen verlängerten Stamm und tragen an dessen Spitze schopfartig längliche, meist faserreiche Blätter. Die Blütenstände stehen terminal und tragen große, glockenförmige Blüten in Rispen, seltener in Trauben.
– *aloifólia* L. (auch Wunderholz)
aloifólius = aloeblättrig. USA (Nordcarolina), Ostmexiko, Karibik; eingeführt 1696.
Sproßachsen aufrecht, einfach, im Alter 6 m lang. Blätter schopfartig an der Spitze, schwertförmig, steif, dunkelgrün, bereift, 50 × 3 cm, stechend spitz, Rand fein gesägt.
– – 'Marginata'
Kultivar mit grünen, am Rand cremeweißen Blättern.
– – 'Purpurea'
Blätter fast purpurrot.
– – 'Quatricolor'
Blätter grün, weiß, gelb und rot längsgestreift.
– – 'Tricolor'
Blätter grün, cremegelb und weiß längsgestreift.
– *elegantíssima* hort. ⟶ *Yúcca elephántipes*
– *elephántipes* Regel syn. *Y. guatemalénsis*

Bak., *Y. elegantíssima* hort. · Riesenpalmlilie
elephántipes = elefantenartig. Mexiko; eingeführt vor 1859.
Sproßachse aufrecht, im Alter oben verzweigt und etwa 8 m lang, Basis bei Sämlingspflanzen verdickt. Blätter schwertförmig, spitz, 80 × 7 cm, glänzend grün, Rand weißlich, undeutlich fein gesägt.
– – 'Variegata'
Blattränder cremeweiß
– *guatemalénsis* ⟶ *Yúcca elephántipes*

Verwendung/Pflege/Vermehrung:
Die hier behandelten, nicht winterharten Palmlilien lieben helle, auch vollsonnige Standorte und viel frische Luft. Während des Sommers stehen die großen Kübelpflanzen am besten auf dem Balkon oder im Freien.
Die Pflanzen sollen so hell als möglich stehen und kühl bei 5 bis 10 (15) °C überwintert werden. Während der Wachstumszeit wird gleichmäßig gegossen, doch nie sehr feucht gehalten. Im Winter gibt man nur wenig Wasser. Als Substrat ist humose Garten- oder Komposterde mit Sand oder lehmreiche Einheitserde geeignet; *p*H-Wert um 6,5 bis 7. Das Verpflanzen erfolgt jährlich, ältere Exemplare nach jeweils 2 bis 3 Jahren zwischen Februar und August/September. Gedüngt wird im Sommerhalbjahr etwa alle 2 bis 3 Wochen. Bei zu warmem Standort treten gelegentlich Wolläuse auf.

Yucca aloifolia

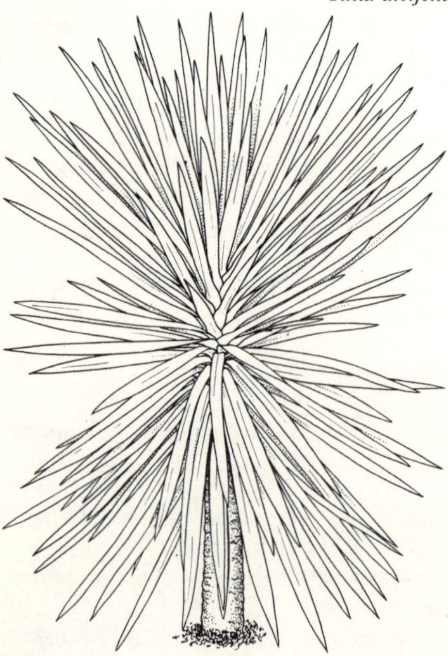

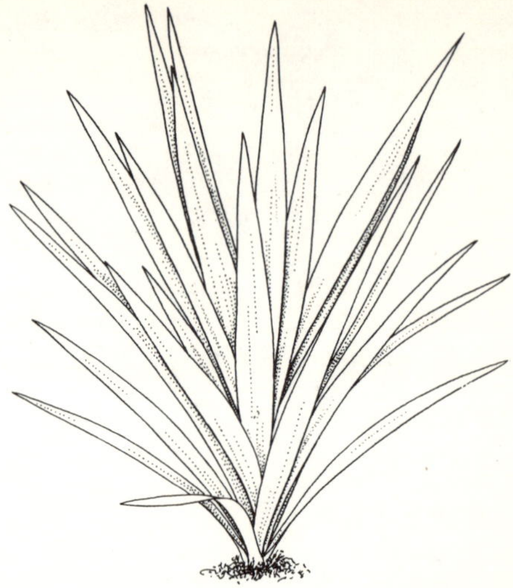

Yucca elephantipes

Vermehrung durch in Torf-Sand-Gemisch gelegte Stammstücke. Die sich daran bildenden kleinen Pflänzchen werden abgetrennt und wie Stecklinge aufgezogen. »Wunderholz« werden unterschiedlich lange Stammstücke genannt, die senkrecht in das Substrat gesteckt werden und meist aus mehreren ruhenden Knospen austreiben. Es ist muß der untere Teil der Sproßachse eingepflanzt werden, sonst bilden sich keine Wurzeln. Günstig sind Bodentemperaturen von 21 bis mehr als 24 °C.

Zantedéschia Spreng.
Aráceae

Ⓚ bis ⌂ ⌐ ⇉ ○ ☼ (◐) Ⓗ (Ⓗ) ♀

C.P.J. Sprengel (1766 bis 1833), Direktor des Botanischen Gartens Halle (S.), gab der Gattung den Namen zu Ehren des italienischen Botanikers und Physikers F. Zantedeschi (1773 bis 1846).

Die etwa 8 Arten sind in Mittel- und Südafrika verbreitet. Sie bilden Knollen oder einen dicken, rhizomartigen Erdstamm. Ihre Blätter sind pfeil- bis spießförmig mit deutlichem Mittelnerv und langen, an der Basis scheidigen Stielen. Am Grunde des fortsatzlosen Blütenkolbens steht ein großes Hochblatt.

– *aethiópica* (L.) syn. *Cálla aethiópica* L., *Richárdia africána* Kunth · Zimmerkalla

aethiópicus = äthiopisch. Südafrika (Natal); eingeführt 1687 (1731?).

Blätter schmal herz- bis pfeilförmig, grün. Blütenstand länger als die Blätter, bis 1 m lang, rund, Hochblatt an der Basis röhrig, spitz, weiß, Blütenkolben gelb, Pollen weiß; I bis IV.

– *elliottiána* (W. Wats.) Engl. syn. *Cálla elliottiána* (W. Wats.) Knight, *Richárdia elliottiána* W. Wats.

elliottiána = nach S. Elliott (1771 bis 1830) Bankier und Botaniker in Nordamerika. Südostafrika; eingeführt 1890.

Wurzelstock knollig, wenigblättrig. Blattstiel oben abgeflacht, Blätter herzförmig, stachelspitz, etwa 23 × 20 cm, dunkelgrün, silbrig gefleckt. Hochblatt an der Basis trichterförmig, tiefgelb, außen grünlichgelb, Blütenkolben gelb; V bis VIII.

Zantedeschia aethiopica

Zantedeschia elliottiana

Verwendung/Pflege/Vermehrung:
Dankbar blühende Topfpflanzen, die sich auch als Schnittblumen eignen. *Z. aethiópica* wird, besonders in niedrigen Sorten, im Topf gepflegt und kann während des Sommers im Freien stehen oder ausgepflanzt werden. Während dieser Zeit sterben bei der genannten Art die oberirdischen Pflanzenteile zum Teil ab. Das schadet aber nicht, sondern ist für eine reiche Blüte vorteilhaft. Bei der Art *Z. elliottiána* trocknen die Blätter im Herbst ein. Die Knolle wird bis etwa Februar kühl und trocken gelagert. Der Standort soll möglichst hell sein. Günstig sind kühle Räume mit 10 bis 15 (18) °C. Während der Wachstumszeit – *Z. aethiópica* etwa ab Oktober bis April/Mai und *Z. elliottiána* von Februar/März bis Juli –

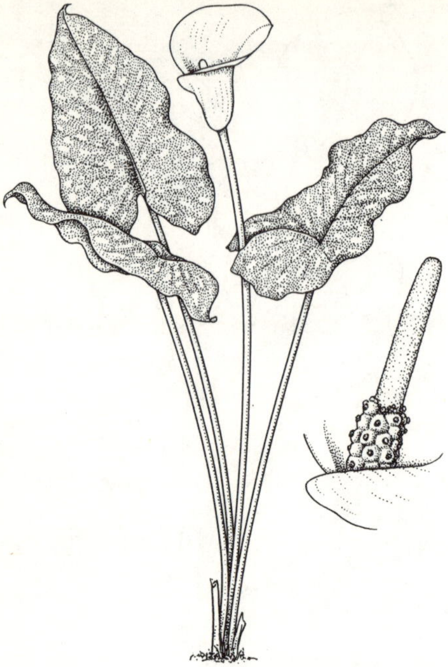

Zantedeschia elliottiana

wird viel, sonst wenig Wasser benötigt. *Z. elliottiána* kann nach dem Abwelken des Laubes bis Februar fast vollkommen trocken stehen. Als Substrat ist eine nahrhafte Gartenerde oder Kompost mit Lehm und Sand, auch Einheitserde mit ¼ bis ⅓ Lehm und Sand geeignet; *p*H-Wert um 6 bis 6,5 (7). Verpflanzt wird jährlich mit Beginn der Vegetation, *Z. aethiópica* etwa im September, *Z. elliottiána* im Februar. Die Düngung erfolgt während der Vegetationsperiode alle 1 bis 2 Wochen. *Z. aethiópica* wächst in Hydrokultur in einer Nährlösung von 0,1 bis 0,2 %, bei relativ geringem Anstau im Sommer.

Vermehrung durch Abtrennen von Seitentrieben beim Verpflanzen. Schnitt- bzw. Bruchstellen sind mit Holzkohlepulver gegen Fäulnis einzupudern. Nach dem Einpflanzen ist die Erde nur mäßig feucht zu halten, bis eine gute Wurzelbildung erfolgt ist.

Zebrína Schnizl.
Commelináceae

⌂ bis ⌂W ☼ ◐ (●) ⊍ ♀ ♁

Der deutsche Botaniker A. Schnizlein (1814 bis 1868) benannte die Gattung nach den gestreiften Blättern lat. zebrínus = gestreift.

Sie ist in Mexiko und Mittelamerika mit etwa 5 Arten verbreitet. Es sind Stauden mit zuerst aufrechten, später niederliegenden oder hängenden Sproßachsen. Sie wurzeln leicht an den Nodien. Ihre Blätter sind wechselständig, meist 2zeilig angeordnet und mit der blattstielartigen Basis stengelumfassend. Die Blüten mit 3 Kronblättern stehen in 2 einfachen Wickeln.

– *péndula* Schnizl. syn. *Tradescántia zebrína* Loud.

péndulus = hängend (Wuchs). Mexiko; eingeführt etwa 1840.

Sproßachse fleischig, grün-violettpurpur gefleckt, aufrecht-niederliegend oder hängend. Blätter schmal schief-eiförmig, etwa 6,5 × 2,5 cm, silbrig, am Mittelnerv und Rand smaragdgrün, rotbraun überlaufen, unterseits violett, Spitze lang, Blüte hellviolett.

Zebrina pendula

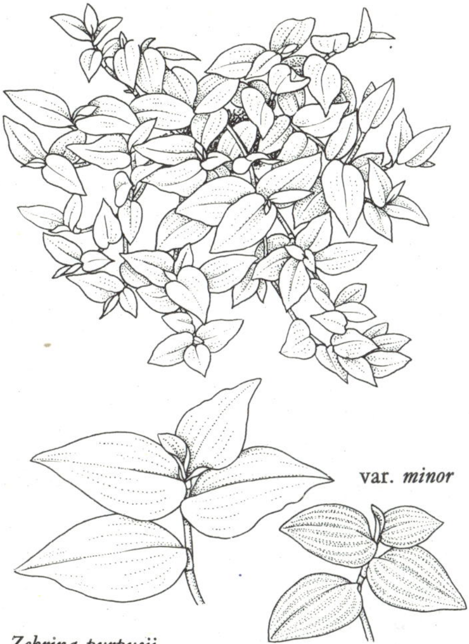

Zebrina purpusii

– – 'Quatricolor'
Blätter etwas kleiner mit unterschiedlich breiten weißen, bei viel Licht rosa gefärbten Längsstreifen.

Zebrina pendula 'Tricolor'

– *purpúsii* Brückn.
purpusii = nach Purpus, deutscher Pflanzensammler in Mexiko. Mexiko; eingeführt 1921.
Sproßachse fleischig, purpurviolett gefleckt, aufrecht-niederliegend oder hängend. Blätter schmal schief-eiförmig, bis 10 × 5 cm, kaum weißhaarig, violettbraun, unterseits purpurviolett, Spitze lang.

– – var. *mínor* Rehnelt
mínor = kleiner · Mexiko.
Kleinwüchsiger als die Art, Blätter etwa 5,5 × 3,2 cm, grün, mehrfach braunviolett längsgestreift, unterseits violett, mehrfach schwach grün längsgestreift, beiderseits in der Jugend entfernt weißhaarig.

Verwendung/Pflege/Vermehrung:
Siehe ⟶ *Tradescantia.* Im Winter nicht für längere Zeit unter 12 °C.

Ziernessel ⟶ *Cóleus*
Zimmerahorn ⟶ *Abutílon*
Zimmerhafer ⟶ *Billbérgia*
Zimmerhopfen ⟶ *Belopérone*
Zimmerkalla ⟶ *Zantedéschia*
Zimmerlinde ⟶ *Sparmánnia*
Zimmertanne ⟶ *Araucária*
Zitronenpelargonie ⟶ *Pelargónium*
Zwergrohrpalme ⟶ *Chamaedórea*
Zypergras ⟶ *Cypérus*

Wichtige Fachbegriffe

absonnig Standort hell, vor heißer Mittagssonne geschützt
adventív hinzukommen, später gebildet ⟶ Brutpflanze
Ähre Blütenstandform, an der Hauptachse stehen ungestielte Blüten
actinomórph (Blüten) mit mehreren Symmetrieachsen im Gegensatz zu ⟶ zygomorph
Anthére Staubbeutel
Areóle Vegetationspunkt, Dornenpolster bei den Cactaceae
Areál Verbreitungsgebiet einer Pflanzensippe
ásymmetrisch ungleich, nicht in zwei gleiche Hälften zerlegbar
Baum Pflanze mit verholzender Sproßachse und Stammbildung
Braktée Blatt, in dessen Achsel eine Blüte oder ein Seitenzweig steht
Brutpflanze Adventivpflanze = an der Mutterpflanze gebildete Jungpflanze
Chimäre Individuum oder Teile eines Individuums, die erblich aus verschiedenen Geweben aufgebaut sind
Chloróse mangelhafte Ausbildung des Chlorophyllfarbstoffes, häufig durch Eisenmangel verursacht
Cyáthium verwachsene Hülle aus 5 Hochblättern, in deren Achseln in einer Reihe 5 männliche Blüten und am Ende auf verlängertem Stiel 1 weibliche Blüte stehen *(Euphorbiaceae)*
Deckblatt ⟶ Braktee
Dolde Blütenstandform, die Verzweigungen gehen von einem Punkt aus und haben etwa gleich lang gestielte Einzelblüten
Dolde, zusammengesetzte Blütenstandform wie bei einer Dolde, bei der statt Einzelblüten an den Stielen wieder kleine Dolden (2. Ordnung) stehen
dorsiventrál Blüten oder andere Gebilde, die nur durch eine Symmetrieachse in spiegelbildlich gleiche Hälften geteilt werden können (zygomorph). Gegensatz: ⟶ actinomorph
einhäusig (monözisch) männliche und weibliche Blüten befinden sich auf einer Pflanze
einjährig das Leben der Pflanze von der Keimung bis zur Blüte und Fruchtbildung dauert nur ein Jahr, eigentlich nur eine Vegetationsperiode
Epiphýt »Überpflanze«, auf Bäumen wachsende Pflanze, kein Schmarotzer
fertíl fruchtbar
folgernd Blüten, die sich nacheinander öffnen
Génus Gattung
Hábitus äußere Gestalt der Pflanze
halbschattig mäßig heller Standort bzw. nur Morgen- oder Abendsonne erhaltend
Halbstrauch Pflanze mit an der Basis verholzenden Sproßachsen
Hochblätter meist von normalen Laubblättern verschiedene Blätter zwischen Laub- und Blütenblättern
Hybride Mischling, Bastard, durch Kreuzung genetisch verschiedener Eltern entstanden
Hygrométer Meßgerät zur Ermittlung der relativen Luftfeuchte
Indúsium Schleierchen, das bei Farnen die Sporangiengruppe (Sóri) umhüllt
Infloreszénz Blütenstand
Internódium Sproßachse zwischen zwei Knoten (⟶ Nódien)
Kállus Wundgewebe bei Stecklingen
Kapilláre Haarröhrchen
Kapillarität Anziehungskraft einer Kapillare z. B. für das Bodenwasser
Kindel ⟶ adventiv ⟶ Brutpflanze
Kolben Blütenstand mit fleischig verdickter Achse und ungestielten Blüten

Kultivár Sorte, Zucht- oder Ausleseform
Labéllum Lippe, hinteres, meist auffällig gestaltetes und gefärbtes Blütenblatt des inneren Blütenblattkreises bei Orchideen
Liane im Boden wurzelnde und kletternde Pflanze, die sich an anderen emporwindet oder rankt
Lígulae Häutchen an der Basis der Blütenblätter bei einigen Gattungen der *Bromeliáceae*
Lippe ⟶ Labellum
Lithophýt Felsenpflanze, an Felsen wachsend
Luxmeter Meßgerät zur Bestimmung der Beleuchtungsstärke
Mácchie degenerierte sekundäre Pflanzengesellschaft im Mittelmeergebiet, die vor allem aus strauchartig wachsenden immergrünen Hartlaubgehölzen besteht
mónotypisch ⟶ Taxon einer bestimmten Rangstufe mit nur einem Taxon der nächst niedrigen Rangstufe
Nódium Sproßknoten, Ansatzstelle der Blätter an der Sproßachse, meist verdickt
Osmóse Stoffaustausch verschieden stark konzentrierter Lösungen durch halbdurchlässige Membranen
panaschiert buntblättrig, Blatteile weiß oder gelb
Pántropen tropische Zone zwischen den Wendekreisen nördlich und südlich des Äquators
Papíllen haarartige Ausstülpungen der Oberhautzellen
Páppus Haarkrone an Samen, auch haarförmig entwickelter Kelch, bei den *Asteraceae*
Pelórie von der Norm abweichende, monströse Blütenform
Perigón gleichgestaltete Blütenhülle kron- oder kelchblattartig
Phyllokládien blattartige Flachsprosse mit der Funktion von Blättern
pikieren Verpflanzen von Sämlingen, wobei sie einen größeren Abstand voneinander bekommen
Primärhybride F_1-Generation genetisch ungleicher Eltern
Pseúdobulbe Scheinbulbe, oberirdisches fleischiges Speicherorgan bei Orchideen
remontíerend wiederkehrend (blühend)
Rhizóm unterirdisch wachsender Sproß, meist mit schuppenartigen Niederblättern
Rispe Blütenstandform, zusammengesetzte Traube, deren Nebenachsen wieder Trauben tragen
Rückbulben Pseudobulben vom hinteren Teil der Pflanze, die durch Austreiben ruhender Knospen neue Pflanzen ergeben (bei Orchideen)
Schattierung gärtnerischer Fachausdruck für die Beschattung von Pflanzen
schattig mäßig heller Standort, ohne direkte Sonnenbestrahlung
Spátha Blütenscheide, Hochblatt
Spécies Art
Sporángium Sporenbehälter
Staude mehrjährige krautige Pflanze, wiederholt blühend und fruchtend
Stecklinge Pflanzenteile, die sich nach Abtrennung von der Mutterpflanze bei geeigneten Bedingungen bewurzeln und sich zu selbständigen Pflanzen entwickeln
steríl unfruchtbar
Strauch Pflanze mit verholzenden Sproßachsen ohne Stammbildung
Substrát Pflanzstoff verschiedener Zusammensetzung
Sukkulénz fleischig verdicktes, wasserspeicherndes Pflanzengewebe
SynonýM Name gleicher Bedeutung
systémische Pflanzenschutzmittel innertherapeutisch wirkende Pflanzenschutzmittel, die, meist flüssig ausgebracht, von den Wurzeln aufgenommen und durch den Saftstrom in der Pflanze verteilt werden
Táxon Sippe, taxonomische Gruppe einer beliebigen Rangstufe, z. B. Gattung, Art
Tepálen Blütenblätter, kronblattartig

terminál endständig, auf der Spitze, am Ende der Sproßachse
terréstrisch auf dem Boden wachsend
Traube Blütenstandform, an einer Achse befinden sich gestielte Blüten
Trugdolde Blütenstandform, die Verzweigungen gehen nicht von einem Punkt aus, die Blüten stehen aber etwa in einer Ebene
Túrgor Zellinnendruck
végetativ ungeschlechtlich
Vergeilen Verweichlichen, verweichlichte Triebe bei Lichtmangel
Wurzelschnittlinge vegetative Vermehrungsart durch Stecklinge von Wurzeln
zweihäusig (diőzisch) Arten, bei denen die Individuen entweder nur männliche oder nur weibliche Blüten tragen
zweijährig Pflanzen, die von der Keimung bis zur Fruchtbildung zwei Sommer und den dazwischen liegenden Winter benötigen und dann absterben
zwittrig zweigeschlechtlich
zygomórph ⟶ dorsiventrál

Literaturauswahl

ENCKE, F. (Herausgeber), Pareys Blumengärtnerei, 2. Aufl., Verlag Paul Parey, Berlin und Hamburg 1958 bis 1961

ENCKE, F., BUCHHEIM, G., SEYBOLD, S., ZANDER Handwörterbuch der Pflanzennamen, 12. Aufl., VEB Deutscher Landwirtschaftsverlag, Berlin 1980, und 13. Aufl., Verlag Eugen Ulmer, Stuttgart 1984

GRAF, A. B., Exotica, Rutheford 1973

GRUNERT, C., Zimmerblumen, 16. Aufl., VEB Deutscher Landwirtschaftsverlag, Berlin 1980

HERWIG, R., Pareys Zimmerpflanzen – Enzyklopädie, Verlag Paul Parey, Berlin und Hamburg 1983

HOUTTE, L. v., Graines des Plantes Potagères, Fourragères et D'Ornement, Gent 1874

JACOB, U., Thomas-Petersen, G. (Herausgeber), Bi-Lexikon Heimpflanzen, VEB Bibliographisches Institut Leipzig 1984

KARSCH, A., Vademecum botanicum, Verlag Otto Lenz, Berlin 1894

KÜHLE, G., Zimmerpflanzen in Hydrokultur, Neumann Verlag, Leipzig · Radebeul 1980

KUMMERT, F., Das große Buch der Zimmerpflanzen, 2. Aufl., Südwest Verlag, München 1982

LINDEN, J., Catalogue Général, Brüssel und Gent 1871

MÜLLER, E. W., Pflanzenschutz bei Blumen- und Zierpflanzen, 4. Aufl., VEB Deutscher Landwirtschaftsverlag, Berlin 1974

MIESSNER, E., Zimmerpflanzen I und II, 4. Aufl., Urania-Verlag, Leipzig · Jena · Berlin 1971

RICHTER, W., Blattpflanzen vielgestaltig und bunt, 2. Aufl., Neumann Verlag, Leipzig · Radebeul 1979

RICHTER, W., Schöne und seltene Pflanzen, Neumann Verlag, Radebeul 1956

RÖTH, J., Orchideen, 2. Aufl., VEB Deutscher Landwirtschaftsverlag, Berlin 1983

RÖTH, J., VAHSHOLZ, S., Orchideen und andere Exoten, Neumann Verlag, Leipzig · Radebeul 1985

RÜCKER, K., Die Pflanzen im Haus, Verlag Eugen Ulmer, Stuttgart 1982

RÜNGER, W., Licht und Temperatur im Zierpflanzenbau, 3. Aufl., Verlag Paul Parey, Berlin und Hamburg 1976

RUPPRECHT, H., MIESSNER, E., Zierpflanzenbau, VEB Deutscher Landwirtschaftsverlag, Berlin 1984

SCHUBERT, M., HERWIG, R., Wohnen mit Blumen, 15. Aufl., BLV Verlagsgesellschaft, München – Wien – Zürich 1982

SCHUBERT, R., WAGNER, G., Pflanzennamen und botanische Fachwörter, 8. Aufl., Neumann Verlag, Leipzig · Radebeul 1984

SOMMER, S., Blumen- und Pflanzenfenster, 2. Aufl., VEB Deutscher Landwirtschaftsverlag, Berlin 1983

THOMAS, E., Zimmerpflanzen, Verlag für die Frau, Leipzig 1985

WILLIS, I. C., A dictionary of the flowering plants and ferns, 8. Aufl., University Press, Cambridge 1973

Register

* weist auf eine Zeichnung hin
** weisen auf eine farbige Abbildung hin